福田友之 著

東北北部先史文化の考古学

同成社

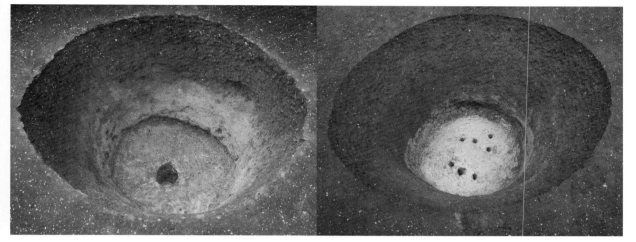
円形のおとし穴（鶉窪遺跡第2・13号ピット）

ヒスイの大珠
（三内丸山遺跡）

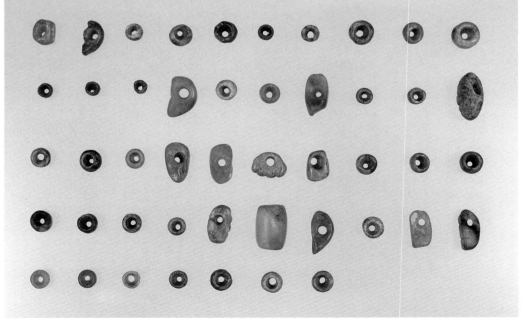
ヒスイの玉類
（風張(1)遺跡）

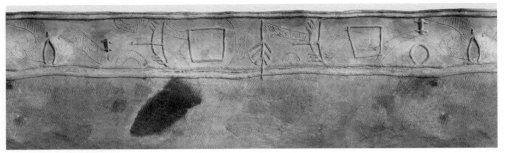

狩猟文土器（川原平（6）遺跡）
上は展開写真

狩猟文土器（伝北海道）

人面付き土器（川原平（1）遺跡）

序

　本州最北の青森県域は、日本海と太平洋、津軽海峡によって三方を海で囲まれ、さらに陸奥湾を抱えるというきわめて特徴的な地理条件下にある。また、内陸部では奥羽山系を通じて青森県域以南の地域ともつながっており、各地域では、それぞれの地理的環境や自然環境を反映した特色ある文化が展開されてきた。そして、このような文化は、縄文時代に基礎が形作られてきたと考えられる。

　青森県域において筆者が研究を行ってきたのは、大きく分けて二つのテーマである。一つは、津軽海峡域をめぐる北海道との先史文化交流であり、もう一つは、亀ヶ岡・是川中居・三内丸山遺跡などの青森県域の縄文文化である。このうち、北海道との文化交流を意識した研究は、拙書『津軽海峡域の先史文化研究』（2014年）にまとめている。本書では、青森県域の縄文時代の遺構・遺物に関する研究を主としてまとめたが、当然のことながら青森県域以南との関わりを意識したものも含めている。

　これまで筆者は、青森県内各地で行った発掘調査や出土品整理、さらに博物館の資料展示のかたわら、それぞれの遺跡・遺物のなかに、それまではほとんど注目されてこなかったテーマを見出し資料収集を行い、論を展開するという形で研究を行ってきた。つまり地域密着型の研究であったが、そのテーマの多くは北海道や東北地方各地の縄文文化と密接に関わる内容であり、青森県域を超えた広域性をもつものである。

　今回、収録したのは、これまでに発表してきた論考12編、これに大幅な書き直しや新たな書き下ろしを加えた論考7編からなる合計19編と、新たに作成した資料集成5編である。

　ここで、収録した各論考について、簡単に内容を述べておこう。

　第1章第1節「青森県域のおとし穴─円形のおとし穴を中心に─」は、1981（昭和56）年に調査を担当した八戸市鵜窪遺跡において、それまで青森県域ではほとんど類例がなかった縄文時代の円形のおとし穴が検出されたのを機に、その後の検出例を集成し、年代・配置・配列・用途などについてまとめ、考察を加えたものである。附編には一覧表も掲載している。

　第2節「考古学からみた中掫浮石の降下年代」は、円形のおとし穴の年代と密接に関わる中掫浮石火山灰について、1982（昭和57）年に十和田市明戸遺跡の事例を調査したことを機に、東北地方北部の事例を再検討し、その降下年代が従来の中期末から前期に遡ることを指摘したものである。

　第3節「下北半島尾駮・鷹架沼周辺の溝状土坑群」は、1979・1980（昭和54・55）年に調査を担当した六ヶ所村発茶沢（1）遺跡において、400基以上の「溝状土坑」（細長いおとし穴）が検出されたのを機に、研究史、配列、年代、用途などについてまとめ、東日本各地の例と比較し考察したものである。

　第4節「竪穴住居跡等との重複例からみた溝状土坑の年代」は、研究が停滞していた溝状土坑のなかから、年代決定の根拠となる竪穴住居跡などの遺構との重複例を選び出し、年代はおもに縄文中期から後期前半であろうと推定したものである。さらに、これまでに青森県域から検出された溝状土坑すべてを集成し、附編に一覧表も掲載している。

第5節「津軽海峡南岸域の先史鯨類利用」は、1990・1991（平成2・3）年に調査を行った日本海側のつがる市田小屋野貝塚において縄文前期の鯨類資料が出土したのを機に、青森県域の検出例、さらに近世以降の鯨類漂着事例を集成し、縄文時代の鯨類利用の実態について考察したものである。

　第2章第1節「深浦産黒曜石の広域分布とその意味」は、旧石器時代や縄文草創期に、青森県の日本海沿岸に産する深浦産黒曜石が、東北地方各地のみならず富山・長野県などの遠方で使用されている状況を紹介し、その意味を考察したものである。

　第2節「東道ノ上（3）遺跡のメダカラはどこから来たか」は、2004（平成16）年に、太平洋側の東北町東道ノ上（3）遺跡から縄文前期の「メダカラガイ」などのいわゆる南海産貝類が出土したことを機に、ともすれば房総半島以南から運ばれてきたと考えられがちであったこれらの貝類について、青森県沿岸の生息域踏査を行い、日本海沿岸からもたらされた可能性を指摘したものである。

　第3節「青森県域出土のヒスイ製玉類」は、1986（昭和61）年に調査を担当した六ヶ所村上尾駮（1）遺跡において、縄文晩期の土坑墓群から糸魚川産ヒスイの玉類が多数出土したのを機に、青森県域の出土例を集成し、青森県域に東北地方ではきわめて多い出土数があることを指摘した。そして、時期ごとの形態変化と原石産地との交流について考察したものである。

　第4節「青森県域出土のヒスイ製玉類（2）」は、前節の論考後も青森市三内丸山遺跡など青森県内各地で引き続き多数のヒスイ製玉類が出土している状況から、それらを集成し、関連する諸問題について考察したものである。また、あわせて、附編には青森県域で発見されたヒスイ製玉類を集成し一覧表にしている。

　第3章第1節「鼻曲り土面」は、上尾駮（1）遺跡の調査において出土した縄文晩期の鼻曲り土面について、青森・岩手県の出土例と比較し、機能・用途について考察したものである。

　第2節「青森県域出土の顔面装飾付き土器」は、青森県域から出土している縄文時代の多数の顔面装飾付き土器（人・動物・カエルなど）を集成し、形態分類を行い、用途・機能について考察したものである。

　第3節「狩猟文土器考」は、1982（昭和57）年に八戸市韮窪遺跡からわが国で初めて発掘された狩猟文土器について、その後の北海道・岩手県などの出土例を集成し、機能・用途について考察したものである。

　第4節「狩猟文土器再考」は、前節のあとの新たな出土例をくわえ、文様を分析し、動物文の獣種について動物形土製品との比較を行ったものである。

　第5節「狩猟文土器再々考」は、前節のあとの新たな出土例や確認例を含め紹介し、考察をくわえたものである。

　第6節「青森県域出土の動植物意匠遺物」は、青森県域から出土した縄文・弥生時代の動物形土製品などの動植物意匠遺物を集成・図示し、その特徴などについて考察をくわえたものである。これについては、附編に一覧表にまとめている。

　第4章第1節「洞穴・岩陰遺跡」は、1985（昭和60）年に、津軽地方において洞穴遺跡を発見したことを機に、青森県域の洞穴遺跡を踏査・記録し出土遺物を紹介し考察をくわえたものである。

　第2節「島の遺跡」は、2004（平成16）年に陸奥湾の小島において、縄文土器・土師器を発見したことを機に、青森県と周辺海域の島にある遺跡を紹介し、考察をくわえたものである。

　第3節「津軽海峡・小川原湖発見の先史遺物」は、青森県の太平洋側にある小川原湖より発見さ

れた縄文時代の遺物を主に、津軽海峡の海底で発見された遺物などを含め考察をくわえたものである。

　第4節「北日本の山岳遺跡」は、青森県最高峰の岩木山登山を行った際に山道で石鏃を発見したことを機に、東北地方・北海道の山岳遺跡の類例をまとめ、山岳と縄文人との関わりについて考察したものである。

　附編「青森県域の遺構・遺物集成」は、各節に関わる遺構・遺物の集大成である。

　附表1は、「青森県域のおとし穴」（本書第1章第1節）の附表で、平成28年度末までに報告されたおとし穴（溝状土坑以外）を集成し、一覧にしたものである。

　附表2は、「竪穴住居跡等との重複例からみた溝状土坑の年代」（本書第1章第4節）の附表で、平成28年度末までに報告された青森県域の溝状土坑を集成し、一覧にしたものである。

　附表3は、「青森県域出土のヒスイ製玉類（2）」（本書第2章第4節）の附表で、平成28年度末までに報告されたヒスイ製玉類を集成し、一覧にしたものである。

　附表4は、「青森県域出土の動植物意匠遺物」（本書第3章第6節）の附表で、平成28年度末までに報告された動植物意匠遺物を集成し、一覧にしたものである。

　附表5は、「津軽海峡・小川原湖発見の先史遺物」（本書第4章第3節）の附表で、平成28年度末までに確認された事例のなかで、縄文・弥生時代以外の例を集成し、一覧にしたものである。

　なお、本書では、平成の市町村大合併により変更された旧町村名については、（　）を付し新市町村名も併記してある。また、本文中の地名の後に付いている（　）内数字は、遺跡名を構成する番号で、（　）後に付くべき「遺跡」の2文字を省略したものである。本文中で引用文献を用いる際に教育委員会を教委、埋蔵文化財センターあるいは埋蔵文化財調査センターを埋文と省略していることもおことわりしておく。

目　　次

序　i

第1章　おとし穴・鯨類 …………………………………………………… 3
　第1節　青森県域のおとし穴──円形のおとし穴を中心に──　3
　　1　形態　3
　　2　分布と立地・配列　8
　　3　年代　10
　　4　用途　11
　　5　おとし穴の年代と課題　13
　第2節　考古学からみた中掫浮石の降下年代　14
　　1　中掫浮石への関心　14
　　2　発掘調査4例　14
　　3　各地の中掫浮石と考古資料との関係　18
　　4　中掫浮石の降下年代と問題点　21
　　5　研究の進展と新たな知見　23
　第3節　下北半島尾駮・鷹架沼周辺の溝状土坑群　24
　　1　溝状土坑研究小史　24
　　2　尾駮・鷹架沼周辺の地形と溝状土坑群　26
　　3　青森県内他地域の溝状土坑　36
　　4　尾駮・鷹架沼周辺の溝状土坑群に関する考察　37
　　5　調査件数の増加と今後の課題　45
　第4節　竪穴住居跡等との重複例からみた溝状土坑の年代　46
　　1　これまでの年代推定　46
　　2　青森県域における溝状土坑の様相と他遺構との重複例　46
　　3　重複例から考えられる年代　51
　　4　今後の研究課題と注意点　52
　第5節　津軽海峡南岸域の先史鯨類利用　52
　　1　青森県域の鯨類出土遺跡　53
　　2　考古学的にみた津軽海峡南岸域の鯨類利用　57
　　3　青森県域の鯨類漂着事例　64
　　4　鯨の獲得　67

第2章　交流・装身具 ……………………………………………………… 71
　第1節　深浦産黒曜石の広域分布とその意味　71

        1　青森県における黒曜石製石器の利用　*71*
        2　深浦産黒曜石製石器の分布と年代　*72*
        3　深浦産から出来島産へ　*72*
        4　深浦産黒曜石の広域分布　*73*
        5　深浦産黒曜石の広域分布の意味とその後の類例　*79*
   第2節　東道ノ上（3）遺跡のメダカラはどこから来たか　*80*
        1　東道ノ上（3）遺跡出土のメダカラ・カズラガイ・マクラガイ　*81*
        2　図鑑に記載されたメダカラ・カズラガイ・マクラガイ　*81*
        3　北日本におけるタカラガイ出土例とその意味　*84*
        4　メダカラなどの貝類採集調査　*88*
        5　東道ノ上（3）遺跡のメダカラはどこから来たか　*91*
        6　青森県におけるこれまでの貝塚調査と課題　*92*
   第3節　青森県域出土のヒスイ製玉類　*92*
        1　青森県内の玉と出土状況　*93*
        2　青森県内の玉の時期的様相　*102*
        3　装身具の復元　*103*
        4　出土状況からみた装身具の意味　*106*
        5　青森県出土の硬玉製玉に関する問題　*107*
   第4節　青森県域出土のヒスイ製玉類（2）　*109*
        1　ヒスイの出土遺跡・出土数　*109*
        2　1990（平成2）年度以降の出土例と出土状況　*110*
        3　ヒスイ製玉類の加工・利用とその意味　*119*
        4　ヒスイ交易研究の現状と課題　*122*

第3章　祭祀遺物　*125*
   第1節　鼻曲り土面　*125*
        1　各地の鼻曲り土面　*125*
        2　鼻曲り土面の類似資料　*129*
        3　機能・年代等　*130*
        4　今後の研究に向けて　*133*
   第2節　青森県域出土の顔面装飾付き土器　*134*
        1　これまでの研究　*134*
        2　青森県域出土の顔面装飾付き土器　*135*
        3　顔面装飾付き土器の分類　*139*
        4　顔面装飾付き土器の年代　*143*
        5　顔面装飾付き土器の意味　*146*
        6　顔面装飾付き土器研究の課題　*147*
   第3節　狩猟文土器考　*147*

　　　　1　各地の出土資料　*148*
　　　　2　絵画の解釈と土器の用途　*152*
　　　　3　樹木文のもつ意味　*156*
　　第4節　狩猟文土器再考——津軽海峡域特有の絵画土器——　*158*
　　　　1　狩猟文土器の出土例　*158*
　　　　2　絵柄の解釈と土器の用途　*162*
　　　　3　問題点の指摘　*163*
　　　　4　狩猟文土器の系譜　*166*
　　第5節　狩猟文土器再々考　*167*
　　　　1　狩猟文土器の新たな出土例・確認例　*167*
　　　　2　狩猟文土器の文様と用途　*170*
　　　　3　狩猟文土器の分類　*171*
　　　　4　狩猟文土器の波及に関する問題　*172*
　　第6節　青森県域出土の動植物意匠遺物　*172*
　　　　1　青森県域の動植物意匠遺物　*173*
　　　　2　各意匠遺物に用いられた動植物の意味　*178*
　　　　3　動植物意匠意物の意味　*182*
　　　　4　動植物意匠遺物にみられる動物信仰の変化　*182*
　　　　5　出土資料の増加と新知見　*184*

第4章　青森県域の遺跡　………………………………………… *187*
　　第1節　洞穴・岩陰遺跡　*187*
　　　　1　これまでの研究史　*187*
　　　　2　青森県域の洞穴・岩陰遺跡　*188*
　　　　3　洞穴・岩陰遺跡の分布と性格　*195*
　　　　4　青森県域の洞穴・岩陰遺跡研究の現状　*198*
　　第2節　島の遺跡　*199*
　　　　1　青森湾東部の島の遺跡　*199*
　　　　2　青森湾以外の島の遺跡　*201*
　　　　3　島の遺跡のもつ意味　*203*
　　　　4　青森県周辺の島々の調査と展望　*204*
　　第3節　津軽海峡・小川原湖発見の先史遺物　*206*
　　　　1　海底から引き上げられた石器　*206*
　　　　2　小川原湖から発見された土器・石器　*209*
　　　　3　沼・河川から発見された土器・石器　*215*
　　　　4　海底・小川原湖発見遺物のもつ意味　*220*
　　　　5　期待される小川原湖の水中考古学　*224*
　　第4節　北日本の山岳遺跡　*224*

    1　青森県域の例　*225*
    2　北海道・東北地方の例　*225*
    3　山岳遺跡のもつ意味　*232*
    4　山岳遺跡研究の視点　*235*
    5　その後の山岳遺跡研究　*236*

附編　青森県域の遺構・遺物集成　*241*
　附表1　青森県域のおとし穴（Ⅰ〜Ⅲ）一覧　*241*
　附表2　青森県域の溝状土坑一覧　*246*
　附表3　青森県域出土のヒスイ製玉類一覧　*248*
　附表4　青森県域出土の動植物意匠遺物一覧　*250*
　附表5　青森県域の海底・湖底発見の遺物一覧（縄文・弥生時代以外）　*257*

引用文献　*261*
写真所蔵・提供者一覧　*281*
初出一覧　*283*
あとがき　*285*

東北北部先史文化の考古学

第1章　おとし穴・鯨類

第1節　青森県域のおとし穴——円形のおとし穴を中心に——

　青森県域では、八戸市長七谷地（八戸市教委 1982）や鶉窪遺跡（青森県埋文 1983d）をはじめとする1980年ごろからの調査で、おとし穴遺構として、それまでに知られていた溝状土坑の形態とは明らかに異なる、円形で底面に逆茂木痕とみられる小ピットをもつ土坑が発見されるようになり、円形おとし穴として認識されるようになった。現在、円形のほかにだ円形や方形（長方形）のものも知られており、八戸市域などの太平洋側地域を中心に91遺跡から総数380基にのぼる報告例（附編附表１）がある。多数の土坑の底面に１〜10カ所の棒杭痕の小ピット（以下、杭穴とする）が穿たれたものが多く、溝状土坑がシカを捕獲対象としたとみられる（青森県埋文 1982a、福田 1989b、佐藤孝 1986）のに対し、イノシシを捕獲対象としたものと検出当初から考えられてきている（青森県埋文 1983d、福田 1983）。溝状や円形などのおとし穴については、これまで北海道や岩手県域、さらに関東・中部地方でまとまった研究発表がなされてきたが、青森県域では各遺跡の調査報告書において形態分類などが行われるのみであった。溝状土坑以外については、まとまった研究成果が発表されていない状況である。

　そこで筆者は、かつて鶉窪遺跡の調査に関わった者として、青森県域でこれまでに調査された円形おとし穴例を中心に集成し、考察を加えてみることとする。

1　形　態

　青森県域のおとし穴には、平面形・大きさ、壁面の形状、底面の杭穴の位置・数などにさまざまな違いがあり、八戸市鶉窪（青森県埋文 1983d）・岩ノ沢平（青森県埋文 2000d・2001）・櫛引（青森県埋文 1999・2000a）、十和田市寺山（３）（青森県埋文 1997b）などの各遺跡の調査報告書において限定的に分類・考察が行われている。本節では、円形を主とするおとし穴については、鶉窪や三沢市小田内沼（１）（青森県埋文 1988a）の２遺跡、それ以外については他の遺跡例をもとに分類して述べる。

（1）平面形の形態・規模（図１〜３）

　形態・規模により次のⅠ〜Ⅳに分類される。

Ⅰ　円形（青森県埋文 1983d・1988a）　大きさによりさらにＡ〜Ｄ類に細分される。

　Ａ類（小田内沼（１）６・10・11・17・19号落とし穴遺構）：径1.00〜1.50m、深さ0.8〜1.1mの小型のおとし穴で、断面形は円柱状、すり鉢状である。底面のほぼ中央に杭穴が２カ所ある。なお本例には、中央の杭穴１カ所のなかに２本の杭を立てた痕跡が確認されており、杭・逆茂木の設置

法のひとつを示している。この規模や同程度の規模のもので、底面に杭穴がある例（a）には、1穴例が長久保（2）・丹後谷地（1）（2）・鳥木沢・見立山（2）・櫛引・天狗森（3）・夫雑原下山（7）・倉越（2）・寺山（3）・大池館・向田（36）・野木（1）・栄山（3）・安田（2）等があり、ほかに中央に1個の大穴例が櫛引・林ノ前にある。また、2〜9穴例が古坊（2・3穴）・大山（4穴）・黒坂（4・5穴）・糠塚小沢（6穴）・鳥木沢（3穴）・櫛引（6・9穴）・岩ノ沢平（5穴）・長谷（1）（2・4穴）、平窪（2）・寺山（3）（3穴）などにある。また、底面に杭穴のない例（b）が糠塚小沢・櫛引・西張（2）・通目木・寺山（3）・作田（2）・向田（36）にある。

　B類（鵜窪第4・10・11・17・20・24・30号ピット）：径1.68〜2.08m、深さ0.70〜1.26mの小型のおとし穴で、断面形には漏斗状とすり鉢状などがある。底面には杭穴がやや集中して5カ所（24号）、分散して4カ所（10・30号）・6カ所（4号）あるが、11・17・20号にはない。

　底面に杭穴のある例（a）は、中央1穴例が酒美平・上野・人首沢にあり、大穴1例は畑内・風張（1）・田向冷水・岩ノ沢平・長七谷地7号・法師岡・坪毛沢（3）・矢倉館・向田（29）・向田（39）にある。また、2〜11穴例では、砂子・沢堀込・丹後平（1）（以上3穴）、松ヶ崎・丹後平（3）・長谷（1）（以上4穴）、長七谷地7号（5穴）・大久保平（6穴）・沢堀込（7・11穴）、黒坂・弥次郎窪・田向冷水・韮窪（以上、7穴）、上野・人首沢（以上8・9穴）にある。また、底面に杭穴のない例（b）が道仏鹿糠・藤沢（2）・水吉・岩ノ沢平・林ノ前・大久保平・堀切沢（5）にある。

　C類（鵜窪第2・5・6・9・13〜15号ピット）：径2.13〜2.53m、深さ1.16〜1.50mの大型のおとし穴で、断面形には漏斗状（2・6・9号）とすり鉢状（5・13〜15号）がある。

　このなかで、底面中央に大きめの杭穴1カ所（2・15号）、杭穴が集中して5カ所（6号）、分散して7カ所（13号）あるが、他の3例にはない。

　底面に杭穴がある例（a）は、1穴例は牛ヶ沢（4）・鳥木沢・昼場・上野平（3）・大仏にあり、4穴例が鴨平（1）・西張（3）に、8穴例が上野平（3）にある。また、底面に杭穴のない例（b）は鴨平（2）・上野平（3）にある。

　D類（鵜窪第22号ピット）：径2.70m、深さ2.05mほどの鵜窪遺跡最大のおとし穴であるが、1基しかなく、底面には杭穴はない。なお、このような特大例の類例はないようである。

Ⅱ　だ円形　だ円形のおとし穴であるが、円形・方形と明確に区分しにくいものもある。

　底面に杭穴がある例（a）が古坊・新井田古館・田向冷水・白山平（2）・笹子（2）・向田（38）・向田（36）にあり、ない例（b）が田向冷水・田面木平（1）・岩ノ沢平・上蛇沢（1）にある。

Ⅲ　方形　長方形・方形のおとし穴である。

　底面に杭穴がある例（a）が中居林・栄山（3）・安田（2）にあり、ない例（b）は長久保（2）、上蛇沢（1）にある。

Ⅳ　溝状土坑　細長い溝状のおとし穴であり、青森県域東部を中心に305遺跡から、5,533基が確認されている（附編附表2）。底面に杭穴がある例はほとんどない（本書第1章第2・3節参照）。

（2）底面・杭穴（小ピット）

　Ⅰ（円形タイプ）・Ⅱ（だ円形タイプ）・Ⅲ（方形タイプ）のおとし穴の底面に穿たれた杭穴は、基本的には杭穴1カ所に1本の杭が立てられたとみられるが、やや大きめに掘ったピット1カ所のなかに杭を複数本立てたとみられる例が小田内沼（1）のほかに、林ノ前（5本）・櫛引（5本）・岩ノ沢平（4本）などにある。また、小ピットの深さは20〜40cm程度のものが多いなかに、50cm

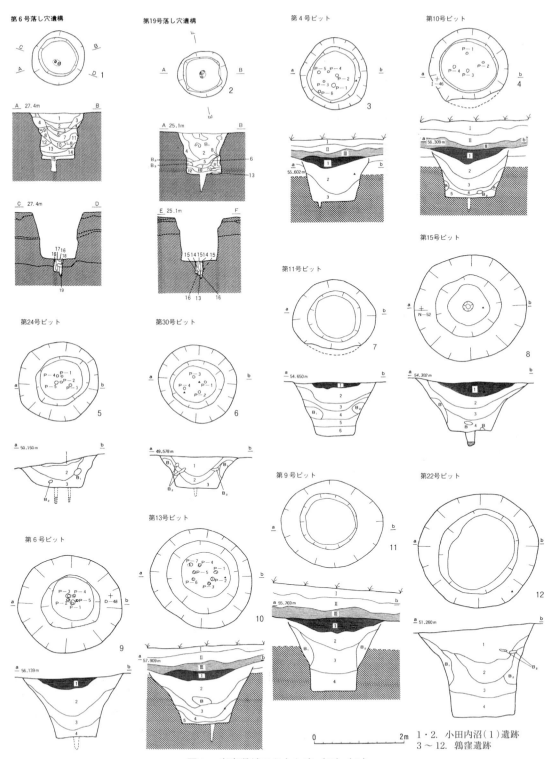

図1　青森県域のおとし穴（Ⅰ）（1）

1・2. 小田内沼（1）遺跡
3〜12. 鶉窪遺跡

1. 栄山(3)遺跡　2. 安田(2)遺跡　3・10. 野木(1)遺跡　4. 鳥木沢遺跡　5. 田面木平(1)遺跡
6. 夫雑原下山(7)遺跡　7. 大山遺跡　8. 楢館遺跡　9. 向田(36)遺跡　11. 古坊遺跡　12. 糠塚小沢遺跡
13. 向田(29)遺跡　14. 道仏糠塚遺跡　15. 田向冷水遺跡　16・17. 櫛引遺跡　18. 岩ノ沢平遺跡　19. 昼場遺跡

図2　青森県域のおとし穴（Ⅰ）（2）

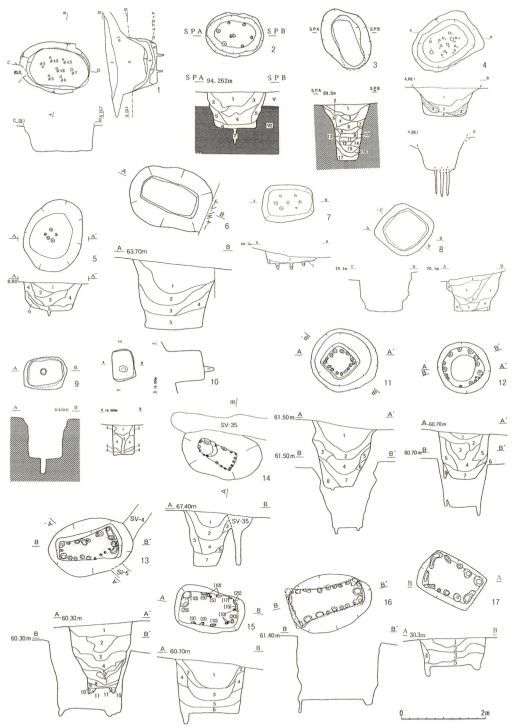

1. 田向遺跡　2. 白山平(2)遺跡　3. 上蛇沢(1)遺跡　4. 古坊遺跡　5. 新井田古館遺跡　6・11〜16. 岩ノ沢平遺跡
7. 中居林遺跡　8. 長久保(2)遺跡　9. 安田(2)遺跡　10. 栄山(3)遺跡　17. 東道ノ上(3)遺跡

図3　青森県域のおとし穴（Ⅱ・Ⅲほか）

以上のものもあり、かなりしっかりと固定されていたとみられる。

　底面については、大半は平坦であるが、なかには平坦ではなく漏斗状に湾曲している例が、丹後平（2）・昼場（図2-19）・人首沢・見立山（2）・野木（1）などにある。削平未完のおとし穴とも考えられるが、その後の作業である1穴が設けられている点から完成形状とみられる。

　なお、Ⅰ～Ⅲのおとし穴と類似した土坑のなかには、八戸市の馬淵川流域では、Ⅰでは、岩ノ沢平（底面は円・方形・長方形）、Ⅱでは、人首沢（底面は長方形）・岩ノ沢平（底面はだ円・縦長台形状）・大仏（底面は縦長台形状）のように底面の周壁際に小ピットが多数みられる例がある（附表1中では※印を付している）。また、Ⅲでは、小川原湖南部、姉沼西岸の東北町東道ノ上（3）に2基（1号土坑はだ円形で1.00×0.78mで小ピット7個、37号土坑は長方形で1.000×0.72mで小ピット11個、図3-17）ある（青森県埋文 2006）。岩ノ沢平例については、おとし穴（青森県埋文 2000d・2001）と考えられている。ただし、年代は、Ⅳの溝状土坑との重複関係によって、溝状土坑以前・以後の双方があるため、Ⅰ～Ⅲのおとし穴以降となる。また、東道ノ上（3）の例については前期中葉（円筒下層a式期）とし、土坑墓である可能性（青森県埋文 2006）が指摘されているが、ここでは、これらのおとし穴類似土坑について、おとし穴や土坑墓とする考えはとらなかった。その理由として、壁際に杭を密にして立てめぐらした場合、獣類捕獲の際に、逆に獣類に足掛かりを与えて逃げ出しやすくしてしまうのではないかと懸念されること、さらに中央部の空間は何らかを囲い込むためのものであるとみられるため、たとえば動物の檻などおとし穴や土坑墓以外の目的の施設である可能性がたかいことがあげられる。

2　分布と立地・配列（図4・5）

　青森県域のおとし穴（Ⅰ～Ⅲ）は、八戸市域など太平洋側を中心に2016年度末現在、91遺跡380基が確認されている（附表1）。これを野辺地町以東と青森市以西で比較してみると、野辺地町以東の86遺跡・362基に対し、青森市以西ではわずかに青森市と深浦町の計5遺跡18基と、溝状土坑の分布傾向をはるかにしのぐ東高西低の偏在性がみられる。

　なお、円形おとし穴の分布は秋田・岩手県両県域にも及ぶが、北海道に関しては、今のところ明確な報告例がないため、不明である。

　つぎに、遺跡におけるおとし穴（Ⅰの円形）の配列について述べるが、溝状土坑（Ⅳ）と異なり各遺跡における検出例が少ないため、ややまとまって検出される遺跡に限ってみる。鵜窪（青森県埋文 1983d）では、幅15mほどの埋没沢が確認され、その沢の南側緩斜面に10基、両側に5基それぞれまとまって検出された。南側緩斜面においては、ほぼ中央部において南南東から北北西にかけて浅い谷状地形がみられるが、この部分を中心として、西から東へほぼ等高線に沿うように「く」の字状に10基配置されている。C類（大型土坑）が7基、外側に「く」の字状に配列され、内側中央部にB類（中型土坑）が3基、同様用に「く」の字状に配列されており、土坑が二重に配置された形になっている。また、西端と東端の土坑はともにC類で、底面中央部に太いピットが1カ所ずつ検出されている。土坑間の間隔は3～15mであるが、8～10mほどの間隔で配列されているものが7例ある。また、中央部の埋没沢の沢沿いに5基配列されており、B類が両岸に4基、D類（特大の土坑）が1基北岸にあり、地域ごとの形態差が認められる。このように、斜面において等高線に沿うような配列は、野辺地町向田（36）でもみられ、沢に向かう北・南両斜面地域に、それ

第1章 おとし穴・鯨類 9

青森県域のおとし穴等遺跡

1. 下天摩 2. 道仏鹿糠 3. 横沢山(2) 4. 畑内
5. 横沢山(1) 6. 鴨平 7. 小板橋(2) 8. 畑内
9. 砂子 10. 水吉 11. 古坊 12. 荒屋敷久保(1)
13. 荒屋敷久保(2) 14. 沢堀込 15. 大山 16. 牛ヶ沢(4)
17. 鳳張(1) 18. 黒坂 19. 弥次郎窪 20. 松ヶ崎
21. 檜張 22. 館平 23. 新井田古館 24. 田向
25. 田向冷水 26. 中居林 27. 長久保(2) 28. 糠塚小沢
29. 丹後谷地(1)・(2) 30. 丹後平(1) 31. 田面木平(1) 丹後平古墳
32. 鴨平(1) 33. 丹後平(3) 34. 根城跡 35. 酒美平
35. 鴨平(2) 36. 鴨平(3) 37. 鴨平(2) 38. 鶉窪
39. 田面木沢 40. 白山平 41. 長者森 42. 湯ノ沢
43. 烏帽子(2) 44. 笹子(2) 45. 韮窪 46. 湯ノ沢
47. 櫛引 48. 千石屋敷 49. 昼場 50. 堀端(1) 51. 白蛇
52. 上野(2) 53. 上野平(3) 54. 人首沢 55. 岩ノ沢平
56. 大仏 57. 林ノ前 58. 見立山(1) 59. 長七谷地
60. 日渡 61. 大久保平 62. 西久根 63. 西張(3)
64. 西張(2) 65. 法師岡 66. 上蛇沢(1) 67. 長谷(1)
68. 通目木 69. 堀切沢(3) 70. 堀切沢(5)
71. 坪毛沢(3) 72. 鴨平(2) 73. 寺山(3) 74. 北野(1)
75. 天狗森(3) 76. 小田内沼(1) 77. 夫雑原下山(7)
78. 赤平 79. 大池館 80. 倉越(3) 81. 矢倉館
82. 作田(1) 83. 向田(29) 84. 向田(39) 85. 栄山(3)
86. 向田(38) 87. 野尻館 88. 野木 89. 向田(36)
90. 安田(2) 91. 津山

※遺跡所在市町村
1〜7. 階上町 8〜59. 八戸市 60〜65. 南部町
66. 五戸町 67〜71. 六戸町 72〜74. 十和田市
75・76. 三沢市 77・78. 東北町 79〜82. 七戸町
83〜86. 野辺地町 87〜90. 青森市 91. 深浦町

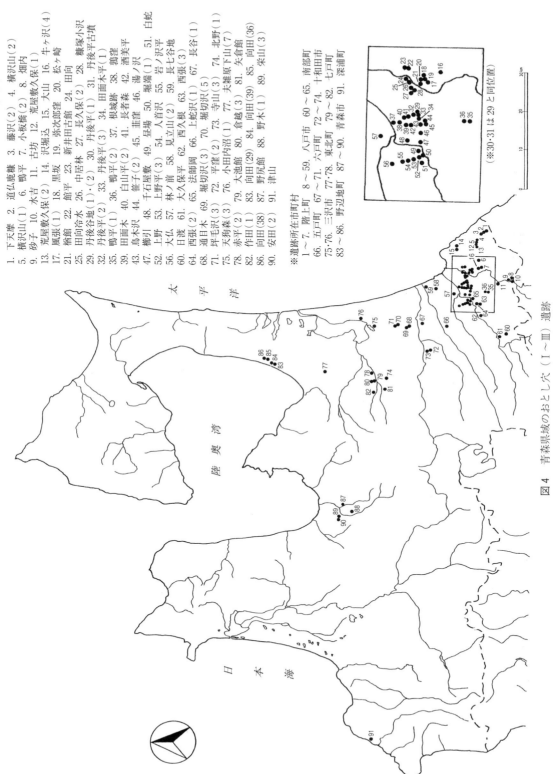

図4 青森県域のおとし穴（Ⅰ〜Ⅲ）遺跡

ぞれ等高線に沿う形でⅠA類（(a)・(b) 類を含め）が7基、4基 (b) が3〜4m間隔で配置されている。斜面配置例のなかで、十和田市寺山（3）例（青森県埋文 1997b）では、ⅠA類が等高線と直交するように15m〜20mのほぼ等間隔で7基が列をなしており、杭穴数は0〜3個のものである。このように等高線と直交するような配置・配列は岩ノ沢平・小田内沼（1）遺跡や青森市安田（2）遺跡などでもみられる。

このほか、八戸市櫛引遺跡（青森県埋文 2000a）では、丘陵平坦部において58mにわたり、ⅠA類を主に13基がほぼ等間隔で蛇行するように配置された例もある。さらに、青森市野木（1）遺跡でもⅠA類を主に緩斜面へ集中し、階上町道仏鹿糠・藤沢（2）遺跡などでは、沢の両岸にⅠB・C類が配置されている。

本節では、このなかで、鵜窪などの緩斜面の等高線に沿うような配置例を配置A、寺山（3）などの緩斜面の等高線に直交するような配置例を配置B、鵜窪の沢沿いに配置される例を配置C、櫛引の丘陵平坦部の直線的な配置例を配置Dと分類しておくことにする。ただし、円形おとし穴は、対象獣の通り道（獣道）に設置されたと考えられるため、当初から配置A〜Dを念頭において選択配置された方法ではなく、獣道や獣類の餌場に沿った形で設置された結果を示しているとみられるため、あくまでも便宜的なものでしかない。

3　年　代

Ⅰ〜Ⅲのおとし穴からは、完形土器との共伴例がないため、使用年代の特定はむずかしい。そこで、他遺構との重複関係や火山灰の層序関係をもとに考える。まず他遺構との重複例として、青森市栄山（3）では、縄文前期中葉（円筒下層b式期）の竪穴住居跡、八戸市風張（1）では、縄文後期後葉の住居跡によってそれぞれ削られた例がある。また、おとし穴の検出遺跡（地区）では、溝状土坑が検出される場合も多く、既報告91遺跡のうち77遺跡から双方が検出されている。そのなかで、八戸市丹後平（1）・岩ノ沢平・大仏、東北町夫雑原下山（7）では、Ⅰ（円形）のおとし穴がⅣの溝状土坑によって切られた例がある。ただし、この逆のⅠがⅣを削っている例はない。Ⅳの年代については、本章第2・3節や福田（2015）で述べるように、おもに縄文中期から後期と考えられることから、Ⅰ〜Ⅲのおとし穴は、遅くても縄文後期以前となろう。それでは、後期以前のいつ頃かという問題になる。これを、降下火山灰との層序関係をもとにみると、鍵層となるのが十和田火山系の中掫浮石（To-Cu）の存在である。この火山灰は、青森県東部においておおよそ縄文前期初頭の早稲田Ⅵ類土器と前期中葉の円筒下層a式の間に降下したと考えられており（本書第1章第2節）、この下位からⅠの円形おとし穴の大半が検出されている。このことから、Ⅰのおとし穴は中掫浮石降下以前、すなわち縄文前期中葉以前の構築と考えられる。そしてその上限は、野辺地町向田（36）例のように、Ⅰのおとし穴とみられる土坑の覆土4・9層から縄文早期中葉の物見台式土器片や石器（敲磨器）などが出土していることから、早期中葉に遡るものもあったことが推測される。

以上のことから、溝状土坑（Ⅳ）以外の円形（Ⅰ）を主とするおとし穴は、縄文前期中葉の円筒下層a式以前、早期中葉以降と考えておきたい。ただし、前述したように、円形のおとし穴以外に、だ円形（Ⅱ）や方形・長方形（Ⅲ）など各種の形態があり、これらの形態のものがすべてこの年代であるのかどうかという点については、明確ではない。狩猟対象や地域差だけではなく、年代差も

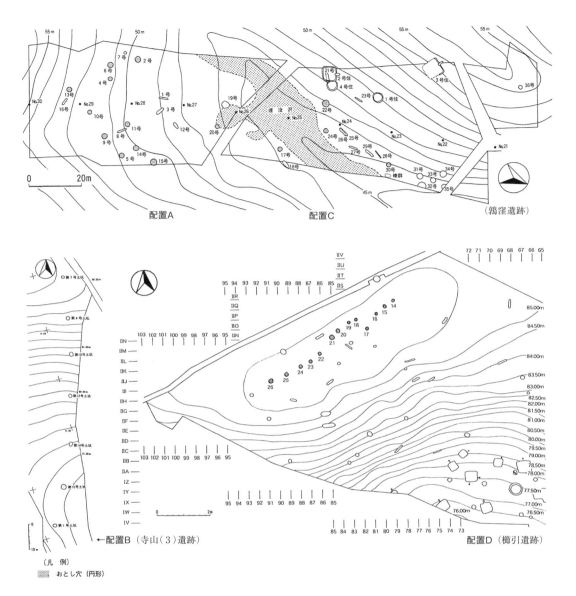

図5　おとし穴（Ⅰ）の配置・配列

あらわしている可能性がある。しかし、現段階ではこの点について言及できない。

　なお、岩手県においては、円形の落とし穴は県北地域にみられるが、青森県域東部と同様、中掫浮石との関わりで、その降下以前と考えられている（田村 1987）。また、北海道における円形のおとし穴については、渡島半島でその可能性があるものが指摘されてはいるが、まだ明確にされてはいない（藤原 2013）。

4　用　途

　つぎに、底面に杭穴痕などをもつ円形の土坑等について、それらをおとし穴と考えた理由、対象

獣および狩猟方法などについて、鵺窪遺跡報告書の記載（青森県埋文 1983d）をもとにして述べることにする。

(1) おとし穴と考えた理由（図6）

円形土坑の底面には杭穴状小ピットがあるものが大半である。これらの小ピットには中央に太い杭や細い杭を立てたと考えられるもの、中央1カ所のピット内に細い杭を複数立てたもの、底面中央部に5～6本を集中的に立てたもの、あるいは底面全面に立てたもの、あるいは小ピットがまったくないものなどがある。しかし、土坑内からは墓穴を示すような副葬品やベンガラ、さらに貯蔵穴・ごみ穴を示すような遺物がまとまって発見された例もない。このような土坑が、緩斜面や水場にほぼ一定間隔をおいて配置されていることは、これらの土坑が狩猟用のおとし穴と考えると無理がない。中央に1カ所のみ小ピットがあるものは、この部分に獣が落ちてきた場合には、獣が受けるダメージが大きく、這いあがりにくいと考えた結果であろう。大型の土坑に多いような傾向がある。また、全面に複数個あるのは、獲物の動きを制限できると考えた結果であろう。小型の土坑に多い傾向がある。また、底面に小ピットがないものは、おとし穴とするには問題もあるが、形態が類似し、配列が円形のおとし穴群の一部を構成しているとみられることから、未完成のものではなく、完成したおとし穴と考えられる。おそらく、おとし穴に落ちた獣類が這いあがることができないだけの深さがあれば、その後の捕獲は可能になり、しかも毛皮に傷を付けずにとることもできるわけで、充分用が足りたものと判断される。

(2) 対象獣

円形のおとし穴の規模については、鵺窪では、上端径は最大のものが2.70m、大型のC類が2.13m～2.53m、中型のB類が1.68～2.08mであり、深さはそれぞれ、2.05m、1.16～1.50m、0.96～1.26mである。

これらの規模のなかで、例外的なD類を除外すれば、上端径の最大は2.53m、最小は1.68m、底径の最大は1.22m、最小は0.95mである。また、深さについては、もっとも深いものが1.50m、浅いものが0.96mである。

このような規模のおとし穴で捕獲される獣類としては、小型・中型獣を考えるのが妥当であろう。縄文時代の貝塚から発見される獣類には大型のクマ、シカ・イノシシなど中型獣、ノウサギなどの小型獣類がある。小型の獣類は罠・弓猟が主であったとみられ、大型のクマについては、おとし穴・罠猟の可能性はあるものの、弓・槍猟が多かったにちがいない。おとし穴で捕獲する対象獣としては陸獣ではイノシシが考えられる。イノシシは成獣で体長1～1.5mであり、A～C類の規模のおとし穴で捕獲可能である。イノシシが主たる対象獣と考えたい。また、確たる証拠はないものの、本節でA類とした小型のおとし穴はイノシシの幼獣や小型の個体の対象としたことも考えられる。幼獣については捕獲後、成獣になるまでの一定期間、飼養した可能性も想定される。

イノシシを対象獣と考えた傍証として、イノシシが生息した記録のない北海道では、縄文中期後半～後期初頭に限定されるだ円形・溝状のおとし穴の分布がある（藤原 2010）ものの、縄文前期中葉以前の円形のおとし穴がほとんどみられない事実があげられよう。また、青森県域の円形のおとし穴は雪の少ない太平洋側地域に偏在し、江戸時代には南部藩領内でイノシシによる農作物被害が大きかったこと（福田 2012a）を考えあわせると、日本海側地域に円形のおとし穴が少ないのは、縄文前期中葉以前の遺跡数が少ない事実を割り引いたとしても、イノシシの生息数が太平洋側地域

にくらべてきわめて少なかった事実を
反映しているものとみられる。
　（3）狩猟法
　つぎに、円形のおとし穴によるイノ
シシ猟について考えてみる。イノシシ
には、ヌタ（ニタとも）をうつといっ
て、山間部の沢および湿地や沼などの
水辺でころげまわる習性があり、その
場所はヌタ場といわれている。鶏窪で
は、調査地内に幅15mほどの埋没沢
が確認され、ここに通ずる緩斜面や沢
の岸におとし穴が分布している。まさ
にヌタ場との密接な関わりがみられる
状況である。円形のおとし穴は、ヌタ
場などに通ずるけもの道に複数箇所に
わたり設置されたもので、小枝や葉な
どで覆ってカムフラージュし待ち猟を

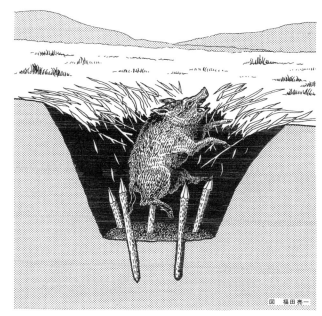

図6　円形のおとし穴の使用想定図

行うためのものだったと推測される。おもにシカの群れを対象とした追い込み猟を行うためのもの
であったと考えられる溝状土坑群とは、対照的な猟法であったとみられる。

5　おとし穴の年代と課題

　以上のような分析結果から、青森県域における溝状土坑以外のおとし穴は、円形（Ⅰ）が大半を
占め、明確なだ円形（Ⅱ）や方形・長方形（Ⅲ）は少ないことが判明した。円形の大半は、太平洋
側に圧倒的に多く、しかも小型から大型までのA～D類がみられるのに対し、野辺地町以西では、
小型・中型のA・B類で、なかでも円柱形が多いことが判明した。円形のおとし穴の年代は、判明
したものでは太平洋側では、おもに中掫浮石との関係から縄文前期中葉以前～早期中葉、日本海側
では竪穴住居跡との重複関係から前期中葉以前である。岩手・秋田両県にも円形のおとし穴は分布
しており、岩手県では県北地域で、同様に中掫浮石層との層序関係から、縄文前期中葉以前という
年代観が示されている。ただし、円形・だ円形・方形・長方形のものすべてがこの年代であるとは
断言できない。これには、今後の他遺構との重複関係や遺構内の遺物の検討を積み重ねていくこと
が必要である。

　1981（昭和56）年に、調査担当者としてたまたま関わったのが八戸市の鶏窪遺跡であった。実際
に調査が始まったのは4月27日であったが、翌5月の26日になって、緩斜面にある大型の円形土坑
の底から杭穴状の小ピットが現れた。これと同様の小ピットをもつ土坑の調査は、1977・1978（昭
和52・53）年に前任地の北海道の新千歳空港予定地内で経験していたため、鶏窪遺跡でも当然のこ
ととして底を精査した。それが結果的に、小ピットの確認・円形のおとし穴の確認へとつながるこ
ととなった。そこで、この調査報告書のなかでは、この円形土坑についてさまざまな考察をくわえ
たわけであるが、何分にも当時はまだこの種の遺構調査例が皆無といっていいほどであったため、

充分な検討を行うことができない状況であった。

　鶉窪遺跡の調査後、35年以上も経った今日、青森県域では、八戸市域を中心に類例が増加し、多くの知見が得られるようになった。本節をまとめるにあたり集成作業に多くの時間を割くこととなり他県例との比較や広域的視野からの検討ができなかったことは今後の課題である。

第2節　考古学からみた中掫(ちゅうせり)浮石の降下年代

1　中掫浮石への関心

　青森県の東部地域に分布する二ノ倉火山灰、南部浮石、中掫浮石、十和田a・b降下火山灰などの十和田火山系のテフラ（Tephra）は沖積世のものとされ、大池昭二や松山力らを中心とする地元の研究者によって精力的に調査・研究が進められ、現在はそれぞれの性状・給源（噴出源）・分布・降下年代などが明らかにされている（大池 1972、松山 1980）。

　本節でとりあげる中掫浮石（Chuseri pumice）は十和田湖中湖(なかのうみ)に給源をもち、青森県東部から岩手県北部に分布しているテフラである。給源に近い地域では黄橙色の粗粒浮石、周辺地域では砂状を呈し、黒色土中に粉末状に含まれるなどしており、粟砂（アワズナ）とも呼称されている。

　このテフラの降下年代は、松山によって、青森県三戸町泉山遺跡などの検出例および14C年代測定値から縄文時代（以後、時代を省略）中期末で4,000B.P.より若干古い年代とされ（松山 1980）、一般化されて（町田 1977）きたわけであるが、1982（昭和57）年、青森県十和田市明戸遺跡の調査によって、中掫浮石の上位から縄文前期後葉の土器が出土して以降、その降下年代は縄文前期後葉以前に遡るとも考えられるようになってきている（松山 1983、高橋ほか 1983、熊谷 1983、町田ほか 1984）。

　さて、筆者が中掫浮石の降下年代に興味をもつようになったのは、1981（昭和56）年の八戸市鶉窪遺跡の発掘調査以降のことである。

　鶉窪遺跡の調査によって、2タイプの「おとし穴」群が発見されたが、このなかで、円形のもの10基は明らかに中掫浮石によって覆われており、また、別タイプのおとし穴と考えられる「溝状ピット」（以下、「溝状土坑」とする）は逆に中掫浮石を掘り込んで構築されていた。筆者は当時、縄文時代の「おとし穴」資料を収集しており（福田 1981b・1983）、その年代に関して、中掫浮石の降下年代に関心をもたざるをえない状況にあった。

　1982（昭和57）年、筆者は、十和田市教育委員会が実施した明戸遺跡の発掘調査、同市相坂遺跡の試掘調査に携わる機会があった。調査の結果、明戸遺跡では中掫浮石の上部から縄文前期後葉の土器、相坂遺跡では中掫浮石の下部から縄文前期初頭の土器が出土するに及んで、従来の年代観の見直しを迫られるにいたったわけである。

　本節では、筆者が調査に携わった事例を中心に、考古学的立場から中掫浮石の降下年代について私見を述べることとしたい。

2　発掘調査4例（図7～10）

　まず、筆者が調査に携わった中掫浮石関係の青森県内4遺跡について概略を述べよう。

①鶉窪遺跡（図10－3・4）

　八戸市田面木字鶉窪に所在。1981（昭和56）年に青森県埋蔵文化財調査センターが県道建設に先立ち発掘調査。層位は6層からなる（図10－3）。第Ⅰ層が黒褐色土（表土）、第Ⅱ層が黒色土、第Ⅲ層が中掫浮石層で調査区域全域に分布しており、粉末状・砂状を呈する。第Ⅳ層が褐色土であり、Ⅳa層（黄橙色浮石を少量含む）とⅣb層（黄橙色小浮石を多めに含む）に区分された。第Ⅴ層が褐色土（黄橙色小浮石—南部浮石（ゴロタ）—を多量に含む）、第Ⅵ層が明黄褐色土（ローム層）である。

　第Ⅲ層の中掫浮石層を遺物・遺構との関係でみると、縄文後期初頭・同前葉（十腰内Ⅰ式）の竪穴住居跡は第Ⅲ層以降に構築され、第Ⅳ層から縄文早期中葉〜前期初頭（吹切沢・ムシリⅠ式、早稲田Ⅴ・Ⅵ類期）の土器が出土した。中掫浮石層の堆積状態は十和田市地域等とは異なり、部分的に砂状を呈するものの、ほとんど粉末状を呈している。したがって、当遺跡における中掫浮石層は縄文前期初頭〜後期初頭に位置づけられる。また、遺構との関係ではおとし穴と考えられる溝状土坑は中掫浮石降下後に構築され、青森県内初出（当時）の円形のおとし穴10基は覆土に中掫浮石（砂状）をレンズ状に含む点（図10－4）から、中掫浮石降下以前に構築されたと考えられた。調査の詳細については『鶉窪遺跡発掘調査報告書』（青森県埋文　1983d）に述べられている。

②昼巻沢遺跡（図10－5・6）

　福地村（現南部町）樺木字昼巻沢、八戸市櫛引字取揚石にまたがって所在。1981（昭和56）年（福地村域）・1982年（八戸市域）に青森県埋蔵文化財調査センターが東北縦貫自動車道建設に先立ち発掘調査。層位は9層からなる（図10－5・6）。1981年の調査では第Ⅰ層が黒褐色土（表土）、第Ⅱ層が黒色土、第Ⅲ層が黒褐色土、第Ⅳ層が中掫浮石層で調査区全域に分布、砂状を呈し一部に厚く堆積している。第Ⅴ層が黒橙色土、第Ⅵ層が明褐色土で南部浮石層である。

　第Ⅳ層の中掫浮石層を遺物・遺構との関係でみると、縄文中期末〜後期前葉（大木10・十腰内Ⅰ式期）の土器が出土し、第Ⅴ層から縄文早期中葉の物見台式土器片が1点出土した。また、遺構との関係では、溝状土坑が中掫浮石降下後に構築されていた。なお、1982年の調査では、中掫浮石層の下位から縄文早期末の早稲田Ⅴ類土器が出土した。したがって、当遺跡における中掫浮石層は縄文早期末〜中期末に位置づけられる。調査の詳細については『昼巻沢遺跡発掘調査報告書』（青森県埋文　1984d）に述べられている。

③明戸遺跡（図7・8、図10－1・2）

　十和田市滝沢字明戸に所在。1982・1983（昭和57・58）年に十和田市教育委員会が畑地改良に先立ち発掘調査。層位は1982年の調査では第Ⅰ層が暗褐色土（表土）、第Ⅱ層が黒褐色土、第Ⅲ層が中掫浮石層で調査区全域に分布、黄橙色の小浮石塊が厚さ15〜50cmで密に堆積していた。第Ⅳ層が黒褐色土である（図8）。

　第Ⅲ層の中掫浮石層を遺物・遺構との関係でみると、第Ⅰ・Ⅱ層から縄文前期後葉、縄文中・後・晩期の遺物が多数出土している。第Ⅲ層上面から図8－2の多軸撚糸文の施された円筒深鉢形の土器が横転した状態で出土し、さらに第Ⅲ層上部には木目状撚糸文が施された円筒深鉢形の土器が埋設されて直立して出土した（図8－1、図10－2）。これらの土器はいずれも縄文前期後葉の円筒下層d1式に比定されるものである。また遺構との関係では、縄文前期後葉のフラスコ状土坑も中掫浮石降下後に構築されている。

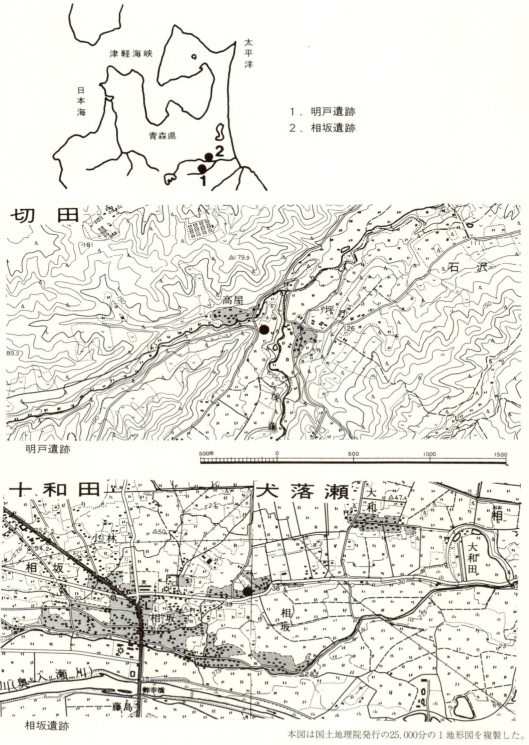

図7　十和田市明戸・相坂遺跡の位置

1．明戸遺跡
2．相坂遺跡

明戸遺跡

相坂遺跡

本図は国土地理院発行の25,000分の1地形図を複製した。

第1章　おとし穴・鯨類　17

　以上の事実は1983年の調査でも確認されており、中掫浮石降下後に縄文前期後葉（円筒下層 d 1式）のフラスコ状土坑や同中期の竪穴住居跡群が構築されていた。したがって、当遺跡における中掫浮石は円筒下層 d 1 式期以前と明白に位置づけられることとなったわけであり、この意味で画期的な意味をもつ調査となった。調査の詳細は『明戸遺跡発掘調査概報』・『明戸遺跡発掘調査報告書』（十和田市教委　1983・1984）に述べられている。

　④相坂遺跡（図7・9）

　十和田市相坂字相坂に所在。1982（昭和57）年に十和田市教育委員会が市道拡幅に伴い試掘調査。6個の試掘穴のうち、遺物が出土したのはTP－6のみである。層位は第Ⅰ層が黒褐色土（厚さ10cm）、第Ⅱ層が中掫浮石層（黄橙色の小浮石塊が厚さ20cmほどに密に堆積）、第Ⅲ層が黒色土であ

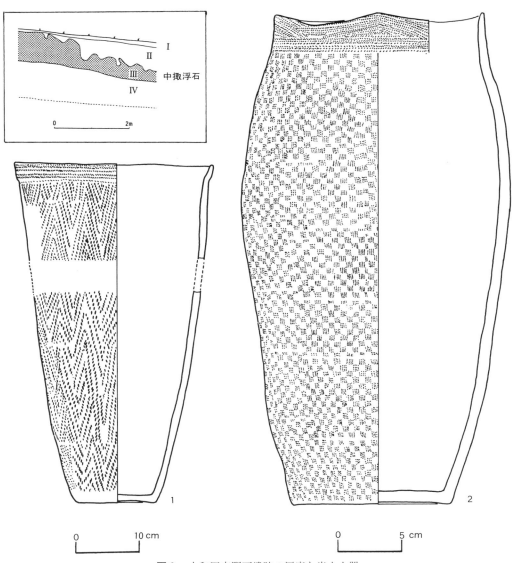

図8　十和田市明戸遺跡の層序と出土土器

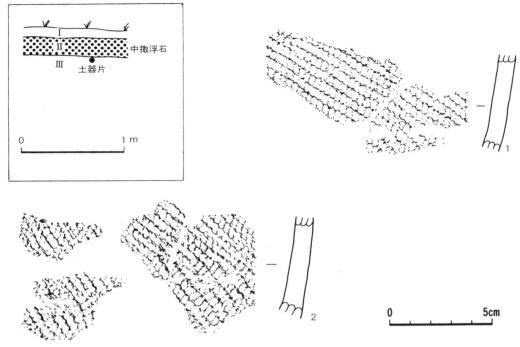

図9 十和田市相坂遺跡の層序と出土土器

る。
　第Ⅱ層の中掫浮石層を遺物（遺構は確認されず）との関係についてみると、第Ⅱ層直下（第Ⅲ層上部）から縄文土器の小破片が6点出土した（図9）。1・2ともRLRの複節斜縄文が施されており、にぶい黄橙色を呈している。胎土には植物繊維痕が認められ、同一個体の可能性が強いものである。これらは縄文前期初頭の早稲田Ⅵ類土器に比定されると考えられるものであり、当遺跡における中掫浮石は縄文前期初頭以降に位置づけられる。
　なお、当資料は未報告であるため、ここに紹介することとした。
　以上、4遺跡の事例について紹介したが、これらを年代的にまとめてみると、中掫浮石は縄文前期初頭の早稲田Ⅵ類土器期と前期後葉の円筒下層d1式期の間に降下したものと考えられる。

3　各地の中掫浮石と考古資料との関係

　前項において、筆者が直接関わった調査事例から中掫浮石の降下年代をおおまかに推定したが、この想定（推定）年代と他の各地の調査事例との比較を行うため、中掫浮石層と考古資料との関連のみに注目して表にまとめた（表1）。
　この表によってみると、中掫浮石の降下年代の下限は、青森県古街道長根・右エ門次郎窪・田ノ上遺跡、岩手県上里・田代・道地Ⅲ遺跡などの事例のように、縄文前期後葉の円筒下層d1式期と考えられる例が多い。また上限は、青森県和野前山・長七谷地8号・長七谷地貝塚・長者森・馬場瀬（2）・三合山・外長根（4）遺跡、岩手県沢内B・上里・家ノ上・長瀬A遺跡などの事例のように縄文前期初頭と考えられる例が多い。

十和田市明戸遺跡

中撮浮石と円筒下層d式 2

八戸市鶉窪遺跡

中撮浮石と円形のおとし穴（第13号ピット） 4

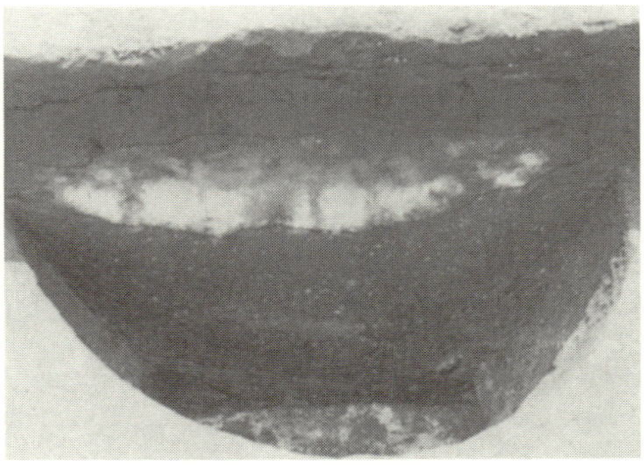

八戸市南部町 昼巻沢遺跡

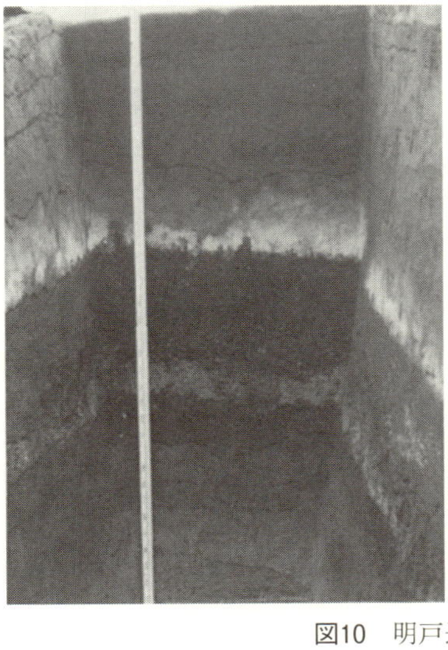

（昭和56年調査） 5

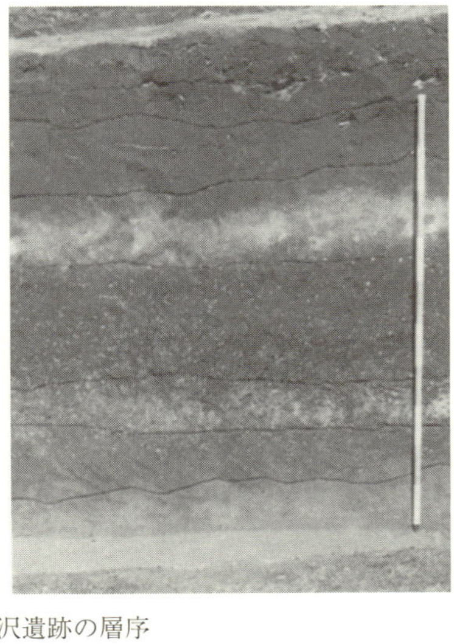

（昭和57年調査） 6

図10　明戸遺跡・鶉窪遺跡・昼巻沢遺跡の層序

表1　中掫浮石関係調査遺跡一覧

〈青森県〉

No.	遺跡名	中掫浮石と考古資料との関係	引用文献
1	上北町古屋敷貝塚	縄文前期後葉（円筒下層d式）の土器の包含層中に中掫浮石？あり。	町教委1983
2	五戸町中ノ沢西張	縄文中期末～後期初頭の竪穴住居跡が中掫浮石層の上位から掘り込まれている。	県埋文報29
3	五戸町古街道長根	縄文前期後葉（円筒下層d式）・同中期（同上層c式）・同後期前葉（十腰内Ⅰ式）の土器が中掫浮石層の上層から出土し、下層から同早期の貝殻文土器、早稲田Ⅳ・Ⅴ類土器が出土。	県埋文報29
4	倉石村薬師前	縄文後期前葉（十腰内Ⅰ式）の土坑（甕棺墓）が中掫浮石層の上位から掘り込まれている。	市川1979、※村埋文報1
5	名川町虚空蔵	縄文晩期の土器が中掫浮石層の上層から出土。中掫浮石と円筒上層a式期のフラスコ状土坑との関係は不明。	町教委1978
6	三戸町泉山	縄文中期中葉の円筒上層e式、大木7b～8a式期のフラスコ状土坑の覆土に中掫浮石が主体的にみられる。	県埋文報31
7	八戸市和野前山	縄文早期・同前期初頭（早稲田Ⅵ類）の土器が中掫浮石層の下層から出土。	県埋文報82
8	八戸市売場	縄文早期・同前期初頭（早稲田Ⅵ類等）の土器が中掫浮石層の下層から出土。	県埋文報93
9	八戸市長七谷地1号	縄文早期中葉（物見台式）の土器が中掫浮石層の下層から出土。	県埋文報51
10	八戸市長七谷地2号	縄文早期後半（早稲田Ⅳ・Ⅴ類）・同前期前半（大木2a式）の土器が中掫浮石層の下層から出土。	県埋文報51
11	八戸市長七谷地8号	縄文早期（貝殻文土器、早稲田Ⅳ・Ⅴ類）、同前期初頭（早稲田Ⅵ類等）の土器が中掫浮石層の下層から出土。	県埋文報51
12	八戸市長七谷地貝塚	縄文早期（白浜式～早稲田Ⅴ類）、同前期初頭（上川名2式に比定、綱文系）の土器が中掫浮石層の下層から出土。	県埋文報57
13	八戸市長七谷地貝塚	縄文早期後葉（赤御堂式）の土器が中掫浮石層の下層から出土。	市埋文報3
14	八戸市長七谷地2号	縄文早期（白浜式～早稲田Ⅴ類）の土器が中掫浮石層の下層から出土。	市埋文報8
15	八戸市長七谷地7号	縄文早期（物見台式～赤御堂式）の土器が中掫浮石層の下層から出土。	市埋文報8
16	八戸市鳥木沢	縄文前期・中期後葉（榎林式）の土器が中掫浮石層の上層から出土し、下層から縄文早期中葉（白浜式・物見台式）の土器が出土。中掫浮石層を二次堆積とする。	市埋文報13
17	八戸市丹後谷地（1）・（2）	縄文中期末～後期初頭の竪穴住居跡が中掫浮石層の上位から掘り込まれており、縄文中期末～晩期の土器が中掫浮石層の上層から出土。	市埋文報13
18	八戸市田面木平（1）	縄文後期前葉の竪穴住居跡が中掫浮石層の上位から掘り込まれており、縄文中期末（大木10式）～後期中葉（十腰内Ⅱ式）の土器が中掫浮石層の上層から出土。中掫浮石層を二次堆積とする。	市埋文報13
19	八戸市丹後谷地（4）	縄文中期後半～後期前葉の土器が中掫浮石層の上層から出土。	市埋文報13
20	八戸市長者森	縄文早期（貝殻文土器～早稲田Ⅴ類）、同前期初頭（早稲田Ⅵ類・長七谷地Ⅲ群）の土器が中掫浮石層の下層から出土し、上層から縄文後・晩期の土器が出土。	県埋文報74
21	八戸市韮窪	縄文中期末（大木10式併行）～後期前葉（十腰内Ⅰ式）の土器が中掫浮石層の上層から出土。	県埋文報84
22	八戸市鴨平（2）	縄文後期前葉（十腰内Ⅰ式）～晩期の土器が中掫浮石層の上層から出土。	県埋文報73
23	八戸市鴨平（1）B・C地区	縄文後期前葉（十腰内Ⅰ式）～晩期の土器が中掫浮石層の上層から出土。	県埋文報72
24	南郷村鴨平（1）A地区	縄文前期後葉（円筒下層d式）の土器が中掫浮石層の上層から出土し、下層から早期後葉（早稲田Ⅴ類類似）・前期初頭（早稲田Ⅵ類）の土器が出土。	県埋文報72
25	南郷村馬場瀬（1）	縄文後期後葉（十腰内Ⅳ式）の竪穴遺構が中掫浮石層の上位から掘り込まれており、中掫浮石層の下層から縄文早期（貝殻文～赤御堂式）の土器が出土。	県埋文報70
26	南郷村馬場瀬（2）	縄文後期後葉（十腰内Ⅳ式）の土器が中掫浮石層の上層から出土し、下層から縄文早期末～前期初頭の土器が出土。	県埋文報70
27	南郷村右エ門次郎窪	縄文前期後葉（円筒下層d1式）、同中～晩期の土器が中掫浮石層の上層から出土。報告者は、前期後葉の土器を混入とする。	県埋文報69
28	南郷村三合山	縄文前期初頭（早稲田Ⅵ類）の土器が中掫浮石層の直下から出土。	県埋文報69
29	南郷村外長根（4）	縄文前期初頭（早稲田Ⅵ類）の土器が中掫浮石層の下層から出土。	県埋文報64
30	南郷村田ノ上	縄文前期後葉（円筒下層d式）の竪穴住居跡が中掫浮石層の上位から掘り込まれており、円筒下層d式～後期前葉（十腰内Ⅰ式）の土器が中掫浮石層の上層から出土。	県埋文報65
31	南郷村石ノ窪（2）	縄文前期後葉（円筒下層d式）の土器1点、同晩期の土器が中掫浮石層の上層から出土。	県埋文報92

〈岩手県〉

32	二戸市荒屋B	縄文後期前葉（十腰内Ⅰ式）の竪穴住居跡が中撫浮石層の上位から掘り込まれている。	県教委1977
33	二戸市沢内B	縄文中期末（大木10式）の竪穴住居跡が中撫浮石層の上位から掘り込まれており、早期末～前期初頭（早稲田Ⅵ類に近い）の土器が中撫浮石層の下層から出土。	県埋文報7
34	二戸市中曽根	縄文晩期の竪穴住居跡が中撫浮石層の上位から掘り込まれており、同層の上層から晩期の土器が出土している。縄文前期末（円筒下層d2式）の竪穴住居跡が中撫浮石層下で検出され、前期末～中期の土器も同層下層から出土。	市教委1978
35	二戸市中曽根Ⅱ	縄文早期末～前期前葉の竪穴住居跡の覆土に中撫浮石層がレンズ状に堆積し、同層の上位から大木2b式土器が出土する例、下位から大木2b式土器が出土する例がある。	市教委1981
36	二戸市家ノ上	縄文中期末～後期初頭の竪穴住居跡が中撫浮石層の上位から掘り込まれており、同層下層から縄文早期末～前期初頭の土器が出土。	県埋文報35
37	二戸市長瀬A	縄文中期末～後期初頭の竪穴住居跡が中撫浮石層の上位から掘り込まれており、同層下層から縄文早期末～前期初頭の土器が出土。	県埋文報35
38	二戸市長瀬B	縄文早期末・同前期前葉の土器が中撫浮石層の下層から出土。	県埋文報36
39	二戸市上里	縄文前期後葉（円筒下層d1式）～中期（円筒上層a式～大木8式）の遺構が中撫浮石層の上位から掘り込まれており、同層下位から縄文前期初頭（早稲田Ⅵ類）の土器が出土。	県埋文報55
40	二戸市上村	縄文中期末（大木10式）の竪穴住居跡が中撫浮石層の上位から掘り込まれている。	県埋文報56
41	二戸市上田面	縄文早期の土器が中撫浮石層の下層から出土。	県埋文報23
42	二戸市火行塚	縄文前期前葉の竪穴住居跡が中撫浮石層の下位から掘り込まれている。	県埋文報23
43	一戸町馬場平2	縄文中期中葉～後葉の大型竪穴住居跡群が中撫浮石層の上位から掘り込まれている。	町文報4
44	一戸町上野B	縄文前期中葉（円筒下層a式）の土器が中撫浮石層及び同層の上層から出土し、縄文前期（型式名不明）の土坑の覆土上部に中撫浮石層がレンズ状に堆積。	町文報5
45	軽米町君成田Ⅳ	縄文中期末の竪穴住居跡が中撫浮石層の上位から掘り込まれている。	県埋文報62
46	軽米町叺屋敷Ⅰa	縄文中期末の竪穴住居跡が中撫浮石層の上位から掘り込まれており、縄文前期（円筒下層a・b式）の土器が中撫浮石層直上から出土。	県埋文報61
47	軽米町叺屋敷Ⅱ	縄文前期後葉（円筒下層d式）・中期～晩期の土器が中撫浮石層とその上層から出土。	県埋文報47
48	軽米町土弓Ⅰ	縄文中期初頭（円筒上層a式）の土器の大半が中撫浮石層中から出土し（一部、中撫浮石下から出土）、同早期（物見台～早稲田Ⅴ類）の土器が中撫浮石層の下層から出土。	県埋文報50
49	九戸村田代	縄文前期後葉（円筒下層d1式）の竪穴住居跡が中撫浮石層の上位から掘り込まれている。	県埋文報41
50	九戸村道地Ⅲ	縄文中期末の竪穴住居跡が中撫浮石層の上位から掘り込まれており、同前期後葉（円筒下層d式）～晩期の土器が中撫浮石層の上層から出土。中撫浮石層を二次堆積とする。	県埋文報64

※ 引用文献の県・市埋文報は青森・岩手県・八戸市埋蔵文化財調査報告書、町文報は町文化財調査報告書を略記したもの。また、市町村名は平成の合併により、次のように変わった。上北町→東北町、倉石村→五戸町、名川町→南部町、南郷村→八戸市、上北町→東北町、倉石村→五戸町。

したがって、前に述べた中撫浮石の降下年代観はほぼ認めてよいのではないかと考えられる。泉山遺跡のフラスコ状土坑の覆土および中曽根遺跡の中撫浮石と遺物との関連の把握には問題があろう。

4　中撫浮石の降下年代と問題点

以上、筆者が調査に関わった4遺跡から中撫浮石の降下年代を推定し、他の青森県東部～岩手県北部の調査事例における中撫浮石層の層位比較を行った結果、中撫浮石の降下年代は縄文前期初頭（早稲田6類土器期）と前期後葉（円筒下層d1式期）の間と考えられるにいたったわけであるが、この点について、中撫浮石に関する年代測定値から検討をくわえてみる。

現在のところ、中撫浮石に関する絶対年代は14C年代測定値のみが発表されている（表2）。これらの年代値のなかで、No.1・2・4のデータは従来の中撫浮石＝縄文中期降下説の根拠ともなったわけであるが、No.7のデータは、それまでの年代値に比して1,000年以上も古く遡る約5,400年前を示している。この試料は、それまでの中撫浮石の上位や下位から得られたものとは大きく異なり、中撫浮石層中から採取されていることから信頼度はきわめて高い。キーリ・武藤（1982）が集成した全国的な縄文時代前・中期の14C年代測定値をみると、北海道では前期が6,100～4,800B.

表2　中掫浮石関係14C年代測定値一覧

No.	採集地点	試料	14C年代測定値	文献
1	青森県南八甲田黄瀬萢湿原	中掫浮石直下の泥炭	4,200±110B.P.	八甲田湿原研究グループ1969
2	青森県南八甲田黄瀬萢湿原	中掫浮石直上の泥炭	2,930±90B.P.	八甲田湿原研究グループ1969
3	十和田市芦沢付近	中掫浮石下層の埋没腐植層	6,550±170B.P.	松井ほか1969
4	十和田市芦沢付近	中掫浮石の上位腐植層	3,920±140B.P.	松井ほか1969
5	北八甲田田代湿原	十和田B火山灰直下の泥炭	5,250±120B.P.	田高1976
6	北八甲田田代湿原北西部の空川西岸	中掫浮石直下の泥炭	4,680±120B.P.	辻ほか1983
7	十和田湖町休屋東方約1.5km	中掫浮石層中の炭化木片	5,390±140B.P.	早川1983
8	秋田県鹿角市大湯ストーンサークル	大湯浮石直下の木炭	3,680±130B.P.	渡辺1966

※　十和田湖町は平成の大合併により十和田市に変わった。

図11　中掫浮石の堆積（明戸遺跡付近）

P.、中期が5,100～4,050B.P.、東北地方では前期が6,000～4,600B.P.、中期が4,600～4,000B.P.、関東地方では前期が6,100～4,700B.P.、中期が4,800～4,050B.P.となっている。これらの年代と5,390±140B.P.の年代値とを比較してみると、まさに縄文前期に相当する年代値ということができよう。したがって、中掫浮石の降下年代は相対年代と絶対年代がほぼ一致するといってよい。

さて、中掫浮石の降下年代を縄文前期と推定したが、前期のいつ頃に相当するのであろうか。

これに関しては、岩手県叺屋敷Ⅰa遺跡では縄文前期中葉の円筒下層a・b式、上野B遺跡では円筒下層a式が中掫浮石層の上位から出土した例がある。中曽根Ⅱ遺跡では前期中葉の大木2b式土器と中掫浮石が密接な関連をもっている。長七谷地2号遺跡では大木2a式土器片が中掫浮石層下位から出土した例がある。

したがって、今後、中掫浮石のより詳細な降下年代を考えるには、円筒下層a・b式および大木2式などとの関連についてより注意していく必要があろう。また、従来どちらかといえば中掫浮石給源から離れた地域の事例を中心にして考古資料との関連が追求されてきたという状況を鑑みると、給源に近い地域での資料の発掘調査も不可欠となろう。

ところで、中掫浮石の同定に関する問題も示されてきている。中掫浮石が縄文中期末に降下したと考えられていた頃に、中掫浮石が縄文前期の遺構・遺物と密接な関連をもって検出された事例に対し、中掫浮石が2枚あるのではないか、あるいは降下年代が大幅に異なる別種の火山灰なのではないかとの疑問（高橋ほか 1983、岩手県埋文 1983）が出された。さらに、明戸遺跡で検出された中掫浮石に対し、蛍光X線分析を用いた同定では南部浮石ではないかとの疑問も出された（三辻1984）。肉眼的には区別しがたい類似したテフラの同定には、今後、種々の分析結果の蓄積をまって、総合的に判断していくほかはないであろう。

中掫浮石を含め、十和田火山系テフラの降下年代の追求は、東北地方北部の考古学的編年研究に

大きく寄与するものである。この意味で、いうまでもないことであるが、当該研究には考古学を含めた関連諸科学間の interdisciplinary な交流が今後とも必要不可欠なものとなる。

5　研究の進展と新たな知見

中掫浮石（十和田－中掫テフラ：To-Cu）の降下年代については、1992（平成4）年から青森県埋蔵文化財調査センターが開始した八戸市畑内(はたない)遺跡の調査で、中掫浮石上位から円筒下層a式が多数出土したことから、松山力および木村鐵次郎はその降下年代を、前期中葉の円筒下層a式以前とするに至った（松山・木村 1997）。また、1996（平成8）年の同センターによる十和田市大和田遺跡の調査では、中掫浮石下位から前期初頭の長七谷地第Ⅲ群土器が出土した（青森県埋文 1997a）。また、1996・1997（平成8・9）年の十和田市教育委員会による寺上遺跡の調査では、中掫浮石の上層から円筒下層d式、中掫浮石層および下層から円筒下層a式と、大木式との関連が考えられる土器が出土した。さらに中掫浮石のC14年代測定値（補正値）は、上限が6,330±70B.P.、下限が5,670±70B.P. とされた（十和田市教委 1999）。

2004（平成16）年には、星雅之と須原拓が、岩手県の事例から、降下年代はほぼ大木(だいぎ)2b式期であるとする論考を発表したが、円筒下層a式より古いかどうかの決定は時期尚早とし、さらに大木2a・b式、大木3式と円筒下層a式との関係についても指摘した（星・須原 2004）。同様の考えは、星雅之と茅野嘉雄も述べ、大木2b式と中掫浮石との関係把握は円筒下層a式と双方の併行関係の解明にも繋がる重要事項であり、そのためには東北地方中部・北部の大木2b式の内容提示が必要であるとした（星・茅野 2006）。

中掫浮石の降下範囲については、1993（平成5）年に青森市教育委員会が調査を行った旧小三内遺跡（後に三内丸山遺跡に統合）（青森市教委 1994）、1998年に青森県教育委員会文化課（青森県教委 1999）、1999～2001年に青森市教育委員会が調査を行った大矢沢野田(1)遺跡（青森市教委 2000・2002a）、さらに2000年に野辺地町教育委員会が調査を行った向田(18)遺跡（野辺地町教委 2004）でも確認され、従来認識されていた分布範囲を西に北に広げている。青森県東部だけでなく、西部の遺跡にも関わるテフラになってきている。中掫浮石の降下年代については、円筒下層a式直前、大木2式あたりとかなり絞られてきているが、発掘調査に際しては、これにとらわれることなく、虚心坦懐に遺跡に向き合うべきであろう。

また、中掫浮石の降下が与えた縄文社会への影響も指摘されるようになってきている。工藤大は、それまでの事例を踏まえ、円筒下層a式と表館式との間に編年づけられる深郷田(ふこうだ)式期の遺跡が青森県太平洋側で減少することなどから、この現象をこの時期に降下した火山灰災害によるものと推測した（工藤大 1995）。

青森県における縄文集落の分布密度は、早期から前期中葉まで東高西低がつづく特徴があるが、前期中葉の円筒下層a式期ごろから、青森市三内丸山遺跡やつがる市石神遺跡などで集落が営まれるようになり、以後東西ともほぼ同程度の分布密度になる。中掫浮石の降下年代が、ほぼ前期前・中葉に絞り込まれてきたことにより、20年以上も前からすでに頭にあった浮石降下による災害の影響、さらに、浮石降下と被災住民の日本海側への集団移住の問題（福田 2005、青森市史編集委員会 2011）がより現実味を帯びてきた。考古学には今後、このような災害と集落の展開などとのかかわりを念頭においた研究も必要であろう。

第3節　下北半島尾駮・鷹架沼周辺の溝状土坑群

　北海道および関東・東北地方において、近年多数の「溝状土坑」(2)と呼称される遺構が検出されてきている。この土坑は平面が長さ2～4m、幅40～80cm、深さ1～1.6mほどの、細長い溝状形態の遺構であり、一般的に「おとし穴」としての機能をもつものと考えられている。このため、この遺構について、北海道では「Tピット」（TはTrapの頭文字）、岩手県では「陥し穴状遺構」と呼称する研究者が多い。青森県では「溝状土坑」の呼称を用いている。

　溝状土坑の特徴として、内部に人為的に埋めた遺物の検出例が皆無であること、さらに1基単独で検出される例に比して、多数まとまって検出され、その配列に何らかの意図が認められる事例が多数をしめることなどがあげられる。

　溝状土坑は現在、関東以北、北海道にいたる東日本一帯に広くみられるが、とくに北海道南西部、青森・秋田・岩手の3県に密集するように分布している。青森県は位置的にその分布の中心をしめており、1973（昭和48）年以降の発掘調査の増加に伴い、多数検出されてきている。

　青森県内では、1977（昭和52）年以降、八戸市および上北郡六ヶ所村において顕著に発見されるようになり、1遺跡において100基以上まとまって検出される例も決して珍しくなくなってきた。六ヶ所村の尾駮・鷹架沼周辺に位置する発茶沢（1）遺跡では計437基という多数の溝状土坑が検出された。しかも本地域ではひとつの地域内における溝状土坑の調査結果が公表され、その内容が比較的詳細に把握されている。本節では、この尾駮・鷹架沼周辺の事例の分析を通じて、他の各地の溝状土坑群との比較を行い、種々の点について考察をくわえようとするものである。

1　溝状土坑研究小史

　わが国において溝状土坑が初めて発見されたのは、決して古いことではなく、1953（昭和28）年、北海道においてである。

　1953年4月、北海道静内町（現ひだか町）御殿山遺跡の発掘調査が行われた際に溝状土坑が検出されたが、翌1954年の調査報告（河野ほか 1954）によれば、この土坑が縄文時代後期末葉～晩期初頭の墓坑底部と重複して検出されたため、用途として墓坑の附属施設と考えられた。しかしながら、1961（昭和36）年の同第3次調査報告（河野・藤本 1961）においては、溝状土坑と墓坑が重複せず離れて検出された点およびその形態から、墓坑の附属施設とする考え方に自ら疑問をなげかけた。そしてその年代については、1953（昭和28）年の調査時の双方の重複関係から、縄文時代後期末葉～晩期初頭以前に遡るものとした。

　1967（昭和42）年、同じく北海道の函館空港第Ⅰ遺跡の発掘調査が行われた。この調査（函館市教委 1967）によって、溝状土坑（ここではTピット）が54基まとまって検出されたが、調査者はピット内外の土壌のリン酸分析結果にもとづいて墓坑説を否定した。そしてその分布状態からGトラップ（重力わな）と考え、「おとし穴」説を初めて提唱した。また年代については、駒ヶ岳E火山灰との層序関係や堆積状況によって、縄文時代以降、中世以前と考えた。

　しかしながら、このような画期的な用途論も、その分析が詳細に行われたわけではなく、しかも正式な調査報告書が一般には刊行されなかったため、しばらくの間は調査関係者にしか知られてい

なかった。これはこの土坑の研究の進展上、残念なことであった。

なお、この年代については、1975（昭和50）年に函館空港第4地点遺跡の調査結果の一部が発表され（石本ほか 1975）、溝状土坑が銭亀沢火山灰（4,470±100B.P.）によって覆われている旨が紹介された。

1970・1971（昭和45・46）年には、神奈川県横浜市霧ヶ丘遺跡の調査が考古学者や民俗学者からなる調査団によって行われた。この報告書（霧ヶ丘遺跡調査団 1973）によれば、調査によって計123基の土坑が検出された。土坑は主として楕円形、方形のものであり、形態によりA～H型に分類された。このなかでE型とされたものは2基のみであるが、底面の小ピットをもつ点を除けば、溝状土坑に酷似した形態のものである。調査者は、考えられ得る種々の用途を想定したうえで、その立地、長軸方向、埋まり方などの分析からこれらの土坑群を「おとし穴」と結論づけている。また、年代については出土遺物により縄文時代早期後半のものとした。

霧ヶ丘遺跡における用途論はきわめて説得力をもつものであり、この調査および報告書の刊行によって、縄文時代における狩猟形態の一部があらためて浮き彫りにされることとなり、以後の各地の考古学研究者の問題意識に少なからぬ変革を迫ることとなった。この意味で溝状土坑研究に大きな弾みをつける結果となったわけである。

この調査後、1972・1973（昭和47・48）年にいたって東北地方北部においても溝状土坑が次第に発見されるようになり、溝状土坑＝おとし穴とする考え方がひろまるようになる。さらに1975年以降、溝状土坑の検出例が増加するにつれて、これに関する調査報告、論考が顕著になってくる。

霧ヶ丘遺跡の調査にあたった今村啓爾は1976（昭和51）年、「縄文時代の陥穴と民族誌上の事例の比較」と題する論考（今村 1976）を発表した。そして、霧ヶ丘遺跡の調査報告書であまりふれられなかった、土坑と世界各地の未開民族のおとし穴の類似性の指摘を行い、土坑をおとし穴とする自説を補強している。また、報告書のなかでE型とした土坑と類似するものが西アフリカのおとし穴にみられる点も指摘した。

一方、宮沢寛、今井康博は関東地方における溝状土坑を含めたおとし穴の総合的論考（宮沢・今井 1976）を発表した。

また、石本省三は、函館空港予定地内の遺跡の溝状土坑を中心に、「Tピットの謎」（石本 1976）として、種々の問題について述べた。

名久井文明は同年、「北日本における石器時代の溝状ピットについて」（名久井 1976）と題する論考を発表し、溝状土坑＝便所説を開陳した。

1977（昭和52）年に入って、北海道新千歳空港予定地内の美沢川流域の調査報告書（北海道教委 1977・1978・1979、北海道埋文 1980・1981・1982）が刊行され、降下年代が14C年代で1,640±90B.P.の縄文時代晩期終末期直後とされている樽前C降下軽石層（Ta-C）下の溝状土坑群が紹介されることとなった。

また、函館空港第4地点遺跡・中野遺跡の報告書（市立函館博物館編 1977）も刊行され、計261基もの溝状土坑が検出されている。

札幌市S-267・268遺跡の調査報告書も刊行された（札幌市教委 1977a）。このなかで内山真澄は、計60基検出された溝状土坑について、立地、土坑内の土層堆積、形態分類、土坑の配列、年代、用途について詳しく論じた（内山 1977）。またこの遺跡において、1975（昭和50）年度に発掘調査

した溝状土坑を1年後に再調査し自然崩落による埋没実験の結果もあわせて紹介した。

同じく札幌市S-265遺跡の調査報告書（札幌市教委 1977b）も刊行され、溝状土坑内から土壌サンプルを採取し、その性格、時期、当時の自然環境を解明するための手がかりを得ようと花粉分析を行い、その結果を紹介した。

1978（昭和53）年に入って、岩手県都南村（現盛岡市）湯沢遺跡の報告書（岩手県埋文 1978）が刊行された。166基検出され、年代については他の遺構との重複関係などから縄文時代中期末葉～後期初頭と考えている。

渡辺俊一は「厚真1遺跡のTピットについて」（渡辺俊 1978）と題する論考を発表し、溝状土坑研究の現状、形態区分、立地と配列性、使用年代などについてふれ、溝状土坑調査のうえでの問題点を指摘した。

また、石岡憲雄は「おとし穴」（石岡 1978）と題して、溝状土坑などに言及した。このなかで、年代については中世まで降るものもあるとし、馬に関連した遺構と考えている。この見解は後年さらに詳細に述べている（石岡 1980）。

1980（昭和55）年には、青森県八戸市長七谷地遺跡の報告書（青森県教委 1980d）が刊行された。計101基検出され、土坑の平面形態と規模、長軸方向、確認面、覆土、配置、時期について述べられている。時期については、遺構の上部からややまとまった弥生時代前期の二枚橋式土器が出土し、さらに中掫浮石層を掘り込んでいることから、縄文時代中期から縄文時代晩期末の間と考えられた。[3]

1981（昭和56）年には、瀬川司男が「陥し穴状遺構について」（瀬川司 1981）と題する論考を発表し、溝状土坑を含めて岩手県内のおとし穴とされる遺構をまとめ、機能と時期、立地と分布、分類などについて述べた。

また、筆者は「溝状ピット研究に関する覚書」（福田 1981b）と題して発表し、溝状土坑の用途、年代、種々の調査・研究に関する事例をまとめ、今後の調査・研究上の問題点を指摘した。

1982（昭和57）年に入って、1979・1980年に発掘調査された六ヶ所村発茶沢（1）遺跡の報告書（青森県埋文 1982a）が刊行された。計431基という多数の溝状土坑が検出され、これらについて、検出層位、遺構との重複、出土遺物、規模、形態、覆土の状況、分布、配列などの観点から分析されている。溝状土坑をおとし穴と考えた場合、当遺跡の土坑群がどのように理解されるかという視点で述べており、年代については、縄文時代後～晩期としている。

以上、溝状土坑の研究の歩みを概観してきたが、調査事例の増加によって、種々の成果があげられてきているのを知ることができる。しかしながら、溝状土坑の各地域の様相、あり方の把握という、溝状土坑の基礎的研究が大きくたち遅れてきているのが実状である。この意味で、関東地方における宮沢寛および今井康博の作業は、「おとし穴」の基礎的研究の方向性を示したものとして高く評価されよう。

2　尾駮・鷹架沼周辺の地形と溝状土坑群

（1）周辺の地形（図12・14）

下北半島頸部には、北から尾駮沼、鷹架沼、市柳沼、田面木沼、内沼そして小川原湖の大小6つの湖沼があり、「小川原湖沼群」と呼称されている。小川原湖沼群のうち、内沼以北はすべて青森

第1章 おとし穴・鯨類 27

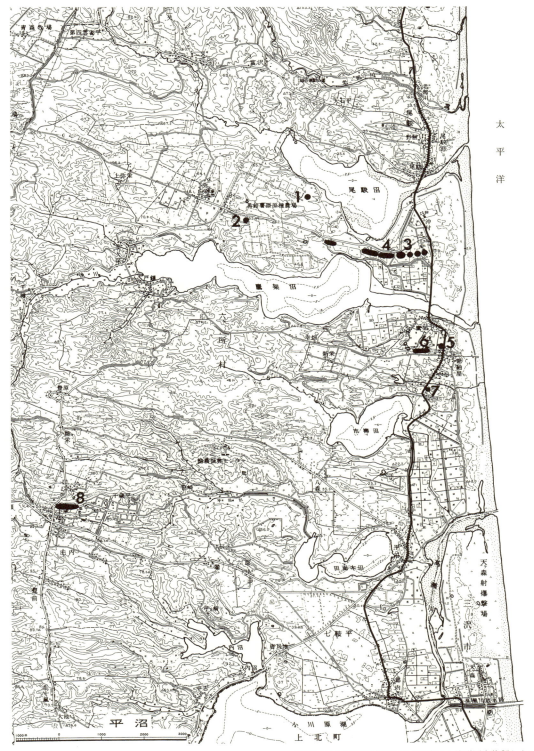

本図は国土地理院発行の50,000分の1地形図を複製した。

図12 尾駮・鷹架沼周辺の溝状土坑群検出遺跡

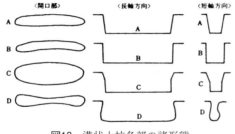

図13　溝状土坑各部の諸形態

県上北郡六ヶ所村に属する。

　六ヶ所村は本州最北の下北半島頸部の太平洋岸に位置し、西北は吹越山地、東は太平洋に、南は小川原湖によって画された、南北に長い地域である。

　この地域に、上述の湖沼群が南北方向に並んでおり、その東側に天ヶ森砂丘が約200m幅で海岸沿いに走っている。また、その内側には標高5〜23mの古砂丘もみられる。

　各湖沼の周辺には標高12〜50mの七鞍平段丘と呼ばれる海成段丘が発達している。さらに西方の半島中央部にはより高位（標高60〜100m）の海成段丘である千歳段丘がみられる。

　七鞍平段丘のなかで、とくに尾駮沼と鷹架沼の間の段丘面は幅200〜500m、長さ1kmあまりの陸橋状地形を呈している。七鞍平段丘は開析の度合が低いため、起伏のない平坦な地形を呈しており、各湖沼とは比高差20〜30mの急傾斜の湖崖で接している。崖下の湖沼周囲には沖積低地が小面積ながらみられる。

　これらの段丘上には、旧石器時代から縄文時代、弥生時代、歴史時代の竪穴住居跡・館跡などの遺跡が多数立地しているが、とくに平安時代の竪穴住居跡群がいまだ埋没しきらずに窪みとなって多数残されていることは意外に知られていない。

　さて、1969（昭和44）年、この地域が新全国総合開発計画の有力候補地として指定され、1971（昭和46）年にその開発構想の概要が発表され、いわゆる「むつ小川原大規模工業開発」がスタートすることとなるが、これに伴い破壊されるおそれのある埋蔵文化財の保護を目的として、青森県教育委員会は翌1972年以降、分布調査、試掘調査さらに発掘調査を実施して、現在にいたっている。

　のちに述べるこの地域の溝状土坑はすべてこの開発に伴い、青森県教育委員会文化課および青森県埋蔵文化財調査センターが実施した調査によって検出されたものである。現在、湖沼群の周辺地域は畑地、放牧地、山林などとして利用されているが、開発予定地は耕作が行われず、荒地化しているところが多い。

（2）溝状土坑の分類（図13）

　この地域の溝状土坑について述べる前に溝状土坑の分類基準についてふれておく必要がある。

　尾駮・鷹架沼周辺では1982年現在、8遺跡で470基が検出されている。以下、これらの土坑の形態分析を通じてその分類基準を明らかにしたい。

　溝状土坑の形態には種々のバラエティがあり、従来は主として平面形態や断面形態などの一部の側面からみた分類が行われてきたが、土坑のなかには平面形態が類似するにもかかわらず断面形態が異なっているものや、逆に平面形態が異なるにもかかわらず断面形態が酷似しているものもみられる。

　このため、本節では溝状土坑を構成する要素として、3つの側面（開口部の平面形態、長軸方向の断面形態、短軸方向の断面形態）に着目し、それぞれの組み合わせにより土坑の形態把握を行うこととした。

開口部の平面形態　大きく次の4形態に分けられる。

　　A類……最大幅が80cm以内であり、細長い溝状形態のもの。

B類……規模はA類と同様であるが、弧状を呈したり、波状にうねった形状のもの。
C類……最大幅が81cm以上あり、楕円形およびそれに近い形状のもの。
D類……両端が中央部より広く、繭状のもの。

長軸方向の断面形態　次の10形態に分けられる。

A類……開口部から底部に向って、両壁面がほぼ直線的にすぼまるように下る形状のもの。
B類……開口部から底部にかけて、両壁面がほぼ垂直に下る形状のもの。
C類……開口部から下方へ、両壁面がほぼ直線的にすぼまるように下るが、壁面中位で屈折して垂下する形状のもの。
D類……両壁面中～下位にかけて、両壁面が外方へ広がる袋状のもの。
E類……A類とB類とを折衷した形状のもので、壁面の立ち上がりが垂直に近いもの、また、両壁面のうち、一方がA類、他方がB類の形状のもの。
F類……A類とC類とを折衷した形状のもので、壁面中位の屈折が少ないもの。また、両壁面のうち、一方がA類、他方がB類の形状のもの。
G類……A類とD類とを折衷した形状のもので、両壁面のうち、一方がA類、他方がD類の形状のもの。
H類……B類とC類とを折衷した形状のもので、両壁面のうち、一方がB類、他方がC類の形状のもの。
I類……B類とD類とを折衷した形状のもので、両壁面のうち、一方がB類、他方がD類の形状のもの。
J類……C類とD類とを折衷した形状のもので、両壁面のうち、一方がC類、他方がD類の形状のもの。

短軸方向の断面形態　A～I類の9形態に分けられるが、その基準は「長軸方向の断面形態」のA～I類と全く同一である。

以上、溝状土坑の3つの側面の形態分類基準を示したが、各土坑についての分類表記は、たとえば開口部の平面形態がA類、長軸方向の断面形態がB類、短軸方向の断面形態がC類の土坑については、ABCと並べて表記することとした。

（3）**尾駮・鷹架沼周辺の溝状土坑群**（図12、14～17、19）

この地域において溝状土坑が発見されているのは、尾駮沼、鷹架沼、市柳沼周辺の地域と田面木沼の西方地域であり、8遺跡470基を数える。ちなみにこの数は、1982年現在、青森県内で検出された溝状土坑総数36遺跡1,092基（既発表のものに限る）の約43%をしめる。

以下、各遺跡ごとのその概要を述べることとする。

尾駮沼～鷹架沼間の地域

①**沖付（2）遺跡**（図12-1）

六ヶ所村尾駮字沖付に所在し、尾駮沼南西部の標高40～50mの七鞍平段丘上に立地する。1978（昭和53）年9～10月に試掘調査（青森県教委 1979a）され、西から東へ緩やかに傾斜する斜面に溝状土坑が1基検出された。開口部の長さは2.70m、幅が50cm、深さが1.06mである。長軸方向はN-50°-Wで、形態はADC。

図14 尾駮・鷹架沼周辺地域の景観

②弥栄平（1）遺跡（図12-2）

　六ヶ所村尾駮字表館に所在し、鷹架沼の北部約800mの標高57〜64mの千歳段丘上に立地する。県道尾駮・有戸線の南側に位置し、中央部に東西方向に走る谷があり、多少起伏がある。調査の結果（青森県教委 1985b）、谷の北側の低い舌状丘陵の平坦部に溝状土坑が1基検出された。開口部の長さは4.30m、幅が50cm、深さが1.41mである。長軸方向はN-58°-Wで、形態はADF。

③表館（2）遺跡（図12-3、図19）

　六ヶ所村鷹架字発茶沢に所在する。尾駮沼の南東、鷹架沼の北東の標高10〜17mの七鞍平段丘上にあり、西は農道を挟んで発茶沢（1）遺跡と接する。地形は多少の起伏はあるが、ほぼ平坦である。1979（昭和54）年4〜10月に発掘調査され（青森県教委 1981a）、溝状土坑が15基検出された。調査区域は4区域に分けられており、東端の第1区では3基検出された。うち2基は南北に並列している。土坑3基の開口部の長さは3.38〜3.64m、幅は63〜80cm、深さは1.12〜1.48mであり、長軸方向はいずれもほぼ東—西を示している。形態はABA、AJC、ACC。

　第2地区では2基が間をあけて検出された。開口部の長さは3.50、3.52m、幅は14、80cm、深さは91cm、1.24mである。長軸方向は1例がほぼ東—西、他はほぼ南—北を示している。形態はAEA、ADC。

　第3地区では1基のみ検出された。開口部の長さが3.10m、幅が69cm、深さが99cmである。長軸方向はほぼ東—西を示している。形態はADF。

　西端の第4地区では9基集中して検出された。開口部の長さは3.00〜4.03m、幅は57〜157cm、深さは1.05〜1.66mである。長軸方向は東—西、南—北、北東—南西などまちまちである。形態はADCが6基、BDCが2基であり、もう1基は幅が1.57mでDDCである。

④発茶沢（1）遺跡（図12-4、図14〜16・17・19）

　六ヶ所村鷹架字発茶沢に所在する。尾駮沼と鷹架沼とに挟まれた、幅200〜500m、長さ1.6kmあまりの台地一帯にひろがる遺跡である。標高は13〜33mであり、西北西から東南東に向かって緩やかに傾斜した、浅い窪地状地形が主であるが、見た目には全面的に起伏の少ない平坦地形である。また、尾駮沼、鷹架沼には比高差17〜20m、10mの崖で接しており、遺跡西端は狭小な陸橋状地形で、全体的に袋小路状を呈している。1973・1974（昭和48・49）年（青森県教委 1974・1975c）、1979・1980（昭和54・55）年（青森県埋文 1982a）に調査され、互いに隣接するA・B地区とその西方750mほどのC地区から、計437基という多数の溝状土坑が検出された。

　A・B地区は標高13〜20mで、西北西から東南東に緩やかに傾斜しているが、地形的にはほぼ平坦である。東部では高さを増し、北から南へ緩やかに傾斜している。この地区において、溝状土坑が400基密集して発見された。

　溝状土坑は、開口部の長さが2.50〜4.40m前後のものがあるが、そのうち3.00〜3.80mのもの

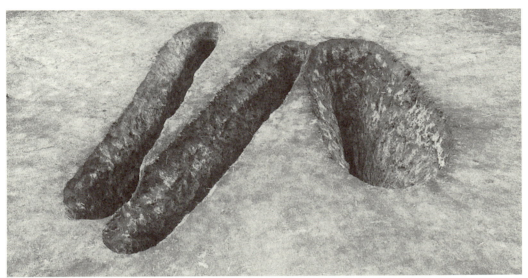

図15　発茶沢(1)遺跡の溝状土坑群

が大多数をしめる。また、開口部の幅は20〜115cm前後のものがあるが、うち40〜80cmが大多数をしめる。深さは50〜180cm前後であるが、80〜160cmのものが大多数をしめる。土坑の長軸方向は、南―北方向を示すものから、東―西を示すものもあるが、N−45°−WからN−83°−Wまでの範囲に含まれるもの、つまり北西―南東方向〜西北西―東南東のものが大部分をしめており、これは、当地区の等高線が走る方向にほぼ沿っていると考えられる。

　形態については、開口部の平面形態がA類のものが圧倒的に多く全体のほぼ76％をしめ、ついでD類、B類、C類の順に多い。形態分類としては、AAA、ABA、AAF、ABFの順に多い。開口部の平面形態がD類のもののなかでは、DDA、DDFが多い。開口部がB類のなかでは、BAF、BAAが多く、C類ではCDAが多い。

　長軸方向の断面形態ではD類が36％、A類が25％、B類が17％、ついでI類、E類、C類の順に多い。短軸方向の断面形態ではA類が50％、F類が30％、以下、C類、E類の順である。

　なお、これらの土坑の底面には逆茂木(さかもぎ)をたてた痕跡と思われる小ピットは1例も検出されなかっ

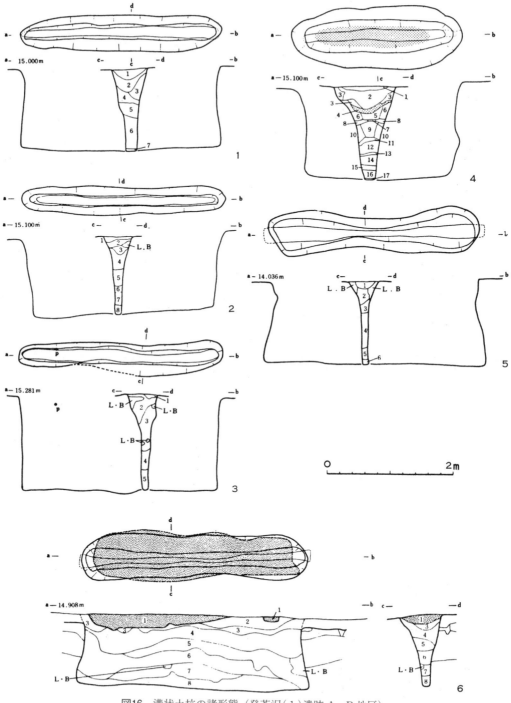

図16　溝状土坑の諸形態（発茶沢(1)遺跡A・B地区）

た。

　これらの溝状土坑は、ほぼ長軸方向を同じくして南北方向に連なる傾向が強く、これを大列としてとらえることができる。大列に沿うものは多数みられ、そのなかでも「く」の字形のものがあるなど個々の土坑に長軸方向の微細な違いがみられる。形態別にその分布をみると、開口部の平面形態のA類は全地域に平均的に分布する。C類はB地区中央部でほぼ南北に4基配列されており、内部には特徴的に焼土が埋め土として含まれている（図16・17）。また、D類もほぼ全地域に分布しているが、傾向としては数基ずつまとまっている。

　ところで、発茶沢（1）遺跡において土坑内中位から最上層にかけて黄褐色火山灰（ローム）、ないしはそれを混ぜた土層がみられるものが計36基発見されている。これらは明らかに土坑の埋め土が、一部人為的に行われたと解されるもので、B地区の中央部にまとまって検出された。

　C地区はB地区の西方約750mにあり、西端が谷に接する標高27～31mの地域である。地形は西方が高く、東方へ緩く傾斜するほぼ平坦な地域である。この地域から溝状土坑が37基検出されたが、とくに西端部に密集している。

　溝状土坑は、開口部の長さが1.76～4.27mのものがあるが、うち3.00～3.60mのものが多い。幅は10～88cmであるが、うち20～60cmのものが多い。土坑の長軸方向はほぼ南―北方向を示すものから、西北西―東南東を示すものまであるが、N-62°-WからN-34°-Wまでの範囲に含まれるもの、つまり北西―南東方向から西北西―東南東のものが多数をしめている。これは、当地区の等高線の走る方向にほぼ沿っていると考えられる。

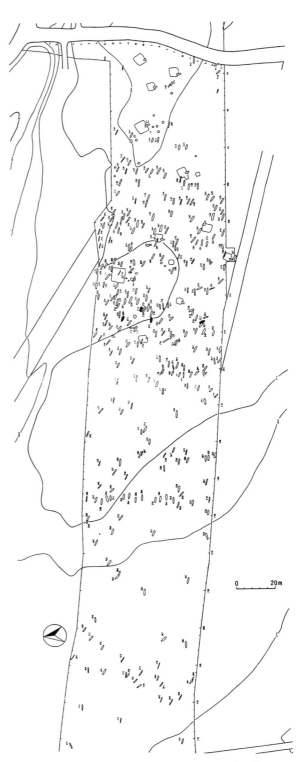

図17　発茶沢（1）遺跡B地区の溝状土坑分布

形態は、開口部の平面形態がA類のものが圧倒的に多く、全体のほぼ78％をしめ、ついでD類（11％）、B類（8％）、C類（3％）の順に多い。形状分類としてADA、ADC、ADFの合計が14例と多いのはA・B両地区の状況と異なっている。
　また、A・B地区でみられた土坑内上位にロームが含まれる例が2基検出された。
　なお、当遺跡の土坑内部の覆土の堆積状況には次の3タイプがあることが確認された（図16）。

> a……底面直上に黒色系の崩落しやすい土層があり、これに往々にして炭化物が含まれている。この上位にロームおよびローム混じりの褐色系の土層があり、その上位は両層の互層となる。最上層は黒色系の土がみられる。このタイプは当遺跡で最も一般的にみられたものである（図16−1〜3・5）。
> b……土坑内中位以下はaタイプに類似してはいるが、中位から最上層にかけて、ロームないしローム混じりの褐色系の土が埋め土として用いられているタイプであり、38基検出された。このタイプは当遺跡において、一定の地域にまとまって検出される傾向がある（図16−6）。
> c……土坑内中位に焼土が広がりとしてとらえられるタイプであり、B地区で4例検出された。4例とも開口部の平面形態はC類と広く、しかも、長軸方向を同じくして、南北方向に並列している（図16−4）（図17で黒く塗りつぶしている）。

　また、当遺跡の溝状土坑は、竪穴住居跡（平安時代）などと重複するものはすべて土坑が古いことが確認されており、調査者は縄文時代後〜晩期頃のものとみている。

鷹架沼〜市柳沼間の地域

①**新納屋（2）遺跡**（図12−5）

　六ヶ所村鷹架字道の下に所在し、鷹架沼南東部の標高12mほどの七鞍平段丘突出部に立地する。全体的に東方へ緩やかに傾斜しているが、ほぼ平坦地形である。1979（昭和54）年4〜7月に調査され（青森県教委　1981b）、北西端において溝状土坑が1基検出された。開口部の長さは3.50m、幅は20cm、深さは1.50mである。長軸方向はN−38°−Wであり、形態はDDA。

②**鷹架遺跡**（図12−6）

　六ヶ所村大字鷹架字道の下に所在し、鷹架沼南東部の標高18〜22mほどの舌状に突出した段丘上に立地する。遺跡は東西両端と中央部に谷がみられ、起伏に富んでおり北方の鷹架沼に向かって急斜面をなす。新納屋（2）遺跡の西方約300mに位置する。1979（昭和54）年4〜10月に調査され（青森県教委　1981c）、溝状土坑が谷の東側に3基検出された。このうち、西方の2基と東方の1基は約100m離れている。開口部の長さは3.30〜4.10m、幅は25〜70cm、深さは80〜120cmである。長軸方向は東―西、南西―北東方向と地点により分かれる。形態はBX（形態不明）B、AXF、ADC。

③**新納屋（1）遺跡**（図12−7）

　六ヶ所村大字鷹架字道の下に所在し、市柳沼の北東約400mに位置する。七鞍平段丘上にあり、標高15mほどの独立小丘陵の様相を呈している。1975（昭和50）年10月に試掘調査され（青森県教委　1976b）、溝状土坑が1基（調査者は3基としているが不明）確認された。未完掘のため実体は不明であるが、開口部の長さが1.20＋Xm、幅が60＋Xcm、深さが1.71＋Xmであり、長軸方向はほぼ東―西を示している。形態はAXA。

市柳沼、田面木沼西方地域

①千歳(13)遺跡（図12-8、図19）

　六ヶ所村倉内字笹崎に所在し、市柳沼、田面木沼の西方約5kmの千歳段丘上に立地する。標高80～95mの緩斜面であり、北および東方へ緩く傾斜している。1974・1975（昭和49・50）年に調査された（青森県教委 1976a）。溝状土坑は隣接しあう第1・2地区および西方の第3地区の2区域から計11基が検出された。

　第1・2地区は標高80mほどのほぼ平坦な地形であり、溝状土坑は7基散在して検出された。開口部の長さは、1基を除いて、3.63～4.75m、幅は51～105cm、深さは80～150cmである。長軸方向は北―南、東―西、北西―南東などさまざまある。形態はAAC、ADC、AEF、AIC、BAA、CIC。他の1基は、開口部の長さが1.27m、幅が20cm、深さが78cmであり、他に類例をみないほど短いものである。長軸方向は北東―南西を示し、形態はADC。

　第3地区は第1・2地区の西方200mほどの北側に傾斜した斜面であり、溝状土坑は4基散在して検出された。開口部の長さは2.75～3.92m、幅が65～75cm、深さが65～187cmである。長軸方向は南―北、北東―南西を示している。形態はADCが3基、他はBEC。

　以上、この地域における溝状土坑について遺跡ごとに紹介したが、次のようにまとめられる。

　溝状土坑の資料として、検出例が多いのは尾駮沼～鷹架沼間の地域における発茶沢（1）・表館（2）の2遺跡であり、他に市柳沼、田面木沼西方地域における千歳(13)遺跡をあげられるにすぎず、他の諸例はきわめて些少である。したがって、この3遺跡を中心として総括することとする。

地形　8遺跡のうち、千歳(13)遺跡を除いた7遺跡はいずれも湖沼に面した台地上に位置している。地形は西から東へかけて緩やかに傾斜してはいるが、全体としてほぼ平坦な感じが強い。そして、沼と沼とに挟まれているが、発茶沢（1）および表館（2）の両遺跡は台地全体が袋小路状を呈している。一方、千歳(13)遺跡は、湖沼に面した台地上ではなく、湖沼から隔たった、標高がやや高い丘陵地域にあり、沢に面した斜面に位置している。

規模　この地域において検出された溝状土坑の開口部の長さは、最大が千歳(13)遺跡の4.75m、最小が同遺跡の疑問が残るものの1.27m、幅は最大が表館（2）遺跡の1.57m、最小が同遺跡の14cm、深さは確認面からではあるが、千歳(13)遺跡の1.87mが最も深く、浅いものは発茶沢（1）遺跡A・B地区の14cmである。この地域では長さにおいて、3.00～3.80mのものが大多数をしめており、4m以上のもののなかでも4.50mを超えるものは、わずか1例のみである。また、2m台のものも少数ながらあり、1m台のものにいたってはわずかに2例のみで例外的と考えてよい。また、幅は40～80cmのものが大多数である。前述の1.57mの例は開口部の平面形態がD類のものである。深さは80～160cmのものが大多数であり、60cm以下の浅いものについては、確認段階で削りすぎた事例も多数含まれていよう。これらの規模は発茶沢（1）・表館（2）・千歳(13)遺跡において、多少異なるが傾向としてはほぼ同一である。

形態　各遺跡とも開口部の平面形態はA類のものが主であり、発茶沢（1）遺跡A・B地区の例では、ついでD類、B類、C類である。長軸方向の断面形態では、C類が主体をしめる遺跡（表館（2）・千歳(13)遺跡など）が多いが、発茶沢（1）遺跡A・B地区ではA類が全体の半数をしめている。ただ、この部分の形態については、溝状土坑の短軸方向の断面形態が、計測する部位によって異なる例が多く、厳密な区分とはならない点を断っておきたい。底面形態はほぼ平坦なものが主であり、凹凸・段差・傾斜をもつものも少数ながらある。長軸方向の断面形態では、壁面が階段状になるも

のも稀にではあるが認められる。なお、底面には逆茂木などの施設痕と思われる小ピットは全く確認されなかった。

埋め土（図16）　溝状土坑内から縄文土器・土師器の小破片や石器、礫が出土する例が発茶沢（1）遺跡で少数確認されているが、いずれも人為的に埋めたと判断されるものではなく、偶発的に包含されることになったものであろう。なお、発茶沢（1）遺跡例を除いて、土坑内の堆積土はすべてaのタイプである。また、発茶沢（1）遺跡や新納屋（1）遺跡においては、土坑底面直上に炭化物が顕著に含まれる例が検出された。発茶沢（1）遺跡では63基から検出されている。

配列（図17）　発茶沢（1）・表館（2）遺跡では、ごく少数例の長軸方向が南—北方向を示すのに対し、ほぼ北西—南東、西北西—東南東、西—東方向を示すものが圧倒的に多い。これは、両遺跡のある地形の等高線にきわめてよく一致している。そして、これらの溝状土坑は、ほぼ南北方向に、尾駮・鷹架沼双方を結ぶように、直線状あるいは「く」の字（弧）状に配列されている。調査者はこれを大列と考えたが、その大列のなかで、個々の溝状土坑は「ハ」の字状や、南北方向に出入りのある千鳥足状に配置されている。

これに対して、千歳(13)遺跡においては、土坑の長軸方向は全く異なっており、北—南、東—西、北西—南東、北東—南西とさまざまであり、表館（2）遺跡第4地区例に類似している。発茶沢遺跡などにみられる大列は明確ではない。

また、土坑の形態別の配列であるが、発茶沢（1）遺跡においては、開口部の平面形態がA類のものは、ほぼ全域に偏りなく分布している。B類、D類はとくに配列に規則性はない。これに対して、C類は同遺跡B地区中央部において、4基南北方向に配列されており、しかも内部にいずれも焼土を含んでいる（図17中央部に黒く塗りつぶしてある）。

なお、遺跡ごとのA～D類の形態差は明確には認められない。

年代　この地域の溝状土坑の年代については、直接的に年代を特定できる検出例はない。発茶沢（1）遺跡において、平安時代の竪穴住居跡との重複関係、層位関係、出土遺物との関係によって縄文時代後～晩期と考えられたが、他の7遺跡においては、明らかにされていない。

ただ、千歳(13)遺跡で、開口部の長さが1.27mの溝状の土坑が続縄文土器を伴う大型の土坑を切っているとされている。しかしながらこの長さは、溝状土坑の一般例に対して極端に短いのが注意される。

用途　溝状土坑が集中して検出された発茶沢（1）・表館（2）遺跡が立地する地形および傾斜方向に沿った土坑群の長軸方向の規則性、さらに尾駮・鷹架沼をつなぐように配置された土坑の大列と獣の移動、土坑自体の特殊性などから、想定される諸用途のなかでは「おとし穴」と考えるのが最も妥当と思われる。

3　青森県内他地域の溝状土坑（表3、図18）

前述したように、1982年現在、青森県内において溝状土坑が検出された遺跡は36カ所であり、総数1,092基である。このなかで、尾駮・鷹架沼周辺の溝状土坑は8遺跡で470基検出されたわけであるが、この地域の溝状土坑群を把握するためには、最も密接な関連をもつと思われる青森県内他地域の様相についてふれておく必要がある。

青森県内における溝状土坑は、現在、津軽半島北端部、津軽平野縁辺部、青森平野縁辺部、下北

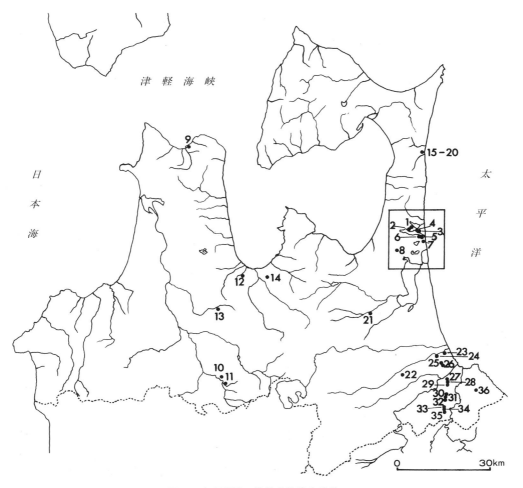

図18　青森県域の溝状土坑検出遺跡

半島の太平洋沿岸、小川原湖沼群周辺北半地域、さらに八戸市を中心とした南部地方において多数検出されているが、このなかで、近年、諸開発が進む八戸地方およびその南部において、多数密集して検出される例が増えてきている。しかしながら、調査報告書が未刊のものが多いため、その内容は不明な点が多い。したがって、本節では表3にまとめておくことのみにとどめておきたい。なお、表中の地形区分については、水野裕（1981）にしたがった。

4　尾駮・鷹架沼周辺の溝状土坑群に関する考察

この地域の溝状土坑についてここまで種々述べてきたが、この地域の溝状土坑の性格、特性を把握するため、わが国他地域の事例との比較を行うこととする。

分布　溝状土坑は1982年現在、北は北海道東部の北見市（北見市立郷土博物館編 1979）および標茶町（標茶町教委 1980）から、南は南関東の神奈川県あたりまで分布している。

北海道では、日高山脈以西において顕著にみられるが、とくに石狩低地帯縁辺部、日高地方の太平洋沿岸部、渡島半島において多数検出されている。

東北地方北部では、青森県の東部や岩手県に顕著にみられるが、津軽地方や秋田県北地方でも次第に増えてきている。また東北地方南部では、近年、宮城県（宮城県教委 1981）、山形県（山形県教委 1982）、福島県（福島県教委 1982）でも検出例が報告されるようになってきている。関東地方では、埼玉、千葉、神奈川の各県および東京都（とくに多摩丘陵）で検出例が増加してきている。

本節で扱う下北半島および八戸市周辺の地域は、上述した様相から、溝状土坑の分布密度が最も高い地域のひとつと考えられる。

規模・形態（図19・20）　溝状土坑群が検出された各地の遺跡のなかで数遺跡の事例を紹介し、比較することとしたい。

①茅沼遺跡（標茶町教委 1980）（北海道川上郡標茶町）……4基。開口部の長さ3.05〜4.06m、幅0.66〜0.72m。開口部平面形態はすべてA類で、AGCが2例。

②S−153遺跡（札幌市教委 1976）（北海道札幌市）（図20）……21基。開口部の長さ1.79〜3.73m、幅0.31〜0.84mであるが、長さ1.90〜2.40m、幅0.40〜0.80mのものが多数である。開口部平面形態はA類が18例をしめ、短軸方向断面形態はC類が13例である。

③S−267・268遺跡（札幌市教委 1977）（北海道札幌市）（図20）……34基。開口部の長さ1.97〜4.14m、幅0.38〜1.70mであるが、長さ2.20〜3.60m、幅0.60〜1.20mのものが多数である。開口部平面形態はA類、C類がともに17例、長軸方向断面形態はD類が最も多く6例、短軸方向断面形態はC類、F類、A類の順に多い。

④美沢1遺跡（北海道教委 1978・1979）（北海道苫小牧市）（図20）……10基。開口部の長さ2.05〜3.30mであり、幅0.63〜1.45mであるが、幅0.80〜1.00mのものが主体的である。開口部平面形態はA類、C類がほぼ同数で、長軸方向・短軸方向断面形態はともにA類が多い。

⑤駒場7遺跡（静内町教委 1982）（北海道静内郡静内町［現新ひだか町］）（図20）……137基。開口部の長さ1.52〜4.54m、幅0.34〜1.39mであるが、このうちで長さ2.60〜3.60m、幅0.50〜1.00mのものが主体的である。形態は不明であるが、開口部平面形態はA類が多数をしめるようである。

⑥函館空港第4地点遺跡（市立函館博物館編 1977）（北海道函館市）（図20）……106基。開口部の長さ2.00〜4.50m、幅0.16〜1.00mであるが、長さ2.50〜4.00mのものが主体的である。開口部平面形態はA類が66例、以下B・D類である。長軸方向断面形態はD類が55例、次いでG類が27例、A類が13例である。短軸方向断面形態はA類が59例、C類が26例、B類が12例である。このなかで、ADA20例、ADC11例、AGA 9例、AAA 7例、BDA 6例が目立つ。

⑦長七谷地（7号）遺跡（青森県教委 1980、八戸市教委 1982）（青森県八戸市）（図19）……209基。開口部の長さ2.41〜4.58m、幅0.15〜2.06mであるが、長さ3.20〜4.00mのものが主体的である。開口部平面形態はA類が136例、以下、D・C・B類の順に多い。長軸方向断面形態はA類が55例、D類が46例、B類が42例、ついでC類の順に多い。短軸方向断面形態はA類が79例、C類が76例である。このなかで、ABAが22例、AAA21例、AAC18例、ADC13例、以下ADA、AGAの順に多い。

⑧湯沢遺跡（岩手県埋文 1978）（岩手県紫波郡都南村［現盛岡市］）（図19）……156基。開口部の長さ1.20〜4.87m、幅0.25〜1.16mであるが、長さ2.80〜4.00m、幅0.40〜0.80mのものが主体的である。開口部の平面形態は必ずしも図では明確でないが、A類、B類、C類、D類の順であろう。短軸方向断面形態ではA類が63例、ついでC類である。

⑨**板東山遺跡**B地点（埼玉県教委 1973）（埼玉県入間市）（図20）……15基。開口部の長さ1.74〜4.06m、幅0.47〜1.34mであるが、長さ2.80〜4.00m、幅0.50〜0.80mのものが主体的である。開口部平面形態はA類が12例、長軸方向断面形態はA類、F類、C類の順に多く、短軸方向断面形態もA類、F類、C類の順に多い。このなかで、AAAが6例をしめている。

　これらの諸例と尾駮・鷹架沼周辺の溝状土坑群を比較してみる。開口部の長さは、S－153、S－267・268の両遺跡、さらに美沢1遺跡の諸例は2m台の小さいものが主体であり、他の道南部、東北地方北部の例および板東山遺跡B地点と類似するものの3m台のものが多数をしめる尾駮・鷹架沼周辺地域とは異なっている。幅では、1m以上のものが多いS－267・268、美沢1の両遺跡に対し、40〜80cmのものが大多数をしめる尾駮・鷹架沼周辺地域では様相が異なるが、他地域のものとは類似している。とくに、地理的にも近い長七谷地（7号）遺跡、湯沢遺跡、函館空港第4地点遺跡および駒場7遺跡とは総体的にきわめて類似している。また、数は少ないものの、道東部の茅沼遺跡、関東地方の板東山遺跡B地点とも類似している。なお、青森県内の今別町山崎（1）・（3）・（4）遺跡（青森県埋文 1982b）では、6基のうち5基は開口部の長さが2.69〜2.91mであり、尾駮・鷹架沼周辺地域と近い同一県内にあっても多少傾向が異なるものがある点には注意される。

　次に形態であるが、開口部の平面形態がS－267・268遺跡、美沢1遺跡においてはA類、C類、がほぼ同数であるのに比し、他の諸遺跡はいずれもA類が圧倒的に多く、尾駮・鷹架沼周辺地域と類似している。また長軸方向の断面形態において尾駮・鷹架沼周辺地域でD類が多い点は、S－267・268遺跡、函館空港第4地点遺跡と類似しており、最も近距離にある長七谷地（7号）遺跡においてもD類が多数検出されている。さらに、遠方の茅沼遺跡、板東山遺跡B地点でも同様である。なお、長軸方向の断面形態が美沢1遺跡、函館空港第4地点遺跡において、尾駮・鷹架沼周辺地域では類例の少ないG類が顕著である点には注意される。

　また、尾駮・鷹架沼周辺地域で開口部平面形態をD類としたもののうち、表館（2）遺跡第4地区、さらに青森県内の大面（1）（青森県教委 1980）・長七谷地遺跡のように、両端が極端にふくらむ例は、北海道南部の松前町大津遺跡などで「繭状ピット」（松前町教委 1974）、（Cピット）（松前町教委 1982）としたものであるが、岩手県北部にも分布している。

　以上の諸例のなかで、総体的に尾駮・鷹架沼周辺地域の事例に最も類似しているものは、長七谷地（7号）遺跡である。開口部の平面形態が東日本一帯にきわめて強い斉一性をもっているのに対して各部の諸形態が異なるのはいかなる理由によるものか、今後の課題といえよう。

埋め土　尾駮・鷹架沼周辺地域の発茶沢（1）遺跡では、a・b・cの3タイプが認められたが、このなかでaタイプのものが最も多く確認された。どの地域においてもaタイプが一般的であるのは、同様であるが、発茶沢（1）遺跡でbタイプとした、土坑内中〜最上位にロームが埋め土として用いられる例は、当地域以外の八戸市和野前山（青森県埋文 1982e）、南郷村（現八戸市）鴨平（1）（青森県埋文 1982e）の両遺跡においても確認されているが、青森県外他地域での報告例は寡聞にして知らない。また、cタイプについても他地域の例は明確でない。

配列（図21）　溝状土坑群の配列には何らかの規則性が認められる。たとえば札幌市S－153遺跡では第5列のように列をなしている例がみられる。この傾向は東日本各地で認められるものであるが、発茶沢（1）遺跡ではとくに明確に認められ、大列と称した。各列においては、個々の溝状土坑は必

表3　青森県内他地域の溝状土坑

地形区分	遺跡名（引用文献）	図18番号	所在地	立地	基数	備考
平舘山地	山崎（1）・（3）・（4）（県埋文1982b）	9	東津軽郡今別町山崎字山元	海岸段丘（標高20～30m）	7	A地区例の開口部の長さ3.38m、C地区は3基とも長軸方向をほぼ東一西にもち、長さ2.61～2.91m、D地区例も2.64、2.68m。
矢捨山山地	砂沢平（県教委1980b）	10	南津軽郡大鰐町長峰字砂沢平	平川の右岸段丘（標高約150m）	3	開口部の長さ2.90～3.15m。
矢捨山山地	大面（1）（県教委1980c）	11	平川市古懸字大面	〃（標高約200m）	1	開口部の大きさ3.18×0.66m、平面形態D類。
大釈迦丘陵	近野（県教委1977a）	12	青森市安田字近野	浪館段丘（標高6～20m）	1	開口部の大きさ4.10×0.25m、平安時代の竪穴住居跡によって切られている。
大釈迦丘陵	源常平（県教委1978a）	13	青森市浪岡北中野字上沢田	津軽盆地東端の段丘（標高約55m）	4	開口部の長さ2.86～3.60m、うち3基は2.86～3.02mと規模が似ており、ほぼ一列に並ぶ。
東岳山地	蛍沢（市蛍沢調査団1979）	14	青森市駒込字蛍沢	青森平野南部の段丘（標高30～37m）	1	開口部の大きさ3.45×0.45m。
猿ヶ森低地	前坂下（1）（県埋文1982e）	15	下北郡東通村白糠字前坂下	老部川河口北岸の低台地（標高9～26m）	7	試掘のため未精査（確認のみ）。
猿ヶ森低地	前坂下（3）（県埋文1982e）	16	〃	〃	13	試掘のため未精査（確認のみ）。
猿ヶ森低地	前坂下（5）（県埋文1982e）	17	〃	〃	5	試掘のため未精査（確認のみ）。
猿ヶ森低地	前坂下（6）（県埋文1982e）	18	〃	〃	1	開口部の大きさ3.60×0.80m。
猿ヶ森低地	前坂下（7）（県埋文1982e）	19	〃	〃	1	開口部の大きさ2.80×0.50m、内部に多量の木炭粒。
猿ヶ森低地	前坂下（8）（県埋文1982e）	20	〃	〃	1	試掘のため未精査（確認のみ）。
三本木・三沢台地	松原（県埋文1983e）	21	上北郡東北町新館字松原	七戸川の右岸段丘（標高約10m）、小川原湖の西方約8km。	4	開口部の大きさ2.58～3.24m、幅0.34～0.56m。奈良時代末期の竪穴住居跡によって切られる。
三本木・三沢台地	古街道長根（県教委1976c）	22	三戸郡五戸町大字古街道字長根	五戸川の右岸段丘（標高約95m）。	2	開口部の大きさ4.00×0.40m、4.40×1.10m、中掫浮石層を切っている。
三本木・三沢台地	長七谷地1号（県教委1980a）	23	八戸市市川町字長七谷地	五戸川の右岸段丘（標高12～22m）の緩斜面、太平洋岸より内陸へ約2km。	22	22基のうち8基精査、開口部の長さ2.84～4.04m、幅0.42～1.01m。
三本木・三沢台地	長七谷地2号（市教委1982）	23	〃	〃	58	開口部の長さ2.69～4.52m、幅0.19～1.41m、中掫浮石層と縄文時代早期末葉の竪穴住居跡を切っている、縄文時代晩期以前。
三本木・三沢台地	長七谷地3号（県教委1980a）	23	〃	〃	2	開口部の大きさ3.34×0.25m、3.76×0.70m。
三本木・三沢台地	長七谷地4号（県教委1980a）	23	〃	〃	5	開口部の長さ2.91～3.72m、0.37～0.65m、中掫浮石層を切っている。
三本木・三沢台地	長七谷地5号（県教委1980a）	23	〃	〃	8	開口部の長さ3.24～4.12m、幅0.13～0.82m、中掫浮石層を切っている。
三本木・三沢台地	長七谷地6号（県教委1980a）	23	〃	〃	3	開口部の長さ3.34～3.76m、幅0.52～0.70m。
三本木・三沢台地	長七谷地7号（県教委1980d・市教委1982）	23	〃	〃	217	開口部の長さ2.41～4.58m、幅0.15～1.69m、中掫浮石層～縄文時代晩期末葉頃（二枚橋式以前）とする。
三本木・三沢台地	長七谷地8号（市教委1982）	23	〃	〃	25	開口部の長さ2.51～4.10m、幅0.38～1.48m。

三本木・三沢台地	和野前山（県埋文1984c）	24	八戸市市川町字和野前山	五戸川の右岸段丘（標高約20m）	108	開口部の長さ2.55～4.25m、幅0.26～1.42m。
	大タルミ（県埋文1985b）	25	八戸市河原木字大タルミ	丘陵斜面（標高約50m）	3	開口部の長さ2.51～4.10m、幅0.38～1.48m。
	売場（県埋文1985b）	26	八戸市河原木字売場	沖積地に伸びた舌状丘陵斜面（標高20～30m）	172	開口部の長さ2.36～4.35m、幅0.17～1.36m、縄文時代早期中葉・前期初頭の竪穴住居跡を切っている。
八戸台地	鶉窪（県埋文1983d）	27	八戸市田面木字鶉窪	馬淵川右岸の谷に面した丘陵斜面（標高約50m）	11	開口部の長さ3.10～4.54m、幅0.46～1.46m、縄文時代後期初頭の竪穴住居跡によって切られている。
	白山平（2）（県埋文1984f）	28	八戸市根城字白山平	台地（標高約90m）	8	開口部の長さ1.67～4.06m、幅0.38～0.85m。
	長者森（県埋文1983c）	29	八戸市田面木字長者森・南ノ沢	沢にのぞむ舌状台地（標高60～70m）	7	開口部の長さ3.83～4.38m、幅0.22～1.28m。
三戸丘陵	昼巻沢（県埋文1984d）	30	三戸郡南部町椛木字昼巻沢	谷にのぞむ緩斜面（標高約170m）	9	開口部の長さ2.91～4.57m、幅0.38～1.20m。
	鴨平（2）（県埋文1983b）	31	八戸市是川字鴨平	小谷にのぞむ斜面（標高170～180m）	14	開口部の長さ2.85～3.95m、幅0.25～1.55m。
	鴨平（1）（県埋文1983a）	32	〃 是川・南郷区泥障作字金引沢	丘陵（標高約200m）	7	開口部の長さ3.66～4.46m、幅0.64～1.00m。
	馬場瀬（2）（県埋文1982d）	33	八戸市南郷区市野沢字馬場瀬	丘陵斜面（標高196～208m）	1	開口部の大きさ3.00×0.65m。
	石ノ窪（県埋文1982c）	34	八戸市南郷区市野沢字石ノ窪	谷にのぞむ丘陵斜面（標高210～218m）	5	開口部の長さ2.90～3.66m、幅0.53～0.89m。
	三合山（県埋文1982c）	35	八戸市南郷区市野沢字三合山	谷にのぞむ丘陵斜面（標高210～218m）	1	開口部の大きさ3.12×0.48m。
階上山地	田ノ上（県教委1981d）	36	八戸市南郷区島守字田ノ上	谷にのぞむ丘陵斜面（標高200～210m）	1	開口部の大きさ3.22×0.78m。

ずしも長軸方向をすべて一致させているわけではないが、ほぼ同一方向を示すものが多い。なお、この列が明確でない事例も多い。

　溝状土坑の長軸方向は、発茶沢（1）遺跡ではほぼ等高線に沿う傾向があるが、函館空港第4地点遺跡でも同様の傾向がみられた。これに対し、等高線と交差する例も駒場7、長七谷地、湯沢などの遺跡でもごく一般的に認められた。

　溝状土坑の配置は地形と密接な関連をもっているはずであるが、それを単に等高線との関連のみで把握できるものかどうか、おそらくその他の諸要素もからみあっているはずであり、その配置の原則をどのような視点からであれば把握できるのか、今後の課題としたい。

年代　北海道においては、樽前C降下軽石層との層位関係および御殿山遺跡、S-153遺跡、函館市日吉町1遺跡（北海道文化財保護協会 1978）などにおける他の遺構との重複関係から、明確な年代は特定できないものの縄文時代の所産であることは明白である。また東北地方においても、長七谷地・湯沢遺跡などにおける検出状況から同様に縄文時代の所産であると考えられる。関東地方でも縄文時代の所産と考えられている。

　発茶沢（1）遺跡の溝状土坑群については前項で縄文時代後～晩期と考えたが、総体的に規模や形態が酷似する長七谷地（7号）遺跡の年代観（縄文時代前～晩期）によって、双方ともほぼ同年代か、近い年代の可能性が高い。

　なお、尾駮・鷹架沼周辺地域の発茶沢（1）遺跡以外の遺跡例の年代は不明である。

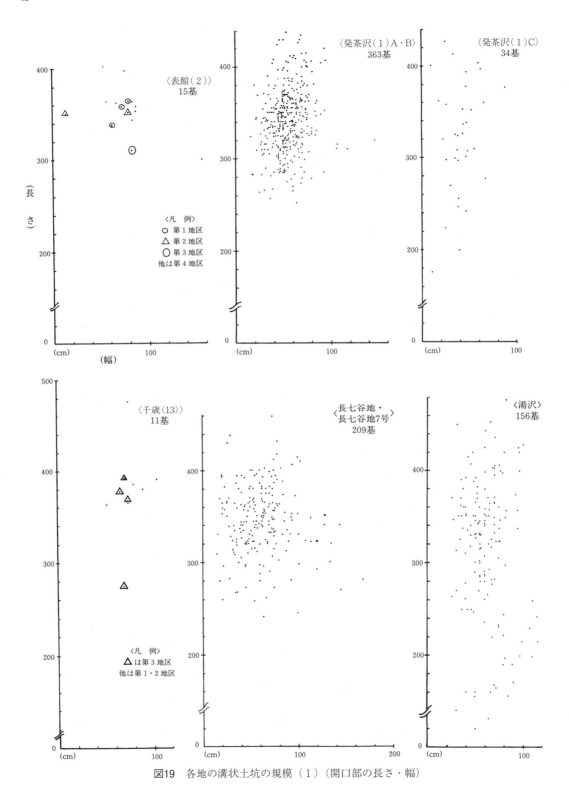

図19 各地の溝状土坑の規模(1)(開口部の長さ・幅)

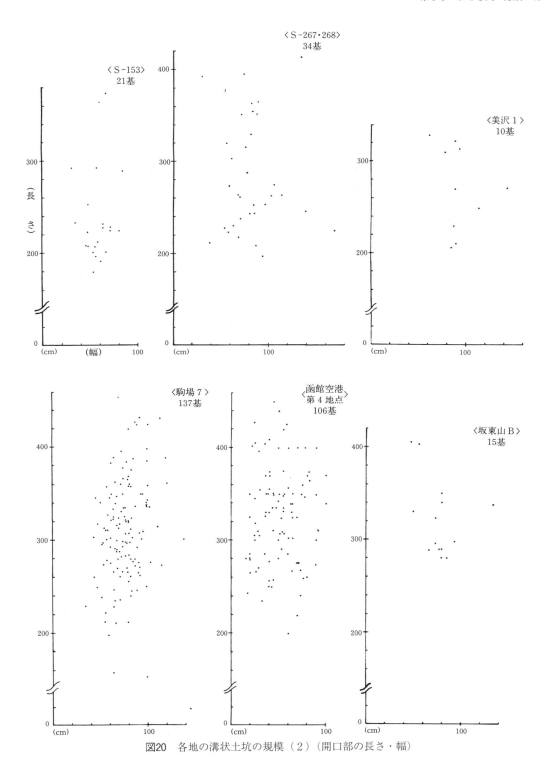

図20　各地の溝状土坑の規模（2）（開口部の長さ・幅）

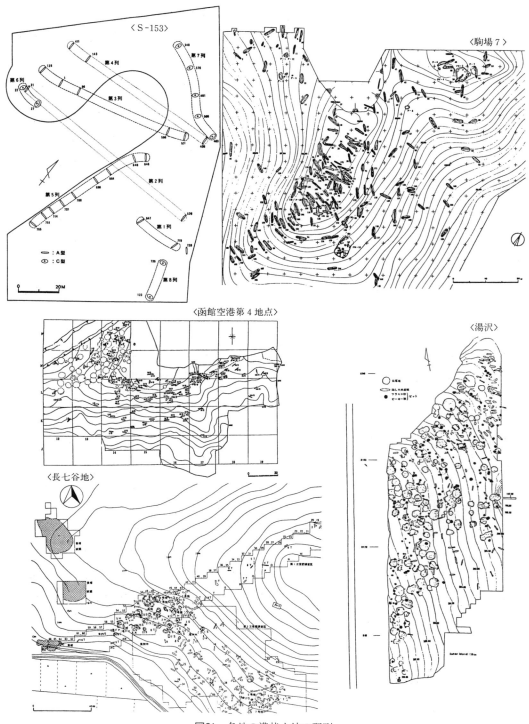

図21　各地の溝状土坑の配列

用途 溝状土坑の用途について、既発表のものでは、当初の墓坑説、おとし穴説、便所説、馬関連施設説があるが、現在ではおとし穴が最も一般的となっている。尾駮・鷹架沼周辺地域の溝状土坑群は、地形、形態、規模、配列などから、獣（シカの可能性が高い）のおとし穴とする考え方が最も妥当で、無理がないように思われる（青森県埋文 1982a）。あわせてこの地域でみられたさまざまな形態差が、何らかの用途の差にもとづく可能性も充分考える必要があろう。

5　調査件数の増加と今後の課題

　本節のもととなる論考は1982（昭和57）年に提出したものであるが、刊行が大幅に遅れ1989年になったため、その間の研究成果は盛られていない。そこで、この間もふくめた現在までの溝状土坑をめぐる研究例について、以下にまとめておくこととしたい。

　溝状土坑の調査件数は、東北地方北部・北海道を中心に増加し続けており、さらに新潟県南部の堀之内町（現魚沼市）瓜ヶ沢遺跡（新潟県教委 1985a）、塩沢町（現南魚沼市）五丁歩遺跡（新潟県教委 1985b）にまで分布範囲を広げている。青森県域では、青森県尾駮・鷹架沼周辺地域や八戸地方など太平洋側地域からの報告例が急増しており、さらに、1982年当時には発見例が少なかった日本海側においても、青森市域を中心に発見例が増えてきている。1997（平成9）年には北海道南部と青森・岩手・秋田3県域の総数がとりまとめられ、その数は北海道南部では50遺跡1,185基、青森県域では94遺跡1,835基、岩手県域では166遺跡2,128基、秋田県域では県北地方を中心に50遺跡208基にのぼり、うち11遺跡51基が日本海側である（坂本・杉野森 1997）。2016（平成28）年度末現在、青森県域の総数は305遺跡5,533基に急増している（附表2）が、その分布傾向は変わらず、青森市以西の日本海側にはわずか57遺跡416基があるにすぎない。

　また、青森県域の溝状土坑の構築年代については、内部から遺構に伴う完形土器などの遺物がほとんど出土しないことなどから、年代のわかる遺構との重複関係や降下火山灰との関係をもとに大まかに縄文時代であろうと推定されてきた。最近になって筆者は、溝状土坑と竪穴住居跡等との重複関係の検討によって、おもに縄文中期〜後期前半であろうと考えており（福田 2015）、本章第4節に収録している。北海道においては、苫小牧市美沢川流域例を軸とした森田知忠・遠藤香澄（1984）や佐藤孝則（1986）の論考、最近では藤原秀樹による一連の研究成果（藤原 2006a・2008・2013）がある。岩手県における研究例としては田村壮一（1987）、溝状形態のものも含めたおとし穴の総括的な研究としては野中和夫（1985）などもあげられる。また海外の例として、韓国における類似遺構に関する論考も発表されている（金 2006）。

　溝状土坑は、内部から遺物がほとんど出土しないという特徴があり、年代や使用方法、変遷などの把握がむずかしいため、研究者からテーマとして取り上げられにくい状況が続いている。いうまでもなくこれまでと同様に溝状土坑の規模、形態、配列などに関する研究は引きつづき行う必要はあるが、それのみでは解決できない状況になってきている。今後、溝状土坑の問題を解明するには、明確な問題意識のもとに、とくに土坑内土壌の自然科学分析を重用し、研究を進めていくことが不可欠であろう。

第4節　竪穴住居跡等との重複例からみた溝状土坑の年代

1　これまでの年代推定

　溝状土坑の年代はこれまで、青森県域では、十和田火山系テフラで、縄文前期前・中葉（円筒下層ａ式―早稲田Ⅵ類間）に降下した中掫浮石（To-Cu）や弥生初期（約2,000年前）に降下した十和田ｂ降下軽石（To-b）との層序関係から、とくに八戸地域を主に、中掫浮石以前やそれ以降（青森県教委 1980d）とする記載、十和田ｂ火山灰以前とする記載、さらに溝状土坑と縄文～古代の遺構との重複例などによって、平安～弥生時代よりも古く、そしてさらに縄文時代に絞り込んだ年代観がほぼ定着化してきている。

　また、土坑の掘込み層位にもとづいた年代観や土坑の覆土、土坑周辺から出土した土器にもとづいた年代観も各報告書において出されている。たとえば八戸市長七谷地貝塚では、中掫浮石の下層で、弥生前期（二枚橋式期）の下層に掘り込まれた（青森県教委 1980d）とされており、同笹ノ沢（３）遺跡では十和田ｂ火山灰以前、すなわち縄文時代に掘り込まれたとする記載（青森県埋文 2003・2004）などもみられる。また、土坑覆土の出土遺物例では、完形に近い土器を出土した例が1例知られている。六ヶ所村幸畑（７）遺跡の第14号溝状土坑で、覆土２層から縄文後期初頭のほぼ完形の鉢（図22）が出土している（青森県埋文 1990a）。ただし、このような出土例はきわめて稀で、覆土内から出土する遺物の大半は、覆土内上部の土器小片あるいは石器で、後世の撹乱による混入の可能性などを考慮すれば、年代を示す資料として用いるには、消極的にならざるをえない。

　青森県域における溝状土坑の年代観は、縄文時代であるとするきわめて大雑把な捉え方のままで推移してきており、縄文時代のいつ頃という、より限定した年代観は出されていない状況である。このような状況から脱却し、その大別・細別年代に迫るには、上述の降下火山灰との関係や覆土出土資料の検討ももちろん必要ではあるが、それ以前の基礎的作業として、年代のわかる他の遺構、とくに竪穴住居跡との重複例を把握しておくことが不可欠と考えられる。

　そこで本節では、これまでの調査例から溝状土坑と竪穴住居跡をはじめとする他の遺構との重複例を拾い出し、年代を考えてみることにしたい。

2　青森県域における溝状土坑の様相と他遺構との重複例

　青森県域の溝状土坑は、1996（平成８）年度末の段階で94遺跡、1,835基が集成された（坂本・杉野森 1997）が、その後、八戸市域を中心に急増し、現在、筆者の集計では、3倍以上の305遺跡、5,533基に達している（図23・附編附表２）。分布密度は野辺地町以東、下北半島を含む青森県東部地域では、248遺跡から5,117基が確認されているのに対し、平内町以西の青森県西部地域では、わずかに57遺跡416基が確認されているにすぎず、遺跡数の東西比率では約4.3対1、土坑数では約12.3対1で、依然として圧倒的な西低東高の分布傾向である。また、1遺跡ごとの検出数でも、20基以上ある43遺跡のうち、最多が六ヶ所村発茶沢（１）遺跡の660基、次いで八戸市の田向遺跡の649基、同長七谷地貝塚遺跡375基、同岩ノ沢平遺跡296基、同売場遺跡172基、同田向冷水遺跡168基、同大仏遺跡113基、同和野前山遺跡111基と、いずれも東部地域に限られており、西部地域では、青森市高間（１）遺跡の63基、同新町野遺跡の62基が最多数を占めるにすぎない。

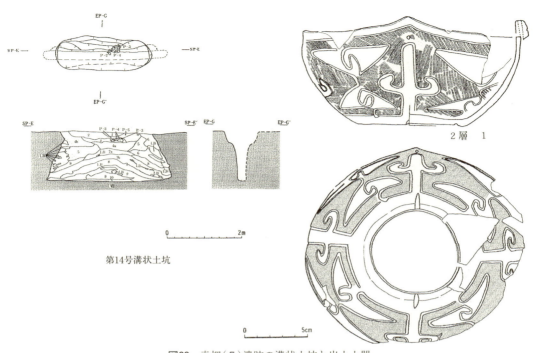

図22 幸畑（7）遺跡の溝状土坑と出土土器

　これらの溝状土坑のなかから、他の遺構との重複例を拾い出してみると表4のようになる。

（1）竪穴住居跡との重複例（図24）

　現在のところ縄文草創期の遺構との重複例は未発見である。早期のものとの重複例には、和野前山・売場・長七谷地貝塚の遺跡において、早期中葉〜前期初頭の住居跡を切っている例がある。前期のものとの重複例では、南部町西久根遺跡・十和田市寺上遺跡・八戸市重地遺跡・青森市新町野遺跡の例がある。いずれも、前期後葉の大型住居跡を切っている例である。また、中期のものとの重複例では笹ノ沢（3）遺跡・東北町東道ノ上（3）遺跡に中期初頭の住居跡を切っている例があり、前述の重地遺跡には、中期中頃の住居跡を切っている例、階上町野場（5）遺跡では中期後葉の住居跡を切っている例がある。もっとも重複例が多いのは中期末葉〜後期の例で、八戸市鶉窪・岩ノ沢平・四ツ役遺跡では中期末葉〜後期初頭・前葉の住居跡に削られている例、八戸市風張（1）遺跡では、後期後葉の住居跡に削られている例がある。また、八戸市湯ノ沢・古坂遺跡、六ヶ所村大石平（1）遺跡、七戸町二ツ森貝塚には、後期初頭・前葉の住居跡を切っている例、南部町大久保平遺跡では後期中葉の住居跡を切っている例がある。

　また、時代が下るが、弥生時代の竪穴住居跡との重複例もあり、田向冷水遺跡では弥生前期の住居跡に、南部町西山遺跡では弥生後期の住居跡に削られた例がある。

（2）土坑との重複例（図24）

　つぎに、フラスコ状土坑や土坑墓との重複例では、笹ノ沢（3）遺跡では、縄文中期初頭とみられるフラスコ状土坑を切っている例、二ツ森貝塚では、中期後葉とみられる円形土坑を切っている例があり、前述の風張（1）遺跡では、後期土坑に削られている例もある。また、西山遺跡では、弥生後期の土坑に削られている例がある。

青森県域の溝状土坑検出遺跡（20基以上）

1. 青森市新町野遺跡（62基）
2. 青森市高屋敷館遺跡（63基）
3. 青森市山元（1）遺跡（21基）
4. 青森市子林遺跡（52基）
5. 八戸市市子子沢平遺跡（25基）
6. 八戸市岩ノ沢平遺跡（296基）
7. 八戸市売場遺跡（172基）
8. 八戸市上野遺跡（21基）
9. 八戸市櫛引遺跡（46基）
10. 八戸市笹ノ沢（3）遺跡（81基）
11. 八戸市沢堀込遺跡（95基）
12. 八戸市大仏遺跡（113基）
13. 八戸市田向遺跡（168基）
14. 八戸市田面木平（1）遺跡（31基）
15. 八戸市冷木遺跡（375基）
16. 八戸市七合地遺跡（69基）
17. 八戸市新井田古館遺跡（27基）
18. 八戸市韮窪遺跡（20基）
19. 八戸市城跡（20基）
20. 八戸市八戸林ノ前遺跡（62基）
21. 八戸市見立山（2）遺跡（74基）
22. 八戸市和野前山遺跡（111基）
23. 十和田市平窪（2）遺跡（20基）
24. 十和田市山ノ外遺跡（28基）
25. 三沢市駒沢（6）遺跡（43基）
26. 野辺地町下夕沢遺跡（68基）
27. 六戸町向田（40）遺跡（54基）
28. 六戸町坪毛沢（1）遺跡（34基）
29. 六戸町堀切沢（3）遺跡（26基）
30. 六戸町長谷（1）遺跡（27基）
31. 六戸町赤平（3）遺跡（36基）
32. 東北町大坊頭弥栄平（1）遺跡（24基）
33. 六ヶ所村弥栄平（1）遺跡（40基）
34. 六ヶ所村表館（1）遺跡（32基）
35. 六ヶ所村幸畑屋（1）遺跡（60基）
36. 六ヶ所村新納屋（1）遺跡（117基）
37. 六ヶ所村発茶沢（1）遺跡（660基）
38. おいらせ町中野平遺跡（101基）
39. おいらせ町向坂下（4）遺跡（20基）
40. 東通村前田（13）遺跡（29基）
41. 階上町横沢山（1）遺跡（22基）

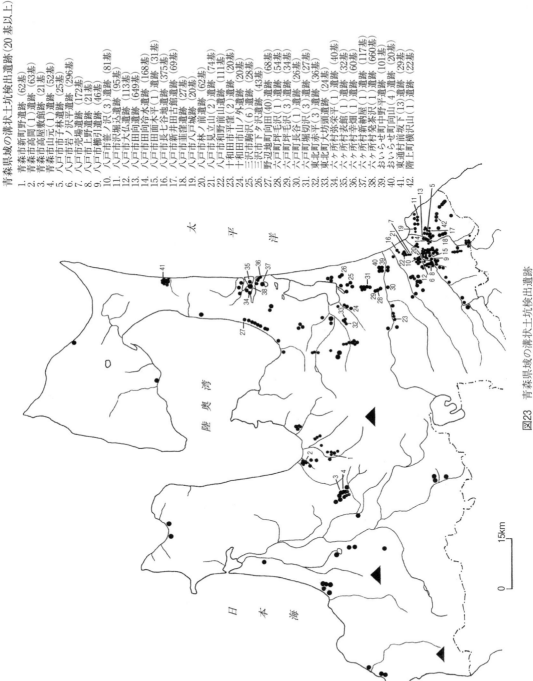

図23　青森県域の溝状土坑検出遺跡

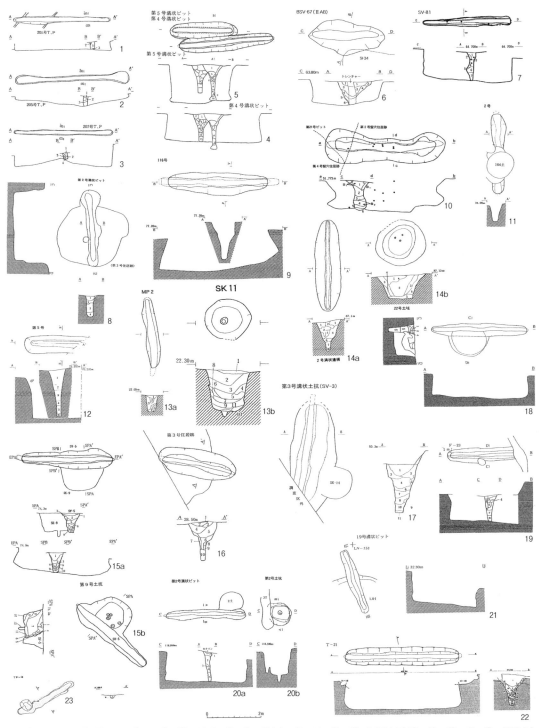

①〜③. 売　場　④・⑤. 和野前山　⑥. 岩ノ沢平　⑦. 笹ノ沢(3)　⑧. 四ツ役　⑨. 田面木平(1)　⑩. 鵜　窪　⑪. 風張(1)
⑫. 古　坂　⑬. 大　仏　⑭. 丹後平(1)　⑮. 道仏鹿糠　⑯. 西久根　⑰. 大久保平　⑱・⑲. 西　山　⑳. 夫雑原下山(7)
㉑. 新町野　㉒. 中野A　㉓. ハマナス野

図24　他の遺構と溝状土坑との重複例

表4　溝状土坑と他遺構との重複例一覧

市町村遺跡名	溝状土坑と縄文～弥生時代の他遺構との重複関係、図中番号・引用文献など
（青森県）青森市新町野	10溝が前期後葉の30住（円筒下層d1式）を切り（県埋文報275）、19溝（図24㉑）が前期後葉の1住（円筒下層d1式）を切る（市埋文報54-1）。
八戸市岩ノ沢平	A区で最大でほぼ円形の90溝が中期とする149号土坑（フラスコ状）に削られ、5溝が38住（中～後期）を、9・10溝が35住（時期不明）を、25溝が74・75住（時期不明）を切り、67溝（図24⑥）が後期前葉（十腰内Ⅰ式期）のA区33住に削られる。B区18溝が円形おとし穴の26号土坑を切る（県埋文報287）。C区8溝が前期中葉～後期とする円形おとし穴の35号土坑を切る。10溝の底面に杭穴3カ所あり（県埋文報301）。
八戸市牛ヶ沢（3）	A地区7溝が後期初頭の4住を切る（県埋文報86）。
八戸市鵜窪	21溝（図24⑩）が後期初頭の4住に削られる（県埋文報76）。
八戸市売場	12・13溝が前期初頭（長七谷地Ⅲ群）の5住を、24・25溝が赤御堂式期の202住を、201溝（図24①）が早期後葉（ムシリⅠ式）の206住を、219溝が早期中葉（物見台式）の202住を、204溝が早期中葉（ムシリⅠ式以前）の204住を、205（図24②）・206・207（図24③）溝が205住（早稲田5類か長七谷地Ⅲ群期）を切る（県埋文報90-1）。309・310溝が早稲田5類期の314住を切る（県埋文報93-2）。
八戸市風張（1）	2溝（図24⑪）が後期の164号土坑に削られる（市埋文報42）。1溝が後期後葉の130住に削られる（市埋文報97・119）。
八戸市笹ノ沢（3）	44溝が中期初頭（円筒上層a式）の5住を（県埋文報305）、78溝、81溝（図24⑦）が中期初頭（円筒上層a式）とみられる314号土坑（フラスコ状）、334号土坑（フラスコ状）をそれぞれ切る（県埋文報372）。
八戸市沢堀込	B-31溝が円形おとし穴のB-183号土坑を切る（県埋文報144）。
八戸市重地	2溝が前～中期の83号土坑に削られ、3溝が前期後葉（円筒下層d1式）の20住を、6溝が中期中葉（円筒上層c式）の34・35住を切る（市埋文報95）。
八戸市大仏	2溝（図24⑬a）がSK11（円形おとし穴：図24⑬b）を切る（市埋文報84）。
八戸市田向冷水	7溝が弥生前期の46住に削られる（市埋文報113）。
八戸市田面木平（1）	116溝（図24⑨）が後期初頭の10号屋外炉に削られる（市埋文報20）。
八戸市丹後平（1）	B地点2溝（図24⑭a）が22号土坑（円形おとし穴：図24⑭b）を切る（市埋文報66）。
八戸市長七谷地貝塚	33～35溝が早期末葉（早稲田5類）～前期初頭の4住を、75溝が早稲田5類～前期初頭の5住を切る（青森県埋文57）。
長七谷地2号	27溝が早期後葉（赤御堂～早稲田5類）の1・2住を、31溝が赤御堂～早稲田5類期の3住を、39・42溝が赤御堂～早稲田5類期の9住を切る（市埋文報8）。
長七谷地8号	22溝が早期中葉（白浜式）の1住を、7溝が2住を、6・24溝が3住を、2・3溝が5住を切る（2～5住は早稲田5類期）（市埋文報8）。
八戸市林ノ前	10VがSK133（円形おとし穴・杭穴なし）を切る（県埋文報396）。
八戸市昼場	2溝が17号土坑（円形おとし穴・杭穴6）を切る（市埋文報78）。
八戸市古坂	5溝（図24⑫）が後期前葉の1住を切る（市埋文報23）。
八戸市湯ノ沢	Ⅱ区1溝が後期初頭の2住を切る（市埋文報127）。
八戸市四ツ役	2溝（図24⑧）が中期末葉～後期初頭の3住に削られる（県埋文報188）。
八戸市和野前山	4・5溝（図24④・⑤）が早稲田5類期の5住を切る（県埋文報82）。
十和田市寺上	6・9溝が前期後葉（円筒下層d式）の1住と重複するが、先後関係は不明（市埋文発掘報8）。
七戸町（旧天間林村）二ツ森	2溝が中期中葉（榎林式）の7号土坑を切り（天間林村文報4）、7溝が中期末葉～後期初頭の12住を切る（天間林村文報5）。
東北町東道ノ上（3）	4溝が中期初頭（円筒上層a式）の33住を切る（県埋文報424）。
東北町夫雑原下山（7）	2溝（図24⑳a）が2号土坑（円形おとし穴：図24⑳b）を切る（町埋文報7）。
六ヶ所村大石平（1）	1溝が後期前半（十腰内Ⅰ式）の1住を切る（県埋文報90）。
南部町大久保平	3溝（図24⑰）が後期中葉（十腰内Ⅲ式）の3住を切る（県埋文報489）。
南部町西久根	6溝（図24⑯）が前期後葉（円筒下層d式）～中期初頭（円筒上層a式）の3住を切る（県埋文報407）。
南部町西山	8溝（図24⑱）、9溝（図24⑲）が弥生後期の4住、1住にそれぞれ削られる（県埋文報136）。
南部町苫米地館野	2溝が中期初頭（円筒上層a式）の18土（Ⅱ区）を切る（県埋文報119）。
階上町道仏鹿糠	5溝（図24⑮a）が9号土坑（円形おとし穴：図24⑮b）、7溝が早期末葉～前期初頭の20住を切る（県埋文報499）。
階上町野場（5）	1溝が中期後葉（中の平Ⅲすなわち大木9式併行）の11住を切る（県埋文報150）。
（北海道）函館市函館空港第4地点	27・30・36・38号Tピット等が前期中葉（円筒下層a・b式）の29・32・50・48住等を切る（函館市教委1977）。
函館市権現台場	10Tが中期前葉（サイベ沢Ⅴ・Ⅵ式）の12住を切り、9Tが中期中葉（サイベ沢Ⅶ・見晴町式）の8住に削られる（函館市教委1990）。
函館市中野A（函館空港内）	T21（図24㉒）が早期中葉（物見台式）のH（竪穴住居跡）18を切る（北海道埋文1993）。

函館市(旧戸井町) 釜谷2	TP9・2・15等が中期後葉（ノダップ2式等）のHP（竪穴住居跡）1・4・10等にそれぞれ削られる（戸井町教委1988）。
函館市(旧南茅部町) ハマナス野	TP14が前期後葉（円筒下層d式）のHP152を切り、TP16（図24㉓）が前期後葉（円筒下層d式）のHP151に削られる（南茅部町教委1991）。
※参考までに、本土坑と古代の遺構との重複例をまとめておくと、青森市朝日山（2）（県埋文報350）・高間（1）（市理文報113-3）・高屋敷館（県埋文報393）・山元（1）（県埋文報395）・山元（3）（県埋文報159）で平安住に切られた例があり、八戸市市子林（県埋文報516）で奈良・平安住、鶉窪（県埋文報76）で奈良住、売場（県埋文報93）で平安住、櫛引（県埋文報263）で奈良住、田向冷水（市理文報113）で古墳中～後期の円形周溝、丹後平（1）B地点・丹後平古墳（市教埋文報66・93）で奈良・平安の古墳、林ノ前B区（県埋文報396）で平安住にそれぞれ切られた例がある。その他の市では、十和田市大和田（県埋文報235）で奈良住、三沢市平畑（3）（市理文報14）で平安の円形周溝に切られた例がある。また、町村では、野辺地町二十平（1）（町文報15）、七戸町二ツ森（天間林村文報4）、六ヶ所村発茶沢（県埋文報67）で平安住に切られた例があり、おいらせ町中野平では奈良・平安住（県埋文報134）、南部町前比良では奈良住（県埋文報108）にそれぞれ切られた例がある。古代の類例は、このほかにも多数あるが、このように、本県域では古代遺構との重複例は、すべて溝状土坑のほうが古いという調査結果がある。	

※　○溝は第○号溝状土坑、○住は第○号竪穴住居跡、県・市文報は県・市町村埋蔵文化財調査報告書を略記したものである。

（3）円形のおとし穴との重複例（図24）

　溝状土坑のなかには、円形のおとし穴と重複している例がある。このおとし穴は、おもに底面に杭痕のある円形土坑で、青森県域では東部地域を中心に91遺跡から検出されており、中掫浮石との関係では、中掫浮石の下位で掘り込まれた例が多いことから、縄文前期中葉以前とみられる。円形のおとし穴が検出される遺跡では溝状土坑が検出される例も多く、双方の重複例では、すべて溝状土坑が円形のおとし穴を切っている状況である。

3　重複例から考えられる年代

　以上のように、他の遺構との重複例によって、青森県域における溝状土坑には、縄文早期中葉～前期初頭以降、前期後葉以降、中期初頭以降、中期末葉～後期初頭以前、後期前葉以前・以降、後期中葉以降、後期後葉以前、弥生前期以前、弥生後期以前の事例があることが判明した。しかし、各遺跡において、同一型式の遺構を切っている例と同一型式の遺構によって切られている例がセットとして検出される例がないため、各遺跡の溝状土坑の年代特定はできないが、後期前葉以前・中葉以降例、後期後葉例以前例があるなかで、とくに後期前葉以前例が多いことが判明した。上限は不明であるが、中期初頭以降の例があること考慮すると、青森県域では溝状土坑の大半は縄文中期～後期前葉と考えることができよう。

　上記のように青森県域にみられる溝状土坑の年代観は、岩手県域北部においても他の遺構との重複例などにより中期末葉～後期前葉（田村 1987）、北海道ではほぼすべてが中期後半～後期初頭（藤原 2013）とされている状況とほぼ同様である。このような結果を踏まえ、かつて筆者が発茶沢（1）遺跡で調査した437基の溝状土坑（青森県埋文 1982a）に与えた縄文後～晩期の年代観（福田 1989b）については、ここで訂正させていただきたい。

　北海道の溝状土坑の重複関係について詳しくみると、藤原（2013）によれば、2011年度までの報告例では、403遺跡から総数8247基のTピット（溝状土坑）が発見されている。なかでも青森県に近い渡島半島ではTピットが集中しており、函館市函館空港第4地点遺跡で、Tピットが前期中葉以降の例（函館市教委 1977）、同中野A遺跡で早期中葉以降の例（北海道埋文 1993）がある。また、同権現台場遺跡では、中期前葉の竪穴住居跡を切る例と中期中葉の竪穴住居跡（函館市教委1990）に削られる例が共存し、中期中葉以前と推測できるものがあり、さらに同ハマナス野遺跡では、前期後葉（円筒下層d式）の住居跡を切る例とともに同型式の住居跡に削られる例も共存し

ている（南茅部町教委 1991）。渡島半島では、前期後葉に遡る例も存在するようである。

4 今後の研究課題と注意点

　青森県域における溝状土坑の年代について、縄文・弥生時代の遺構との重複例を中心にみた結果、現在のところ、大半は縄文中期〜後期前葉であると考えられ、確実な前期以前に遡る例はない状況である。ただし、北海道南部の調査事例から、厳密にいえば未発見であるといった方が正確であろう。また、縄文晩期以降から弥生時代にいたる下限の例も未発見である。このような現況では、前述した発茶沢（1）遺跡（青森県埋文 1982a）などの各地の遺跡にみられるような形態別の溝状土坑の年代差については、その有無があるのかどうかを含めてまだ言及できる段階ではなく、今後の研究課題としておきたい。

　以上のことから、今後の溝状土坑の調査にあたっては、上述のような他の遺構との重複例を把握したうえで、縄文早期中葉〜中期、そのなかでもとくに前期後葉の円筒下層d式期、さらに縄文晩期、弥生時代の竪穴住居跡との重複がある場合には、重複関係の把握により注意を払って行うことが必要である。

第5節　津軽海峡南岸域の先史鯨類利用

　津軽海峡南岸の青森県域には、縄文・弥生時代などの先史時代の貝塚が多数分布しており、そこから鯨類骨が発見される場合がしばしばある。しかし、この時代の鯨類に関する研究はほとんどみられない状況である。鯨類は、イルカなどの小型鯨類はともかくとして、中・大型鯨類は可食部分が他の動物にくらべていちじるしく多く、しかも捨てる部分がほとんどないという点もあって、後世、鯨組のあいだで「鯨を1頭捕れば7浦が栄える」と言い習わされたほどの経済価値をもつことになるわけであるが、先史時代においても、その可食部分の多さは、沿岸住民にとって海から与えられた大きな恵み・贈物であったはずである。とくに、三方を海に囲まれた青森県域では、その意味は他の地域とは違って、より大きなものがあったはずである。したがって、この方面の研究は、青森県域における先史時代の食料・食生活の問題を考えるうえで、見過ごすことのできないものであるといえよう。

　筆者は1990〜1991（平成2・3）年に、岩木川流域にある田小屋野貝塚を調査する機会に恵まれた。28m²という小面積の調査にもかかわらず、縄文時代前期中頃（円筒下層a・b式期、約5,500年前）の竪穴住居跡が1軒発見され、住居跡内から汽水性のヤマトシジミや淡水性のイシガイを混えた土層が確認された。そして、この層およびその直下から、貝類のほかに各種の魚骨・鳥獣骨類が検出されたが、そのなかに鯨類（鯨・イルカ）や鯨類の骨角牙製品も含まれていた（図25-1〜3）。出土量は決して多くはなかったが、鯨類骨には体長20mを超す大型鯨の破片（椎間板・四肢骨等）85点以上と完全な尾椎骨1点、さらにイルカの椎骨5点・椎間板2点が含まれていた（西本ほか 1995）。筆者は、この大型鯨類については、それまでまったく調査経験がなかったこともあって、とくに興味をひかれ、この貝塚の調査報告書（青森県立郷土館 1995）には、青森県の鯨類出土遺跡と津軽の鯨類漂着事例などもあわせて紹介した（福田 1995b）。しかし、その後青森県域の鯨類出土遺跡や漂着鯨類（下北・南部も含めて）などの事例確認が増えてきたため、その内容を大

幅に変更せざるをえない状況になってきた。

　本節では、この田小屋野貝塚の出土例をもとにして、青森県域の鯨類出土遺跡を紹介し、津軽海峡南岸域の鯨類利用の一端を明らかにすることとする。とくに、先史時代の鯨類獲得が従来一般にいわれてきたように寄り鯨を利用したものか、あるいは何らかの捕鯨活動が行われていたのかどうかという点についても、考察をくわえることとしたい。

1　青森県域の鯨類出土遺跡

　青森県域は本州最北端に位置しており、日本海・津軽海峡・太平洋という海域によって三方を囲まれ、しかも中央部に陸奥湾という内湾をも抱えている。このため、古くから各海域での漁撈活動がさかんに行われており、八戸地方や小川原湖周辺を筆頭として下北・津軽両地域に分布する縄文時代の貝塚などからは、その活動を示す各種の魚類・海棲哺乳類（海獣）骨が発見されている。現在、青森県域において鯨骨や鯨骨製品を出土した遺跡は、具体的内容が不明なものも含めて30カ所あり、大半が貝塚である。地域別の内訳は津軽地方7、陸奥湾南部3、下北地方10、小川原湖周辺3、八戸地方7カ所である。これらを年代順にみると、最も古い例では縄文早期後半（約7,000〜6,000年前）のものが八戸地方や小川原湖周辺に分布しており、列島他地域と同様に、これらの地域においてもこの頃にはすでに鯨類を食料としていたことがうかがわれる。縄文前期（約6,000〜5,000年前）になると、日本海側の津軽地方でも、十三湖周辺や岩木川流域に貝塚がつくられるようになり、ひきつづき鯨類が利用されている。また、この時期には鯨類骨の加工も行われており、前期中頃には「へら・刀形製品」などがつくられた。この早期後半から前期中頃にかけての時期は、縄文時代のなかで最も温暖化が進み、海水面が上昇したいわゆる「縄文海進」の最盛期にあたり、縄文人が海とのかかわりを強めざるをえなかった時代でもある。ついで、中期（約5,000〜4,000年前）になると、鯨類骨による大型の青龍刀形製品なども特徴的につくられた。しかし、後期（約4,000〜3,000年前）には、現在のところこの時期の貝塚が確認されていないということもあって鯨類骨は未発見である。また、縄文最末期の晩期（約3,000〜2,300年前）には、岩木川・奥入瀬川流域の内陸部にある晩期中頃の遺跡からも鯨類骨が出土しており、鯨肉が内陸地域にも運ばれていたことが推定される。

　弥生時代（約2,300〜1,700年前）以降のものでは、下北半島の津軽海峡側に出土例が多く、最近の調査では、半島東端の江戸時代の貝塚から、アイヌ民族が海獣狩猟に用いたとみられるキテ（アイヌ語。離頭銛。ハナレ）に類似した鯨骨製の銛頭（この先端に鉄鏃を装着する）なども出土しており、この頃にはこの海域でイルカ漁を含めた捕鯨活動が行われていた可能性もでてきた。

　以上、出土品をもとに青森県域の先史鯨類利用の概略を述べたが、年代や地域によって空白の部分がきわめて多い。これは、貝塚の偏在性と、貝塚以外の遺跡では一般的に有機質がほとんど残らないという状況によるものである。したがって、鯨類遺物がまったくないということから、その年代・地域において、鯨類利用が行われなかったとすることは実体とかけ離れた理解である。後述するが、近世の文献記録にあるように、青森県海岸部の住民は、鯨類とは切っても切れない宿命的なかかわりをもたざるをえなかったわけであり、鯨類利用の伝統は各地でそれぞれ受け継がれていたはずである。

　以下、青森県域の鯨類出土遺跡について、その年代と出土品を一覧にして紹介する（図25〜28）。

鯨の種類については、その記載がほとんどないため不明である。またこれには、鯨以外の海獣類の出土遺跡4カ所（※印）も含めており、この一覧は青森県域の海獣類出土遺跡でもある。

1. 三厩村(みんまや)（現外ヶ浜町）中の平遺跡（金子浩 1975）……横倒しになった縄文中期前葉（円筒上層b式）の深鉢形土器のなかから鯨の椎骨出土。海獣骨（アシカか）。
2. 市浦村(しうら)（現五所川原市）五月女萢(そとめやち)遺跡（新谷・川村 1978）……縄文晩期中葉（大洞(おおほら)C2式）の鉢形土器のなかから鯨骨とみられる小片1点、別の晩期中頃の壺形土器のなかから海獣骨とみられるもの3片出土。
3. 市浦村（現五所川原市）オセドウ貝塚（吉田・直良 1942、清野 1969）……縄文前期末か。鯨・マイルカ骨。鯨骨製刀形製品1点（図27-1）（清野 1969）。
4. 木造町(きづくりまち)（現つがる市）田小屋野貝塚（西本ほか 1995、福田 1995b）……縄文前期中葉（円筒下層b式）の竪穴住居跡から鯨・イルカ・トド・アシカ骨のほかイルカ牙製垂飾未製品1点（図25-2）・鯨骨製へら2点（図27-3・4）（福田 1995b）が出土。
5. 木造町（現つがる市）亀ヶ岡遺跡（金子・鈴木 1983、金子 1984b）……縄文晩期中葉。鯨・イルカ骨。
6. 森田村（現つがる市）石神遺跡（江坂編 1970）……縄文前期後葉（円筒下層d1式）。鯨肋骨製へら1点。
7. 五所川原市観音林遺跡（新谷・永沢 1992）……縄文晩期。イルカ・アシカ骨。
8. 青森市三内丸山遺跡（青森県埋文 1994、朝日新聞社 1994、青森県教委 1996）……縄文前期中・後葉、縄文中期後葉。鯨・イルカ骨。鯨骨製刀形製品（図27-5。円筒下層d1式期）（青森県教委 1996）のほか3点。
9. 青森市玉清水遺跡（金子・鈴木 1983）……縄文晩期。鯨骨。
10. 青森市大浦貝塚（金子・鈴木 1983）……縄文晩期中葉。鯨・イルカ・アシカ骨。鯨骨加工品1点。
※11. 脇野沢村（現むつ市）九艘泊(くそうどまり)岩陰遺跡（江坂ほか 1965）……続縄文。トドとみられる海獣骨。
12. 佐井村八幡堂遺跡（岩本 1971）……縄文中期。鯨・アシカ骨。
13. 大間町大間貝塚（橘・奈良 1974、金子ほか 1975）……縄文晩期・続縄文・平安。イルカ・トド・アシカ・オットセイ骨。
14. 大間町ドウマンチャ貝塚（江坂ほか 1967、八戸市博物館 1988a）……縄文晩期初頭・晩期後半。鯨・トド・アシカ骨。鯨肋骨等製へら7点（図27-6）（江坂ほか 1967）・斧1点。
15. 大畑町（現むつ市）水木沢(1)遺跡（金子浩 1977）……縄文晩期。第27号小竪穴遺構（穴）から海獣骨片（鯨類か）が出土。
※16. むつ市女館貝塚（江坂 1955）……縄文前期後半。アシカ科骨多い。
17. むつ市最花(さいばな)貝塚（金子浩 1967、金子ほか 1978、金子ほか 1983）……縄文中期後葉（最花式）。鯨・オットセイ骨。焼けた鯨肋骨製品1点（図27-7）（金子ほか 1978）。
18. 東通村岩屋洞穴（鈴木・酒詰・埴原 1952）……江戸。鯨・海獣骨類。
19. 東通村札地(ふだち)貝塚（金子浩 1967）……縄文晩期。イルカ・アシカ・オットセイ骨。
20. 東通村大平(おおだい)貝塚（橘 1967、大塚 1977、工藤竹 1995・1997）……17世紀前葉～後葉。鯨・ト

第1章 おとし穴・鯨類 55

1. 鯨・イルカ骨等の出土状況（田小屋野貝塚）

2. イルカ牙未製品（左）・鯨骨製へら（右2点）（田小屋野貝塚）

3. クジラ（左3点）・イルカ（右上4点）（田小屋野貝塚）

4. アイヌのイルカ漁（菅江真澄『えぞのてぶり』より。秋田県立博物館所蔵写本）

5. 鯨石（八戸市西ノ宮神社。1996年11月22日）

6. 鯨の供養塔（市浦村洗磯崎神社裏。1996年9月17日）

7. 鯨の解体（青森市後潟漁港。1997年11月13日）

図25　田小屋野貝塚の鯨類骨と鯨類関連写真

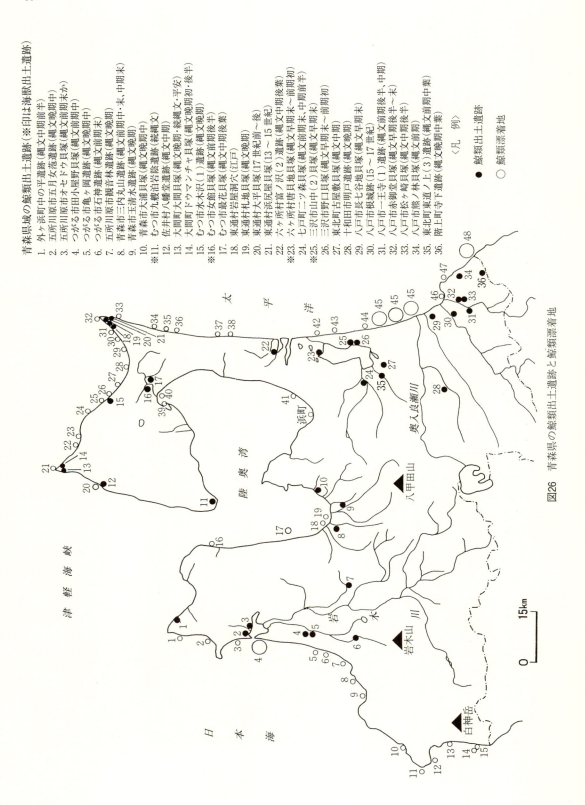

図26 青森県の鯨類出土遺跡と鯨類漂着地

ド・アシカ骨。鯨骨製離頭銛（図28-13～15）（大塚 1977）・（16～18）（工藤竹 1997）・その他の鯨骨製離頭銛4点。鯨骨製等中柄4（図28-19～21）（工藤竹 1997）・斧1・加工品1・牙製ヤス1・海獣骨製陽物形製品1点。

21. 東通村浜尻屋貝塚（工藤竹 1997、橘 1978）……14～15世紀前葉。鯨・トド・アシカ骨。鯨骨製中柄1点・海獣骨製中柄1点（図28-22）（橘 1978所載の図をトレースしなおした）・海獣骨加工品1点。
22. 六ヶ所村富ノ沢（2）遺跡（西本 1993a）……縄文中期後半。鯨・アシカ骨。鯨骨は竪穴住居跡14軒と土坑2基などから少数出土。また、海獣骨は竪穴住居跡9軒と土坑1基ほかから少数出土。
※23. 六ヶ所村唐貝地貝塚（佐藤達 1983）……縄文早期末～前期初頭。海獣骨。
24. 天間林村（現七戸町）二ツ森貝塚（角田 1939、小片・村越 1963、天間林村史編纂委員会 1981、金子・鈴木 1983、八戸市博物館 1988a）……縄文前期末・中期前半。鯨骨。鯨骨製青龍刀形製品1点（図27-8）（天間 1981）・鯨骨製刀形製品の柄（図27-9）（金子・鈴木 1983）・加工品1点。
※25. 三沢市山中（2）貝塚（小林和 1992）……縄文早期末。アシカ科骨。
26. 三沢市野口貝塚（岡本・加藤 1963）……縄文早期末～前期初頭。鯨・アシカ骨。
27. 上北町（現東北町）古屋敷貝塚（金子浩 1983、金子・忍沢 1986a）……縄文中期。オットセイ骨。鯨骨製刀形製品の柄1点（図28-12）（金子浩 1983）。
28. 十和田市明戸遺跡（金子浩 1984a）……縄文晩期。鯨骨小破片。
29. 八戸市長七谷地貝塚（金子浩 1980、八戸市博物館 1988a）……縄文早期末。イルカ・アシカ・アザラシ骨。
30. 八戸市根城跡（小林和 1987・1988）……岡前館（15～17世紀）の井戸跡から鯨骨（小林和 1988）、本丸跡（16世紀末～17世紀前葉）のSK（土坑）476・478からアシカ科骨が出土（小林和 1987）。
31. 八戸市一王寺貝塚（現一王寺（1）遺跡）（宮坂 1930、八戸市博物館 1988a）……縄文前期後半・中期。鯨・イルカ骨。鯨骨製斧2点・スプーン形製品1点。
32. 八戸市赤御堂貝塚（江坂 1957b、1989）……縄文早期後半～末葉。鯨・トド・アシカ骨。
33. 八戸市松ヶ崎遺跡（小林和 1994）……縄文中期後葉（大木9式・最花式以前）の第4号竪穴住居跡から焼けた鯨骨製板状製品1点（図27-10）と同時期の第1号竪穴遺構から鯨骨製へら1点（図27-11）が出土。
34. 八戸市熊ノ林貝塚（八戸市立商業高校社会科研究会 1962、八戸市博物館 1988a）……縄文前期。イルカ・トド・アザラシ骨。

2　考古学的にみた津軽海峡南岸域の鯨類利用

つぎに、青森県域から出土した鯨類骨やその加工品によってこの地域の鯨類利用について述べる。

（1）鯨類の捕獲（図25）

従来、先史時代には、イルカといった小型鯨類はともかくとして、中・大型鯨類は一般的に寄り鯨を利用したとされてきた（西本・新美 1993、森田 1994）。イルカの捕獲方法については、280余頭という大量のイルカ（カマイルカ主体）を出土した石川県真脇遺跡（縄文前期後葉～中期初頭）

(平口・宮崎 1986)のイルカ骨を詳細に調査した平口哲夫によれば、網を用いる網取り法、銛や槍などを用いる突き取り法、弓矢などを用いる射殺法が考えられるとし、真脇では、肩甲骨に石器が刺さった状態で出土したものがあることから、湾内に入ってきたイルカを、網で退路を断ったあと、イルカの習性や状況に応じて、弓矢や槍を使ったり、小規模の追い込み漁が行われたと推測している（平口 1986）。なお、石器が刺さったままのイルカは千葉県稲原貝塚（橈骨、縄文前期）（直良 1968）にもある。また、北海道南部の噴火湾沿岸では、八雲町コタン温泉遺跡（縄文前～後期）（西本・新美 1992）や伊達市高砂貝塚（縄文後期初頭）（西本 1987）などの貝塚からイルカが多数出土しており、これらの動物遺存体を精力的に調査した西本豊弘が指摘するように、イルカ猟が盛んに行われていた（西本 1985a）ことはまちがいない。この地域では、時代はずっと下るが、寛政3年（1791）に、菅江真澄が礼文華付近（豊浦町）で実見したように、アイヌ民族によってキテやアマッポ（アイヌ語。突き漁具）を用いたタンヌ（アイヌ語。イルカ）猟が行われており（図25-4）（未来社 1982）、明治期には、トリカブト毒を塗ったキテによるフンペ（アイヌ語・鯨）猟も行われていた（名取 1940）。

　また、能登の真脇のほか三陸の岩手県山田湾などでも、近年まで湾奥部にイルカの群れを追い込んで捕る追い込み漁が行われていた（中村羊 1995）。しかし、青森県域ではイルカ漁が行われたという記録はない。鯨については、八戸市の鮫や蕪島付近で、元禄期（17世紀末）に一時的に捕鯨が許可されたという記録（前田編 1973）はあるにせよ、近年まで捕鯨が伝統的・継続的に行われていたという地域はない。イルカ・鯨類骨の出土量についてみても青森県域ではきわめて少なく、この傾向は津軽海峡をはさんだ対岸の松前町寺町貝塚（西本・新美 1988）や戸井町（現函館市）戸井貝塚（西本・新美 1993）などでも同様である。さらに、漁猟具の点でも、田小屋野貝塚など青森県域の先史遺跡からは中・大型鯨類の捕獲を示す明確なものは出土していない。したがって、青森県域では、縄文時代に石器・銛によるイルカの突き取り漁（突きん棒漁法）、さらには田小屋野貝塚にもある石錘から想定される網取り漁などが行われた可能性は否定できないにしても、積極的なイルカ猟・捕鯨が行われていたとは考えにくい。鯨については後述するが、もっぱら偶発的な「寄り鯨」などを利用したものとみられる。

　青森県の捕鯨記録については、文献上では17世紀末のもの（前田編 1973）が最も古いが、近年下北半島尻屋の大平貝塚（工藤竹 1995・1997）から、多数の鯨骨とともに、突き猟具のキテに酷似した離頭銛が出土している。キテにはメカジキ・キナンボ（アイヌ語。マンボウ）・オットセイ・鯨用などさまざまな型式（大塚 1977）があり、大平貝塚のものが、鯨類の突き猟に用いられたとは即断できないが、この銛頭で鯨類を狙ったことが否定できないとすれば、青森県域の捕鯨の始まりは江戸時代前半にさかのぼる可能性もある。

　なお、津軽海峡に面した北海道戸井貝塚（縄文後期初頭）からはオットセイが200頭以上も出土しており、西本豊弘は、銛によるオットセイ猟を考えている（西本 1993c）。

（2）鯨類の解体・分配（図25）

　田小屋野貝塚の鯨類骨は、直径4.5mほどの円形竪穴住居跡の底面より20cmほど上のヤマトシジミを混えた土層下面からまとまって出土した。しかも、少数のアシカ・トド骨などと混在した状態であった（図25-1）。このことから、鯨類と他の海獣類はほぼ同時期に食され廃棄されたものとみられる。鯨は、体長20mを超える大型鯨の破片（椎間板・四肢骨等）85点以上と完全な尾

椎骨 1 点、さらに同一個体とみられるイルカの椎骨 5 点・椎間板 2 点である（西本ほか 1995）。鯨は、尾椎骨以外はすべて破片であり、切裁・切断痕や打割り痕などが認められた（図25－3）。また、イルカは、椎骨が狭い範囲からまとまって出土し、しかも解体痕が認められなかったため、解体痕のある椎骨は他の未発掘地域にあるものとみられる。イルカをこの住居跡へ廃棄した者には、椎骨が連結した状態で肉塊が分配されたのであろう。

さて、田小屋野貝塚付近の日本海岸に寄った中・大型鯨類は、江戸時代の鯨組が使用したロープ巻き上げ用の「轆轤（ろくろ）」（森田 1994）は、当時まだないとみられるため、そのまま浜に引き上げることはきわめて難しかったものとみられる。おそらく、浜に鯨が打ち上げられた場合は別にして、大勢で岸に引き寄せ、岸に縄などで固定した（海に浮かべたままの）状態で解体が行われたとみられる。そして、この作業は、発見者などの家族だけでは不可能であることから、共同体（ムラ）構成員の協同作業によって行われたのであろう。場合によっては、ほかのムラとの協同作業があったことも考えられる。

青森県から出土する鯨骨類の数量はきわめて少ないが、遺跡に持ち込まれた数量は、この一時的な解体場において、分配用の骨付き肉や骨製品の材料として選別されたものであったためであろう。江戸末期の鯨組による解体作業では、骨の切削には鉄斧、皮・肉切りには大小各種の包丁類が用いられた（多田編 1968）が、当貝塚には、鉄斧に替わる道具として磨製石斧があり、これが鯨骨の切削の際に用いられたのであろう。また、皮や肉切りなどの作業には、それに対応する大型の石製ナイフ類は、この地域の縄文遺跡からは出土していないため、効率が悪いもののもっぱら小型ナイフ類として一般的な石匙・スクレイパーなどが用いられたとみられる。解体後の肉類などは、作業にあたった者やムラの構成員に分配されたとみられるが、江戸時代の和歌山県太地の鯨組（森田 1994）やアラスカエスキモー（高橋順 1992）、インドネシアのレンバタ島（秋道 1994）では、発見者や村民は当然として、それ以外の人びとにも分配される。アラスカエスキモーでは鯨体のどの部位の肉が誰に分配されるかも慣習によって決まっている（高橋順 1992）。このことを考慮すれば、縄文時代の沿岸部の集落においても一定の分配基準があったものと想定される。田小屋野のムラでも、一定の基準によって、第一発見者やムラの指導者・一般の構成員などに配分されたのであろう。田小屋野の鯨類骨は住居跡 1 軒（1／4 は未発掘）から出土したダンボール箱 1 個にも満たない数量であり、1 頭の全身骨格からすれば、ほんの一部にすぎないものである。おそらく、この住居に居住していた者が廃棄したかどうかは別として、この住居廃絶後の窪地に廃棄した者に対して分配されたものの一部であった可能性がつよい。

（3）鯨類の利用（図25・27・28）

鯨類は、肉や骨・皮脂からヒゲ・血液などにいたるまですべて利用され、捨てる部分がまったくないといわれている。このなかで、先史時代には、食料としての鯨肉に最大の価値がおかれたものと推測される。鯨肉の食べ方としては、1996 年（平成 8）に調査が行われた北海道南部の南茅部町（現函館市）大船 C 遺跡（中期末）では、竪穴住居跡の焼石群の上から鯨骨 6 個分が炭化した樹皮に覆われた状態で発見されたことから、鯨の蒸し焼きが行われたと考えられている。また、三厩村（現外ヶ浜町）中の平遺跡からは、鯨骨が縄文中期前葉の土器（円筒上層 b 式）に入ったままの状態で出土している（金子浩 1975）が、これは単に鯨骨を土器に入れて保管したとするよりは、鯨を土器に入れゆでたり煮たりして食べたことを思わせるものである。鯨肉は、このほかにも当然、

焼いたりあぶったりするほか、生肉や干もの・塩漬けなどの保存食としても利用され、さまざまな食べ方があったものとみられる。

　また、鯨骨は各種道具の材料として利用されている。青森県出土の縄文時代の製品をまとめると、田小屋野貝塚・石神遺跡（前期）、松ヶ崎遺跡（前～中期）・ドウマンチャ貝塚（晩期）にはへらがあり、三内丸山遺跡、オセドウ・二ツ森・古屋敷貝塚には呪術・祭祀具とされる刀形製品（前～中期）がある。また、一王寺（1）には斧・スプーン形製品（前～中期）、松ヶ崎には板状製品（中期）がある。田小屋野にはイルカ歯牙製の垂飾品もある。鯨骨製品では、このほかに岩手県花泉町（現一関市）貝鳥貝塚などで、大型椎骨を利用した器台とされるもの（後期末）がある（草間・金子編 1971）が、青森県では未発見である。

　また青森県では、弥生時代～古代の鯨類骨製品は未発見であるが、その後、中世のものとして、浜尻屋貝塚に鯨骨製の中柄、江戸時代では、大平貝塚に鯨骨製の離頭銛などの漁猟具や斧などがある。

　鯨類の利用としては、その他に鯨油の利用も想定される。鯨油については、17～18世紀のアメリカ近代捕鯨が食肉利用ではなく、もっぱら採油目的とされている。考古学的にはこれを裏づける遺物は残りにくいためほとんど研究されていない。しかし、真脇では、中野益男によって、土器片に付着していた残存脂肪酸の分析が行われ、縄文中期前葉のイルカ油脂の付着が確認されたことから、土器がイルカ油脂貯蔵容器として用いられた可能性が指摘されている（中野益 1986）。また、青森県でも小山陽造によって、八戸市根城跡から出土した16世紀末～17世紀前葉の灯明皿とみられる灰釉皿に付着していた残存脂肪酸の分析によって、海産動物油が検出されている（小山 1987）。しかし、それ以外の利用については研究が進んでいない。鯨類利用の研究は、今後骨（肉類）以外の、遺物として残りにくい部分の利用法の研究、問題意識をもったうえでの研究・分析が望まれるところである。

（4）**鯨肉の流通**（図26）

　青森県域の鯨類出土遺跡は、骨類・骨製品を包蔵する貝塚が、他の地域と同様に一般的に現在の海岸部付近に位置しているが、それらのなかに、岩木川中流域の五所川原市観音林遺跡や奥入瀬川（相坂川）中流域の（支流の後藤川流域にある）十和田市明戸遺跡のように、現在の海域から隔たった内陸部の遺跡からの出土例がある。また、それほど内陸部ではないにしろ、現在の海岸線よりは内陸に入る岩木川下流域の木造町（現つがる市）田小屋野貝塚・亀ヶ岡遺跡、さらにより南部の森田村（現つがる市）石神遺跡などの例もある。また、小川原湖沿岸では、天間林村（現七戸町）二ツ森貝塚の例もある。観音林は現在の十三湖からは27km、田小屋野・亀ヶ岡は10kmほど内陸部にある。また、二ツ森は現在の小川原湖岸よりやや内陸に入った地域である。しかし、十三湖は縄文海進ピーク時（早期後半～前期中葉）には五所川原市近くまで海水が入り込み、また小川原湖も太平洋に連なる大きな内湾地形を示していたと考えられる。したがって、田小屋野・石神・二ツ森の各遺跡は内湾部沿岸にあったことになり、海域から隔たった内陸部とするにはあたらない。ただし、観音林は27km、明戸は23kmも内陸部にあり、しかも、海進期とは年代が離れた縄文晩期のものである。わが国の小河川では、鯨類が中流域まで遡上・遊泳したことは考えられない。したがって、これらの鯨類骨はそれぞれの河川交通によって人為的に運ばれたものと考えられる。しかし、内陸部への運搬には肉類の保存の問題が密接にかかわってくる。当時の保存には、干物や薫製、さ

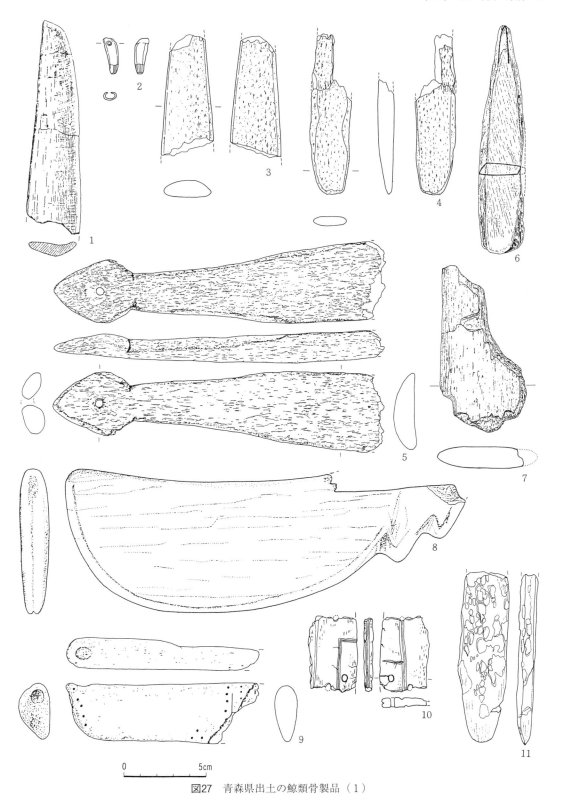

図27　青森県出土の鯨類骨製品（1）

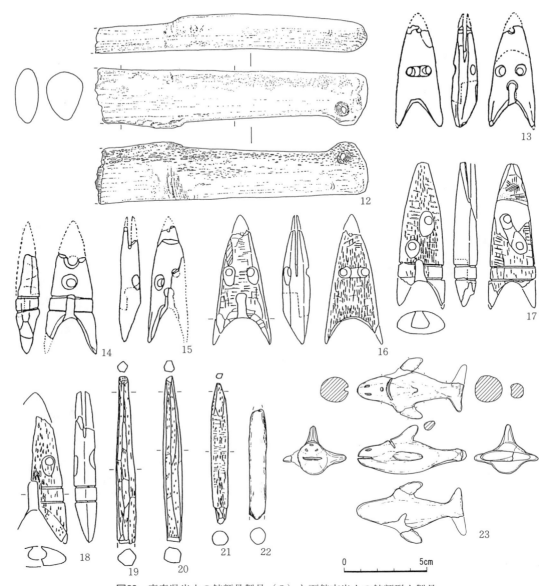

図28 青森県出土の鯨類骨製品（2）と函館市出土の鯨類形土製品

らには塩漬けなどの方法があったものと想定されるが、両遺跡とも縄文晩期中葉のものであることが注目される。それは、ちょうどこの頃が、陸奥湾沿岸等で海水を煮つめるための製塩土器（北林1972）がさかんにつくられた時期と一致するためである。このように考えてくると、この時期には、おそらく青森県域では鯨肉が干物・薫製以外に製塩土器によって得られた塩によって塩漬け保存されたものが多くなり、それが内陸部と海岸部の交流を促進させたという側面があったとみることができよう。海岸部のムラで消費された以外の鯨類肉の余剰分が物々交換によって内陸部へも運ばれるようになっていたものと考えられる。また、石神の鯨骨製へらは縄文前期末のものであるが、製品のみが発見されていることから、製品あるいはその材料として運ばれた可能性もある。

（5）呪術・信仰（図25・28）

　田小屋野貝塚では竪穴住居跡、大畑町（現むつ市）水木沢（1）遺跡では、第27号小竪穴遺構から鯨とみられる骨片が出土している。このうち、田小屋野貝塚では、竪穴住居跡が埋まり始めて浅い窪みとなった状態で、鯨・イルカなどの海獣類骨や鯨骨製品が廃棄されたとみられる。そして、これらを覆うようにヤマトシジミやイシガイなどの貝類が廃棄されている。また、水木沢（1）例は土坑（穴）のなかから出土している。これらの出土状況が食後、あるいは使用後に単に廃棄されたことを示すものか、あるいは何らかの動物儀礼が行われたことを示すものかという問題がある。西本は、遺跡から動物骨が出土すると、すべて「動物儀礼」があったとする考え方に対し、出土状態に何らかの意図が見られる場合を「動物儀礼」と認め、その4つの条件を示している。すなわち、「（1）頭蓋骨を伴うこと。（2）頭蓋骨・四肢骨等が複数、意図的に配列されていること。（3）骨に加工が見られること。（4）骨に伴って何らかの区画・施設があること。」であり、このうちの2つ以上の条件が観察された場合を「動物儀礼」と認めるというものである（西本 1995）。これによって、田小屋野・水木沢（1）例をみると、両例は、それぞれ（3）か（4）の一つの条件しか満たしていないことになり、一応除外できよう。しかし、まったく動物儀礼が行われなかったものであろうか。ここでは、各地の鯨類関係資料によって考えてみたい。

　まずイルカについては、釧路市東釧路貝塚で、縄文早期末～前期初頭のイルカ（ネズミイルカ主体）の骨が多数出土しており、その頭骨を放射状・板状に積み重ね、付近に焼土やベンガラがふりかけられた状況が確認されている。イルカを埋葬したもので、イルカ儀礼が行われたことが指摘されている（澤 1969）。また、函館市桔梗2遺跡からは、シャチ形土製品（縄文中期中葉）が1点出土している（長沼 1988。図28-23）。また、年代はずっと下るが、北海道のアイヌ民族では、シャチは「レプン・カムイ。沖にいる神」、「イソ・ヤンケ・クル。海幸（鯨）を浜へ上げる神」とも呼ばれ、沿岸住民に鯨をもたらす神とされており（知里 1976）、噴火湾沿岸で用いられたシャチをかたどった豊漁祈願具とみられる木製品（イノカ）が残されている（北海道開拓記念館 1972）。これは、当時シャチに関する何らかの呪術・信仰があったことを示すものと考えられる。また、田小屋野貝塚からは、未製品ではあるが、青森県内唯一のイルカ牙に穿孔した垂飾品が1点出土している（図27-2）。縄文前期中葉のものであるが、牙製品としては、同年代のものでツキノワグマの犬歯に穿孔したものも、青森県の南郷村（現八戸市）畑内遺跡から出土している（小林和 1997）。これは、この時期に、動物の牙を利用した垂飾品が本州北辺地域に広まっていたことを示すものである。ただし、これは単なる装身具あるいは捕獲記念としての意味だけではなく、イルカあるいは動物の歯牙がもつ何らかの呪術的意味を示唆しているものとみられる。

　つぎに、鯨については、後世の文献・民俗例から探るしかない。青森県域では、年代は新しくなるが、1201（建仁元）年に十三浦の鯨140頭の大量死によって村民が餓死から救われたことから、鯨供養が行われ、供養の廃絶後には、唐崎の保食（うけもち）神社に「鯨神堂」が建てられ、領民の信仰を集めたという1697（元禄10）年の伝承が記録されている（市浦村史編纂委員会 1976）。村民を飢えから救った鯨に対する感謝の気持ちと犠牲となった鯨に対する供養の気持ちが、鯨墓・鯨塚・鯨の供養塔などとして各地に残されているわけであるが、吉原友吉によれば、すべて江戸時代以降のもので捕鯨業者などが建てた例が多く、とくに、南海―和歌山・高知県、西海―九州西北部に多く残されており、青森県に近いところでは、岩手県三陸海岸から宮城県仙台湾にかけての地域や新潟県佐渡

に残されている（吉原 1982）。また、北海道では噴火湾のアイヌ民族に「鯨送り」の儀礼がかつてあったことが記録されている（名取 1940）。青森県では、江戸時代に遡る鯨塚などは残されていないが、ごく最近のものでは、1984（昭和59）年7月に市浦村（現五所川原市）脇元の海岸に寄り捕獲された鯨に対する慰霊塔（木柱）が、翌8月12日に洗磯崎神社裏手の海岸に建てられたものがある（図25－6）。表に「奉招鎮鯨慰霊之塔」、裏に「昭和五十九年八月十二日脇元漁業協同組合之建」と記されている。また、八戸市鮫にある西ノ宮神社は恵比寿様をご神体としているが、境内に鯨石と称された大きな岩がある（図25－5）。鯨が、漁業神でもある恵比寿様の使いとして、漁民に豊漁をもたらすという恵比寿信仰（大塚民俗学会編 1972）が、南部地方にあったことを示している。

　これらの資料によって、縄文時代の青森県の鯨類信仰を考えてみると、年代はまったく異なるとはいえ、縄文時代の沿岸住民にも共通した心情があったものと想定される。縄文時代の北海道では、イルカ猟が行われ、イルカ儀礼が継続されていたわけであるが、この点から、田小屋野貝塚の竪穴住居跡から発見されたイルカや鯨に対しても共通した信仰があったと思われ、何らの儀礼も行われなかったとは考えにくい。しかしながら青森県域の縄文時代では、頭骨などを並べ動物儀礼を思わせる鯨類骨の出土例はないため、動物儀礼が積極的に行われていたとすることはできない。このあたりが考古学資料によって目に見えない呪術・信仰の問題を扱うことの限界であろう。

　また、東北地方北部や北海道南部の縄文前期～後期初頭の遺跡からは、鯨骨製刀形製品が出土している。これは、鯨骨が単に大型の道具類を製作するための材料として用いられたとするよりは、鯨でなければならない呪術的な意味も含まれていたとみられる。しかし、その具体的意味は不明である。

3　青森県域の鯨類漂着事例

　つぎに、縄文時代などの先史遺跡から発見された鯨類が積極的捕鯨によるものか、それとも弱ったりシャチに追われたりして海岸に寄った「寄り鯨」か、あるいは死んで漂流・漂着した「流れ鯨」なのかどうかを考えるために、文献面（とくに近世）に記載された青森県域の鯨類関連記事から、その漂着事例についてまとめてみる。ただし、鯨の種類はほとんど記載されていないため、明示できない。なお、ここでは寄り鯨と流れ鯨をあわせて「寄り鯨等」と呼ぶこととする。

　さて、青森県域は三方を海域に囲まれているために、記録には「寄り鯨等」関係の記事が多い。日本海に面する津軽地方では、もっとも古い事例として、前述したが鎌倉時代の1201（建仁元）年に、十三浦（現五所川原市）に140頭の鯨が寄ったという伝承（市浦村史編纂委員会 1976）がある。また近世以降では、小泊村（現中泊町）から岩崎村（現深浦町）にかけての西海岸への寄り鯨の記事が多い。体長が15～20尋（23.9～31.8m。以下、近世後期の弘前藩絵師・百川学庵筆の『津軽図譜』にしたがい、1尋を5尺3寸＝1.59mとして計算する）に及ぶ巨鯨や銛が打ち込まれた鯨類の事例もある。

　下北地方では、近世以降の事例のみであって、津軽海峡側に多く、とくに文化年間には多くの寄り鯨があった。1849（嘉永2）年に東通村猿ヶ森に寄った鯨には横文字が刻まれた銛が刺さっていたとされ（笹澤 1966）、この頃に日本近海で行っていた米国の捕鯨活動を示したものとみられる。また、下北半島の陸奥湾側にも寄り鯨があったことが記録されている。1772（明和9）年の苫生野（むつ市）の海岸や1924（大正13）年の有戸（野辺地町）の海岸の例（笹澤 1966）である。

太平洋に面する南部地方でも、近世以降の鯨関係の記録が多く残されている。しかも鯨の大群が寄ったという記録が多い。まっこう鯨（※平均体長、雄15m、雌11m。以下、各鯨のあとのカッコにつづく※の体長数値は、マーティン編著・粕谷監訳［1996］にもとづいて筆者が入れたものである）と鯨の種類を明記した記録もあるが、大半は種類が不明である。1699（元禄12）年には、住民の願いに対し八戸藩が翌年以降7年間、鮫・蕪島付近での捕鯨を許可したという記録（前田編 1973）もある。これは、網取りか突き取りによるものか、あるいは実際に捕鯨を行ったものか不明ではあるが、捕鯨実施を想定させる青森県最古の文献記録ということになる。

　つぎに、これらの記録にある鯨類漂着地と鯨類出土遺跡との関係を考えるために、図26には、遺跡のほかに漂着地も示した。漂着地は近世の事例を中心として示したが、これらのほとんどが鯨の種類が不明であるため、その種類がわかる最近の漂着例を新聞記事からとり示した。寄り鯨は、広大な海域で日常的に起きている現象である。したがって、専門外の筆者には多くの見落としがあるものと思われるが、これによって漂着海域や漂着地・鯨の種類などのおおよその傾向がわかるものと思われる。

津軽地方

1. 元禄4（1691）年12月、つばくらはしり（燕倉か。旧小泊村）に46貫（172.5kg）余の鯨が寄る（桜井 1988）。
2. 平成9（1997）年4月、折腰内海岸（旧小泊村）に体長5mほどの衰弱したオオギハクジラ（※最大体長、雌雄とも5.25m以下）1頭が寄る。(6)
3. 昭和59（1984）年7月、市浦村（現五所川原市）脇元の海岸に鯨が1頭寄る（葛西安 1985）。
4. 建仁元（1201）年7月、十三浦（旧市浦村）に140頭の鯨が寄る（市浦村史編纂委員会 1976）。
5. 天和3（1683）年1月、長浜村（旧木造町にあった）ひらたきに鯨が寄る（鰺ヶ沢町史編纂委員会 1984）。また、元禄8（1695）年3月、長浜村に寄った鯨の塩吹き穴（噴気孔・鼻孔のこと）には銛が1本刺さっていた（桜井冬 1988）。また、天明3（1783）年2月、長浜村に体長20尋（31.8m）の巨鯨が寄る（鰺ヶ沢町史編纂委員会 1984）。
6. 文化10（1813）年12月、出来島海岸（木造町）に大鯨が寄る（岩崎村史編集委員会 1989）。
7. 天明4（1784）年4月、浮田川口（鰺ヶ沢町）に体長13尋（20.7m）余の鯨が寄る（鰺ヶ沢町史編纂委員会 1984）。
8. 嘉永7（1854）年1月、赤石浜の化ヶ石（鰺ヶ沢町）の下に体長15尋（23.9m）余の鯨が寄る（桜井冬 1988）。
9. 元禄7（1694）年1月、金井ヶ沢宿合（深浦町）に尾・頭を除き体長4尋4尺（7.6m）の鯨、明治9（1876）年2月、柳田川の上、関村領（深浦町）へ体長13尋（20.7m）の鯨が寄る（深浦町 1985）。
10. 元禄3（1690）年1月、広戸村（深浦町）に鯨が寄る（深浦町 1985）。
11. 寛政10（1798）年2月、月屋村（深浦町）の小金崎に、体長7尋4尺ほど（12.3m）の噛み切られた髭鯨が寄る（深浦町 1985）。
12. 元禄7（1694）年1月、沢辺沖（旧岩崎村）に噛み切られた鯨が寄る（岩崎村史編集委員会 1989）。
13. 元禄14（1701）年、松神村（旧岩崎村）に体長6尋（9.5m）の噛み切られた鯨が寄る（岩崎

村史編集委員会 1989)。

14. 延宝3（1675）年5月、大間越（旧岩崎村）の沖に切りかけの鯨が寄る（岩崎村史編集委員会 1989)。
15. 平成3（1991）年11月、岩崎村大間越の海岸に体長6mのシャチ（サカマタ・Killer Whale）（※平均体長、雄6.7〜8m、雌5.7〜6.6m）が寄る。⁽⁷⁾
16. 平成2年8月、平舘村（現外ヶ浜町）野田の浅瀬に体長9.4mのツチクジラ（※最大体長、雄11.9m、雌12.8m）1頭が寄る。⁽⁸⁾
17. 平成9年11月、青森市後潟沖合の定置網に体長12.4mのナガスクジラ（※北半球産の平均体長、雄19m、雌20.5m）1頭がかかり、後潟漁港に曳航後死亡し、解体された（図25−7）。⁽⁹⁾
18. 平成元年6月、青森市油川港に体長5mほどの死んだ雌のオオギハクジラ1頭が寄る。⁽¹⁰⁾
19. 平成8年8月、青森市沖館のフェリー埠頭に体長4m余りの雄のオオギハクジラ1頭が寄る。また、昭和51年（1976）5月、青森市の国鉄桟橋船溜りに、バンドウイルカ（ハンドウイルカとも。※体長1.9〜4m）とみられるもの2頭（体長4.8mと2.5mの雌）が寄る。⁽⁸⁾⁽¹¹⁾

下北地方

20. 平成8（1996）年4月、佐井村高磯に体長5mほどの死んだ雌のオオギハクジラ1頭が寄る。⁽⁸⁾
21. 寛政5（1793）年1〜3月、大間（大間町）に鯨が寄る（村林 1960)。
22. 平成9（1997）年12月に風間浦村蛇浦に体長約8mのシャチが1頭寄る。また、寛政5年1〜3月、易国間（風間浦村）に鯨が寄る（村林 1960)。⁽¹²⁾
23. 寛政5（1793）年1〜3月、下風呂村（風間浦村）に鯨が寄る（村林 1960)。ここには、天保4（1833）年3月には体長20尋（31.8m）ほどの切りかけの鯨、天保13（1842）年4月にも鯨が寄る（むつ市史編纂委員会 1988)。
24. 寛政5年1〜3月（村林 1960)、文化14（1817）年、木野部（旧大畑町）に鯨が寄る（村林 1961)。
25. 寛政5年1〜3月（村林 1960)、文化12年4月、湊浜（旧大畑町）に鯨が寄る。文政4（1821）年3月、大畑湊（湊浜とほぼ同じ場所か）に体長5尋（8.0m）ほどの鯨が寄る（むつ市史編纂委員会 1988)。
26. 寛政5（1793）年1〜3月、正津川（旧大畑町）に鯨が寄る（村林 1960)。
27. 文政10（1827）年2月、川代浜（むつ市）に体長3尋（4.8m）ほどの鯨が寄る（むつ市史編纂委員会 1988)。
28. 文化12（1815）年1月、大利浜（東通村）に体長10尋（16.0m）の鯨が寄る（村林 1961)。
29. 文化8（1811）年、文化12年12月、入口村（東通村）に鯨が寄る（村林 1961)。
30. 天保4（1833）年4月、野牛村（東通村）に鯨が寄る（むつ市史編纂委員会 1988)。
31. 文化6（1809）年、岩屋村（東通村）に体長17尋（27.0m）の鯨が寄る（村林 1961)。ここには、文化10年、文化11年（むつ市史編纂委員会 1988)、文化12年4月（村林 1961)、天保7（1836）年4月にも鯨が寄る（むつ市史編纂委員会 1988)。
32. 寛政5（1793）年1〜3月（村林 1960)、文化6（1809）年1月（村林 1961)、文化12年3月、天保13（1842）年2月、尻屋村（東通村）に鯨が寄る（むつ市史編纂委員会 1988)。
33. 寛政5（1793）年1〜3月、尻労（東通村）に鯨が寄る（村林 1960)。ここには、享和元（1801）

年4月に尾・頭のない切りかけ鯨（むつ市史編纂委員会 1988）、文化11（1814）年には109貫（408.75kg）の鯨（村林 1961）、文化12年5月には128貫（480kg）余の鯨、さらに文化13年4月、天保7（1836）年4月にも鯨が寄る（むつ市史編纂委員会 1988）。

34. 嘉永2（1849）年、猿ヶ森（東通村）に横文字が刻まれた銛が刺さった鯨が寄る（笹澤 1966）。
35. 天保10（1839）年11月、猿ヶ森左京沼（東通村）に鯨が寄る（むつ市史編纂委員会 1988）。
36. 天保9年1月、小田野沢村（東通村）に鯨が寄る（むつ市史編纂委員会 1988）。
37. 文政3（1820）年6月、天保4年（1833）年4月、天保7年2月、天保13年3月、白糠村（東通村）に鯨が寄る（むつ市史編纂委員会 1988）。
38. 平成4（1992）年6月、六ヶ所村泊沖に、体長12mほどの歯鯨（ツチクジラらしい）が漂流しているのが発見され、曳航される。(13)
39. 大正12（1923）年5月、大湊（むつ市）沖に仕掛けた建網に体長48尺（14.4m）の鯨が入る（笹澤 1966）。
40. 明和9（1772）年4月、苫生野（むつ市）の浜に鯨が寄る（笹澤 1966）。
41. 大正13年5月、有戸（野辺地町）の海岸に体長42尺（12.6m）の鯨が寄る（笹澤 1966）。

南部地方

42. 天明3（1783）年5月、天ヶ森の海岸（三沢市）に鯨が寄る（百石町誌編纂委員会 1985）。
43. 昭和49（1974）年6月、三沢市塩釜の海岸に体長6m余のイワシクジラ（※北半球産の平均体長、雄13.6m、雌14.5m）かミンククジラ（※北半球産の体長、雄8m、雌8.2m以下）が1頭寄る。(14)
44. 文化5（1808）年1月、三沢市から市川（奥入瀬川の河口か）にいたる海岸に、体長4尋（6.4m）の鯨が6頭、12〜13尋（19.1〜20.7m）の鯨が21頭、その他の鯨89頭（計116頭）が寄り、17頭が引きあげられる（百石町誌編纂委員会 1985）。
45. 文化11年3月、深屋尻（三沢市）の海岸に鯨が寄る（百石町誌編纂委員会 1985）。
46. 延宝7（1679）年2月、白金浜（八戸市）に鯨が寄る（八戸市史編纂委員会 1976）。また、天和2（1682）年2月、白金村（八戸市）には体長3尋（4.8m）ほどのマッコウクジラ1頭が寄る（八戸市史編纂委員会 1969）。また、正徳3（1715）年12月、白金浦（八戸市）へ体長2尋（3.2m）ほどの鯨を1頭追い上げて捕る（八戸市史編纂委員会 1972）。
47. 寛文9（1669）年11月、白浜（八戸市）に体長7尋（11.1m）の鯨が寄る（八戸市史編纂委員会 1976）。また、元禄4（1691）年12月、白浜に鯨が寄る（八戸市史編纂委員会 1969）。また、享和3（1803）年2月、白浜で鯨を捕らえる（八戸市史編纂委員会 1976）。
48. 文政元（1818）年3月、白浜（3頭。八戸市）から角ノ浜（95頭）・小橋（2頭）・八木（1頭。以上、岩手県種市町─現洋野町）に至る海岸に、大波で鯨が総数118頭打ち揚げられる（前田編 1973、八戸市史編纂委員会 1980）。

4　鯨の獲得

以上、青森県域の鯨類出土遺跡について紹介し、先史時代の鯨類利用の一端を推定してみた。その結果、青森県域における鯨類利用は積極的なものではなかったわけであるが、今回の資料調査のなかで、とくに各鯨類出土遺跡の位置が近世等の文献に散見される「寄り鯨等」の地点と重なる部

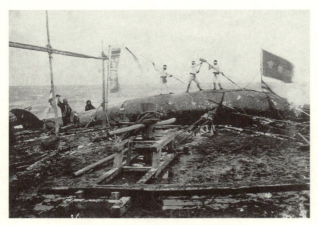
図29　寄り鯨の解体（野辺地町浜町）

分が多いことが確認され、きわめて興味深い結果となった。鯨の漂着等の文献記事はあくまでも偶然に記録されたものにすぎないが、江戸時代のわずか260余年の間に、60例が残されており、季節的には冬季に多い。また、1983（昭和58）年に開館した浅虫水族館に、開館当初から1996（平成8）年9月までの13年間に寄せられた鯨類の座礁（ストランディング）情報は40例で45頭（その内訳頭数は、オオギハクジラ類12、ミンククジラ4、ツチクジラ2、アカボウクジラ（※最大体長、雄7m、雌7.5m以上）4、ネズミイルカ（※平均体長、雄1.4～1.5m、雌1.5～1.7m）8、イシイルカ（※平均体長、雄1.8～2.1m、雌1.7～2.0m）6、カマイルカ（※平均体長2.1～2.2m）4、セミイルカ（※最大体長、雄3.1m、雌2.8m）4、バンドウイルカ1など）あり、うち3～6月に発見されたものが31頭あった。そして、1996年だけでは6例、6頭あった。また、新潟県沿岸では、1993年5月から1年間に、コイワシクジラ（ミンククジラ）・ツチクジラ・カマイルカなど10頭（冬季5、夏季4ほか）が確認されている（本間ほか 1995）。しかしそれでも、これはあくまでたまたま目にふれ、記録に残されたもののみである。氷山の一角とみるべきであろう。三方を海域によって囲まれた青森県域では、近世以降人目に触れず記録されなかった「寄り鯨等」の実数は、この数倍はあった可能性がある。このことから考えると、先史時代には、青森県域の沿岸にはぼう大な頭数にのぼる「寄り鯨等」があったものと推測され、沿岸住民にとっては、やがてはかならず寄り来る海の恵みであったはずである。したがって、縄文・弥生などの先史時代にはあえて、命の危険を伴う捕鯨活動を行う必要はまったくなく、そのための技術もとくに必要ではなかったものとみられる。

　青森県域における鯨類出土遺跡と近世以降の鯨類漂着地とのおおよその一致、さらに推定される「寄り鯨等」の事例の多さは、中・大型鯨類を対象とした漁猟具が見あたらない点からも、先史時代の青森県域においては、鯨の獲得がもっぱら「寄り鯨等」であったことを示すものと解される。

[付記]
　1998年に本節内容を発表した後の青森県域における新たな鯨類出土例については、2012年にまとめたもの（福田 2012a・b）があるが、その後のものも含め以下の例がある。簡単に紹介しておく。
　縄文時代では、東北町東道ノ上（3）遺跡（前期中葉・円筒下層a式期。図26-35）。青森県埋文 2006）、階上町寺下遺跡（晩期。階上町教委 2007。図26-36）、五所川原市五月女萢遺跡（晩期。五所川原市教委 2017）、七戸町二ツ森貝塚（中期。七戸町教委 2007）、八戸市是川中居遺跡（晩期。八戸遺跡調査会 2002、八戸市教委 2002。位置は図26-31とほぼ同じ）から鯨類骨や骨角製品が出土し、東通村浜尻屋貝塚では、1995年の調査で、14～15世紀前半を中心とするクジラ類・ラッコ・オットセイなどの海獣骨とともに海獣骨製サイコロ・中柄、海獣牙製擬餌針（東通村史編集・編纂委員会 1999）、2000～2002年の調査で、14世紀前半～15世紀末の

ほぼ同じような内容の鯨類骨やマッコウクジラの牙のほかに海獣骨製の離頭銛頭・中柄・骨鏃などが出土している（東通村教委 2004）。そのほか、近世では東通村大平貝塚で17世紀前葉〜後葉を中心とする鯨類骨のほかに鯨骨製離頭銛、海獣骨製の中柄・骨針、さらに同村近世岩屋貝塚で18世紀前半・中葉の鯨類・オットセイが出土している（東通村史編集・編纂委員会 1999。位置は図26-18とほぼ同じ）。また、漂着例では、新聞報道などから、2011年の段階で津軽地方11例、下北地方2例、南部地方3例が追加された。あいかわらず、イルカやオオギハクジラなどの小型鯨類が多い。図29は、その一例で、1931（昭和6）年7月に野辺地町浜町の海岸に寄った大型鯨の解体風景である。

註
（1）町田・新井（1982）によれば、中撫浮石は岩手県北上山地にも広く分布し、最南地域は岩手県陸前高田市であるという。
（2）溝状土坑とは、平面形態が溝状（繭状も含む）のものであり、底面に杭穴状の小ピットをもたないものに限定している。原文では溝状ピットの用語を使用したが、本書では溝状土坑に置き換えて用いた。
（3）筆者は中撫浮石の降下年代を1982（昭和57）年6月の十和田市明戸遺跡調査時の層位的所見により、縄文時代前期後葉の円筒下層d式以前と考えている。
（4）鯨（Whale）とイルカ（海豚・Dolphin）を含めてクジラ・イルカ類すなわち鯨類と呼ばれている。なお、クジラとイルカの区別では、クジラが体長3ｍ以上とされるが、明確ではない（マーティン編著・粕谷監訳 1996）。
（5）1996年12月23日付けの朝日新聞
（6）1997年4月3日付けの東奥日報朝刊
（7）1991年11月13日付けの東奥日報夕刊
（8）1997年1月26日付けの東奥日報朝刊「陸奥湾よ　過去・現在・未来3―豊かさの記憶下　鯨、イルカとの交流　今は昔」
（9）1997年11月13日付けの東奥日報朝刊。現地で解体を実見した。
（10）1989年6月10日付けの東奥日報朝刊
（11）1976年5月27日付けの東奥日報夕刊
（12）1997年12月2日付けの東奥日報朝刊
（13）1992年7月2日付けの東奥日報朝刊
（14）1974年6月16日付けの毎日新聞

第2章　交流・装身具

第1節　深浦産黒曜石の広域分布とその意味

　青森県西部（津軽）にはいくつかの黒曜石産地が知られている。日本海沿岸では北から順に小泊（現中泊町折腰内）・出来島(できしま)・深浦があり（青森県埋文 1989c）、陸奥湾西南部の青森市内西部には戸門・鶴ヶ坂・鷹森山・大釈迦(だいしゃか)などがある（青森県教委 2000）。これらの産地の黒曜石のうち出来島群は、西津軽郡木造町（現つがる市）七里長浜の海岸部より採取された原石で、似た組成の原石は、岩木山の西側を流れる中村川上流や青森市鶴ヶ坂や森田村（現つがる市）鶴喰(つるばみ)地区からも採取される。また、深浦群（図30）は、同郡深浦町の岡崎海岸や同町六角沢およびこの沢筋に位置する露頭より採取された原石（六角沢群）、および同町八森山産出の原石（八森山群）で（青森県教委 2000）、ともに青森県内外で用いられ、とくに深浦群は後期旧石器～縄文草創期に東日本各地に広く流通した。しかし、縄文前期を境に出来島産にとって代わられる。

　本節では、このような特色をもつ深浦群（以下、深浦産）黒曜石について、その分布と年代的推移を明らかにし、その意味と先史交流上の意義について述べる。

1　青森県における黒曜石製石器の利用

　青森県における黒曜石製石器の産地分析は、1980～1982（昭和55～57）年のつがる市亀ヶ岡遺跡の調査以降、当時京都大学原子炉実験所の東村武信・藁科哲男を中心に蛍光X線分析法により進められてきた。その結果、縄文時代の青森県では県内産とともに北海道産や他県産黒曜石製石器が使用されていたことが判明している。

　以下、その概略を述べるが、青森県の剝片石器には、津軽に豊富に産出する硬質頁岩が一般的に用いられており、黒曜石製石器が出土しない遺跡もまた非常に多い。

青森県産　旧石器後期～縄文早期には深浦産が主に用いられたが、小泊産も少数用いられ、縄文前～晩期、弥生時代には各地で大規模産地の出来島産のほか青森市内産が用いられた。

北海道産　白滝・置戸(おけと)・十勝・赤井川・豊泉産が用いられた。現在、縄文30遺跡で確認され、地理的に近い赤井川産が多くをしめる。下北半島～八戸等の青森県東部では、17遺跡で確認され、早期中葉以降例があるが、ほかに弥生・古代例もある。また、青森県西部では、前期中葉以降の13遺跡があり、ほかに弥生例もある。1遺跡あたりの出土数は少ないが、青森市三内丸山遺跡（前期中葉～中期。中期主体）では、産地分析数666点のうち167点が北海道産である。

秋田・岩手県以南産　縄文遺跡では秋田県男鹿・岩手県雫石・宮城県湯倉(ゆのくら)・山形県月山・長野県霧ヶ峰産などが少数用いられたが、三内丸山遺跡（中期主体）では、新潟県佐渡・板山、長野県霧ヶ峰・

和田峠産などの東日本各地産も確認され、各地との広域的な交流を示している。

2 深浦産黒曜石製石器の分布と年代

　青森県産の黒曜石のなかで、後期旧石器〜縄文時代に東日本で広く用いられたのが深浦産である。以下、その概要について述べる（表5・6）。

(1) 青森県内における状況（表5、図31）

　後期旧石器〜縄文早期前半では深浦産が7遺跡にある。後期旧石器例には、外ヶ浜町大平山元Ⅱ・横浜町吹越・八戸市田向冷水遺跡がある。また、このほかに小泊産も津軽の2遺跡にある。また、縄文草創期〜早期例には、大平山元Ⅰ・鰺ヶ沢町平野（2）・東北町長者久保・八戸市櫛引遺跡に深浦産があり、前期では、中〜後葉の例が津軽と太平洋側に4例ほどある。

　また、中期以降例は三内丸山遺跡などでごく少数確認されるが、激減しており、前期中葉〜晩期さらに弥生時代には、資源に恵まれた出来島産にとって代わられる。

(2) 青森県外における状況（表6、図32）

　後期旧石器例では以前から富山県南砺市立美遺跡例が知られていたが、その後新潟県北部・岩手県・長野県野尻湖周辺で深浦産黒曜石のナイフ形石器や彫刻刀・石核・剥片・原石等が確認され、現在9遺跡になる。また、出来島産も野尻湖周辺にごく少数ある。ただし、深浦・出来島産を含め本州産は北海道では未だに発見例がない。また、縄文草創期では、古くから知られた新潟県室谷洞窟例は深浦産という結果であった。早期例では、北海道渡島半島で中〜後葉例が2例あるが、きわめて少ない。縄文前期では、深浦からさほど離れていない秋田県米代川流域に後葉例、岩手県中央部に中葉例があり、中期以降の例では秋田県北部に少数ある。また、出来島産は、渡島半島に早期中葉〜前期初頭例、東北では秋田県米代川流域に前期後葉例があり、中〜後期例も秋田県にある。ただし、いずれも少数である。

3 深浦産から出来島産へ

（左上3点：八森山、右上4点：岡崎海岸、下5点：六角沢）
図30　深浦産の黒曜石原石

　深浦産は縄文草創期の後、あまり用いられず広域分布もみられない。産地に近いつがる市田小屋野貝塚・鰺ヶ沢町餅ノ沢遺跡においても前期中葉〜後葉の黒曜石には深浦産は皆無であり、出来島産が大半を占めている。深浦産から出来島産利用への移行は前期中葉〜後半とみられる。その理由は、おそらく次のようなことであったと考えられ

る。

　深浦産は透明度が低く漆黒で斑晶がなく均質であるため、石材としては良質である。また、他の産地も縄文時代に比べてあまり多くは知られていなかったこともあったのであろう。このため、とくに良質石材への要求度が一般的に高い旧石器～縄文草創期には、広範囲で用いられたとみられる。しかし、深浦の産地は小規模であるため、早・前期以降は採取がむずかしくなったとみられる。岩手県西和賀町峠山牧場Ⅰ遺跡にみられるような石刃（図32－21）を剥取できるほどの大型原石は、現在では採取が非常にむずかしくなっており、多くは図30に示した程度の大きさである。

　この背景には、早・前期、なかでも前期中葉以降に青森県西部への遺跡（人口）増の現象がみられ、それに伴う需要増により、良質の石材とはいえないものの、入手しやすい近隣の出来島産の黒曜石利用に移行したとみられる。また青森県では、早期中葉以降、東部で用いられてきた北海道産が、前期中葉以降に津軽でも使用され、中期以降に増加し、さらに東日本各地産の黒曜石も中期以降流通するようになり、深浦の産地は次第に忘れ去られていったようである。

4　深浦産黒曜石の広域分布

　以上、深浦産黒曜石の分布と年代および衰退の経緯について述べた。つぎに深浦産黒曜石の広域分布について、後期旧石器～縄文草創期に限定して述べることとするが、出土遺跡を他産地産の黒曜石製石器との混在状況、さらに深浦との距離（図33）によりつぎの通り分類される。

（1）出土事例の分類

①深浦産のみを出土した遺跡

　　（a）産地に近い（産地～75km）遺跡……平野（2）・大平山元Ⅰ
　　（b）産地からやや離れた（110～170km）遺跡……長者久保・田向冷水・櫛引・早坂平
　　（c）産地から遠く離れた（260km以上）遺跡……立美

②主に深浦産を出土した遺跡

　　（a）産地に近い（産地～75km）遺跡……大平山元Ⅱ
　　（b）産地からやや離れた（110～170km）遺跡……峠山牧場Ⅰ

③深浦産が他産地産に混じって少数出土した遺跡

　　産地から離れた（260km以上）遺跡……樽口・室谷・貫ノ木・大久保南・日向林A

（2）出土事例と深浦産黒曜石の入手方法

　つぎに、これらの出土事例について、深浦（原産地・産地一帯居住者）（A）と出土遺跡（消費地・入手者・使用者）（B）、さらに中間地の第3者（1人ないし複数の人手）の経由（C）の関係からみると、深浦産黒曜石の入手方法にはつぎの6通りが想定される。なお、1点のみの出土事例は除外し、現地入手には原産地採取を含むものとする。

　　（①・a）遺跡－Aからの直接供給かCによる入手も考えられるが、Bによる現地入手が主。
　　（①・b）遺跡－Aからの直接供給かCによる入手も考えられるが、Bによる現地入手が主。
　　（①・c）遺跡－Cによる入手も考えられるが、Bによる現地入手が主。
　　（②・a）遺跡－Bによる現地入手かAからの直接供給も考えられるが、Cによる入手が主。
　　（②・b）遺跡－Cによる入手も考えられるが、Bによる現地入手が主。
　　（③）　遺跡－Cによる入手が主。

表5　深浦産黒曜石製石器等一覧（青森県域）

図番号	遺跡名	時期	分析数	遺物名・数・産地判定	分析・執筆者	文献
	外ヶ浜町大平山元Ⅱ	後期旧石器	7	剝片2男鹿・彫器？1折腰内・剝片4不明（表面採集品）	藁科哲男・東村武信	青森県埋文1989c
	外ヶ浜町大平山元Ⅱ	後期旧石器	12	11深浦・1岩木山	鈴木正男・戸村健児	蟹田町教委1992
31-18	外ヶ浜町大平山元Ⅱ	後期旧石器	2	2次加工ある剝片1（図31-18）和田土屋橋西群・剝片1不明	望月明彦	青森県教委2005a
	外ヶ浜町大平山元Ⅲ	後期旧石器	6	剝片4・細石核2は折腰内（系）（表面採集品）	藁科哲男・東村武信	青森県埋文1989c
	つがる市丸山	後期旧石器	1	細石核1折腰内（表面採集品）	藁科哲男・東村武信	青森県埋文1989c
	つがる市丸山	後期旧石器	2	細石刃1・剝片1は折腰内	藁科哲男	青森県立郷土館2000
31-1・2	横浜町吹越	後期旧石器	2	細石刃2（図31-1・2。角鹿・渡辺1980）深浦か	藁科哲男	青森県立郷土館2000、福田1990cほか
	八戸市田向冷水	後期旧石器	2	チップ2深浦八森山群	望月明彦	八戸市教委2006b
31-3・4	東北町長者久保	縄文草創期	2	スクレイパー2（図31-3・4。角鹿・渡辺1980）深浦、土器は未出土	藁科哲男	青森県立郷土館2000、福田1990cほか
	外ヶ浜町大平山元Ⅰ	草創期（無文）	20	石鏃？・彫器・剝片等14は深浦（系）、剝片6不明	藁科哲男・東村武信	青森県埋文1989c
31-5～7	外ヶ浜町大平山元Ⅰ	草創期（無文）	12	槍先形尖頭器（図31-7）・掻削器（図31-5）・彫器削片・石刃（図31-6）・剝片・砕片・原石等12は深浦（六角沢）	藁科哲男	大平山元Ⅰ遺跡発掘調査団1999
31-8・9	八戸市櫛引	草創期（多縄文）	2	スクレイパー2（図31-8・9）深浦（六角沢）	藁科哲男	青森県埋文1999
31-10～13	鰺ヶ沢町平野（2）	草創期～早期前半（無文）	26	石鏃・石箆（図31-11・12）・彫刻刀形石器（図31-10）・二次加工や使用痕ある剝片（図31-13）等26は深浦（六角沢）	藁科哲男	鰺ヶ沢町教委2002
	東通村下田代納屋	縄文早期中葉（吹切沢式）	1	石鏃1湯倉	藁科哲男・東村武信	藁科・東村・福田2001
	つがる市田小屋野貝塚	縄文前期中葉（円筒下層a式主体）	36	石鏃1白滝・剝片1赤井川・剝片1豊泉、剝片・石核等32は出来島、剝片1不明	藁科哲男・東村武信	青森県立郷土館1995
	深浦町日和見山	前期中葉（円筒下層b式主体）	50	剝片1置戸・剝片1男鹿、石鏃・剝片・原石等46は深浦、剝片1鶴ヶ坂・石鏃1HY群	藁科哲男	深浦町教委1998
31-16	青森市山元（1）	前期中葉（円筒下層b式主体）	4	石鏃1赤井川・石槍1（図31-16）深浦（六角沢）・剝片1出来島鶴ヶ坂・石鏃1大釈迦	藁科哲男	青森県埋文2005b
31-15	青森市三内丸山・第6鉄塔地区（71点）	縄文前期中葉（円筒下層a・b式）	41	石匙1（図31-15）深浦、石匙1・不定形石器3・剝片2・砕片3は鶴ヶ坂出来島、石匙1・石匙2・不定形石器2・剝片11・砕片4・石核3は戸門、石匙1戸門赤井川、7不明	藁科哲男	青森県教委1998a
		前期後半（円筒下層b～d式）	3	石核1・不定形石器1は戸門、剝片1不明	藁科哲男	〃
		前期	6	剝片1十勝・石匙2豊泉、石鏃1・不定形石器1・剝片1は鷹森山	藁科哲男	〃
		前～中期	10	3赤井川・4鶴ヶ坂出来島・3戸門	藁科哲男	〃
		中期	11	剝片1置戸・石匙1赤井川・剝片1豊泉・石鏃1霧ヶ峰・石匙1鶴ヶ坂出来島・剝片2・異形石器1は戸門、剝片1鷹森山・石槍1不明	藁科哲男	〃
	青森市三内丸山（2）（三内丸山に統合）	縄文中期前葉	6	石槍3・剝片2は赤井川、石槍1赤井川十勝	藁科哲男・東村武信	青森県埋文1989c

図番号	遺跡名	時期	分析数	遺物名・数・産地判定	分析・執筆者	文献
31-17	青森市三内丸山・野球場地区・周辺地区	縄文前期中葉～中期	537	石鏃・石槍・石匙・異形石器・剝片等。2常呂川・24白滝赤石山あじさい滝・19置戸所山・2十勝・86赤井川・1豊泉・17男鹿・5雫石・3月山・1板山・1佐渡・33霧ヶ峰和田峠観音沢・6深浦（石鏃図31-17。県教委2000）・1折腰内・182出来島鶴ヶ坂・49戸門・20大釈迦・67鷹森山・18不明	藁科哲男（うち17点を杉原重夫・鈴木尚史が重複分析）	青森県教委1998b・2000・2005b
	青森市三内丸山	縄文前期中葉～中期	69	13赤井川系・4所山系・1豊浦系・1北上系・1月山系・30岩木山系・11西青森系鷹森山・8不明	杉原重夫・鈴木尚史	青森県教委2006
	五戸町駒袋（1）	縄文前期中葉	1	チップ1深浦（八森山群）	(株)アルカ	五戸町教委2006
	鰺ヶ沢町餅ノ沢	縄文前期末～中期初頭	18	石槍1置戸・石槍3赤石山・石槍1赤井川・石鏃1男鹿（金ヶ崎）、石鏃・石槍・石核・剝片等12は出来島	藁科哲男	青森県埋文2000b

表6 深浦産黒曜石製石器等一覧（北海道・秋田～富山県域）

図番号	遺跡名	時期	分析数	遺物名・数・産地判定	分析・執筆者	文献
31-14	（北海道）七飯町大中山13	縄文早期後半（中茶路・東釧路Ⅳ式）	2	石鏃1白滝・石鏃1（図31-14）深浦	藁科哲男・東村武信	北海道埋文1995
	函館市中野A	縄文早期中葉（住吉町式）	10	石鏃1置戸、石鏃・剝片等5は赤井川、加工痕のある剝片等3は豊泉・剝片1深浦	藁科哲男	北海道埋文1993
	函館市石倉貝塚	早期中葉～前期初頭（住吉町～春日町式）	128	石鏃1白滝、石鏃・石匙・スクレイパー・剝片等24は置戸、石鏃1十勝、石鏃・スクレイパー・剝片等96は赤井川、スクレイパー1出来島・剝片5不明	藁科哲男・東村武信	北海道埋文1996
	（秋田県）大館市池内	前期後半（円筒下層c・d式）	14	11男鹿・1深浦・1出来島・1不明	藁科哲男	秋田県埋文1999
32-19	（岩手県）久慈市早坂平	後期旧石器	6	ナイフ形石器2（図32-19）・掻器1・石刃1・剝片2は深浦六角沢	藁科哲男	岩手県埋文2004
32-20	西和賀町耳取Ⅰ・B地区	後期旧石器	1	彫刻刀形石器1（図32-20）深浦	藁科哲男	岩手県埋文1999b
32-21・22	西和賀町峠山牧場Ⅰ・A地区	後期旧石器	61	ナイフ形石器・掻器・石刃（図32-21）・石核（図32-22）・剝片・屑片等60は深浦、ナイフ形石器1男鹿	藁科哲男	岩手県埋文1999a 遠野市教委2002
32-28	遠野市新田Ⅱ	縄文前期中葉（大木4式）	8	石匙状異形石器1（図32-28）深浦、石鏃1・剝片6は雫石	藁科哲男	
32-23・24	（新潟県）朝日村（現村上市）樽口	後期旧石器	36	ナイフ形石器文化18点のうち、ナイフ形石器1・掻器1・台形状の石器1・石核1は和田峠、台形状の石器1高原山、掻器3（図32-23）・スクレイパー1・台形状の石器1・石刃3（図32-24）・原石1は深浦、スクレイパー1・石核1は月山、原石2不明。細石刃文化18点のうち細石刃1和田峠、細石刃11・掻器3・石核1・剝片2は男鹿（?）	藁科哲男・東村武信	朝日村教委1996
32-25	朝日村（現村上市）アチヤ平	後期旧石器	1	細石刃核1（図32-25）深浦	藁科哲男	朝日村教委2002
	阿賀町小瀬ヶ沢洞窟	縄文草創期（押圧縄文）	11	剝片2赤石山・剝片2所山・石鏃1板山・剝片3板山・剝片3霧ヶ峰	藁科哲男	藁科・小熊2002
	阿賀町室谷洞窟	縄文草創期（多縄文）	20	剝片4深浦・剝片10神津島・剝片3霧ヶ峰・剝片2高原山・剝片1板山	藁科哲男	藁科・小熊2002
	（長野県）信濃町貫ノ木	後期旧石器	4,894	和田エリアが主体を占める長野県産のなかで、二次加工ある剝片1は深浦八森山群	望月明彦・邊見哲也	長野県埋文ほか2000a
	信濃町大久保南	後期旧石器		深浦		長野県埋文ほか2000c
	信濃町大平B	後期旧石器か	43	和田エリアが主体を占めるなかで、石核3は木造出来島群	望月明彦	長野県埋文ほか2000b
	信濃町日向林A	後期旧石器	53	和田エリアが主体を占めるなかで、微細剝離痕ある剝片1は深浦八森山群、台形石器2・微細剝離痕ある剝片2は男鹿金ヶ崎群	望月明彦	長野県埋文ほか2000b
32-26・27	（富山県）南砺市立美	後期旧石器	6	尖頭器（図32-26）・掻器（図32-27）計6は深浦	藁科哲男・東村武信	藁科・東村1985

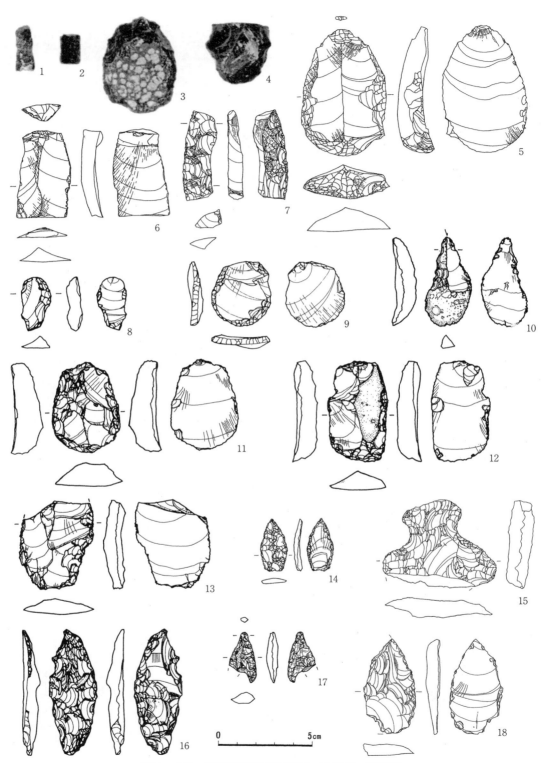

図31　各地の深浦産黒曜石製石器1（北海道・青森県）

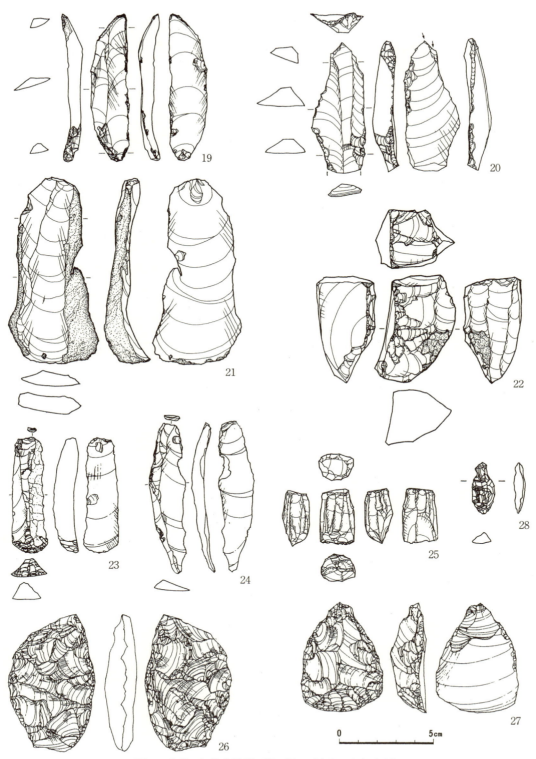

図32　各地の深浦産黒曜石製石器2（東北〜中部地方）

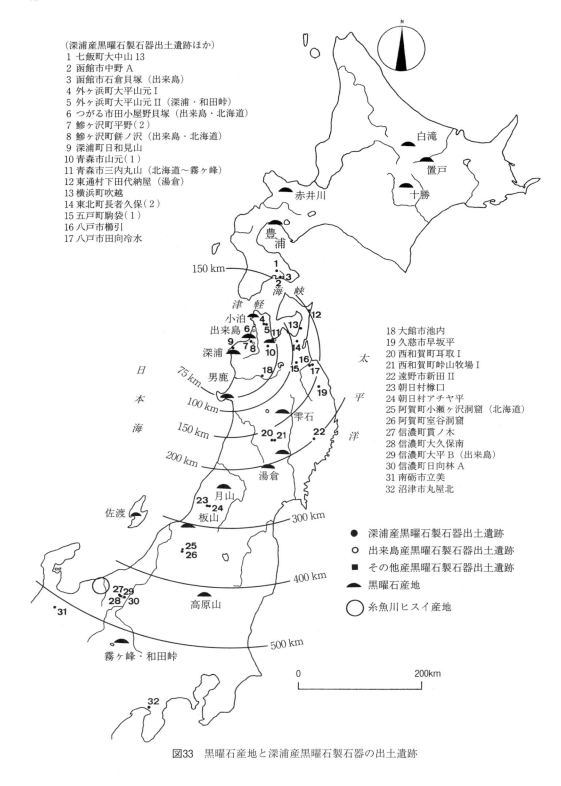

図33 黒曜石産地と深浦産黒曜石製石器の出土遺跡

これらのなかで、遊動的生活が主であったとみられる旧石器後期、さらに縄文早期以降よりも定住性の少ない縄文草創期の人びとの行動領域、そして当時における何らかの緩やかなネットワークシステムの存在を考慮した場合、(①・a、①・b、②・a) と (③) の出土事例については、現地入手や第3者を介した地域間交易による入手は容易に考えやすい。しかし、(①・c) と (②・b) の事例、すなわち産地から離れた遺跡から深浦産のみを出土した事例やを深浦産を主体に出土した事例（後期旧石器例）についてはどう考えたらいいのか非常にむずかしいが、ここでは、立美・峠山牧場I遺跡例については、原石も含まれており、「主にBによる現地採取」を考えた。すなわちA・B間（第3者による道案内や交通の手助けは当然ある）の長距離入手・長距離交易である。日本海側および内陸河川では舟の併用も考えられる。また、山深い内陸部の場合は、徒歩による長距離移動であったとみられる。
　なお、新潟県室谷洞穴に近い小瀬ヶ沢洞窟（草創期）では、旧石器～縄文草創期を通じて稀な北海道産が確認され、深浦産の確認された青森県大平山元II遺跡（後期旧石器）では信州産も確認されている。ただし、これらが双方間の交易をただちに示すものかどうか判断するのは時期尚早であろう。また、この時期の青森県における北海道産の確認例はまだない。ともに、今後の資料増加に待ちたい。
　この、交易の問題については、ヨーロッパでは、40年以上も前にケンブリッジ大学のRenfrewによって、先史時代の物の交易・交換形態の研究があり、A－B間の交換モードが提示されている（Renfrew 1975）。民族学誌をもとにしたものであり、モード1（Aの地にBが行って直接採取）・モード2（AかBのどちらか一方が出かけ交換）、さらに中間で出会ったり、第3者が介在して交易する等のモード3～10の8モードが示されている。深浦産の出土事例などを考えるときには示唆に富むものであるが、地域・年代、社会構造、出土資料のもつ意味などがまったく異なるものであり、これに単純にあてはめて考えることはできない。むしろ、日本列島独自のモデルを考えていくべきであろう。

5　深浦産黒曜石の広域分布の意味とその後の類例

　筆者はこれまで、先史時代における本州北端部と北海道南部との交流や糸魚川産ヒスイをめぐる中部日本海の交流・交易について、論考を発表してきた。そして、糸魚川産ヒスイについては、縄文前期末～中期初頭以降の津軽海峡域における流通開始とその後の継続的流通により、糸魚川―津軽海峡域間の舟による直距離交換・交易を考えるなど（福田 1999・2004・2005）、ヒスイ以後の広域交流や地域間交流の様相を少しずつ具体化させてきた。
　しかし、この糸魚川産ヒスイの流通以前に、日本海中部沿岸でどのようなの広域交流があったのかという観点にたった場合、はなはだ漠としたものであった。この状況のなかで、以前から気になっていたのが深浦産黒曜石であった。深浦産黒曜石は、現在のところ分析遺跡・点数が少なく、北海道への分布も希薄であると推定されるが、北東北3県のほかに糸魚川以南にまで及んでおり、糸魚川産ヒスイの広域分布とは様相が異なるものの、重なる部分も多い。年代も津軽海峡域における糸魚川産ヒスイの流通以前である。ヒスイ以前の日本海中部沿岸をめぐる広域交流を研究するうえで手がかりとなる資料である。
　深浦産黒曜石の広域分布は、黒曜石の入手行動が広範囲に行われたことを示しているが、それは、

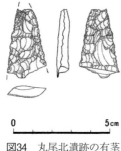

図34 丸尾北遺跡の有茎尖頭器

もちろん石材入手を目的に行われた結果も当然あろうが、当時の狩猟生活を中心とした遊動生活・行動に関わる他の行動に付随して入手されたものも多かったにちがいない。後期旧石器～縄文草創期の北日本各地や日本海沿岸では、各地域間の緩やかなネットワークがあったのであろう。人びとはそれによって遠距離情報を入手し、各地の黒曜石を入手したと思われる。

この深浦産黒曜石の広域分布について麻柄一志は、富山県立見遺跡の出土資料を実見し、後期旧石器時代終末期の黒曜石製石器16点（分析資料10点を含む）のほかに、1,000点以上の黒曜石の剝片・砕片も、肉眼ではあるが深浦産の可能性が高いことを述べ、深浦から立美遺跡までは、短期間の直線的な移動によってもたらされた可能性を考えている。

麻柄はさらに、深浦産の類例について、新潟県三条市荒沢遺跡、茨城県ひたちなか市後野(うしろの)遺跡、さらに静岡県沼津市丸尾北遺跡などの縄文草創期例をあげている（麻柄2013）。このなかで指摘された丸尾北例は、深浦八森山群と判定された有茎尖頭器破片（図34）であり（望月2009）、目下、深浦産黒曜石例としては南限の出土例ということになるが、実はここには、草創期例として、ほかに神津島恩馳島(おんばせじま)群や諏訪星ヶ台群と判定された黒曜石製の有茎尖頭器や尖頭器もあり、さらに後期旧石器時代や縄文早期以降例にも神津島恩馳島群や諏訪星ヶ台群などが継続して多くあることから、丸尾北遺跡の草創期例は長野県経由でもたらされた可能性が考えられる。このような例をみると、遠隔地産の黒曜石については、直接、その産地まで行って入手した場合と、産地に行く途中で入手した場合など、Renfrewの示した交換モードのようにさまざまな状況が考えられるが、そのような状況のもととなったネットワークが日本列島では、どのように張り巡らされていたのか、注目される。今後の課題であるが、あわせて産地分析の増加も期待したい。

第2節　東道ノ上(3)遺跡のメダカラはどこから来たか

2005（平成17）年2月、青森県上北町（現東北町）の東道ノ上(3)遺跡の貝類整理作業中にメダカラガイ（以下、メダカラ）が検出された。タカラガイは、沖縄などの南海に生息し、中国古代では貨幣としても使われた美しい貝というイメージの強い貝であるが、このメダカラは小型種で、色は灰褐色で地味である。沖縄から北海道にいたる列島各地の縄文貝塚から出土しており、縄文人の装飾・呪術・交流などに関わる遺物として研究報告がなされてきている。

ただし、このメダカラは、それまでの青森県域では出土例が皆無であったため、本例が県内初の出土例となる。この発見によって、ようやく青森県域の縄文人とタカラガイとの関わりが、テーマとして浮びあがってきた。この遺跡からはまた、カズラガイやマクラガイなど、北海道や青森県域の貝塚からはあまり発見例がない貝製品も出土した。

そこで本節では、東道ノ上(3)遺跡例をもとに、北日本のタカラガイなどの貝製品について、出土状況・年代・交易などの点から述べることとする。とくに交易については、青森県域の海岸で行った打ち上げ貝調査の結果を援用して述べてみたい。

1　東道ノ上（3）遺跡出土のメダカラ・カズラガイ・マクラガイ

　東道ノ上（3）遺跡は、青森県上北郡東北町の小川原湖南部の南西約3kmにあり、小川原湖に注ぐ砂土路川の東岸段丘に位置している。貝塚はその北西急斜面（標高22～30m）において発見された（青森県埋文 2006）。貝を含む土壌の全量調査・水洗の結果、検出されたタカラガイはメダカラ4点（4個体分）（図35－1～3、図39－1）で、斜面地区第ⅢB貝層から出土した。いずれも背面が欠失しているが、人為的なものかどうかは不明である。殻高は、計測可能な3点では13～18mmで、20mmという標準サイズに比べれば小ぶりである。この貝層は縄文前期中葉の円筒下層a式期で、同貝層を主に、青森県域ではメダカラと同様、これまでに出土例が報告されていないマクラガイ26点（すべて殻頂部が欠失、殻高は計測可能な7点では、11～23mm）（図36－11～13、図39－1）、青森県域では出土例が稀なカズラガイ（図36－2・3、図39－1）の完形品に近いもの1点と口唇部破片1点、さらに、クチベニガイの穿孔品7点とベンケイガイ製腕輪や未製品・破片など計135点が出土した。

　なお、メダカラを含むこれらの貝製品は、大半がDM175グリッド（4m四方）から出土した。

2　図鑑に記載されたメダカラ・カズラガイ・マクラガイ

　ところで、これらの貝類はいったいどのような貝であるのか、『日本近海産貝類図鑑』（奥谷編著 2000）によって述べると、形態・生息域の記載は以下のようである。図鑑記載のなかで、とくに生息地に関する記載は、貝類の生息地と出土遺跡との関係を考える上で重要である。

メダカラ（目宝貝・ニナ目タカラガイ科）「SL2cm：背面に褐色点を散らし、中央に1個の褐色斑または横帯をもつ。側面から腹面は白色～乳白色で、黒色小斑が散在。前後端は暗紫色～黒色斑を伴う。陸奥湾以南の熱帯インド・西太平洋の潮間帯～水深10mの岩礁底」。

　このほか参考までに、メダカラに類似した小型種のチャイロキヌタについても述べる。

チャイロキヌタ（茶色砧・ニナ目タカラガイ科）「SL2cm：背面は黄褐色～紫褐色、2本の淡色横帯をもつ。側面から腹面は白色。房総半島・男鹿半島～沖縄・小笠原諸島。潮間帯～水深20mの岩礫底。別名キヌタデ」。

カズラガイ（ニナ目トウカムリガイ科）「SL7.5cm：房総半島以南、台湾の水深10～50mの砂底」。

マクラガイ（バイ目マクラガイ科）「SL4cm：房総半島・男鹿半島以南の熱帯インド・西太平洋。水深5～30mの砂底」。

　以上のほかに、東道ノ上（3）遺跡からは同様に非常に稀な貝種としてクチベニガイ（ハマグリ目クチベニガイ科）が出土しているが、これについては、「SL2.5cm：殻は極めて厚く、よく膨らみ、低い輪肋がある。右殻がやや大きい。内面は淡黄色で周縁は紫紅色。大きな鉸歯がある。外套膜はほとんど湾入しない。房総半島以南、九州、朝鮮半島、中国大陸沿岸の潮間帯から水深約40mの砂底」と記載されている。

　このような記載がある一方、その他の貝類図鑑、たとえば『学研生物図鑑　貝Ⅰ〔巻貝〕』（波部・奥谷監修 1990a）、『学研生物図鑑　貝Ⅱ〔二枚貝・陸貝・イカ・タコほか〕』（波部・奥谷監修 1990b）では、メダカラの分布については「房総半島以南、インド太平洋」、チャイロキヌタについては「房総半島から沖縄の岩礁」、マクラガイについては「房総半島、佐渡以南」、クチベニガイについては「本州以南」とされるなど、かなり異なった記載がみられる。

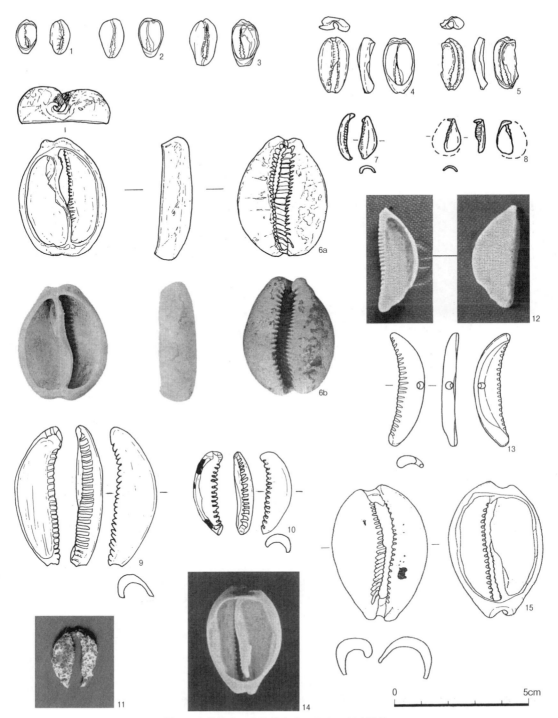

図35　東北地方・北海道出土のタカラガイ製品

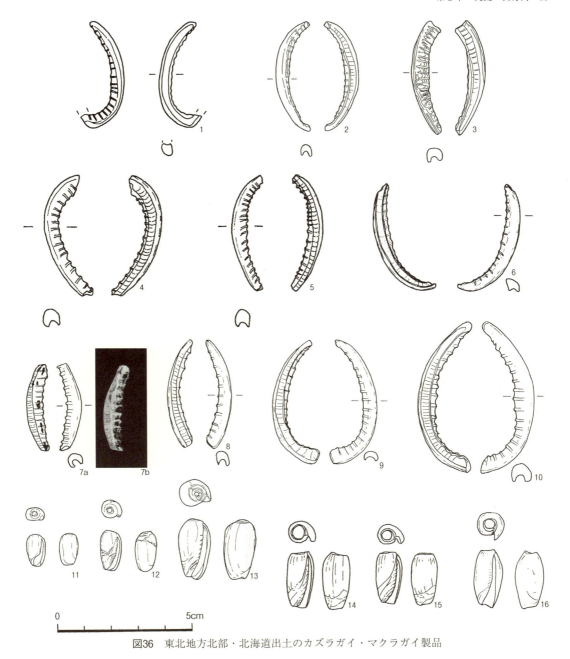

図36　東北地方北部・北海道出土のカズラガイ・マクラガイ製品

　また、図鑑とは別に、メダカラの生息分布について、太平洋側では岩手県陸前高田市の広田半島や名勝地高田松原では採集可能（海と貝のミュージアム 2001）とされ、カズラガイについては、津軽海峡に面した下北半島東通村の入口海岸で採取されたとする記載（奈良・岩井 1960）、さらに、「現代でも戸井町（現函館市）の海岸で採集される貝類である」（西本 1993b）などの記載もある。

3　北日本におけるタカラガイ出土例とその意味

つぎに、メダカラ・カズラガイ・マクラガイについて、宮城県以北の出土例を佐藤一夫（1991・1999）や忍沢成視（2001・2011）の研究成果をもとにまとめてみると、表7のようになる。以下、これらのなかで特徴的なものについて述べる。

（1）北日本におけるタカラガイ出土例

まず、北海道では最北の島礼文島の礼文町船泊遺跡から、縄文後期中葉（船泊上層式）とみられる土坑墓からメダカラ（図35－4・5）・マクラガイ（図36－14・15）が出土している（礼文町教委 2000）。円形の10号墓では、側臥屈葬状態の熟年後半女性の前頭部付近から、背面穿孔のメダカラとみられる小型タカラガイが2点出土し、ほかにビノス貝製の貝玉が首・腕・腰・足首の付近から計365点出土した。また、楕円形の15号墓では、側臥屈葬状態の壮年女性の首・手首付近からビノスガイ製貝玉が計325点出土し、覆土からは、マクラガイが7点と貝製平玉が16点出土した（図37）。これらの貝製品について、報告書ではネックレス（首飾り）・ブレスレット（腕輪）・アンクレット（足首飾り）などが考えられるとしている。

つぎに、道南の噴火湾沿岸、伊達市有珠モシリ遺跡（伊達市教委 2003）では、縄文晩期（大洞A式）の土坑墓・続縄文期（恵山式）の土坑墓等からメダカラ・マクラガイが出土している。晩期例では、ほぼ円形の9号墓から、人骨（性別等不明）・骨角器とともにマクラガイの貝玉が5点出土した。また、続縄文期例ではほぼ円形の13号墓から、大人・子供（ともに性別等不明）の計2体分の人骨が散乱状態で出土し、背面穿孔のメダカラとみられる小型タカラガイ垂飾が1点（図35－11）と貝輪・貝玉・銛頭・釣針・石鏃が出土している。ただし、副葬品かどうかは判然としないとしている。また、マクラガイの貝玉は、4号墓から1点、10号墓から2点、土坑墓外の調査区から4点それぞれ出土した。

また、函館市戸井貝塚（西本 1993b）では、縄文後期初頭のタカラガイの半月状片割れ品が2点出土し（図35－9・10）、うち1点（10）の内面（割れ面）の一部にはタール状物質が付着していた。また、カズラガイ片が17点（図36－7～10）出土したが、うち1点（7）にも同様のものが付着していることから、用途の一つとして何らかの製品に貼り付けて装飾品として用いられたものであろうと推測している。そのほかに、マクラガイ（報告者は小型のイモガイとする）1点（図36－16）も出土している。

つぎに、東北地方では、岩手県二戸市大向上平遺跡では、後期初頭の埋設土器（壺）から、ヒスイ大珠2、オマオブネガイ、貝製平玉などとともにタカラガイ片が発見された（忍澤 2004a）。同県宮古市崎山貝塚（縄文中期）では、背面頂部に朱彩痕のある半月形のタカラガイ（4cm大）が1点採集され、日常生活用具ではない特殊な遺物とされている（武田 1996）（図35－12）。また、宮城県気仙沼市田柄貝塚では、縄文後期後葉で内面の一部に黒色物質が付着したタカラガイ背面穿孔品が1点出土した（宮城県教委 1986）（図35－15）。

このほかに、関東地方では、タカラガイの土坑墓からの出土例として、千葉県市原市の西広貝塚57号住居では、縄文後期初頭（堀之内式期）の埋設土器内から幼児骨とともにキイロダカラの殻口部内唇破片が1点出土した例（市原市教委 2007）もある。

（2）タカラガイのもつ意味

タカラガイ類はその美しさ・形状から、古来、世界各地で装飾品・財貨などとして利用されてき

表7　北日本出土の南海産貝類等一覧

遺跡名	市町村名	年代	貝の種類・文献・遺物図版番号
浜中2遺跡	北海道礼文町	縄文後期中葉	タカラガイ背面穿孔1。動物の送り場遺構から。福田・前田（1998）では、ホシダカラかハラダカラかナンヨウダカラかとするが、佐藤一夫はホシキヌタとする（2000）。図35-6。
船泊遺跡	礼文町	縄文後期中葉	メダカラ背面孔・殻頂部打欠き計2（10号の熟年後半女性前頭部付近から。ほかにビノスガイ製貝玉365あり）・マクラガイ垂飾8（うち7点は15号墓の壮年女性人骨とビノス貝製平玉392とともに出土）。大型（忍澤成視はカバミナシとす）・小型のイモガイ螺頭部垂飾各1。礼文町教委2000。忍澤2004b。図35-4・5、図36-14・15、図37。
東釧路貝塚・春採チャシ付近	釧路市	縄文前期	東釧路貝塚付近例はハナビラタカラ、春採チャシ付近例はシボリタカラとす（安倍1953。鑑定は直良信夫）。佐藤は前期とす（1999）。
幣舞遺跡	釧路市	縄文後期後半～続縄文前半	ベンケイガイ貝輪19（第89号墓から）。釧路市埋文1994。
静川22遺跡	苫小牧市	縄文前期中～後葉	メダカラ背面孔1（当初はツグチガイとする）・メダカラかチャイロキヌタ片1。佐藤1999。図35-7・8。
北黄金貝塚	伊達市	縄文前期中～後葉	メダカラ背面孔1。2006年8月21日に伊達市の『史跡北黄金貝塚公園』にある「北黄金貝塚情報センター」で実見。
有珠モシリ遺跡	伊達市	縄文晩期後葉、続縄文初頭	土坑墓群・調査区から出土。縄文晩期：マクラガイ貝玉5（9号墓）・オオツタノハ貝輪2・ベンケイガイ貝輪45。続縄文：小型タカラガイ1（13号墓。大人と子供の2体改葬墓）・マクラガイ貝玉7（4・10号墓ほか）・ベンケイガイ貝輪39・イモガイ貝輪7・ゴホウラガイ？垂飾品1。伊達市教委2003。図35-11。
入江貝塚	洞爺湖町	縄文後期前葉	小型イモガイ螺頭部玉2・オオツタノハ貝輪1・ベンケイガイ貝輪33。虻田町教委1994。
戸井貝塚	函館市	縄文後期初頭	タカラガイ半月形装飾品2（忍澤はホシキヌタか？・ハナマルユキダカラか？とする）・カズラガイ17・マクラガイ1・イモガイ螺頭部1・オオツタノハ？貝輪1・ベンケイガイ貝輪等70。西本1993b、忍澤2001。図35-9・10、図36-7～10・16。
石倉貝塚	函館市	縄文後期前葉	カズラガイ1・ベンケイガイ貝輪等24。函館市教委1999。図36-6。
田小屋野貝塚	青森県つがる市	縄文前期中葉	カズラガイ1・ベンケイガイ貝輪破片60。青森県立郷土館1995。図36-1。
二ツ森貝塚	七戸町	縄文中期中葉	カズラガイ3・ベンケイガイ貝輪1。七戸町教委2007。図36-4・5。
山中（2）貝塚	三沢市	縄文早期後葉	カズラガイ。青森県立郷土館1992。
東道ノ上（3）遺跡	東北町	縄文前期中葉	メダカラ背面孔4・カズラガイ2・マクラガイ26・ベンケイガイ貝輪等135。青森県埋文2006。図35-1～3、図36-2・3、11～13。
大向ヒ上平遺跡	岩手県二戸市	縄文後期初頭	1号埋設土器からホシキヌタとみられる破片1（忍澤2004a）がアマオブネガイ玉73・平玉2・ヒスイ大珠2とともに出土。岩手県埋文2000・忍澤2004a。
二子貝塚	久慈市	縄文晩期中葉	オオツタノハ貝輪1。久慈市教委1993。
岩谷洞穴	岩泉町	縄文後期	タカラガイ半月形垂飾品1。岩手県立博物館1984。忍澤はホシキヌタとす（2004a）。
崎山貝塚	宮古市	縄文中期	タカラガイ半月形で赤色付着1。武田1996。図35-12。
蛸之浦貝塚	大船渡市	縄文中期初頭	タカラガイ片割穿孔1（西村1959）。忍澤はホシキヌタとす（2001）。図35-13。
細浦上ノ山貝塚	大船渡市	縄文後～晩期	タカラガイ背面穿孔1。江上1932。岩手県立博物館1995。忍澤はホシキヌタとす（2004a）。図35-14。
門前貝塚	陸前高田市	縄文中期末葉	オミナエシダカラ背面自然穿孔1。江坂1983。
中沢浜貝塚	陸前高田市	縄文前期	ホシキヌタ。忍澤2004a。
長部貝塚	陸前高田市	縄文後期	タカラガイ。長谷部1942、酒詰1961。
貝鳥貝塚	一関市	縄文後期末葉・晩期	タカラガイ1（金子・忍沢1986b）。忍沢はホシキヌタか？とする（2001）。イモガイ螺頭部1（縄文後期末葉）・オオツタノハ貝輪2（縄文晩期）。草間・金子編1981。
青島貝塚	宮城県登米市	縄中期中葉～後期初	タカラガイ。後藤1981。
田柄貝塚	気仙沼市	縄文後期後葉	タカラガイ1（背面穿孔で黒色付着。忍澤はホシキヌタか？とす）・オオツタノハ貝輪1。宮城県教委1986。忍澤2001。図35-15。
南境貝塚	石巻市	縄文中期後葉	タカラガイ半月形3。楠本1973。忍澤はハチジョウダカラとす（2011）。
仁斗田貝塚	石巻市	縄文中期後葉	小型タカラガイ半月形1。楠本1983。金子・忍沢1986b。
里浜貝塚	東松島市	縄文晩期中葉	イモガイ螺頭部穿孔品1・オオツタノハ貝輪。東北歴史資料館1985。
大木囲貝塚	七ヶ浜町	縄文前期	カズラガイ1（金子・忍沢1986b）。
宇賀崎貝塚	名取市	縄文前期	タカラガイ半月形1。宮城県教委1980。

※　タカラガイ・カズラガイ・マクラガイについては、本表に収録した遺跡がすべてではない。とくに、岩手県南部・宮城県の例については、ほかに情報を得ているが、あえて除外した。また、ベンケイガイについては、本節に関わるもののみを収録した。

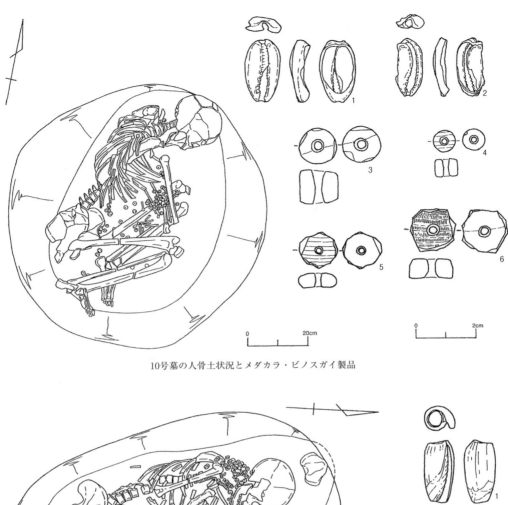

10号墓の人骨出土状況とメダカラ・ビノスガイ製品

15号墓の人骨出土状況とマクラガイ・ビノスガイ製品

図37 船泊遺跡の土坑墓とメダカラ・マクラガイ製品など

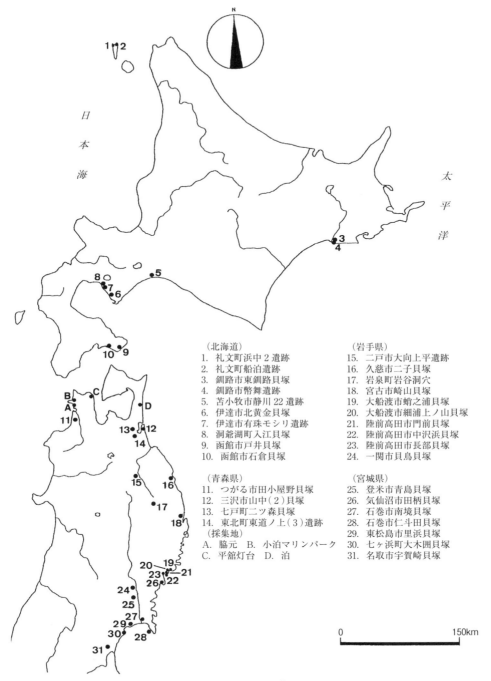

図38　北日本のタカラガイ等出土遺跡

た。とくに、その形状が女性器と類似していることから、女性の生命力や生殖・豊穣などを示すものとして重要視されてきており、古代中国では死者の霊の不滅や復活を願うため、埋葬にも用いられてきた（白井 1997）。佐藤一夫は、それまでのタカラガイに関する用途例をまとめ、中央に穿孔があるものは垂飾品、主体を占める穿孔・溝などがないものは頭巾・衣服などに縫いつけたり、小

袋などに入れてお守りとしたものではないか。また、小型で半月形のものは漆やアスファルトなどの接着剤によって木製品などにはめ込まれ、指輪やその他の装身具として用いられたのではないかとかなり具体的に考えている。そしてその意味として、基本的には、安産・豊穣を願う護符的装身具と考えられるとしている（佐藤一 1991）。

　この用途・意味については、大筋では異論がないが、さらに船泊・有珠モシリ・大向上平遺跡、西広貝塚の事例を考慮すれば、魔除け・再生などの呪術的な意味が込められた装身具であったとも考えられる。

　タカラガイのなかで、とくに大型のハチジョウダカラについては、子安貝ともいわれ、出産の際に握ると安産できるとされており（小島 1999）、古くは、平安期に成立したとされる『竹取物語』（阪倉校訂 1970）には、燕の産卵と子安貝との関わりを示唆する物語がある。また、民俗例では、近県の岩手県浄法寺町（現二戸市）では、明治初期～昭和30年頃の産婆の持ち物にコヤスガイがあり、「安産を祈って護符を飲む際に水を汲む貝」などとして用いられた例がある（浄法寺町歴史民俗資料館 1991）。また、筆者は1994（平成6）年夏であったが、ロシア・ハバロフスク市近郊のサカチアリャン村の資料室で、ナナイ族の結婚衣装にタカラガイが8個縫い付けられていたのを実見したこともあり（福田 1998b）、タカラガイが東アジア地域で子孫繁栄・安産祈願に関わる貝であったことが理解される。

　東道ノ上（3）遺跡などから出土したメダカラは、ハチジョウダカラとは違い小型のタカラガイではあるが、身につけることによってその意味にあやかろうとしたとみられる。具体的には、垂飾品などの装身具や婚姻衣装に縫い付けられた装飾品であったと考えられる。房総半島の市原市西広貝塚では、出土した縄文後期初頭のタカラガイ類加工品517点のうち、メダカラが355点と、全体の約70％をしめている。この数の多さは、遺跡がメダカラ生息地の近隣地域にあり、しかも生息地ではもっとも採集しやすいタカラガイ類ということがあって、この地域における後期初頭のメダカラと人びととの強い結びつき、信仰が形成されたのであろう。このメダカラ信仰が、東北地方北部そして北海道に広まったと考えられる。

　東北地方の縄文時代の遺跡からは、タカラガイを模した土製品も出土している。岩手県花巻市安俵六区（後期前葉）・立石遺跡（後期前葉）であり、類例は富山県や内陸の長野県にもある。タカラガイの入手がむずかしい地域の縄文人が、タカラガイのもつ呪術的意味にあやかろうとした製品とみられるもので、タカラガイ呪術が列島各地に広がっていたことをうかがわせてくれる。

　また、カズラガイやマクラガイについては、多くの研究者が指摘するように装飾品であろう。とくに、カズラガイの殻口部はタカラガイに類似しており、マクラガイ製品（玉）も類似した形態であることから、同じような呪術的意味が込められていたとみられる。

4　メダカラなどの貝類採集調査

　さきに、メダカラなどの貝類について、図鑑記載例を示したが、記載例のように陸奥湾などの海域に生息するとなれば、それはいったいどこで、どのような状態で生息しているのか。この点を把握しておかなければならない。この把握は、とくに、生息域と出土遺跡との関係、すなわち物の動き・交流の問題を考えるには、不可欠である。しかし、いったいどこの海岸で採集できるのか、考古学分野以外のことでまったくわからない。そこで、当時勤務していた青森県立郷土館の生物分野

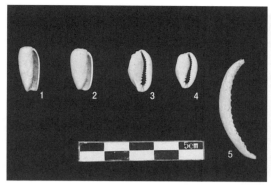

1　東道ノ上（3）遺跡出土のマクラガイ（左2点）・メダカラ（中2点）・カズラガイ製品（右1点）

2　メダカラの打ち上げ状況（2008.12.10、脇元）

3　採集したメダカラ（左・脇元、右1点・泊）

4　採集したマクラガイ（脇元）

図39　メダカラ・マクラガイほか

担当の職員から多数の文献を貸していただいた。下北半島、日本海沿岸の深浦地方、津軽半島の陸奥湾沿いの海岸などの貝類調査のレポート類であったが、そのなかには残念ながらメダカラに関する記載は皆無であった。つまり、採集したという報告が見つからなかったのである。

　そこで、かつて、ベンケイガイの交易問題を考える際に行ったように、実際に海岸を歩いてみよう（福田 1995a）と思いたち、図鑑に生息域として記載された陸奥湾の沿岸を歩くことにした。2005（平成17）年ごろのことである。まず、津軽半島東岸や夏泊半島などの岩場を歩いてみたが、発見することはできなかった。そこで、2006年以降は、陸奥湾への対馬暖流の流入コースを考慮し、日本海沿岸で採集できる可能性がよりたかいと考え、津軽半島西岸の岩礁をおもに歩くこととした。

　その結果、2007（平成19）年の7月2日、ようやく十三湖の北、小泊半島を望む五所川原市（旧市浦村）脇元の海岸においてメダカラを発見することができた。それ以来、2017（平成29）年5月3日まで、この海岸で計13回の採集調査を行い、完形・欠損品・破片を含めた大小426点を採集することができた。採集時期は、4月が1回で5点、5月が6回で計181点、7月は1回で16点、9月は1回で28点、10月は3回で113点、12月は1回で84点。一回の採集時間は約1～1時間半ほどであるが、最多採集数は一度で84点（12月）、ついで66点（10月）、45点（5月）、最少点数は5点（5月）、9点（10月）、16点（7月）点であった。また、同地点ではメダカラに似たタカラガイの一種「チャイロキヌタ」も5点ほど採集（10・12月）している。メダカラ・チャイロキヌタは、海

図40 カズラガイの成貝（左2点：平舘灯台付近）と口唇部破片（右2点：小泊マリンパーク）

岸の砂礫・海草に混じって採集された。このなかで、2008（平成20）年12月10日は、昼の1時間半ほどで、メダカラ84点が採集された。約30cm四方の範囲から3点集中（図39-2）した状態で発見されたこともある。大半は成貝で、光沢が残っているものもあるが、多くは擦れて光沢を失っている。また、背面が割れたものも多い。殻長は、84点のうち、計測可能な73点（図39-3左）では、最大は23.4mm長、最小は13.2mm長でそれぞれ1点ずつあるが、そのほかでは、14.1～15.0mm長が3点、15.1～16.0mm長が8点、16.1～17.0mm長が7点、17.1～18.0mm長が19点、18.1～19.0mm長が15点、19.1～20.0mm長が10点、20.1～21.0mm長が5点、21.1～22.0mm長が1点、22.1～23.0mm長が23点であり、殻長17.1～20.0mm長のもの（44点）が全体のほぼ60％をしめている。なお、この日にはこの場所で、チャイロキヌタも2点、カズラガイ1、マクラガイ13点（図39-4）やベンケイガイ破片も採集された。また、同地点には砂浜もあるため、砂泥性のカズラガイやマクラガイも発見されており、13回の調査で、マクラガイの完形品や頂部欠損品など計118点が採集された。カズラガイの口唇部や欠損部をもつものも、小型ながら毎回必ず採集された。カズラガイやマクラガイは、このあたり一帯の海岸でも容易に採集されるもので、図40右のカズラガイ口唇部片2点は2009（平成21）年5月20日に中泊町の小泊マリンパークで採集されたもの、同左のカズラガイ成貝2点は、打ち上げ貝ではなく、2009年5月26日に外ヶ浜町平舘（たいらだて）灯台付近の砂浜で動き歩いていたものであった。このほかに、下北半島の海岸部も2度ほど歩いたが、2008（平成20）年11月12日には、太平洋沿岸の六ヶ所村泊（とまり）の海岸で、わずか1点ではあるが多くのホタルガイとともにメダカラ（殻高18.10mm）（図39-3右）を採集することができた。このことは、対馬暖流が流れる青森県域の日本海沿岸から陸奥湾、下北半島沿岸部では、その数量はともかくとして、メダカラは採集できるということを示している。泊の海岸では、ほかに大きめのカズラガイも複数個採集することができたが、マクラガイは採集できなかった。

　このようにして津軽海峡の南岸でメダカラを採集していたころ、対岸の北海道松前町でメダカイが発見されたという報に接した（鈴木・福井 2010）。発見者の福井淳一によれば、白神岬付近の岩礁地帯で、2009年の8～9月に、他の35種の貝類とともに20個体が採集されている。この採集報告は、これまでの図鑑類の記載にはまったくなかった新知見であり、メダカラをめぐる交流という問題を考えた場合、看過できないものであろう。

　ところで、筆者が泊で採集を行ったのは、泊で三輪道子がメダカラガイを採集したという記載（三輪編 1988）があったためであるが、ここではほかに、オミナエシダカラガイ・アヤメダカラガイ・ハナビラダカラガイ・マクラガイ・サヤガタイモガイの打上げも記載されており、注目される。

5 東道ノ上(3)遺跡のメダカラはどこから来たか

　次に、本題である東道ノ上(3)遺跡出土のメダカラは、どこからもたらされたのかという問題について述べるが、その前に、メダカラを含むタカラガイの北海道における出土例（表7）についてみる。まず、釧路市東釧路貝塚等発見のタカラガイは、ハナビラタカラ・シボリタカラとされる、生息域が房総半島以南（波部・奥谷監修 1990a）の小型種で、現在、北海道、東北地方北部には生息していない南海産の貝種である。発掘調査による出土品ではないようであるため、不明な点が多いが、時期は縄文早期とも前期ともされている。この早～前期は、現在よりも年平均気温が2～4℃高いいわゆる縄文海進期である。現在は、釧路の沖合を北からの寒流が南下しているが、松島義章によれば、貝塚などから出土した温暖種の貝類分布の調査例から、約7,000年～5,000年前には、日本海沿岸を北上し、宗谷海峡を抜けた対馬暖流（宗谷暖流）が国後水道根室半島沖を通って太平洋に出、襟裳岬方面に南下している状況がみられる（松島 2010）。この考えによれば、このタカラガイは、従来の考え方からすれば、本州太平洋側から運ばれたと考えられるが、当時の釧路沖の海域に生息していた可能性も考えられる。しかし、浜中2・船泊遺跡や戸井貝塚・有珠モシリ遺跡から出土したやや大型のタカラガイは、縄文海進後の時期であり周辺海域で採取されたとは考えにくいため、本州以南から運ばれたと考えたほうが自然であろう。船泊・有珠モシリ遺跡のメダカラも同様であろう。また、道南の北黄金・静川22遺跡のメダカラは、他の南海産貝類などと同様に、本州からもたらされた可能性も考えられはするが、縄文海進期のものであることから、津軽海峡を抜けて北海道の襟裳岬方面に向かう対馬暖流（津軽暖流）の影響で、当時の周辺海域に生息していた可能性もある。

　次に、東道ノ上(3)遺跡のメダカラの話に移るが、一般的には、生息域である関東地方などで採取されたものが、東北地方の太平洋沿岸各地の出土分布からうかがわれるように、太平洋岸沿いに運ばれ北上してきた結果、最終的に東道ノ上(3)遺跡にもたらされたと考えられよう。しかし、はたしてそうだと断言できるのであろうか。実は、東道ノ上(3)遺跡では、黒曜石製石器の産地分析で興味ある結果が報告されている。分析資料は6点（石匙2・スクレイパー1・UF1・剝片2）であるが、分析の結果、石匙のうち1点は鷹森山・大釈迦産、UF1点は出来島・鶴ヶ坂産、石匙・スクレイパー・剝片各1点は所山産、剝片1点は赤石山産という判定（遺物材料研究所 2006）であった。つまり、青森県の東道ノ上(3)遺跡では、北海道産黒曜石とともに、鷹森山・大釈迦産（青森市）、出来島・鶴ヶ坂（つがる市・青森市）の日本海側地域産も用いられていたのである。北海道と津軽地方とは黒曜石を通じての交流があったことがうかがわれるのである。

　これを、今回行った青森県沿岸のメダカラの生息分布踏査の結果と考え合わせてみると、出来島産の黒曜石産地の近隣地域にあって、メダカラを多数採取でき、しかも東道ノ上(3)遺跡から出土しているカズラガイ・マクラガイ・ベンケイガイなども生息し、容易に採取される津軽半島の日本海沿岸地域は、当遺跡への供給候補地と考えても不都合はない。

　従来は、メダカラ・研究者によってはカズラガイ・マクラガイなどの、いわゆる南海産の貝類は、東北地方の太平洋側地域から出土していることによって、ともすれば、太平洋岸沿岸を人びとの手によってもたらされてきたと考えられやすいが、青森県域の場合は、太平洋側地域と日本海側との交流も考えることが必要となってきたと考えられる。とくに、青森県域は、津軽海峡とともに、陸奥湾という内湾を介しての相互交流もしやすいため、東北地方中・南部地域と違って、日本海側―

太平洋側間の交流は無視できないものと考えられる。

6　青森県におけるこれまでの貝塚調査と課題

　筆者が青森県立郷土館に勤務していた1990・1991（平成2・3）年のことである。津軽半島の日本海側にある縄文前期中葉の田小屋野貝塚出土の貝類を整理していた際、一点の貝殻破片が出てきた（青森県立郷土館 1995）（図36-1）。それは、それまで青森県で報告例のないタカラガイに似ていたため、県内初のタカラガイの発見かと思い、多少興奮したことを覚えている。その後すぐ、この破片はカズラガイの口唇部破片であることが判明したが、この地域にも縄文前期中葉にはタカラガイ信仰が及んでいたことを示唆するものとして、その後の研究テーマの一つとなった。南海産の貝への興味は、その後タカラガイの本場、石垣島や伊豆大島などの現地踏査、そして今回の青森県域の海岸におけるメダカラの生息確認踏査へとつながることとなった。

　本節では、その踏査成果を援用し、東道ノ上（3）遺跡出土のメダカラ等の貝類は、断定はできないものの、青森県の津軽半島からもたらされた可能性も十分あることを述べたが、このように述べると、津軽半島にあり、東道ノ上（3）遺跡とほぼ同時期の田小屋野貝塚からは、なぜメダカラ・さらにマクラガイが出土していないのかという疑問が出てくるであろう。しかし、この点については、当時の田小屋野貝塚調査の際の貝類採取が、貝層全体の一部にすぎないブロックサンプル3カ所（30〜50cm四方）のみの水洗・篩いがけ選別であったため、ブロックサンプル以外のメダカラを見逃した可能性のほうが多分にあったと考えられるのである。また、最近、調査報告書が刊行された津軽半島の十三湖北岸にある五所川原市五月女萢遺跡では、縄文晩期のヤマトシジミ主体の小貝塚が調査され、貝類の全量採取・フルイ選別が行われたが、メダカラやマクラガイは1点も確認されなかった（五所川原市教委 2017）。この理由については、メダカラ等の利用がこの時期には盛んでなかったため、生息地一帯で採集しなかったのか、それとも海流・海水温状況が変わり、生息していなかったのかどうかを含め、よく分かっていない。今後の研究課題である。

　さて、今後の貝塚調査においても、東北地方北部や北海道では、これまで述べてきたようないわゆる南海産の貝類の出土例は、引き続き少ないであろう。房総半島のような大規模な生息地からは遠く離れていることがもっとも大きな理由であるが、そのほかに、青森県域の貝塚の多くが縄文早期末から前期中葉という、祭祀・装身具が未発達な時期のものであるという理由もある。

　青森県域など東北地方北部の縄文時代の呪術・信仰・祭祀の研究を進めていくには、今後はとくに、貝類・動物遺体に関する研究が重要である。そして、貝塚調査を行う場合には、貝層・貝類をまじえた土壌の全量採取・水洗調査が必要なことは論をまたない。

第3節　青森県域出土のヒスイ製玉類[(1)]

　硬質で神秘の緑（青）に満ちた硬玉製の玉は縄文時代から多数用いられ、現代でも高価な宝石・装身具の一角を占めている。1986（昭和61）年、筆者は六ヶ所村上尾駮（1）遺跡（青森県教委 1988）において縄文時代晩期の土坑墓群を調査した際、94点という多数の硬玉製の玉が出土した。いずれも土坑墓の一括副葬品であるため装身具の構成や他の遺物との組合せなどがとらえられるものであった。また、この遺跡ではほかに緑色凝灰岩製の小玉も多く出土し、硬玉などを含めた玉の総

点数は完形品759点（破片を含めると958点）にものぼった。さらに同年、近隣の上尾駮（2）遺跡（青森県埋文 1988b）からは同後期の硬玉製大珠（長さ3cm以上の玉）が4個集中して出土するなど青森県の硬玉製の玉をめぐる状況は大きく変わってきた。青森県は以前から亀ヶ岡遺跡出土品などにより硬玉製の玉が多数出土することで知られている。しかしながらその実体は不明な部分がはなはだ多いのが現状である。

本節では青森県内の硬玉製の玉を集成し、その出土状況を把握したあと硬玉製装身具の復元を行い若干の考察をくわえるものである。

1　青森県内の玉と出土状況（図41～47、表8）

硬玉製の玉は青森県内各地で出土しており、筆者の集成では縄文時代53、弥生時代2（宇鉄遺跡では縄文時代のものも出土）、古代2の計56遺跡（図41、表8）から出土している。そして、図示された211点（写真や記述だけのものを含めると280点である）について集成した（図42～46）。これによって青森県内出土の硬玉製の玉はほぼ網羅されたと考えられる。なお、硬玉という用語の使用については、大半の報告書では石材を、理化学的分析をまたずに経験的肉眼鑑定によって記載していると思われるが、本節でもその記載をそのまま使用した。したがって、それらの分析結果次第では、硬玉でないもの（とくに蛇紋岩など）も含まれている場合が考えられる。

以下、発掘調査によって出土状況が把握された硬玉製の玉の事例を紹介する。

（1）縄文時代

A．竪穴住居跡からの出土例（図42）

現在、後期のものが2例知られている。

六ヶ所村大石平（1）遺跡X-1区（20。十腰内Ⅰ式期）　第6号竪穴住居跡（長径5.85m、短径4.52mの楕円形プラン）覆土から深鉢・鉢・浅鉢・壺・皿・切断蓋付形などの土器66個体、袖珍土器1点、石鏃9点、石べら2点、スクレイパー3点、石刀4点、土器片円盤3点、鐸形土製品4点とともに硬玉製の玉が1点出土した（青森県埋文 1987b）。

八戸市田面木平（1）遺跡（23。十腰内Ⅱ式期）　第55号竪穴住居跡（直径4m前後の円形プラン）中央部の地床炉と南側壁面との間の堅い床面から深鉢形土器3点、ピエス・エスキーユ？1点、Rフレイク1点、サイドスクレイパー1点、磨製石斧1点、石皿1点、敲石1点とともに硬玉製大珠が1点出土した（八戸市教委 1988a）。

B．墓坑からの出土例（図42～44）

現在、晩期のものが5例知られている。

青森市長森遺跡（28・29。大洞C1～C2式期）　第3号土坑墓（赤色顔料散布。プラン・規模は不明）中央部の人の歯の付近から硬玉製の玉が2点出土した（青森市教委 1985）。

浪岡町（現青森市）源常平遺跡（34～40。大洞C1～C2式期）　第19号土坑墓（赤色顔料なし。長さ1.38m、幅0.60mの長楕円形プラン）西半部の覆土第2層から硬玉製の玉が4点散在して出土し、底面からも硬玉製の玉が1点出土した。また、第21号土坑墓（赤色顔料なし。長さ1.96mの楕円形プランか）東半部の底面から有茎石鏃1点とともに硬玉製勾玉が2点まとまって出土した（青森県教委 1978b）。

六ヶ所村上尾駮（1）遺跡C地区（54～145。大洞C1～C2式期）　第14号土坑（赤色顔料散布）底面から

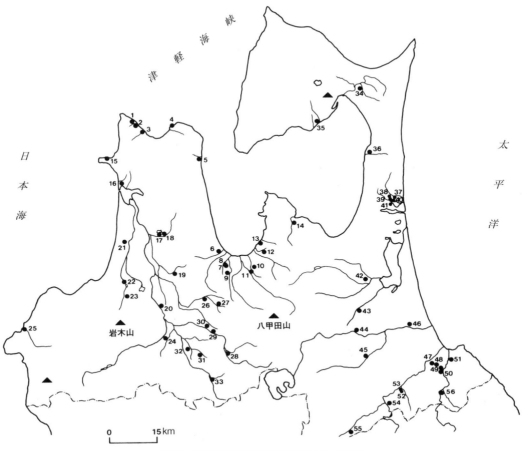

図41　青森県の硬玉製玉類を出土した遺跡

緑色凝灰岩製の小玉96＋破片4点、石鏃1点とともに硬玉製の玉が2点（54・55）、第25号土坑（赤色顔料散布）から緑色凝灰岩製小玉161＋破片68点と赤漆塗の櫛片1点とともに硬玉製の玉が7点（56～62）、第32号土坑（赤色顔料あり）から緑色凝灰岩製小玉97＋破片18点とともに硬玉製の玉が3点（63～65）、第35号土坑（赤色顔料散布）底面直上から他の玉1点とともに硬玉製勾玉・丸玉などが50＋破片7点（66～115）、第60号土坑（赤色顔料あり）底面の西壁付近から硬玉製勾玉が1点（116）、第62号土坑（赤色顔料散布）底面から硬玉製の玉が2点（117・118）、第73号土坑（赤色顔料なし）から緑色凝灰岩製の小玉が2点ついた赤色帯状装身具（青森県教委1988で帯状赤色顔料としたものを、今回この名称に改めた）、緑色凝灰岩製勾玉・小玉各1点とともに硬玉製の玉が2点（119・120）出土した。第84号土坑（赤色顔料散布）底面から緑色凝灰岩製小玉34＋破片17点とともに硬玉製勾玉・丸玉などが22点（121～142）出土し、覆土から赤色顔料が塗られた晩期の台付鉢形土器と石鏃が各1点出土した。また、第85号土坑（赤色顔料散布）から緑色凝灰岩製小玉164＋破片70点とともに硬玉製の玉が1点（143）、第86号土坑（赤色顔料なし）覆土から晩期土器片、赤色帯状装身具、緑色凝灰岩製小玉6点とともに硬玉製丸玉が2点（144・145）出土した（青森県教委 1988）。

十和田市明戸遺跡（44・45。晩期・大洞C1～C2式期）　第17号ピット（赤色顔料散布。長さ1.30m、

幅0.73mの隅丸方形プラン）から人骨・歯、土器片数点とともに硬玉製勾玉が１点出土した。位置は、人骨の中央部である。また、第29号ピット（赤色顔料散布。長さ0.96m、幅0.59mの楕円形プラン）から人骨とともに硬玉製丸玉が１点出土した（十和田市教委 1984）。

三戸町泉山遺跡（4。晩期）　第２号墓坑（赤色顔料なし。長さ1.28m、幅0.77mの楕円形プラン）南半部から硬玉製勾玉が１点出土したが土器などの伴出遺物はない。時期は中期末とされた（青森県教委 1976e）が、勾玉の形態、墓坑の形態・長軸方位などから晩期のものと考えられる。

C．土坑周辺部からの出土例（図42・43）

現在、後・晩期のものが２例知られている。

黒石市一ノ渡遺跡（11・12。後期・十腰内Ｉ式期）　W29（１）組石（フラスコ状土坑上部）の南西部脇で特大の長楕円形硬玉製大珠が２点並んで出土した。組石には石皿も含まれる。また、フラスコ状土坑内から縄文土器、石鏃、スクレイパー、磨製石斧、敲石、石錘、石刀、三角形岩版、球状磨石、土器片円盤（方形のものも）などが出土した（青森県埋文 1984a）

木造町（現つがる市）亀ヶ岡遺跡（31。晩期・大洞Ｃ１式期）　１ｂ号遺構（直径0.98mのフラスコ状土坑）上部北側の晩期の土器（台付鉢・壺・鉢形）、石皿などの付近から硬玉製丸玉が１点出土した（青森県立郷土館 1984）。

D．特殊な出土例（図42）

現在、つぎのものがある。

六ヶ所村上尾駮（２）遺跡Ｂ・Ｃ地区（13～16。後期・十腰内Ｉ式期）　Ｃ・V－175グリッドで硬玉製大珠が４点集中して出土した（青森県埋文 1988b）。

金木町（現五所川原市）妻の神（１）遺跡（9・10。後期・十腰内Ｉ式期）　硬玉製の玉が２点並んで出土した（青森県教委 1976d）。

板柳町土井（１）遺跡（晩期）　低湿地から出土したが、「植物製敷物？（原料は未鑑定である）の上に数個の硬玉ならびにグリーンタフ製の小玉が、あたかも紐でつないであったそのままの状態で発見されたことである。この敷物？は編んだものではなく、藺草(いぐさ)に似た植物の表裏に丹を塗り、それを幅３cm程に重ね合わせたものである。硬玉製小玉とこの敷物？とはたがいに結びついて出土している」という出土状態であった（村越・工藤 1972）。

E．包含層からの出土例（図42・43）

この事例が最も多く、中期では後葉の最花（１）、富ノ沢（２）－（２）、明戸（３）、後期では前葉の中の平（５～７）、近野（８）、大石平（１）－（19）、沖附（２）－（21・22）、晩期では今津（１）－（24）、細越（25・26）、玉清水（１）、槻ノ木、亀ヶ岡（30）、十腰内（32・33）、石郷・角違(すみちがい)（３）－（41）、桧木(ひのき)（42）、明戸（43・46～48）、是川中居（49）、野面平(のもたい)遺跡などの出土例があるが詳細は省略する。なお、富ノ沢（２）遺跡では1989年の調査で中期後葉の硬玉製大珠ほか数点が出土したが未報告であり、詳細は不明である。

なお、このなかで上尾駮（１）94点(藁科・東村 1988a)、富ノ沢（２）１点・中の平３点・上尾駮（２）６点・大石平（１）１点（藁科・東村 1988b）の硬玉の玉については、京都大学原子炉実験所の藁科哲男・東村武信により蛍光Ｘ線分析で産地同定され、いずれも新潟県糸魚川産と判断された。

（２）弥生時代（図43）

現在、土坑墓出土のものが２例知られている。

表8 青森県域出土の硬玉製玉類一覧（1）

遺物図番号	図41番号	遺跡名	玉の形態と点数	出土状況	共伴遺物	年代	引用文献	備考（形態・土器型式・所蔵者等）
図42-5〜7	1	三厩村中の平	半月形大珠1、三角形玉1、不整形玉1	包含層		縄文後期前葉	県教委1975d・県史1984a	十腰内Ⅰ式期、県埋文センター
図45-146	2	〃 宇鉄	円形大珠1	不明		縄文晩期前半か	江坂1957a・鈴木1984・安藤1983	緒緒形、県立郷土館風韻堂コレクション
図45-147	2	〃	勾玉大珠1	〃		〃	鈴木1984	県立郷土館風韻堂コレクション
図43-50・51	2	〃	勾玉1、丸玉1	第11・14号土坑墓	管玉356、土器、礫	弥生中期	県立郷土館1979	宇鉄Ⅱ式期、重文、県立郷土館
図45-148	3	〃 算用師	円形大珠1	不明		縄文	江坂1957a・安藤1983	緒緒形、個人
図45-149	2・3?	〃	円形大珠片	〃		〃	鈴木1984	2孔、緒緒形、個人
	4	今別町縄不知貝塚	勾玉2	包含層		縄文晩期か	村越1967、関根・上條編2009	縄不知穴穴、弘前大学人文社会科学部成田コレクション
図43-24	5	平舘村今津	丸小玉1	包含層		縄文晩期中葉	県史文1986a	今津（1）遺跡、大洞C2式期、県埋文センター
図46-169	5	〃	丸小玉1	不明		縄文晩期	古屋敷1985	個人
図45-150	6	青森市新城岡町	方形玉1	〃		縄文晩期中葉か	江坂1954・1957a	新城岡町（1）遺跡、大洞C2式期、個人
図42-8	7	〃 近野	半月形大珠1	包含層		縄文後期前葉	県教委1975a	十腰内Ⅰ式期、県埋文センター
	8	〃 三内	大珠1、溝のついた原石1	不明		縄文中期か	大高1969	県立郷土館風韻堂コレクション
図43-25・26	9	〃 細越	丸小玉2	包含層		縄文晩期中葉	県教委1979b	大洞C1・C2式期、県埋文センター
図43-27	10	〃 蛍沢	丸玉1	〃		縄文中〜晩期	蛍沢遺跡調査団1979	青森市教委
	11	玉清水（1）	勾玉1、小玉1	〃		縄文晩期前半	青森市教委1967	大洞B〜C1式期、青森市教委
図43-28・29	12	〃 長森	丸小玉1、合形玉1	第3号土坑墓	人歯	縄文晩期中葉	青森市教委1985	大洞C1・C2式期、青森市教委
図46-171〜173	12?	〃 宮田	丸玉1、丸小玉2	不明		縄文晩期	鈴木1984	長森遺跡と同一か、県立郷土館風韻堂コレクション
図46-174	13	〃 大浦貝塚	鰹節形玉1	〃		縄文晩期か	鈴木1984	県立郷土館風韻堂コレクション
	13	青森市周辺	勾玉大珠5、大珠7	〃		縄文中〜晩期	金関・小野山編1978	遺跡名不明、個人
	14	平内町槻ノ木	丸小玉1	包含層		縄文晩期前半	平内町1977	平内町教委
図45-170	15	小泊町大調	勾玉1	不明		縄文晩期前半か	鈴木・松岡1983	大洞B・BC式期主体、個人
図43-52	16	市浦村五月女萢	勾玉1・同未製品2	包含層		縄文晩期前葉	市浦村教委1983	五所川原市教委
図42-9・10	17	金木町神明町	合形玉1	土坑墓	土器	弥生前期	県教委1980e	二枚橋式期、県埋文センター
図43-9・10	18	〃 妻の神（1）	方形玉1、楕円形玉1	包含層（2個並ぶ）		縄文後期中葉	県教委1976d	十腰内Ⅰ式期、県埋文センター
図45-158	18	〃 妻の神	勾玉大珠片	不明		縄文後期前葉か	鈴木1984	個人
	19	五所川原市観音林	小玉1	包含層		縄文晩期	五所川原市教委1985	五所川原市教委
	20	板柳町土井Ⅰ号	勾玉・丸小玉（点数不明）	低湿地		〃	村越・工藤1972、町教委1993	現土井（1）遺跡、板柳町教委
図43-30	21	木造町亀ヶ岡	不整円形玉1	〃			三田史学会1959	慶應義塾大学民族考古学研究室
図43-31	21	〃	丸玉1	1b号遺構上部付近	縄文土器、石皿	縄文晩期中葉	県立郷土館1984	大洞C1式期、県立郷土館

第 2 章　交流・装身具　97

遺物図番号	図41番号	遺　跡　名	玉の形態と点数	出土状況	共伴遺物	年代	引用文献	備　考（形態・土器型式・所蔵者等）
図45-151～153、図46-176～202	21	〃	勾玉大珠2、大珠未製品1、勾玉3、丸玉16、丸小玉5、方形小玉2、未製品1	不明		縄文晩期	鈴木1979・1984	10点が県重宝、県立郷土館風韻堂コレクション
	21	〃	楕円形玉1（2.9cm長）	〃		〃	東北大学文学部1982	東北大学考古学陳列館
	21	〃	勾玉等（点数不明）	〃		〃	金関・小野山編1978	個人
図45-154	21	〃	勾玉大珠1、丸小玉9	〃		縄文	梅原1971	京都国立博物館
	21	〃	不整鰹節形大珠1	〃		〃	梅原1971	辰馬考古資料館
	22	森田村石神	玉類	〃		〃	村越1974	重文、つがる市森田歴史民俗資料館
図43-32・33	23	弘前市十腰内	勾玉大珠1、包含層	包含層		縄文晩期	梅原1971	弘前市教委
	23	〃	勾玉1（2.4cm長）	不明		〃	東北大学文学部1982	東北大学考古学陳列館
	23	〃	勾玉3、小玉3	〃		縄文	中村1930a	不明
	24	笹森町	鰹節形大珠1（3.5cm長）	〃		縄文	東北大学文学部1982	東北大学考古学陳列館
	25	深浦町吾妻浜	勾玉1	不明		縄文晩期	遺跡名不明、大高1969	県立郷土館風韻堂コレクション
図43-34～40	26	浪岡町源常平	勾玉2、小玉5	第19・21号土坑墓	石鏃1	縄文晩期	県教委1978b	大洞C1・C2式期、県埋文センター
図45-155	27	細野	勾玉大珠1	不明		縄文晩期か	鈴木1984	県立郷土館風韻堂コレクション
図42-11・12	28	黒石市一ノ渡	長楕円形大珠2	W29（1）組石付近、2個並ぶ	土器、石器、岩版土器片円盤等	縄文後期前葉	県埋文1984a	十腰内I式期、県埋文センター
図45-156	29	花巻	球形大珠1	不明		縄文中期後葉	中村1930b	2孔、緒締形、個人
図45-157	29	むつ市最花	不整楕円形大珠1	〃		縄文中期後葉	橘薗1986	最花式直後、むつ市教委
図45-159	30	牡丹平	有孔樟形大珠1	〃		縄文晩期前半	梅原1971	辰馬考古資料館
図46-175	31	平賀町唐竹	管玉1	〃		縄文	江坂1957a・梅原1971・安藤1983	2孔、東北大学考古学陳列館
	32	〃　石郷	玉1（点数不明）	包含層		縄文晩期前半	横浜町教委1983	大洞C～C1式期、横浜町教委
	33	碇ヶ関村程ノ森	玉片1	不明		縄文晩期か	平賀町教委1975・1977	県立郷土館、重文、平川市教委
図42-1	34	むつ市最花	鰹節形大珠1	包含層		縄文晩期か	中村1930b	大洞C2式期
図43-41	35	〃　角違（3）	丸玉1	〃		縄文中期後葉	橘薗1986	最花式直後、むつ市教委
図45-42	36	横浜町桧ヶ平	丸小玉1	〃		縄文晩期前半	木村1988	県考古資料館
図42-19	37	六ヶ所村大石平（1）Ⅷ区	台形大珠1	〃		縄文後期前葉	横浜町教委1983	大洞B～C1式期、横浜町教委
図42-20	37	〃　大石平X-1区	不整楕円形玉1	第6号竪穴住居跡覆土	土器、石刀、土器片円盤、鐸形土製品等	縄文晩期前半	県埋文1987b	十腰内I式期、県埋文センター
図42-2	38	〃　富沢（2）	牙形玉1	包含層		縄文中期後葉	県埋文1975c	県埋文センター
図44-54～145	39	〃　上尾駮（1）C地区	勾玉大珠1、勾玉6、各種玉87	第14・25・32・35・60・62・73・84・85・86号土坑（土坑墓）	土器、石斧、岩石斧、漆塗橋、赤色帯状装身具	縄文晩期中葉	県教委1988	大洞C1・C2式期、県埋文センター

遺物図番号	図41番号	遺跡名	玉の形態と点数	出土状況	共伴遺物	年代	引用文献	備考（形態・土器型式・所蔵者等）
図42-13～18	40	〃 上尾駁(2)	各種大珠4、不整楕円形玉等2	包含層(4個並ぶ)		縄文後期前葉	県埋文1988b	3孔、十腰内Ⅰ式型式、県埋文センター
図42-21・22	41	〃 沖附(2)	方形玉2	包含層		〃	県埋文1986b	十腰内Ⅰ式期、県埋文センター
図45-160	42	天間林村二ツ森貝塚	不整楕円形大珠1	〃		縄文中期初か	天間林村史編纂委1981	緒締形、七戸町教委
図45-161	42	〃	方形大珠1	不明		〃	鈴木1984	県立郷土館鳳韻堂コレクション野辺地町立歴民展示、個人
図45-162	43	十和田市洞内	不定形大珠1 (5.1cm長)	〃		縄文中・後期	鈴木1984	緒締形、県立郷土館鳳韻堂コレクション
図46-203	44	赤沼	円形大珠1	〃		弥生か	鈴木1984	県立郷土館鳳韻堂コレクション
図42-3,図43-43～48	45	明戸	勾玉1	包含層、第17・29号ピット	人骨、歯、土器片	縄文中期・晩期中葉	十和田市教委1983・1984	大洞C1・C2式期、十和田市教委
図43-53	46	下田町阿光坊古墳	大珠片1、勾玉2、丸小玉3	A-3号墳主体部	瑪瑙、水晶、碧玉、ガラス製玉	7c中～後半	下田町教委1989	おいらせ阿光坊古墳館
図42-23	47	八戸市田面木平(1)	勾玉1	第55号住居跡床面	土器、石斧、石皿、砥石等	縄文後期中葉	八戸市教委1988a	十腰内Ⅱ式期、八戸市博物館
図43-49,図46-204	48	丹後平古墳	勾玉1以上(不明)	古墳1基以上	詳細は不明	7～9c	八戸市教委1988b	八戸市博物館
図46-205～207	49	是川中居	勾玉2、丸玉5等10	包含層		縄文晩期中葉	八戸市教委1983	大洞C1・C2式期、市埋文センター→是川縄文館
図45-165・166	49?	是川	勾玉1、丸小玉1、菱形玉1	不明		縄文晩期	保坂編1972・八戸市博1988b	重文、市埋文センター→是川縄文館
図42-4	49?	是川	有溝長月形玉1(3.5cm長)	〃		縄文中期初か	鈴木1984	是川中居遺跡か、県立郷土館鳳韻堂コレクション
図45-163	50	是川一王寺	不整半月形玉1	〃		縄文	江坂1957a・安藤1983	個人
図45-164	51	新井田	樽形大珠1	〃		縄文	東博1978	東京国立博物館
図46-208～211	52	名川町平貝塚	勾玉2、菱形玉1、丸玉1	〃		縄文晩期・弥生か	梅原1971	3孔、慶応大民族学考古学研究室
図45-165・166	52・53?	名久井	長楕円形大珠2	〃		縄文晩期	鈴木1984	県立郷土館鳳韻堂コレクション
図42-4	53	広場	勾玉1	第2号墓坑	なし	縄文晩期か	県教委1976e	県立郷土館鳳韻堂コレクション
図45-167	54	三戸町泉山	白玉1(点数不明)	不明		縄文晩期	加藤1961	三戸町教委
図45-167	55	田子町野面平	勾玉大珠1	〃		縄文晩期	梅原1971	大洞B～C2式期か、田子町教委 慶応義塾大学民族考古学研究室
図45-168	55?	南郷村荒谷	球形大珠1	〃		縄文後期初か	江坂1957a・安藤1983	八戸市南郷区歴史民俗資料館
	56							

※備考の記載は玉類に伴出した土器型式や所蔵者などなど。また、県教委は青森県教育委員会、県埋文は青森県立郷土館を略記したものである。なお、市町村名は平成の大合併により次のように変わった。三厩村・平舘村→外ヶ浜町、小泊村→中泊町、木造町、森田村→つがる市、浪岡町→青森市、平賀町、碇ヶ関村→平川市、天間林村→七戸町、下田町→おいらせ町、名川町→南部町、南郷村→八戸市

第 2 章 交流・装身具 99

図42 青森県出土の硬玉製玉（縄文時代中・後期）

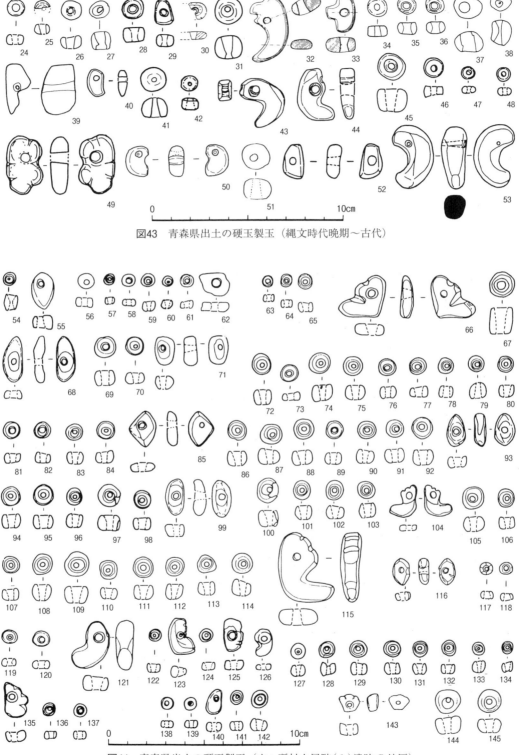

図43 青森県出土の硬玉製玉（縄文時代晩期〜古代）

図44 青森県出土の硬玉製玉（六ヶ所村上尾駮(1)遺跡C地区）

第2章 交流・装身具 101

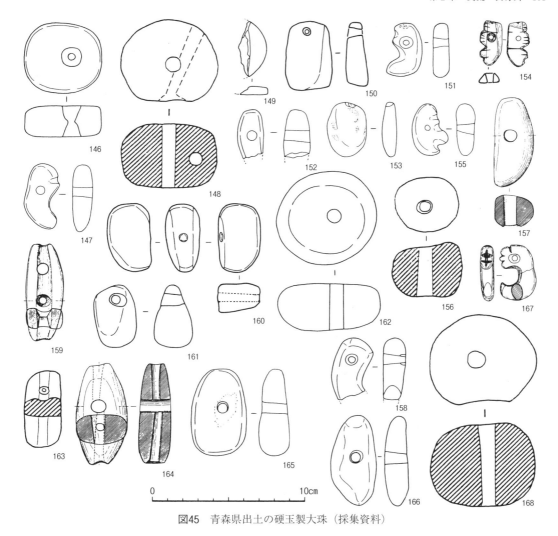

図45 青森県出土の硬玉製大珠（採集資料）

金木町（現五所川原市）神明町遺跡（52。前期・二枚橋式期） 土坑墓（赤色顔料なし。長さ1.7m、幅1.2mの不整長方形プラン）中央部の覆土第2層から縄文土器、弥生土器（台付鉢・甕形）とともに硬玉製の玉が1点出土した（青森県教委 1980）。

三厩村（現外ヶ浜町）宇鉄遺跡（50・51。中期・宇鉄Ⅱ式期） 第11号土坑墓（赤色顔料散布。長さ1.03m、幅0.89mの不整円形プラン）西南半部の底面付近から壺形土器に接して硬玉製勾玉が1点出土し、さらに小型鉢、礫1点も出土した。また、第14号土坑墓（赤色顔料散布。長さ1.87m、幅1.2mの不整円形プラン）西半部中〜底位から碧玉製管玉356点、自然礫2点とともに硬玉製丸玉1点が出土し、上位から土器片（深鉢・台付鉢・大型甕形）が出土した（青森県立郷土館 1979）。

（3）古　代（図43）

現在、7〜8世紀の古墳出土のものが2例知られている。

下田町（現おいらせ町）阿光坊古墳群（53） 3号墳の中央部周湟確認面からメノウ製勾玉6点、水晶製切子玉1点、碧玉製管玉1点、ガラス製丸玉1点と小玉21点、琥珀製玉1点とともに硬玉製大型

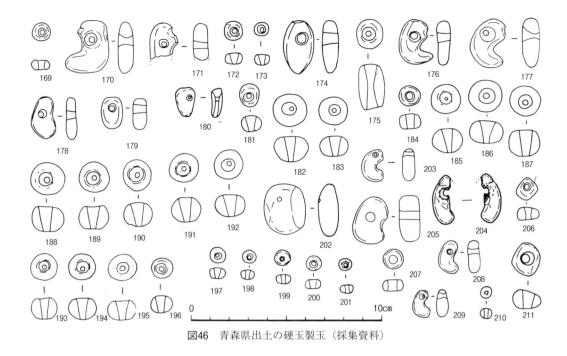

図46　青森県出土の硬玉製玉（採集資料）

勾玉が1点出土した（下田町教委 1989）。主体部（長方形土坑）内に副葬されていたものであろう。

八戸市丹後平古墳群　硬玉製勾玉が出土した（八戸市教委 1988b）が、概報のため詳細は不明である。

2　青森県内の玉の時期的様相

　以上、青森県内の硬玉製の玉の出土状況について述べたが、つぎにこれらを含めて青森県内の硬玉製の玉の時期的様相について述べる。

　青森県内では縄文時代の中期後葉になってはじめて硬玉製の玉が出現する。大珠である。富ノ沢（2）遺跡（以下、遺跡は省略）の牙形大珠（7.6cm長、55.4g）、最花の鰹節形大珠（5.2cm長、17g）などがあり、さらに明確ではないが二ツ森貝塚の不整楕円形大珠（4.7cm長）も該当しよう。穿孔はいずれも片面穿孔である。なお、岩崎村（現深浦町）山下では中～後期に硬玉に似た蛇紋岩製の大珠（7cm長、45g）も用いられた（工藤肇 1971）。その後、後期前葉（十腰内Ⅰ式）になると類例が増加し、さらに形態がバラエティに富むようになる。まず注目されるのは一ノ渡の土坑脇で2個並んで出土した長楕円形大珠である。11.0cm長のものは336g、11.8cm長のものは278gと目下、青森県では大きさ・重さともに第1・2位である。また、上尾駮（2）で大小4点が集中して出土した大珠群も注目される。このなかの大2点はビヤ樽・長方形であり、両面と上下方向の両端から穿孔しており、技術的に大幅な向上が認められるものである。大珠の機能分化があったものとみられる。また、中の平・近野では半月形、大石平（1）では厚みのある台形大珠が出土している。一方、この時期には3cm未満の小型の玉も出現し、中の平・妻の神（1）・上尾駮（2）・大石平（1）・沖附（2）では不整形、方形などの玉が出土している。とくに妻の神（1）のものは小型で形態も晩期のものに酷似している。これらの穿孔には片面と両面からの双方がある。

ついで後期中葉(十腰内Ⅱ式)のものはきわめて少なく、わずか1点のみ田面木平(1)の例がある。不整楕円形大珠(3.6cm長、13.7g)で両面穿孔である。玉の減少傾向はさらに続き、青森県内ではこの後、後期後葉まで未発見である。この傾向は晩期にも続き、前葉のものも明確でない。しかしながら、中葉(大洞C1～C2式)になって激増する。大半が土坑墓からの出土例である。従来1～2点で発見される事例が多いのに対して、多数の玉が集中して発見される場合が一般的になり、硬玉製の玉が装身具としてより機能分化してくる。形態は各種の勾玉、小玉、丸玉、管玉などのほか長楕円形、鰹節形、台形、方形などがみられるようになり、径1cm前後の丸玉や小玉が全体の7割以上を占める。ちなみに、上尾駮(1)例では総数94点のうち丸玉・小玉は74点で78.7%、また、同第35号土坑の硬玉製の玉1連50点のうち丸玉は41点で82%、同第84号土坑の硬玉製の玉24点のうち小玉は18点で75%、さらに源常平では総数7点のうち丸玉は5点で71.4%である。

一方、晩期には小型の玉以外に大珠も出土しており、上尾駮(1)の大珠(3.7cm長、16.7g)などの勾玉形が主体である。玉の穿孔には片面と両面からの双方があるが、片面からの方が多い。細部の仕上げも施され製作技術が一段と進歩した。なお、現在青森県内から出土している縄文時代の大珠の数は、採集されたものも含めて47点である。玉はこの後再び減少傾向に向い晩期後葉のものは不明である。

弥生時代に入ってもこの傾向は依然として続き、神明町で前期の台形玉が1点、宇鉄で中期の勾玉と丸玉が各1点ずつ土坑墓から出土しているのみである。玉の穿孔は宇鉄の碧玉製管玉に見られるようにかなり細い孔があけられるなど製作技術の進展がみられ、硬玉製の玉は片面と両面穿孔である。玉の形態・製作技術・出土状況など縄文時代晩期以来の延長線上にある。

また、古代のものもきわめて少なく、7～8世紀のものが2カ所から出土したのみである。阿光坊古墳群からは他の玉類とともにCの字形の硬玉製勾玉大珠が1点発見されている。墓から出土したという点では弥生時代以来の延長線上にあるが、形態や細い孔の穿孔技術等の面では大きく異なる。わが国では古墳時代以降、硬玉の玉作は衰退するので伝世品の可能性もある。

なお、図45・46に示したのは発掘資料ではなく採集資料であるが、発掘資料との比較から時期を推定すれば、縄文時代晩期とされる平(たいら)貝塚の大珠(164)は上尾駮(2)例と類似しており、後期前葉のものであろう。また、中期とされる牡丹平(159)・是川一王寺(163)の溝のあるビヤ樽・長方形大珠は上尾駮(2)例に形態が類似しているので後期前葉であろう。新城岡町の方形大珠(150)は晩期の遺跡から採集されたとすれば晩期であろうか。晩期とされる宇鉄(146-5.1cm長・100.8g)・洞内(162-径6.6cm・263g)の円形大珠、広場の長楕円形大珠(165-5.9cm長・79.2g、166-6.1cm長・49.5g)は、青森県内で発掘調査で出土した比較資料がないが、中～後期であろう。算用師(さんようし)(148)・花巻(156)・荒谷(168)の円形・球形大珠も同様に中～後期であろう。また、中期とされる二ツ森貝塚の方形大珠(161)、花巻の不整楕円形大珠(157)も同様に中～後期であろう。また、図45の勾玉大珠や図46に示した玉類は、二ツ森貝塚(161)が縄文時代中期、赤沼(203)・名久井(209)のものが弥生時代中期とされているほかすべて縄文時代晩期とされている。形態的にはほぼ妥当であろう。

3　装身具の復元

つぎに出土状況にもとづいて硬玉製装身具の復元を行う。

青森県内では中期後葉〜後期中葉の玉は上尾駮（2）のように4点まとまって出土した例を除いて1〜2点で出土する場合が一般的である。この出土状況がそのまま当時の使用状況を示したものとは考えられないが、垂下用とみられる孔があけられたり、浜松市蜆塚などで大珠が上腹部から出土している（藤田 1989）ことなどから、大珠1〜2個あるいは小型の玉1〜2個の垂飾り（ペンダント）であろうと考えられる。

つぎに晩期であるが、以前は1連の玉の装身具の構成がほとんど不明であったが、上尾駮（1）の調査により装身具1連がそのまま副葬品として残されていたと解釈できる具体的な資料が出土した。以下、上尾駮（1）の土坑墓一括資料により硬玉製装身具を復元する。時期はいずれの土坑墓も中葉の大洞C1〜C2式期とみられる（青森県教委 1988）。

(1) 装身具の構成（図44）

第14号土坑例（54・55）……玉を連ねた紐（玉の緒）については不明。緑色凝灰岩製小玉96＋破片4点、硬玉製小管玉1点と親玉とみられる鰹節形玉（55）1点で構成された1重の装身具。約49cm（完形品の玉を連ねた長さ、以下同様）、約36g。

第25号土坑例（56〜62）……玉の緒は不明。緑色凝灰岩製小玉161＋破片68点と硬玉製小玉6点と親玉とみられる異形の玉1点（62）で構成された1重の装身具。約59cm、約25g。

第32号土坑例（63〜65）……玉の緒は不明。緑色凝灰岩製小玉97＋破片18点と硬玉製小玉3点（どれが親玉か不明）で構成された1重の装身具。約39cm、約15g。

第35号土坑例（66〜115）……玉の緒は不明。硬玉製勾玉大珠1点（親玉とみられる）・小型勾玉2点・長楕円形玉3点・方形玉1点・三角形玉1点・管玉1点・丸玉41＋破片7点、石材不明の丸玉1点で構成された1重の装身具。約37cm、約101g（図48）。

第60号土坑例（116）……玉の緒は不明。硬玉製勾玉1点の単珠式の装身具。

第62号土坑例（117・118）……玉の緒は不明。硬玉製小玉2点の装身具。

第73号土坑例（119・120）……幅1.3〜1.6cm、長径17cmほどの環状の赤色帯状装身具。数本の紐状繊維痕のうち外側の2本が通っている緑色凝灰岩製小玉2点、緑色凝灰岩製勾玉1点・小玉1点、硬玉製小玉2点で構成。

第84号土坑例（121〜142）……緑色凝灰岩製小玉34＋破片17点、硬玉製丸玉16点・勾玉5点（121が親玉とみられる）・異形玉1点が赤い顔料を塗った紐状繊維で連ねられた1重の装身具。勾玉は丸玉を間に挟んで配されている。約26cm、約33g。

第85号土坑例（143）……玉の緒は不明。緑色凝灰岩製小玉164＋破片70点と親玉とみられる硬玉製異形玉1点（143）で構成された1重の装身具。約51cm、約20.5g。

第86号土坑例（144・145）……赤色帯状装身具。長さは不明。緑色凝灰岩製小玉5点・小管玉1点、硬玉製のやや大ぶりの丸玉2点（報告書のNo.3・4で、あい接していた）が付されていたとみられる。

(2) 垂飾りと首飾り

玉が1〜2個の場合は垂飾り（垂飾品・ペンダント）であり、第60・62号土坑例である。ほぼ同時期の明戸17号ピットでは、人骨の腰部付近から1点の硬玉製勾玉が出土していることから考えると腹部付近まで達する長い垂飾りであることも考える必要がある。

長森第3号土坑墓では赤色顔料と人間の歯の付近から硬玉製の玉が2点出土し、上尾駮（1）では

人骨は出ていないものの、頭〜胸部など上半身にかけたとみられる赤色顔料とともに各種玉が部分的にではあるが紐で連なっていたような状態で出土したことによって、装身具が遺体の首にかけられていたと解釈される。多数の玉を連ねた連珠式の首飾りであり、玉の数・長さから考えて1重と思われるが、このうち長さが59cmほどのものは頭を通して首にかけた首飾り、37cmほどのものは頭が通らないので直接首にかけた首飾りであろう。第25号(85号もか)土坑例は前者、第14・32・35号土坑例は後者にあたる。また、首飾りの緒は第84号土坑例により赤色であったと思われる。参考までに、青森県の弥生時代では装身具の内容が最もよくわかる宇鉄第14号土坑墓例は、碧玉製管玉(長さ6〜9mm、径2.2〜2.6mmの細身)356点と硬玉製丸玉1の首飾りであるが、玉をつない

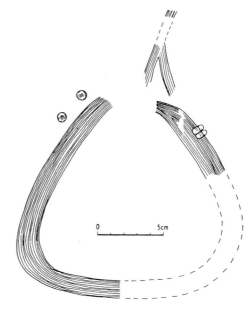

図47　上尾駮(1)遺跡の赤色帯状装身具

だ総延長は約298cmで、頭を通して首にかけたとすれば4〜5重のものになる。

(3) 赤色帯状装身具

　第73・86号土坑で玉とともに出土し、第72・第87号土坑では断片のみが発見されている。

　推定径16〜26cmの環状で、これに玉がつく場合とつかないものの2者がある。筆者は以前、首飾り以外に鉢巻状の帯(ヘアバンド)的なものも考える必要があることも指適した(青森県教委1988)。全体の幅は1.3〜1.6cmほどで、幅1.0〜1.4mm、厚さ0.25〜0.85mmほどの薄い紐状の繊維に赤色顔料(赤鉄鉱 Fe_2O_3 と辰砂 HgS の混合粉末か赤鉄鉱のみ)を塗ったものを14〜15本ほど並べて(束ねて)作られたと思われる。この繊維の実体については、岩手県立博物館の赤沼英男によって分析され、「10数本のセルロース系繊維を動植物系の樹脂で固定する。その上に辰砂あるいはベンガラによる赤色顔料をほどこしたものを1本の糸片とし、それを10数本束ねひも状としたもの」(赤沼1988)と推定されている。時期はいずれも大洞C1〜C2式期。類例は土井(1)にもあるようである(村越・工藤1972)が、詳細は不明である。

(4) 装身具の色

　大半が緑色凝灰岩と硬玉の灰緑か薄緑であり、緑色主体である。第35・84号土坑例は灰・緑・濃緑・褐色と色彩に富んでおり、しかも玉の形態も各種ある。これらはおそらくすべて赤いの玉の緒に連なっていたと考えられる。一方、青森県内では玉の数が当遺跡について多い源常平(青森県教委1978a)では、ほぼ同時期の土坑墓9基と埋設土器2基から計220点の小玉(ひょうたん形の玉も多い)が出土したが、このうち60%が赤玉(頁岩製の玉に赤色顔料を塗った小玉)で132点、40%が青玉(緑色凝灰岩製の玉が主体)で88点ある。第17号土坑墓では青玉2点と赤玉37点、第2号埋設土器内では青玉8点と赤玉13点が出土している。この配色の違いは、装身具の機能上の区分と密接な関連があると考えるべきであろう。

（5）装身具の重さ

　第35号土坑出土の完形品の玉51点の総重量は約101g（硬玉製の玉50点の総重量は約100g）であり、当遺跡の装身具ではもっとも重い。これは宇鉄の大珠（146）1点分に近い。また、この土坑以外から出土した当遺跡の硬玉製の玉総重量（個々の重さの合計）は44点（このうち4点は重さ不測定）、計44.3gであり、第35号土坑と合わせ94点（このうち4点は重さ不測定）計145gほどである。この重さは上尾駮（2）の大珠（13）1個分にも満たない。したがって、晩期に多数出土する硬玉の重さを単純に大珠の点数に換算すれば、意外に軽いといえる。また、第35号土坑例の100g程度を首飾りの最大の重さとすれば、100g以上の大珠はその重さのため常時、首から垂下したものとは考えられず、儀礼など一時的に使用されたのであろうか。ちなみに、弥生時代では、装身具の内容が最もよくわかる宇鉄第14号土坑墓例（碧玉製管玉356・硬玉製の丸玉1点）の総重量は31.9g（玉を連ねた魚釣りのテグス共）である。

　参考までに青森県内出土の硬玉製の玉（図42〜46、表8）で重さがわかるものについて、その重さを記載しておく。

1：17g、2：55.4g、5：15.03g、6：11.87g、7：2.82g、11：336g、12：278g、13：147.1g、14：44.5g、15：13.95g、16：29.22g、17：8.24g、18：6.96g、19：24.98g、20：4.2g、21：19g、22：7g、23：13.7g、24：0.7g、31：3.8g、41：2.95g、43：6g、46：1.1g、47：0.2g、48：0.3g、49：9.7g、50：3.25g、51：3.6g、52：2.7g、53：13.2g、（54〜145は青森県教委（1988）を参照のこと）、146：100.8g、147：15.9g、149：4.7g、151：16.1g、152：15.1g、153：15.9g、155：15.2g、158：27.7g、161：48.5g、162：263g、165：79.2g、166：49.5g、171：0.9g、172：0.9g、173：0.4g、174：6.2g、175：8.4g、176：5.1g、178：2.2g、179：2.1g、180：1.1g、181：1.7g、182：6.9g、183：4.3g、184：1.6g、185：5g、186：2.2g、187：5.8g、188：6.2g、189：5.2g、190：5g、191：4.7g、192：4g、193：3.6g、194：3.7g、195：3.7g、196：1.7g、197：0.6g、198：0.36g、199：0.6g、200：0.4g、201：0.4g、202：11.1g、203：2.2g、204：2.8g、205：9.1g、206：1.4g、207：1g、208：1.9g、209：1.2g、210：0.3g、211：3.6g（146〜211のうち青森県立郷土館所蔵の玉の重さは鈴木克（1984）によるが、未測定分は今回あらたに測定した）。

4　出土状況からみた装身具の意味

　つぎに硬玉製の装身具がどのような意味をもっていたのか、遺構からの出土状況によって考えてみる。

　まず竪穴住居跡関連では、縄文時代後期前葉の大石平（1）第6号竪穴住居跡の玉と後期中葉の田面木平（1）第55号竪穴住居跡の大珠の2例がある。玉を出土した竪穴住居跡は一般的には玉製作の工房址と考えられがちであるが、ともに製作途中のものや製作用具とみられる遺物もない。出土状況により、大石平（1）の例は玉が他の日常の不用品（本来的機能・用途を失ったもの）とともに半ば埋まり気味の竪穴住居の窪みに一括廃棄されたものとみるべきであろう。また、田面木平（1）の例は不用品の一括廃棄とするよりは、竪穴住居の地床炉付近に置かれたか、上方（たとえば柱など）に吊り下げられていた可能性が考えられ、火に関する呪術などと関連しているのかも知れない。いずれにせよ、ともに何らかの呪術的意味が感じられる。また、玉がそれぞれ多数の竪穴住居跡群のなかで1軒のみから出土したという点は、その住居跡がきわめて希少価値がある玉（大珠）を保有

（保管）しえた特殊な立場の者、たとえば呪術者などであった可能性を示している。

　つぎに、土坑関連では後期前葉の一ノ渡のW29（１）組石出土例があり、組石を伴うフラスコ状土坑の脇から特大の大珠が２点並んで出土している。玉の緒は不明である。この土坑には人骨やクルミなどはないため墓や貯蔵穴とは考えられない。多数の日用的遺物と少数の呪術的遺物が埋められていることから不用品の一括投棄（埋納）と考えられる。しかし、土坑上に組石が設けられ、しかも遺跡自体が呪術的意味の強い配石主体の遺跡であることから、何らかの呪術的儀礼に関連した廃棄（埋納）施設と考えられるため、２点の大珠もそれらの儀礼に関連したものと解される。類例は大珠ではないが、晩期の亀ヶ岡１ｂ号遺構（青森県立郷土館 1984）にもある。

　つぎに後期前葉の大珠が４点集中して出土した上尾駮（２）例や、大珠ではないが２点並んで出土した妻の神（１）例である。玉の緒はともに不明であるため種々の状況が考えられるが、玉を一括して置いたということに呪術的意味が感じられる。

　硬玉製大珠は一時ないし日常使用であれ、本来的には垂飾りと思われ、出土状況により何らかの呪術的儀礼に使用されたものと考えられる。大珠の硬さ・色・大きさ、そして希少性ゆえに、より強い呪具・宝物・権威の象徴としての意味があったと考えられる。全国的に墓の副葬品として出土する事例が多く、不老不死を願う神仙思想の存在を考慮した見方（藤田 1989）もある。

　つぎに土坑墓関連では、上尾駮（１）・源常平・明戸などの例がある。玉には小玉・丸玉や勾玉など各種の形態があるが、小玉を用いた装身具が最も多く、首飾りや垂飾りさらに赤色帯状装身具が考えられる。これらはいずれも埋葬の際の副葬品である。装身具の分化は大珠以来の呪術的機能がより分化した結果と解される。

　玉は古代から、魂のタマに通じるものとされ、金関丈夫によれば、玉の緑つまり青は魂の色で、勾玉の形はものを引っかける鈎形で、身体から遊離する魂を引きとめる形であり、魂の形でもあるという。また、玉の緒は魂が身体から遊離するのを防ぐいわゆる「たま結び」のためであるという（金関 1975）。これらのことは上尾駮（１）の赤色帯状装身具や赤い玉の緒の意味、さらに各種の勾玉や亀ヶ岡出土の鈎状の鹿角製垂飾り（12.7cm長、晩期）（金子・忍沢 1986b）などの意味を考えるうえできわめて興味深いものである。勾玉の曲がった（反った）形については、従来、種々の見解があるが、筆者にはみなぎる生命力が今まさにはじけ飛ぶ瞬間の形を模したようにも見えるのであって、玦状耳飾り以来の青葉若葉のみずみずしい青色、つまり生命の色とともに生命力の強さ・再生あるいは長寿を象徴しているように思われる。

　上尾駮（１）では晩期の土坑墓21基のうち硬玉製の玉は約半数の10基に副葬され、うち第35・84号土坑の２基のみに多数副葬されていた。おそらくこの２基の被葬者は呪術者や特殊な立場のきわめて限定された人物であったと考えられる。土坑墓によって硬玉製の玉の有無や玉数に差があることから、玉は各被葬者に属し、被葬者自身の何らかの地位を表したものとも思われる。被葬者（装着者）の死に際し、その再生や死後世界における邪霊排除を目的に副葬されたのであろう。

5　青森県出土の硬玉製玉に関する問題

　以上、青森県内の硬玉製の玉について述べてきたが、縄文時代には玉を用いたさまざまな装身具が用いられている。硬玉のほかにも各種の石材のものがあり、骨・貝・堅果などを利用したものもある。それらは、時代や地域によってそれぞれ特色をもった玉文化を列島各地に展開してきた。し

図48 青森県出土の硬玉製玉類（縮尺不同）

かしながら、各地域の具体的な様相は意外に知られていないのが現状である。その観点から本州北端の青森県の硬玉製装身具に限定し、具体的復元を試みたわけである。

最後に硬玉製の玉の入手の問題について述べる。

東日本出土の硬玉製の玉は現在、新潟県糸魚川原産地一帯で製作されたとされている（森編

1988)。これに対して、青森県内のとくに晩期の遺跡から多数出土したり亀ヶ岡出土の硬玉製の玉のなかに未製品がある（図45-153、図46-202）ことにより当地製作の可能性（安藤1982）も考えられている。しかし、青森県内の出土総数の99％は完成品であり未製品は例外的といってよい。また、玉の製作に関連した遺物・遺構も明確ではない。したがって、現段階ではこれらの未製品も前述の地域から交易品としてもたらされたと考えるべきであろう。近年、玉の製作地（産地）から遠く離れた北海道南部と青森県域からは、東北地方南部以上に多くの硬玉製の玉が出土していることが判明してきた（森編1988、青柳1988）。この要因として、これらの地域では硬玉製の玉に対する志向性が何らかの理由でより強かったことも考えられるが、そのほかに、対馬海流で北陸地方とつながり、しかも日本海と太平洋を横に結ぶ津軽海峡という海の交易ルートに両地域が面しているという地理的条件に恵まれていたことを考慮しなくてはならない。

第4節　青森県域出土のヒスイ製玉類（2）⁽²⁾

　さきに筆者は、青森県域から出土したヒスイ製玉類（以下、単に玉類とする）について、1989（平成元）年度分までの出土例を集成し、関連する諸問題について若干の考察をくわえた（福田1990a）。そして、既発表の遺物図211点を集成・図示した。この作業を通じて、青森県域からは他の東北地方各県域にくらべおびただしい数の玉類が出土しており、北日本におけるヒスイ文化の展開のなかで本県域が重要な位置をしめていることがわかってきた。

　その後さらに青森県域では、八戸市風張（1）遺跡からは、縄文後期後葉のヒスイの玉が230点以上、青森市三内丸山遺跡からは、縄文中期のヒスイ製大珠などの玉類が多数出土し、しかもそのなかに未加工品や原石片も含まれているなど、新しい知見も増えてきた状況を踏まえて、1990～1998年度分の集成を行い、あわせて関連する問題について考察をくわえた（福田1999）。

　その後18年を経て、青森県域では玉類の出土遺跡・点数は、さらに増加の一途をたどっている。そこで本節では、青森県域における玉類をめぐる状況について、1999年段階の追加分と、その後の2016年度分までの出土・報告分を合わせてあらためて集成をしなおし、前節にまとめた1989年度以前と、どのように変わってきたのかという点に焦点を合わせ、若干の考察をくわえることとしたい。また併せて、附編附表3には、これまでに青森県域から出土している玉類について、すべてを集成し、掲載文献を付し、参考に供したいと思う。

1　ヒスイの出土遺跡・出土数

　今回行った1990～2016（平成2～28）年度分までの報告例等を集成した結果、青森県域におけるヒスイの出土遺跡・出土数は、1989年度以前の分と合わせると、附表3の一覧のようになる。

　現在、暫定数ではあるが、95遺跡から906点以上が確認された。これを時代ごとに分けると、縄文時代（弥生・古代分を除いた分）が85遺跡876点以上、弥生時代が8遺跡（うち宇鉄遺跡は縄文と重複）13点、さらに、古代が3遺跡17点となる。このうち、発掘調査による出土数は75遺跡797点以上で、内訳は縄文65遺跡767点以上、弥生8遺跡13点、古代3遺跡17点である。これらを1989年度までの確認分を調整（見落としや間違いの訂正）したうえで比べてみると、発掘調査分では、縄文33遺跡154点以上、弥生2遺跡3点、古代2遺跡2点であったものが、それぞれ32遺跡613点、

6遺跡10点、1遺跡15点増加したことになる。

　この数を、北海道（主に南部）や東北他県域とを比較してみると、同一時点の集成ではないが、北海道では柳瀬由佳がまとめたところでは、総数81遺跡616点で、時代別に縄文65遺跡602点、続縄文時代、古代が各3遺跡3点等（柳瀬 2004）と多く、西本豊弘がまとめた東北地方の本県分を除いた5県の総数は60遺跡102点（西本 2000）、鈴木克彦がまとめた同じく東北地方5県の縄文総数は304点（鈴木克 2004）と比較すると、北海道南部や青森県域にきわめて多いことがわかる。ちなみに、糸魚川産地一帯や周辺地域の新潟県の縄文前期〜後期前半の遺跡数は91遺跡（木島 2012）、長野県は96遺跡（和田 2008）ということであるから、新潟県域の後期後半以降のものや、両県域のその後の増加を考慮すれば、それには及ばないが、糸魚川産地一帯以北では、青森県域や北海道南部にヒスイが密集して分布していることが理解される。

2　1990（平成2）年度以降の出土例と出土状況

　次に、1990年度以降の出土例について、所属時期別に、遺構の内外等の出土状況にわけて述べるが、出土遺跡の引用文献は、文末を参照いただきたい。

（1）縄文前期（図49）

　前期後葉に遡る可能性があるものが3カ所から出土している。

竪穴住居跡からの出土例

　青森市宮田館遺跡では前期後葉（円筒下層d1式期）の第17号竪穴住居跡底面から、楕円形品（1）が出土した。

捨て場からの出土例

　鰺ヶ沢町餅ノ沢遺跡では前期後葉（円筒下層d1式期）の可能性がある第2号捨て場（盛土）から穿孔途中の長方形大珠（2）が出土した。また、むつ市熊ヶ平（1）遺跡では前期後葉（円筒下層d式期）とみられる楕円形品（3）が出土した。

　これらのうち宮田館・餅ノ沢遺跡の例にはともに片面に穿孔痕が遺されている。

（2）縄文中期（図49〜51）

　この時期のものは、数量ともに大幅に増えており、新たに15カ所の出土例が報告された。

竪穴住居跡からの出土例

　十和田市明戸遺跡では、前期後葉（円筒下層d1式期）〜中期初頭（円筒上層a式期）の可能性がたかい第4号住居跡内凹地から球状（緒締形）大珠片（5）、玦状耳飾などが出土した。また、1992（平成4）年度の調査以来、玉類や未製品・原石が多数出土している青森市三内丸山遺跡では、中期前葉（円筒上層b式期）の797号竪穴建物跡覆土からヒスイ片が出土し、西目屋村水上（2）遺跡では、中期中葉（円筒上層c式期か）のSI102竪穴住居跡覆土から、円盤形の大珠が出土した(34)。また、八戸市松ヶ崎（旧西長根遺跡）では、中期中葉（大木8b式期）の第10号住居跡の覆土4層から多数の深鉢、各種石器、環状土製品・玦状耳飾りとともに穿孔途中の大珠（39）が出土し、さらに、もう1軒の中葉（大木9式併行期以前）の第34号住居跡からも、土器・石器・水晶・コハク製品などとともに穿孔途中の大珠が出土した（40）。その他の例では、七戸町二ツ森貝塚では、中期の第1号住居跡床面直上から緒締形の大珠破片が出土している（38）。

第2章 交流・装身具

図49 青森県域出土のヒスイ製玉類（1）

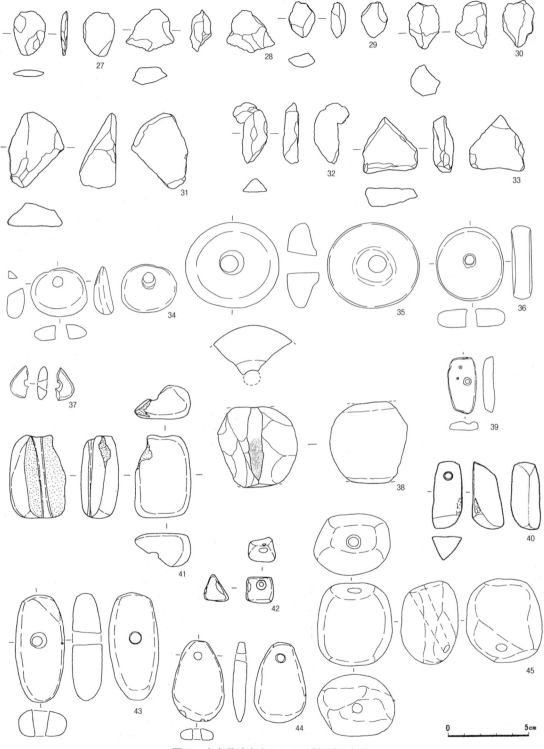

図50 青森県域出土のヒスイ製玉類（2）

土坑墓からの出土例（図49・50）

　八戸市笹ノ沢（3）遺跡では、中期初頭（円筒上層 a 式期）とみられる第373号土坑の底面近くから、土器片・自然礫とともに方形の玉が出土した（4）。また、三内丸山遺跡では中期中葉の可能性がある第66号土坑底面から不整方形の玉が出土し（6）、青森市山吹（1）遺跡では、中期後葉〜中期末の第26号土坑から破損した大珠が出土した（41）。また、青森市三内丸山（6）遺跡では、中葉（円筒上層 e 式期）の第66号土坑床面直上から復元可能土器や土器片、不定形石器・磨製石斧等の石器、石核・剝片、石製垂飾品とともに玉（蛇紋岩質）が出土した。

遺構外からの出土例

　三内丸山遺跡では、これまでに刊行された報告書によれば、中期初頭〜中期末（円筒上層 a 式〜最花式直後）の玉類が計35点ほど出土した（6〜33）。南盛土・北盛土（18〜26）・西盛土・北の谷等から出土品が大半である。円盤形（15）・偏球状（緒締形）（7・8）という津軽海峡域に多数みられる形状の大珠や各種玉類（9・11・13・18〜21）、加工途中品・破損品（10・12・14・16・22〜24）や剝片（17・25〜33）・原石塊があり、糸魚川・青海産、日高産とする産地分析結果も報告されている。ただし、出土数については、遺構外出土のものに未報告例があるため、今後さらに増えるものとみられる。また、三内丸山遺跡に隣接する近野遺跡では、中期後葉（榎林式期）とみられる重さ850gの原石破砕礫1点のほかに、玉の破片も出土した（37）。そのほかには、山吹（1）遺跡では方形の玉（42）、中期後葉の六ヶ所村富ノ沢（2）遺跡では（長）楕円形大珠（43〜45）が出土し、水上（2）遺跡では、中期後葉等で、片面に出べそ状の盛り上がりが残された円盤形大珠等（35・36）が出土し、さらに被熱痕のあるの円盤形大珠片や玦状耳飾や玉斧も出土した。また、東北町蓼内久保（1）遺跡からは中期末（大木10式併行期）の鰹節形大珠の未穿孔品（46）、青森市後潟（1）遺跡からも同様のものが出土し（47）、五所川原市紅葉（1）遺跡からは鰹節形大珠片が出土（48）している。これらのほかに、調査による出土品ではないが、佐井村の箭根森八幡宮に伝わる考古資料が紹介された（齋藤 2010）。このなかには竹管状の穿孔痕のある玉が1点ある（182）。遺跡名・時期とも不明であるが、この神社が建つ八幡堂遺跡だとすれば、中・後期の可能性がある。また、むつ市野家遺跡（現葛沢遺跡）では、青森県域では類例の少ない細長い鰹節形大珠（49）のほかに玉類（50・51）、さらに不備無遺跡から採集された中・後期とみられる玉斧（52）などや弘前市湯口長根遺跡から採集された円形大珠2点、青森市高田で明治20年代頃に採集されたという円形大珠なども紹介された。

（3）縄文後期（図51）

　新たに4遺跡の出土例が報告されているが、これまでに出土例がなかった後期後葉例が、八戸市風張（1）遺跡から多数出土している。

竪穴住居跡からの出土例（図51）

　八戸市是川中居遺跡からは後期後葉のL区第3号竪穴住居跡から勾玉が1点出土した（84）。

土坑墓からの出土例

　八戸市風張（1）遺跡（八戸市教委 2008）では、1990〜1994（平成2〜4）年の調査で、後期後葉（十腰内Ⅳ・Ⅴ式期）の土坑墓18基から玉類が237点出土した（54〜83）。丸玉を主に勾玉・不整楕円形・不整方形・管玉等がある。出土数は、墓1基から1、2、6点など一桁代の出土数が大半であるが、72号墓（97点）、33号墓（44点）、68号墓（26点）、20号墓（21点）（56〜75）のように、

114

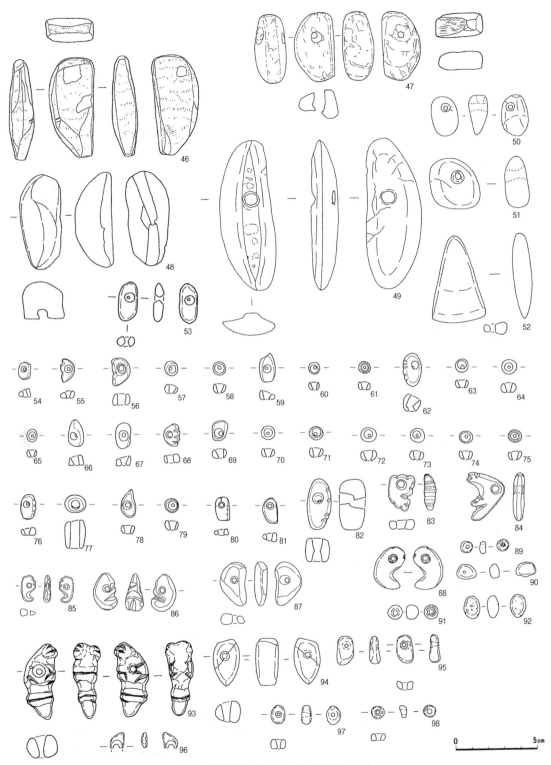

図51　青森県域出土のヒスイ製玉類（3）

多数出土した墓もある。ちなみに、1遺跡の出土数としては、糸魚川地域一帯より北の地域では最多であろう。

遺構外からの出土例

三内丸山(6)遺跡、青森市宮本(2)遺跡では、後期前葉の玉(53)が出土している。

(4) 縄文晩期 (図51～53)

1990（平成2）年度以前と同様、土坑墓から多数出土しており、新たに11遺跡の出土例が報告された。

土坑墓からの出土例

青森市朝日山(1)遺跡では、晩期前半とみられる土坑墓（7基に赤色顔料の散布が見られる）10基等から玉が36点出土した（99～116）。このなかで、第567号土坑から丸玉が13点出土（107～110）した例はあるが、他は勾玉1、2点のみの出土で、丸玉の出土はない。また、第408号土坑（101）では石鏃、ボタン状石製品各1点を伴っている。青森市朝日山(2)遺跡では、中葉とみられる土坑墓12基等から勾玉（117）・丸玉等計38点の玉類（118～123）が出土し、西目屋村川原平(4)遺跡では、晩期中～後葉のBSK089土坑墓から勾玉1点（138）、BSK084土坑墓1基から丸玉等28点（139～162）が出土した。そのほかに注目されるものとして、五所川原市五月女萢遺跡では、後期後葉から晩期前葉を中心とし、いまだに墓の盛土が確認できる土坑墓が多数確認された。このうち108基が完掘調査、43基が半裁調査され、土坑11基の勾玉・丸玉等65点を含め、丸玉主体の玉類（※本報告書ではヒスイ質玉類としている）が総数130点出土したが、このなかで、SK06の土坑墓では、性別不明の乳児骨に勾玉1点とヒスイ質丸玉18点が共伴（163～181）していた。ヒスイ質玉類を最も多く出土した土坑墓が乳児のものであるというのは、きわめて興味深いものがあり、注目される。ただし、この遺跡のヒスイ性玉類の数は、肉眼による鑑定であるため、今後変動しうるとみられる。また、弘前市薬師遺跡では中葉（大洞C1式期）のSK05土坑墓では、底面直上から平玉1点が出土し、青森市平野遺跡では、晩期の可能性のあるSK37土坑墓から丸玉が出土した。

遺構外からの出土例

野辺地有戸鳥井平(7)遺跡から、後期～晩期の勾玉、階上町滝端遺跡では後期後葉～晩期前葉を主とする丸玉が出土し、是川中居遺跡からは、前葉の勾玉等が2点（85～87）と丸玉5点が出土した。晩期前半では平川市石郷(4)遺跡では、勾玉・丸玉（88～92）が出土し、三戸町泉山遺跡では獣形勾玉など（93～98）が出土した。また、中葉では、階上町寺下遺跡から、丸玉を主に勾玉などが10点（126～130）出土し、西目屋村川原平(1)遺跡では、晩期の丸玉2、勾玉・丸玉等11（131～137）が出土した。その他に、青森市羽黒平(3)遺跡、弘前市野脇遺跡（124・125）からも玉類が出土したが、石郷(4)(90・92)・野脇(125)例には未製品もある。晩期後葉（大洞A式期）では、外ヶ浜町宇鉄遺跡の遺物集中区（ブロックD）から各種の土器・石鏃・石核・敲磨器類などとともに丸玉未製品が出土し（183）、遺構外からも出土した（184～191）。

(5) 弥生時代 (図53)

全国的なヒスイ減少傾向のなかで、新たに6遺跡の出土例が報告された。

竪穴住居跡からの出土例

三沢市小山田(2)遺跡では、前期（砂沢式期）の4号住居跡覆土から土器・石器とともに方形の玉の破片（192）が出土し、同一個体とみられる破片もが遺構外から1点出土した。

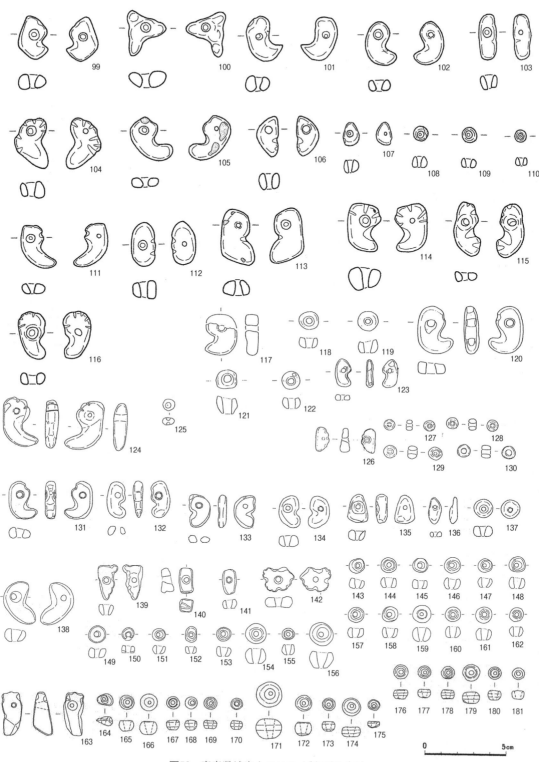

図52　青森県域出土のヒスイ製玉類（4）

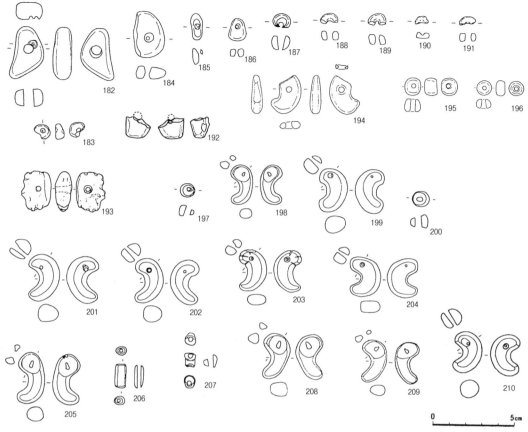

図53　青森県域出土のヒスイ製玉類（5）

土坑墓からの出土例

　八戸市荒谷遺跡では晩期末〜弥生前期の土坑墓から玉が出土し、むつ市板子塚遺跡では、中期の第8号土坑墓から板状石の墓標、赤色顔料、石鏃、北海道置戸産等の黒曜石剥片、凝灰岩製玉、土器片、鉄の小片、極小礫等とともに勾玉(194)が出土した。また、ここでは遺構外からも丸玉(195・196)が出土した。京都大学原子炉実験所の藁科哲男らによる蛍光X線分析によって、3点とも糸魚川産と判断された。

遺構外からの出土例

　むつ市戸沢川代(とざわかわだい)遺跡から前期の勾玉(193)、田舎館村垂柳(たれやなぎ)遺跡から中期（田舎館式期）の未製品、平川市大光寺城跡から前〜中期の勾玉等が出土した。

（6）古　代（図53）

　2遺跡の古墳8基の出土例が報告された。

　八戸市丹後平古墳群（7世紀中〜後葉）では、6基の古墳（13・15・16・21・23・51号墳）から土師器坏・高坏・甕・球胴甕などの供献品と、方頭太刀、刀子、鞘尻金具、鉄・錫製釧(くしろ)、青銅製空玉(うつろだま)、メノウ製勾玉・棗玉(なつめだま)、碧玉製勾玉・管玉、水晶製切子玉、琥珀製丸玉、ガラス玉、土製丸玉などとともに、ヒスイ製の丸玉・勾玉・管玉が計14点出土した（197〜210）。

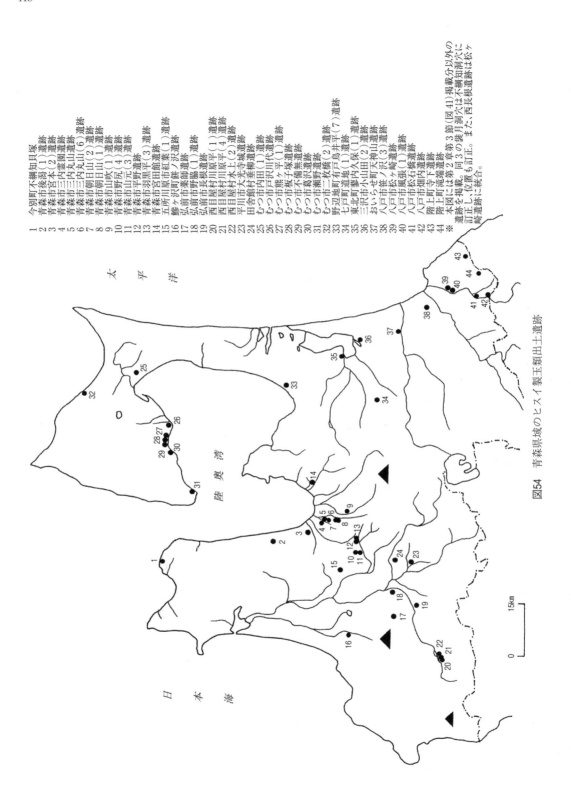

図54 青森県域のヒスイ製玉類出土遺跡

1 今別町不欄知貝塚
2 青森市後潟(1)遺跡
3 青森市宮田遺跡
4 青森市三内霊園遺跡
5 青森市三内丸山(6)遺跡
6 青森市三内丸山(2)遺跡
7 青森市朝日山(1)遺跡
8 青森市朝日山(2)遺跡
9 青森市山吹(1)遺跡
10 青森市山元(4)遺跡
11 青森市山元(3)遺跡
12 青森市平野尻遺跡
13 青森市羽黒平(3)遺跡
14 青森市宮田館遺跡
15 五所川原市薬師遺跡
16 鯵ヶ沢町餅ノ沢遺跡
17 弘前市紅葉(1)遺跡
18 弘前市沢田紅葉遺跡
19 西目屋村大光寺柳遺跡
20 西目屋村川原平(1)遺跡
21 西目屋村川原平(4)遺跡
22 平川市板子塚無遺跡
23 田舎館村垂柳遺跡
24 平川市葛沢無代遺跡
25 むつ市熊ヶ平(1)遺跡
26 むつ市葛沢無遺跡
27 むつ市瀬根熊(1)遺跡
28 むつ市関野田(1)遺跡
29 むつ市二枚根(2)遺跡
30 むつ市有戸鳥井平(7)遺跡
31 野辺地町道地遺跡
32 七戸町藪内久保(1)遺跡
33 東北町小山田(2)遺跡
34 三沢市笹ノ沢(3)遺跡
35 おいらせ町天神山遺跡
36 八戸市松ヶ崎橋遺跡
37 八戸市笹ノ崎(1)遺跡
38 八戸市松張(1)遺跡
39 八戸市松石橋遺跡
40 八戸市畑内遺跡
41 階上町寺下遺跡
42 階上町滝端遺跡
43 本図に掲載
44 遺跡を掲載。同3の裏月洞(図41)掲載分以外の不欄知洞穴は不欄知洞穴に訂正し位置も訂正。また、西長根遺跡は松ヶ崎遺跡に統合。

また、おいらせ町天神山遺跡では、7世紀中～後葉古墳2基（T2・4号墳）から勾玉が各1点出土している。

3 ヒスイ製玉類の加工・利用とその意味

1990（平成2）年度以降に報告・確認された以上のヒスイ製玉類とそれ以前にすでに紹介した例を合わせ、関連するいくつかの問題について考察をくわえたい。

（1）ヒスイ玉類使用の開始

1989（平成元）年度までとは異なる新知見の一つとして、青森県域におけるヒスイ使用の開始期が大幅に遡った点があげられる。それまでは、縄文中期後葉からであるとした（前節）が、前期後葉（円筒下層d1式期）に大幅に遡る点が明らかになったのである。この時期を、原石産地である糸魚川一帯や長野県などの中部地方と関わりのなかでみると、糸魚川市大角地遺跡の前期前葉に遡る敲石例（木島 2012）を最古に、山梨県北杜市天神遺跡には前期後半（諸磯c式期）の土坑出土の大珠例（藤田 1989）があり、新潟県柏崎市大宮遺跡には前期後半（諸磯a～b式期）のヒスイ加工例（中野純 1998）があることから、それよりは若干遅れて使用が始まったことがわかる。また、山形県北部の遊佐町吹浦遺跡には前期末例（小林圭 2005）がある。一方、北海道では八雲町シラリカ2遺跡からは、宮田館遺跡例よりやや古い前期後葉（円筒下層c式期）の大珠（北海道埋文 2000）や余市町フゴッペ貝塚の前期後葉～中期初頭（北海道埋文 1991）例があることから、糸魚川産地一帯以北では、原石産地一帯とはほぼ同時か、やや遅れて使用されたことがわかる。ちなみに、この前期後葉～中期初頭の時期は、青森県域の日本海側・太平洋側地域において朝日下層式などの北陸系土器が分布するなど、日本海沿岸地域をめぐる交流が活発化する時期でもあり、ヒスイ製玉類の北上もそれに関連した状況であると考えられる。

（2）ヒスイ玉類の加工

1990（平成2）年度以降の調査のなかで注目されるのは、青森市三内丸山遺跡から、縄文中期のヒスイ玉類が多数出土したことである。しかもこの遺跡では、製品とともに穿孔前や穿孔途中の未製品や剥片・原石も出土し、さらに、隣接する近野遺跡からは、大型のヒスイ礫が出土しており、三内丸山遺跡一帯では、ヒスイの加工、ヒスイ玉類の製作が行われていることが判明した。しかし、工房跡や原石の集積、敲石・砥石などについては不明である。三内丸山遺跡では、西盛土から中期初頭（円筒上層a式期）の未製品が出土し（青森県教委 2012）、中期後葉（大木10式期直前）（青森県教委 2013）までヒスイ玉類が用いられたことから、中期を通して加工が行われていたと推定される。また、三内丸山遺跡例は、穿孔が図49-10のように、丸棒状穿孔具によって行われているが、佐井村の箭根森八幡宮宝物（図53-82）の穿孔部には、青森県唯一の例になるが、出べそ状の突起が認められるため、三内丸山遺跡では、管錐による穿孔が併用されていた可能性がたかい。

三内丸山遺跡のヒスイ製大珠に関連して、本県域では前期後葉の宮田館遺跡、前期後葉～中期初頭の餅ノ沢遺跡、中期中葉の松ヶ崎遺跡、中期後葉の三内丸山（6）遺跡には未製品がみられる。北海道では、森町の濁川左岸遺跡（中期中葉～後期前葉）、岩手県では、一戸町御所野遺跡などにもみられるが、大珠の穿孔・研磨には高度な加工技術が必要である。ヒスイ製玉類の使用開始期から中期の大珠加工にいたる時期には、近野遺跡には大型原石も持ち込まれており、この時期には、原石採取から穿孔・研磨などに技術が、製品が糸魚川一帯からもたらされたことがわかるが、当然の

こととして、糸魚川一帯の加工技術の習得もなされたとみられる。たとえば、糸魚川地区からの技術者が当地に来て滞在し、玉類を加工した場合や当地から糸魚川地域に赴いて加工技術を習得して戻ってきて加工を行った者もいた可能性は十分ある。

ところで、青森県域のヒスイ加工に関して、筆者は前節で、つがる市亀ヶ岡遺跡出土の未製品から、「県内の出土総数の99％は完成品であり未製品は例外的といってよい。また、玉の製作に関連した遺物・遺構も明確ではない。したがって、現段階ではこれらの未製品も糸魚川一帯からの交易品としてもたらされたと考えるべきであろう」と述べたが、三内丸山遺跡一帯の縄文前期後葉・中期例に関する限り、この考えを前述したように変えさせていただきたい。また、縄文晩期にごく少数見られるヒスイ未製品についても、1990年度以降の石郷（4）・野脇（1）・二枚橋（2）・宇鉄遺跡、弥生中期の垂柳遺跡などの例を考慮すると、未製品としてもたらされたものもあったことは否定しないが、地元に豊富に産する緑色凝灰岩の玉類加工技術（外ヶ浜町宇鉄・五所川原市五月女萢遺跡、弘前市十腰内（2）遺跡、三戸町泉山遺跡例など）を、ヒスイ原石の加工に応用した場合もあったことを推測させる。

（3）ヒスイ玉類の出土状況の変化

縄文前期後葉においては、竪穴住居跡からの出土例と遺構以外からの出土例があるが、中期初頭からは、土坑・竪穴住居跡のほか、盛土・遺構以外からの出土例があり、中期中・後葉にいたっている。ついで、後期では、前葉には遺構外出土例のみであるが、数点まとまって出土する例もある。唯一の中葉例は、竪穴住居跡ら出土した例である。後葉では、八戸市風張（1）遺跡のように、土坑墓から小型玉類を主となる連珠の装身具類になって、晩期に引き継がれている。

このような、後期後葉以降のヒスイ玉類は、出土状況の変化だけでなく、その大きさ・形態も大幅に変化しており、玉類のもつ意味も変わったことを意味しているとみられる。そこで、ヒスイ製玉類の出土状況を、土坑墓とそれ以外に大別し、時代順にみると以下のようになる。

青森本県域で最初に石製玉類が用いられたのは、玦状耳飾以外では、縄文前期中葉であるが、ヒスイでは中期初頭では笹ノ沢（3）遺跡例（図49－4）が副葬品として用いられている。しかし、三内丸山遺跡では、主に中期中葉例とみられる800基以上の土坑墓のなかで、ヒスイを出土したのはわずか1基のみで、多くは盛り土・遺構外から出土している。また、中期の玉類は、球状・円盤形・楕円形の大珠が多く、しかも1遺跡あたりの出土数は、集落跡が広く調査された三内丸山遺跡を除いて、きわめて限定されてることから、土坑墓出土例が示唆するように個人の物であった可能性は否定できないが、それよりも、集落全体のもの、共有品として扱われた場合が多かったとみられる。この傾向は後期前葉まで続くが、土坑墓からの出土例はやはりみられない。

おそらく、このような形状を含め、大珠は集落で行われた祭祀の際に、しかるべき立場の人物の着装品として、用いられたのであろう。そして、祭祀の際に、集落の定められた盛り土などの場所、モノ送り場に置いたものであろう。

しかし、後期後葉以降、晩期になると、玉類が小型の楕円・勾玉・丸玉形などに大きく形を変え、しかも土坑墓から、連珠の首飾り等に用いたことを示すような出土状況で出土している。このような変化の背景には、玉類のもつ意味に変化があったとみられる。

すなわち、美麗で加工には高度な加工技術を伴い、しかも産地限定のため入手困難なヒスイ玉類への志向性は、前期後葉以降、晩期後葉までの縄文時代を通じて認められるわけであるが、とくに

中期以降には、そのもつ魔除け、再生などの呪具、さらに威信財というシンボリックな意味がより重視されたものから、後期後葉以降には、それに、より装身性の高い装身具、土坑墓の被葬者への必需品としての意味をもつ物への変化があったとみられる。

(4) 三内丸山型大珠の製作

縄文中期のヒスイ大珠には、地域により形態差があることが知られている。北陸地方～北海道に広範囲に分布する鰹節・長楕円形、岩手県域の三角形、そして、東北地方北部～北海道南部に分布する円盤形・扁球状のいわゆる緒締形である。この分布域はまさに、円筒土器文化圏・津軽海峡域と一致している。青森県域では、三内丸山遺跡 (図49－7・8・15) のほかに、宇鉄遺跡 (図45－146)、外ヶ浜町算用子 (図45－148)、黒石市花巻 (図45－156)、荒谷遺跡 (図45－168)、十和田市洞内（ほらない） (図48－5)、明戸遺跡 (図49－5)、水上 (2) 遺跡 (図50－34～36)、二ツ森貝塚 (図50－38)、青森市高田例があり、さらに笹ノ沢 (3) 遺跡では軟玉製のものではあるが、中期初頭の竪穴住居跡から出土した球状のものもある。そこで、本節では、このような円盤・扁球・球状の大珠について、「三内丸山型大珠」と呼称したい。

しかし、三内丸山型大珠は糸魚川地域一帯の原石産地付近からは出土していない。そこで、この形状の大珠の生産地はどこかという問題になる。三内丸山遺跡の調査以前であれば、常識的には、原石産地一帯でこの形態の玉を作ったものを青森県域で入手したとすれば考えやすいが、そう断言できない状況になっている。すなわち、三内丸山遺跡からは、ヒスイ加工を示す遺物が出土しており、ここで玉作りを行っていたことが間違いないからである。これらの点から、おそらくこの遺跡一帯で、独自にこの形状の大珠を考案し作ったのであろう。ただし、中期には青森県各地で、ヒスイ製品の未製品が出土しているため、すべてが三内丸山遺跡一帯で作られたとは断定はできない。それは、むつ市葛沢遺跡例のように、糸魚川からもたらされた可能性のある長楕円形タイプもまたみられるからである。

(5) 円筒土器文化と三内丸山型大珠

前期後葉以降、円筒土器文化圏では後期中・後葉の時期にヒスイ玉類がみられなくなる津軽地方に対して、逆にヒスイ使用が増加する北海道 (藤原 2006b) のように、地域差がみられるなどの状況があるものの、ともに引き続き晩期に用いられ、晩期後葉には減少し、弥生・続縄文期へと続いている。

糸魚川一帯で加工が始まったヒスイ製玉類は、円筒土器文化圏に受け入れられてから3千年以上にわたって、この地域で好まれてきた。この文化圏においてヒスイ玉類への志向が継続して強かったわけであるが、この理由については、入手・加工のむずかしい装身具、再生・魔除けなどの意味が込められた祭祀具、ステイタスを表す物などの意味があったという一般的な意味のほかに、この玉類のもつ色、すなわち、白地に青（緑）が入ったヒスイの色調が、雪に埋もれる厳しい冬（白）の季節に、一日も早い青葉の芽吹く春（青）の到来をまつという雪国住民に共通した願い・心情に添った色調であったことも（福田 2003）あるのであろう。

次に、円筒土器文化に特徴的な円盤・扁球などの三内丸山型大珠の形状が選ばれた理由について考えてみると、円盤形の装身具は、実は緒締形の大珠以前にすでにあり、北海道や青森県域例では北海道の早期後半から前期中葉の環形玦状耳飾りの例があり、青森県域でも八戸市長七谷地遺跡には前期初頭の環形玦状耳飾り、前期中葉（円筒下層a・b式期）の三内丸山遺跡にも楕円形気味の

環形玦状耳飾りがみられる。色調は白色系が多く、この形や色への志向性がすでにあったわけである。しかし、この形状・色は全国的にほぼ同一であり、とくに円筒土器文化圏に限ったことではない。そこで、あらためてこの形と色について考えてみると、たとえば魂の色や形、あるいは眼球の形なども想定されるが、それよりは、これも非常に直感的であるが、夜空に浮かぶ月だとは考えられないだろうか。円筒土器文化人には、円盤形にみえたのか、球体にみえたのかはわからないが、青白く神秘的な光を放つこの形状が、この型式のもとになった可能性もあろう。月に関する信仰・神話は、中国古代の書物や各地に神話として残されており、それにまつわる信仰・行事がある。筆者は、これには全くの門外漢であるため、その内容を述べることができないが、月は約29.5日をかけて地球を1周し、女性の月経とほぼ同じ周期で満ち欠けを繰り返すことから、死と再生をあらわすと考えられた（松前 1987）ことは、容易に理解できる。しかし、月自体も縄文文化圏各地で普通にみられるわけであり、なぜ円筒土器文化圏だけかという疑問も残る。

　円筒土器文化圏において、その形の大珠が作られた具体的な理由は漠然としていてわからないが、この文化圏では、再生の象徴としての月のもつ霊力を身体に着けておきたいという意識が、他の文化圏に増して強く、この形にあやかりたいと思ったであろうことは想像できる。三内丸山型大珠は、中期の後、後期前葉を境に消失し、玉のもつ意味を変えながら小型の丸玉・臼玉などの形に変化している。

　ところで、北海道のアイヌ文化には、ガラス製などのカラフルな玉（アイヌ玉）を連ねた首飾り（タマサイ）がある。アイヌ女性の宝として代々伝えられたもので、女性の魂でありお守りであり、嫁入り道具の筆頭であった。結婚式の参列の際の必需品でもあった（杉山 1974）という。また、アイヌ玉には丸玉が多いが、この丸玉の最も大きいのが親玉である。直径4〜5cm（児玉 1972）の大きさで、円筒土器文化圏の大珠を思わせる大きさである。石とガラスの違いはあるものの、4千年の後、再び同じ地域で用いられるという事実にあらためて、この地域とこの形状の大珠への志向性が感じられる。

4　ヒスイ交易研究の現状と課題

　糸魚川地域から約600kmも離れた青森県域におけるヒスイの密集した分布は、津軽海峡という、東日本では、日本海から太平洋岸へ抜ける、唯一の海道に臨むという地理的な好条件下にあるにしても、この地域住民の積極的な入手行動によるものであろう。当然のことながら、おもに日本海沿岸の海路によったものと考えられる。しかも、沿岸各地でのバケツリレーのような手渡し方式ではなく、各地に寄港しながらの直接入手であったとみられる。ただし、入手のしかたについて藤田は、糸魚川一帯からの見返り品を求めない一方的な贈与行為によるもので、交易ではない（藤田 1998）と考えており、これを支持する意見もみられる。しかし、受け取る側からすれば、何らかの見返り品を準備していった可能性を排除することはできまい。そうだとすれば、その見返り品は、律令国家の例を援用すると、北方地域で入手可能なたとえば羆や海獣類の毛皮、珍鳥の羽などの特産品が考えられるが、筆者はほかに、津軽半島産のベンガラ（酸化鉄）も含まれていた可能性を考えている。ベンガラは、玉類に連ねる赤紐（玉の緒）製作の必需品であるが、藩政時代から良質なことで広く知られたベンガラが、津軽半島先端にある今別町赤根沢から採掘されるからである。しかし、明らかに赤根沢産のものだと特定できるものがまだ糸魚川一帯の出土品のなかに、発見できないと

いう状況がある。

　最後に、ヒスイ研究についての、筆者の考え、思いについて述べておきたい。1986(昭和61)年、下北半島六ヶ所村にある上尾駮（1）遺跡の調査（青森県教委 1988）において、92点という糸魚川産ヒスイ（図48－6）の出土に立ち会って以来、おりにふれ、ヒスイに関する論考を発表してきた。しかし、もっとも興味をもったヒスイ獲得の目的、交易の実像については、まだ具体的に描くことができないでいる。この一方、青森県域では毎年毎年、出土数を増している。そこであらためて原点に帰ってこの地域の資料集成をしなおし、まとめておくことが必要であると考えて行ったのが、本節と附表4の資料集成である。間違いや遺漏等が多々あるかと思われる。ご教示をいただければ幸いである。

　なお、本節に使用した玉類図の出土遺跡・出典は以下の通りである。

図49　1青森市宮田館（県埋文報429）、2鰺ヶ沢町餅ノ沢（県埋文報278）、3むつ市熊ヶ平（1）（県埋文報180－1）、4八戸市笹ノ沢（3）（県埋文報372）、5十和田市明戸（県埋文報488）、6青森市三内丸山（県埋文報157）、7～10三内丸山（県埋文報205）、11～16三内丸山（県埋文報478）、17三内丸山（県埋文報382）、18～26三内丸山（県埋文報533）

図50　27～33青森市三内丸山（県埋文報533）、34西目屋村水上（2）（県埋文報575－2）、35水上（2）（県埋文報575－3）、36水上（2）（県埋文報575－5）、37青森市近野（県埋文報418）、38七戸町二ツ森貝塚（福田 1990a）、39八戸市松ヶ崎（市埋文報61）、40松ヶ崎（市埋文報65）、41・42青森市山吹（1）（市埋文報16）、43～45六ヶ所村富ノ沢（2）（県埋文報147）

図51　46東北町蓼内久保（1）（町埋文報17）、47青森市後潟（1）（県埋文報512）、48五所川原市紅葉（1）（市埋文発掘報24）、49～51むつ市葛沢（『川内町史』2005）、52むつ市不備無(ふびなし)（『川内町史』2005）、53青森市宮本（2）（県埋文報293）、54～83八戸市風張（1）（市埋文報119）、84八戸市是川中居（八戸遺跡調査会報5）、85是川中居（市埋文報103）、86・87是川中居（市埋文報107）、88～92平川市石郷（4）（平賀町埋文報7）、93～98三戸町泉山（県埋文報190－4）

図52　99～116青森市朝日山（1）（県埋文報152・156）、117青森市朝日山（2）（県埋文報368）、118～123朝日山（2）（県埋文報369）、124・125弘前市野脇（1）（県埋文報149）、126～130階上町寺下（階上町教委 2007）、131～137西目屋村川原平（1）（県埋文報579）、138～162同川原平（4）（県埋文報566）、163～181五所川原市五月女萢（市埋文報34）、182佐井村箭根森八幡宮（斎藤 2010）、183外ヶ浜町宇鉄（三厩村教委 1996－1）、184～191宇鉄（三厩村教委 1996－2）

図53　192三沢市小山田（2）（市埋文報17）、193むつ市戸沢川代（川内町教委1991）、194～196むつ市板子塚（県埋文報180－2）、197～209八戸市丹後平古墳（市埋文報44）、210丹後平古墳（市埋文報93）

※　掲載文献は、県・市町村埋文報○○は青森県・市町村埋蔵文化財調査報告書第○○集の略。

註

（1）本節では、もともと硬玉の用語を使用していたが、報告書等では硬玉（Jadeite）と軟玉（Nephrite）等との区別が明確でなく、しかも岩石の専門家によらない記載も多いため、厳密には硬玉ではないものも含まれる可能性があるという指摘を受けたため、タイトルだけはヒスイとして、統一を図った。しかし、本文では、あえてヒスイには書き換えないで硬玉を用いた。

（２）本節で用いたヒスイは、発掘調査報告書等においてヒスイや硬玉（Jadeite）として紹介されたもので、しかも多くは肉眼鑑定によるものである。このため、このなかには軟玉（Nephrite）やその他の硬質な岩石も含まれている可能性があるため、今後の分析調査によっては、ヒスイ数等が変わる可能性があることを断っておきたい。また、発掘調査報告書において軟玉とされたむつ市湧舘遺跡の玦状耳飾2点（県埋文報521）、八戸市笹ノ沢（３）遺跡の緒締形大珠1点（県埋文報372）については、除外している。

（３）国立歴史民俗博物館（当時）の西本豊弘（西本 2000）によれば、北海道・東北地方6県の道県別のヒスイ出土数（8割程度の集成とする）は、縄文時代では玦状耳飾りを除き、北海道41遺跡432点、青森県52遺跡485点、他の東北5県で計60遺跡102点である。

第3章　祭祀遺物

第1節　鼻曲り土面

　わが国の縄文時代の遺跡から発見される遺物のなかに土製の仮面（土面）がある。近年、北海道、東北地方、近畿地方などで新資料の出土があいつぎ、考古学のみならず、文化人類学、芸能史等の諸分野においても注目されるようになってきた。それは、また近年の「仮面ブーム」の一端を担ってもいる。

　ところで、縄文時代の土面の出土数は明確には把握できないが、少なくとも23遺跡28点以上にのぼり、大半が東日本、とくに東北地方に集中している。これらの土面は破片が主体で、全体をうかがうことができるものはきわめて少ないが、その表情には、恐ろしい不気味なもの、涙を流しているようなもの、ユーモラスなもの、遮光器土偶の顔面と同様に瞑目しているようなもの、さらに無表情のものなどさまざまであるが、このなかに他とは明確に区別される一群の土面がある。曲がった鼻を最大の特徴とする異貌の土面であり、従来「鼻曲り土面」と呼称されているものである。この土面は、青森・岩手両県から過去4点（1点は出土地不詳）が知られていたが、1986（昭和61）年夏、青森県六ヶ所村上尾駮（1）遺跡C地区より1点出土し（青森県教委 1988）、計5点となった。従来の鼻曲り土面は4点とも偶然の発見によるものであり、年代・出土状況などがまったく不明なものであったが、当資料の出土によって、従来の諸解釈において少なからず修正を要する部分が出てきたと考えられるので、本節では、これら5点の資料を紹介し、若干の考察をくわえてみることとしたい。

1　各地の鼻曲り土面（図55～57・59）

　現在知られている次の5点について紹介する。

①青森県六ヶ所村上尾駮（1）遺跡C地区出土資料（青森県教委 1988）

　1986（昭和61）年7月、青森県教育委員会文化課の調査により出土した。当初6片に割れて出土したが、後にすべて接合した。全体の2／3ほど残っており、右眉上端、左頬、口および顎の部分が欠失している。縦長14.0cm、横長15.4cm、最大厚1.3cm。全形は楕円形を呈すると思われ、長径3.4cm、3.2cmの楕円形の目2孔があけられている。眉と鼻はつながり、各端部が同一回転方向に屈曲している。鼻は中途で右に曲がり、下端に鼻孔が表現されている。断面形は角張っており、最大高は1.2cm、他の4例にある両耳の紐孔とみられる孔はなく、赤色顔料もまったく認められない。色調は橙でやや軟質である。晩期中葉大洞C1～C2式土器とともに出土したが遺構内からの出土ではない。

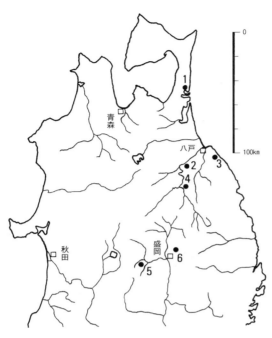

1　青森県上尾駮(1)遺跡　　2　青森県平貝塚
3　青森県寺下遺跡　　　　4　岩手県蒔前遺跡
5　岩手県鶯宿　　　　　　6　岩手県宇登遺跡
図55　鼻曲り土面などの出土遺跡

②青森県名川町（現南部町）平(たいら)遺跡発見資料（甲野ほか編 1964、名川町教委 1978。ただし、本資料は、寄贈者によれば岩手県名久井岳山麓出土という［江坂 1974］）

　2点の破片が接合し、全体の1／2ほどになるが、頭縁、右頬、顎の部分が欠失している。縦長10.5cm、横長12.0cm、最大厚0.6cm。全形は円形と思われ、長径3.5cm、3.8cmほどの楕円形の目2孔があけられている。眉・鼻は剝落しているが、痕跡から眉は水平で中央で鼻につながり、鼻は中途で左に曲がっている。口は長さ5.5cmほどで左下がりである。また、裏面の頭縁部が剝離している。左目脇に径0.5cmほどの貫通孔があるが、他の一方は不明である。赤色顔料はまったく認められない。裏面に整形痕が顕著である。色調は黄灰色でやや硬質である。発掘調査による出土品でないため伴出土器などはまったく不明である。慶応義塾大学文学部民族考古学研究室所蔵。青森県立郷土館で展示。

③岩手県一戸町蒔前(まくまえ)遺跡発見資料(3)（一戸町教委 1986）

　ほぼ完形に近いが、左頭部、口の下方が欠失している。縦長15.9cm、横長11.3cm、最大厚1.1cm。全形は不整形であり、長径2.3cm、3.5cmの楕円形の目2孔があけられている。眉は鼻とつながり、右眉端は上へ、左眉端は下へ曲っている。鼻は左に曲がり、下端に鼻孔が表現されている。鼻の高さは2.3cm、口は長さ3.3cmほどで右下がりである。裏面の周縁部も剝離した部分が多い。表面両脇には径0.5cmほどの孔があけられているが、右の孔は貫通していない。表面の額部分には赤色顔料（ベンガラか？）が塗られている。色調は黒褐色で硬質である。発掘調査による出土品でないため、伴出土器などはまったく不明である。一戸町教育委員会所蔵。

④岩手県雫石町鶯宿(おうしゅく)発見資料(5)（鶯宿夜明沢遺跡とされる。雫石町役場編 1976）

　1928（昭和3）年、鈴木貞吉により紹介された（鈴木貞 1928）。右耳、鼻の端部、口の下方が欠失している。縦長11.5cm、横長14.8cm、最大厚1.2cm。全形は不整の楕円形であるが、長径3.2cm、3.5cmの楕円形の目2孔があけられている。眉と鼻はつながり、水平な眉には小さな刻みが連続してつけられている。中央には左に曲がった鼻が接しており、高さは2.2cmである。口は長さ4cmほどで左下がりである。両脇端はやや張出しており、径0.5cmほどの貫通孔がある。赤色顔料はまったく認められない。色調は橙でやや軟質である。発掘調査による出土品でないため、伴出土器などは不明である。天理大学附属天理参考館所蔵。

⑤東北大学所蔵資料(6)

　かつて岩手県二戸市雨滝遺跡発見品とされた（大塚 1975、伊東 1978）が、『東北大学文学部考

第 3 章 祭祀遺物 127

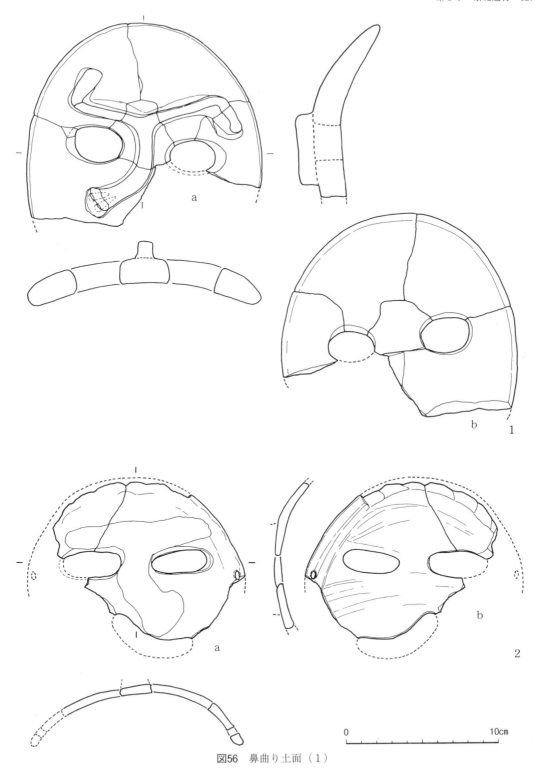

図56 鼻曲り土面（1）

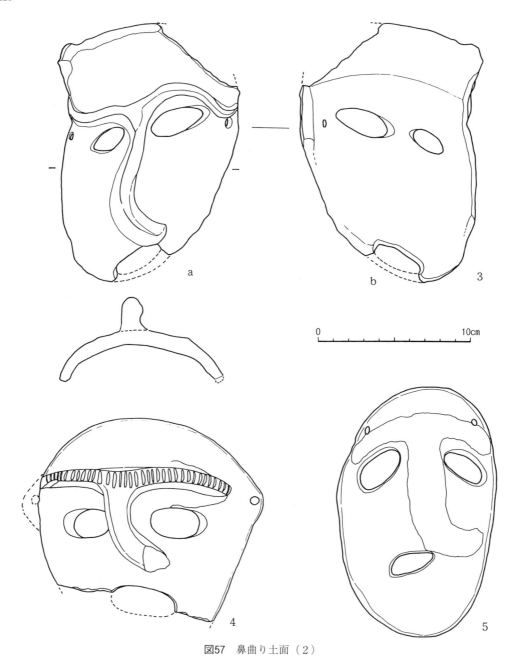

図57 鼻曲り土面（2）

古学資料図録』（東北大学文学部 1982）では出土地不詳となっている。眉と鼻が剝落している。縦長17.0cm、横長10.5cm（以上、写真計測）。全形は長楕円形である。垂れ目状の目2孔と口があけられている。眉はほぼ水平で中央で鼻につながり、鼻は中途で左に曲がっている。口は右下がりである。未だ実見していないので詳細は不明であるが、両脇に貫通孔があるようである。伊東信雄からの1987（昭和62）年3月16日付け筆者あての手紙によれば、当資料は、もともと東京の古物店に売りに出されていたものを小林達雄（当時国学院大学教授）が発見し、芹沢長介（当時東北福祉

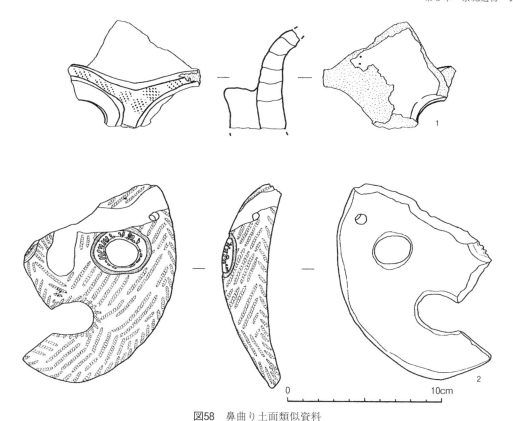

図58 鼻曲り土面類似資料

大学教授）を通じて東北大学へもたらされたものであり、現在貼付されている眉と鼻は楠本政助（当時宮城教育大学講師）が蒔前遺跡例にならって復原したものであるという。もちろん、発掘調査による出土品ではないため、伴出土器などはまったく不明である。

2　鼻曲り土面の類似資料（図58）

　鼻曲り土面の可能性や鼻曲り土面との類似性が考えられる資料が、本稿発表（福田 1988a）後、以下の2点の出土資料が知られているので、ここに紹介しておく。

①青森県階上町 寺下遺跡出土資料（階上町教委 2007）

　2004（平成16）年、階上町教育委員会の調査により出土した。眉と鼻がつながる眉間部の破片で、縦長7.3cm、横長8.5cm。鼻を含めた断面は最大厚3.5cm。やや軟らかい胎土で色調は橙である。右の眼孔上縁が残っており、鼻根が向かって左に曲がっているようであり、鼻曲り土面の一部の可能性がたかい。眉には、他とは異なり、単節斜縄文（LR）が施されている。赤色顔料の付着はみられない。混貝土層中から、晩期中葉（大洞C1式）の土器や土偶・土版・土製耳飾りなどとともに出土した。階上町教育委員会（階上町民俗資料収集館）蔵。

②岩手県玉山村（現盛岡市玉山区）宇登遺跡出土資料（玉山村教委 2004）

　1999（平成11）年、玉山村教育委員会の調査により出土した。全体の1／2ほどの破片1点で、頭縁、右額・右眉・口の右端は欠損している。楕円状で、縦長14.6cm、横長9.9cm。厚さは不明

である。径2.1cm大の左眼部が残されており、周りには刻みと曲線が施されている。眉・鼻は剝落しているが、眉と鼻はT字状につながるような痕跡がある。短い鼻が中途でやや右に曲がっているようにも見えるが、はっきりしない。口は右下がりである。左眼上方に径0.6cmの紐かけとみられる貫通孔がある。赤色顔料の付着はない。特徴として全面に単節縄文（LR）が施されている。晩期（大洞B～A式）の土器や土偶の破片などとともに出土したが、遺構から出土したものではない。盛岡市遺跡の学び館蔵。

3　機能・年代等（図59）

　仮面は変身（Metamorphosis）のための道具の一つとして、おそらく人類が社会生活を営み始めた旧石器時代から使用されたと思われ、現在も世界各地において、各種の重要な役割を演じ続けてきている。わが国では、土偶・土面などの研究を積極的に進めてきた江坂輝弥（江坂1974）によれば、縄文時代中期とみられるものもあるが、確実なものとしては縄文時代後期に入ってから土面の出土例が知られるようになるといわれている。縄文時代の仮面はいずれも土面であって、木・皮などの有機質のものは発見されていない。そして、これら土面の機能・性格などについて種々言及されてきている。ここでは、このなかで、鼻曲り土面の土面の機能・年代などについて述べることとする。

　鼻曲り土面は、1928（昭和3）年、鶯宿（夜明沢）遺跡出土のものが紹介された（鈴木貞1928）のが初めてであり、後に蒔前遺跡出土のものが知られる（甲野1933）ようになってからは、蒔前例が鼻曲り土面の代表例として扱われるようになってきている。ところで、今回新たに紹介した上尾駮（1）例は、従来の4例とは異なり、出土状況・伴出土器型式等が把握されており、以下、当資料と他の4例との比較を通じて、二、三考察をくわえてみることとする。

実用・非実用　蒔前例が1933（昭和8）年に紹介されて以来、この土面を当時、実際に顔に付けて使ったかどうかという実用性・非実用性について諸見解が出されている。甲野勇は眼孔・紐孔などの存在から、その実用生を認めた上で、実際は木製仮面が使用されたとも考えている（甲野1933）。この見解をとる研究者は多く、江坂輝弥（江坂1960・1974）、芹沢長介（芹沢1968）らも実際に顔に付けて使ったものと考えている。しかしながら、これに対し伊東信雄は、紐摺れ痕のないことから非実用的なものであり、当時の本流であった木製仮面を模したもの（伊東1978）とし、永峯光一も土面が、激しい動作に堪えられるかどうか疑問視している（永峯1977）。

　筆者は、この問題について考えるため、1987年7月、実際に鼻曲り土面を製作し、紐を付して（図59-6）顔に当ててみたところ、鼻の収まる空間がないため顔に密着せず、しかも土面の重量のためずり下がりやすいことが判明した。そこで紐をきつく縛ったところ、一時的には被ることはできたが、身体を動かした際にはすぐずり下がってしまい、さらにきつく縛ると紐孔がこわれてしまいそうであった。事実、鶯宿例は片方の紐孔がこわれている。平例は唯一、薄手・軽量であるが、同様に裏面に鼻の収まるくぼみは設けられておらず、状況は大同小異であろう。このような経験から、鼻曲り土面はとうてい実用的とは考えられないのであって、蒔前例の片方の紐孔が未貫通であり、上尾駮（1）例にはまったく紐孔がないのは、この辺の事情を物語っていると考えられる。鼻曲り土面以外の眼孔・口をくり抜いた土面についても、実用品とはほとんど考えられないのであり、実用品としては、甲野らが述べたように木製などのものが主体的であったと考えられるのである。

第3章　祭祀遺物　131

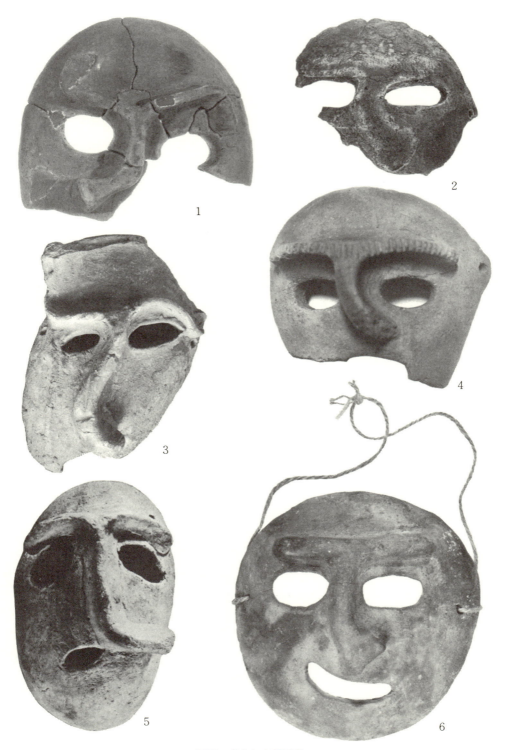

図59　鼻曲り土面写真

筆者は、鼻曲り土面の実用・非実用性の問題を考える場合には、鼻曲り土面と鼻曲り仮面とを区別して行うべきと考えている。従来、鼻曲り土面の機能などを論ずる際には、両者を混同して行うことが多かったようである。鼻曲り土面は当時の実用品としての木製などの鼻曲り仮面を模倣したものであり、両者はおのずから機能的に異なってくるものと思われる。当時の縄文人は、木・皮製とみられる仮面を顔に付けて使ったのであって、それを模した土面は、当然、何らかの機能をもってはいただろうが、顔に付けるという機能は失われてしまったものと考えられる。このため、鼻曲り土面の機能について考える際には、鼻曲り仮面と鼻曲り土面を区別して行うことが必要となる。

機能　鼻が曲がるという異常な表情をした仮面はどのような機能・用途をもち、どのような表情を写したのかという点については、考古学・文化人類学の立場からさまざまな見解が述べられてきている。「悪霊を追い払う儀式に使われた」（芹沢 1968）、「呪医的治療に用いられた」（芹沢 1975）、「信仰的な儀礼に使用された」（野口 1965）、「なまはげのような秘密結社的宗教儀礼に使用された」（林 1965）、「危険な悪霊を表したものか。疫病が流行したとき、これをかぶって踊り、病気を駆逐するために用いられた」（大林 1979a）、「悪霊を象徴したもの」（高橋修 1983）、「滑稽の表情であることも事実である。笑わせるための表情、突拍子もない仕草、異常な人―きわだって優れた人、なみはずれて劣る人―の感情をそこに漂わせているとし演劇・芸能に用いられた」（水野正 1979）、「なんらかの幻覚状態におかれた人が他人の顔を見た時のイメージを写しとったもので、別に幻覚仮面と呼称する」（大塚 1975）、甲野が述べたとされてよく知られた見解であるが「シャーマンがトランス状態（エクスタシー）に入る時、顔面神経を痙攣させる瞬間の表情を写しとった」（中村保 1984）などの見解であり、呪術・祭祀儀礼関係のものとする見解が多い。鼻曲りの仮面は世界的にみられ、専門外の筆者の知り得たものでも、北千島アイヌで悪魔フジルが被るという伝承のある木製仮面（鳥居 1933）、アラスカエスキモーのシャーマンが被ったと推定されている木製仮面（出土品）（梅棹・木村監修 1981）、朝鮮黄海道の鳳山仮面劇で道化役が被る紙製仮面（梅棹・木村監修 1981）、セイロンで病気の呪医的治療に用いられ、病気をもたらす悪魔をあらわしているとされるヘヴェニコラの仮面（ジャン＝ルイ・ベドゥアン 1963）などがあり、日本には大分県国東半島の修正鬼会に使用される鈴鬼（梅棹・木村監修 1981）、秋田県湯沢市金剛院の鬼神の面（嶋田 1982）等がある。また、いわゆるひょっとこ（火男）の表情にも通ずるところがある。類似例は、このほかに探せばまだまだ多数あるのであろう。

　上述の諸見解・諸例は曲がった鼻をもつ仮面の機能・用途などを考えるうえで大いに参考になるが、縄文時代の鼻曲り土面にみられる表情についてはまだ資料が少なく、確定的なことはいえないため、曲がった鼻という異常な顔貌から考えてみるほかはないが、これには各人各様の見方・感じ方があろう。不気味な恐ろしい表情、苦痛にゆがんだ表情、トランス状態の表情、泣きべそをかいている表情、滑稽な表情などさまざまな感じ方はできる。また、これとは逆に実際に何らかの表情を写しとったとするよりは、一定の様式化された顔貌である点から、これによって何らかの一定の職能者、特殊な立場の者が用いたものとすることもできよう。ここでは後者の考え方をとり、常人とは異なった能力をもった人の顔貌が鼻曲りという異常な顔貌に象徴的にあらわされたものと解し、呪術的な職能者（シャーマン）が用いたものとしておきたい。

　つぎに、顔に付ける意味を失った鼻曲り土面の機能・用途について述べる。

　筆者は鼻曲り土面の機能を考えるうえで、上尾駮（１）遺跡Ｃ地区の遺跡の性格を無視できない

と考えている。この地区はこの土面と同時期の墓坑が20基ほど検出されている。鼻曲り土面が発見されたのは、そのうちの1基からわずか5〜6mしか離れていない地点で6片に割れて発見されたものである。要するに墓域の一画にまとまっていたわけである。墓坑内部から発見されたわけではないため、副葬品と考えることはできないが、何らかの意味で墓域・埋葬儀礼に関したものとは考えられないであろうか。縄文時代の土面のなかで、かつて北上市八天遺跡の墓坑とされたフラスコ状土坑から、仮面の部品とみられる土製耳・鼻が出土しており（北上市教委 1979）、金子裕之は、これと盛岡市蒔内(しだない)遺跡の仮面土偶が墓坑群の一画から出土した状態（瀬川司 1980）などから、いずれも死者に関する儀礼に使われ、木質等の像にとりつけられたとしている（金子裕 1982）。これらはいずれも縄文時代後期のものされているが、最近、北海道千歳市ママチ遺跡では晩期大洞A〜A′式期の墓坑上面からほぼ完形に近い土面が出土している。（財）北海道埋蔵文化財センターの長沼孝は、この土面は墓坑に立てられた墓標にくくりつけられていたもので、葬送儀礼に関連した土面と解釈している（北海道埋文 1987）。上尾駮(1)遺跡C地区の墓域内から出土した鼻曲り土面とママチ例はとは形態・表情などが異なるわけであるが、双方とも一墓域に一点の出土という点がこの機能を考えるうえで、大きな意味をもつように思われる。筆者は、上尾駮(1)遺跡の鼻曲り土面については、一定の墓域を象徴したり悪霊から守護する機能をもった土面と解釈しておきたい。墓域の入口付近に立てられた木柱状のものに縛りつけるか紐で釣り下げられるかして使用されたのではないだろうか。そのための紐孔として眼孔が利用されたものであろう。前述した蒔内遺跡で出土した残存長65cmのトーテムポール状木製品（瀬川司 1980）には後期のものといわれているが、ゆがんだ人面が彫刻されているようでもある。これが、墓域の一画に立てられていたと考えることはできないであろうか。

年代 上尾駮(1)例を除いた他の4例はすべて同一ではなく、形態、大きさ、厚さ、表情、細部のつくり、顔料の有無、色調などそれぞれ異なる点が指摘されるが、逆に共通点としては、両眼と口がくり抜かれている点、眉と接して左に曲がった鼻が貼付されている点、両脇に紐孔とみられる孔がある点、そして額や顔には一切沈線・刺突などによる文様が付されていない（無文）点などがあげられる。筆者には、この4例の共通点は同年代かあい近い年代と考えるべき要素のように思われる。これに対して、上尾駮(1)例はつぎの2点で異なる。1点は鼻が右に曲がる点、もう1点は紐孔とみられる孔がない点であり、この差は当初きわめて大きいものと考えたわけであるが、1987年3月、一戸町役場で蒔前例を実際に手にとってみたところ、鼻の曲がる方向は上尾駮(1)例とは異なっているものの、眉の末端が曲がっている点が類似し、さらに紐孔の一方が貫通していない事実から、紐孔は形骸的なものとみなされることも確認でき、上尾駮(1)例の特異性を払拭することができた。ところで従来、鼻曲り土面の年代は、江坂が、とくに蒔前例について、縄文時代後期末葉〜晩期初頭の所産として（江坂 1967）以来、大方の考古学関係出版物には後期として扱われてきたが、上尾駮(1)例が大洞C1〜C2式土器に共伴しており、他の4例もこれと同時期か、近い年代と考えられるため、従来の年代観はやや古すぎると思われる。鼻曲り土面の製作年代は晩期中頃としてとらえたい。

4　今後の研究に向けて

以上、青森・岩手両県に分布する鼻曲り土面5点と類似資料2点を紹介し、その機能や年代など

について若干の考察をくわえてきた。そして、製作年代については縄文時代晩期中頃と推定した。この結果、東北地方北部にはほぼ同時に鼻曲り土面と遮光器土偶の顔面に類似したタイプの土面という2タイプが存在すること判明してきた。分布では、鼻曲り土面はいわゆる南部地方に分布し、とくに馬淵川流域に多く、遮光器タイプの土面は、青森・秋田・岩手の3県に分布している。東北地方北部の仮面祭祀は多岐にわたる可能性を帯びてきた。いずれにせよ資料的に制約があり、今後の資料増加が望まれるが、とくに出土状況などのわかる発掘調査資料の増加に期待するところが大きい。

[付記]
　本稿（福田 1988a）後、縄文時代の土面出土数は大幅に増えている。青森県下北半島の大畑町（現むつ市）二枚橋（2）遺跡から出土した約20点の土面（大畑町教委 2001）を再整理した藤沼邦彦らによれば、わが国では約60遺跡から100点ほどの出土数があり、そのうち青森県では35点、岩手県では23点、秋田県では11点と、出土数の約70％が東北地方北部のもので占められており、大半は晩期である（藤沼ほか 2002）。青森県では、この後、晩期の土面が西目屋村川原平（1）遺跡から1点（青森県埋文 2016a）、五所川原市五月女萢遺跡から15点（五所川原市教委 2017）出土している。

第2節　青森県域出土の顔面装飾付き土器

　青森県域の縄文遺跡から出土する遺物には、土偶や動物形土製品とは別に、人面や獣面、人獣の区別ができない得体の知れない顔面装飾が施された土器がみられる。これらのなかで獣面・獣頭装飾が施された土器については、まとまった研究成果がいくつか発表されており、筆者も動物意匠遺物、動物装飾付き土器として、その一部について発表したことがあり（福田 1998d・2008）、動物意匠遺物としたもの（福田 1998d）については、本書第3章第6節にも再録している。しかしながら、人面などの顔面装飾の施された土器については、土偶などに比べて、出土数の少なさや出土遺跡の偏在などもあって、吉本洋子・渡辺誠による総括的な論考（1994・1999）はあるものの、集成作業を含めて、とくに東北地方北部ではまとまった論考は少ない状況である。そこで本節では、これらの土器を顔面装飾付き土器と呼称し、青森県域の出土例を集成・分類し、若干の考察をくわえることとしたい。

1　これまでの研究

　青森県域に関する顔面装飾付き土器については、1960（昭和35）年に江坂輝弥が弘前市十腰内遺跡の縄文時代（以下、時代を省略する）後期後半の壺形土器を紹介して（江坂 1960）以降、各種図書（サントリー美術館 1969、大高 1969ほか）や発掘調査報告書（江坂編 1970ほか）などにおいて資料報告がなされてきたが、明らかにこれとわかるタイトルで資料報告を行ったのは葛西勵が最初で、1980（昭和55）年のことである。葛西は、平賀町（現平川市）李平Ⅱ号遺跡（現李平（2）遺跡）から出土した中期中葉の土器取っ手破片2例を報告し、人面かカエルをあらわしたものと解した（葛西勵 1980）。また1982年には、筆者が八戸市松長根遺跡発見の後期中葉の注口土器に人面とも思われる意匠があるとして報告した（福田 1982）。この後、1990年になって小山彦逸は、七戸

町道地（1）遺跡発見の縄文後期後半の人面付き土器を紹介した（小山 1990）。成田滋彦も、1991～1997（平成3～9）年に3度にわたって青森県域出土の中期（成田滋 1991・1994）、後期（成田滋 1997）の計14遺跡例を集成・報告し、中期例については分類も試みた（成田滋 1991）。また、1991・1997（平成3・9）年には平山久夫らも、つがる市石神遺跡の出土例を紹介し、若干の考察をくわえた（平山・佐藤 1991、平山 1997）。この後2007年には、田中寿明が、かつて六ヶ所村千歳(13)遺跡から出土していた後期初頭の土器について、これを青森県初の人体文付土器と評価し、関連して青森県内の顔面装飾付き土器出土遺跡18カ所を集成した（田中 2007）。また、2008年には藤沼邦彦らが、五戸町大久保遺跡例を紹介し、円筒土器文化圏における意義について述べ、とくにこの顔面装飾については、精霊の顔とし、円筒上層式土器のほうが大木式文化圏のものよりもやや時間的な幅があると述べた（藤沼・栗原 2008）。その後2017年になって、岡本洋が、西目屋村川原平（1）遺跡から多数出土し注目されていた縄文後期後葉～晩期初頭の顔面付き土器について、人面付土器として10点、動物頭部の付いた土器5点等をまとめて紹介し、当遺跡からこのように多数出土する理由を、地域の好みが反映された結果であろうとする考えを述べた（岡本洋 2017）。

一方、吉本洋子・渡辺誠は、全国的な視野にたって青森県域を含めた東日本出土の人面を施した深鉢形土器を集成し、これを「人面装飾付土器」と呼称し、さまざまな角度から考察をくわえた（吉本・渡辺 1994・1999）。

2　青森県域出土の顔面装飾付き土器（図60～65・表9）

つぎに、青森県域におけるこれまでの縄文時代出土例について、年代順に概要を述べると、まず縄文前期以前の出土例については、現在のところ未発見である。前期の土器は円筒下層式の深鉢形土器であるが、土器に何らかの顔面装飾が施されたという例はない。顔面が施されるのは中期の土器以降のことである。中期には、初頭の円筒上層a式土器の口縁部に施された例がみられ、中葉になって増加し、口縁部の山形（三角形）・台形状の突起（把手・取っ手）に、粘土紐の貼付（隆起線文）によって施される。顔面には、土器外面に施されるもの、内面に施されるもの、内外面と合わさって頭部を表現するもの、両面に施されるものがある。顔面には、明らかに人面と思われるもののほかに、カエルや鳥などの顔面と思われるものも多くあるが、この判別は各人によりさまざまである。中期の土器に施される顔面装飾は、土器上半部に太い、細いの違いはあるものの、粘土紐貼付による隆起線文が多用される施文手法の展開と軌を一にした現象である。また、中期末には、非常にまれな例であるが、ベンガラ容器の片口土器口縁部に、人面装飾が施される餅ノ沢遺跡の例（図61-25）もみられる。

後期には、中期のもっぱら深鉢形土器主体であった土器の器形分化が進み、深鉢形以外に、壺形・注口付・鉢形、さらに香炉形などの器形もつくられるようになり、しかも小型化してくるため、顔面装飾が施される位置は中期とは異なり、多様化する。後期の土器では、前葉および後葉にクマなどの獣頭装飾が施される例が増えてくるが、人面装飾が施されるのは大半が後葉から晩期初頭にかけてである。後葉のものでは、液体を注ぐ注口部を正面にし、注口部を人の口や男性性器と見立てて、土器上半部に人面意匠を施すようになる。顔面装飾は、注口部、香炉形土器頂部、口縁部に施されており、なかには土器中位に顔面や人体装飾が施された十腰内（2）遺跡例もみられる。稀な例には、人の頭部と獣頭部が併置された水木沢（1）遺跡（図65-64）、川原平（1）遺跡（図65-65）

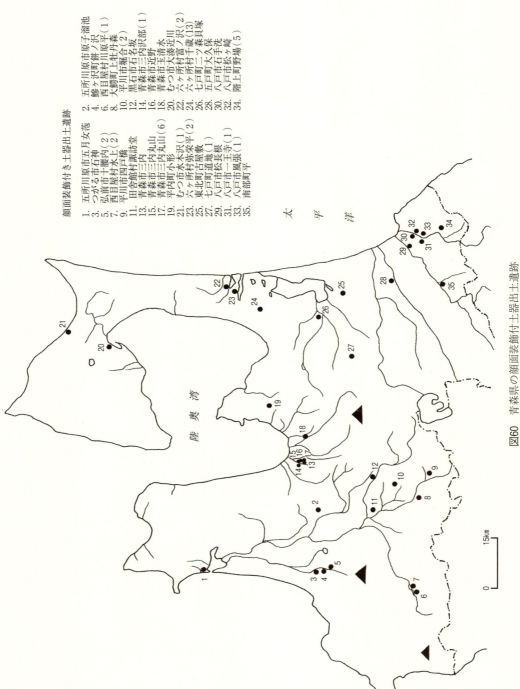

図60　青森県の顔面装飾付土器出土遺跡

顔面装飾付き土器出土遺跡
1. 五所川原市原子溜池
2. 五所川原市五月女萢
3. つがる市石名
4. 鰺ヶ沢町飾ノ沢
5. 弘前市十腰内(2)
6. 西目屋村藤ノ沢(1)
7. 西目屋村上ノ平
8. 大鰐町上折曽
9. 平川市四戸橋
10. 平川市堀合(2)
11. 田舎館村諏訪堂
12. 黒石市石名坂
13. 青森市三内丸山
14. 青森市三内沢部(1)
15. 青森市三内沢部
16. 青森市近野
17. 平内町小形
18. 青森市玉清水
19. むつ市木木沢(1)
20. むつ市大湊近川
21. 六ヶ所村弥栄平(2)
22. 六ヶ所村千歳(13)
23. 六ヶ所村屋敷
24. 六ヶ所村大久保
25. 東北町古道地
26. 七戸町二ツ森貝塚
27. 七戸町松長根
28. 七戸町森ヶ沢
29. 八戸市一王寺(1)
30. 八戸市手崎
31. 八戸市松ヶ崎
32. 八戸市鳳張(1)
33. 八戸町野場(5)
34. 階上町野場(5)
35. 南部町平

第3章 祭祀遺物 137

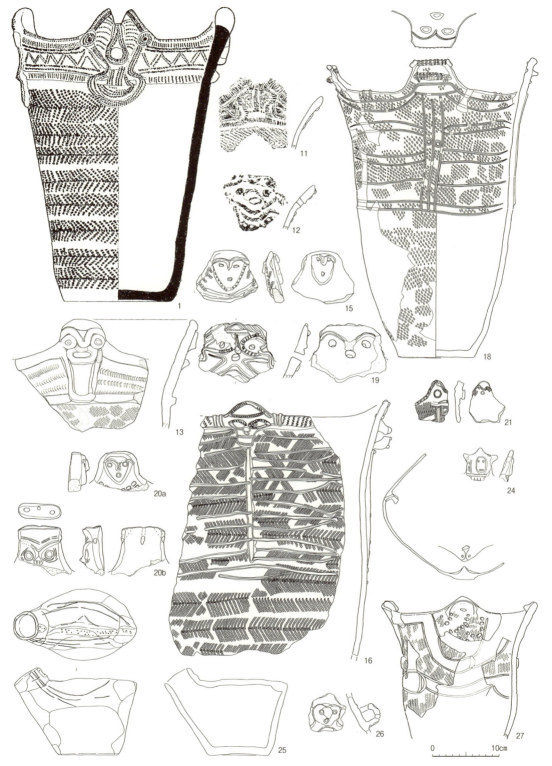

図61 顔面装飾付き土器（人面）

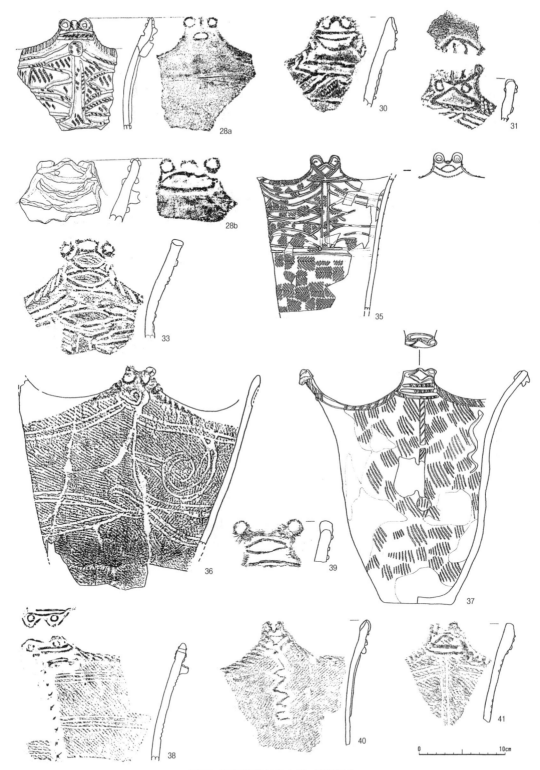

図62　顔面装飾付き土器（蛙面1）

の香炉形土器もある。

　注口土器では、後期後葉から晩期初頭には、注口部の両側に両眼とみられるものを配して人面を表現したり、注口土器の上半部に人面とみられる文様を施したものもある。見方によってそれとなく人面にもみえるような表現技法である。したがって、見る者によっては人面にはみえない場合もある。このような文様のなかに紛れ込ませるような表現は、当時の一定の様式であるが土器製作者の遊び心でもあろう。類例は晩期中葉の台付き土器（図65-77）にもある。また、最近出土した五所川原市五月女萢遺跡の人面形浅鉢土器（図65-78）は、中葉の浅い椀形土器の表面に遮光器の顔面文様が施された仮面風のもので、非常に稀な例である。顔に付ける仮面ではなく、祭祀的な意味で使われたものであろう。

　この後、弥生前・中期では、青森県域の土器に施されるのはすべて獣頭、しかもクマ一辺倒になり、人面装飾はみられなくなる。そして、弥生後期以降や古代の土器には、人・獣の顔面装飾はともに姿を消している。

　以上が、青森県域における顔面装飾付き土器の概要であり、出土例の主なものについて表9にまとめておいた。このなかには、顔面を含む人形装飾付き土器、たとえば、三内丸山遺跡の土偶状の貼付文様（図64-53）、六ヶ所村千歳(13)遺跡の人体文土器（図65-56）、十腰内(2)遺跡の人形装飾付壺形土器（重文）などの例がある。人体文の例には、ほかに土器や石器に沈線で描いたものもあって、顔面装飾とは違った性格をもつと考えられるため、本節では表中に記しておくのみにとどめた。

3　顔面装飾付き土器の分類

　つぎに、青森県域出土の顔面装飾付き土器の分類にあたって、まず、人面とみられるものと人面以外とみられるものに区分したうえで、各装飾が付される土器の器形と部位に着目して分類した。また、顔面と解した根拠は両眼と口と思われるものの表現がなされたもので、ほかに鼻や顔の輪郭や両眉の表現がなされたものがある。明らかに人面と思われるものと、上に飛び出たような眼と横長の大きな口から両生類のカエルの顔（蛙面）にみえるものなどがあるが、蛙面と思われるもののほうがより多いようである。

第Ⅰ類（図61）……深鉢形土器の口縁部に人面装飾が施されるものである。
　A：口縁部の把手（取っ手）・突起等に人面装飾が施されるものである。これには以下の例がある。
　　①外面のみに施されるもので石神（図61-1）・四戸橋（図61-11・12）・大久保（図61-13）・原子・石手洗（図61-20a・b）・松ヶ崎（図61-24）例がある。
　　②内面のみに施されるもので、石手洗（図61-18）・三内沢部（図61-21）・三内丸山（6）・四戸橋・弥栄平（2）（図61-27）例がある。
　　③内外両面に施されるもので、三内丸山（図61-15）・西長根（現松ヶ崎）（図61-19）例がある。
　これらのなかで、①の石神・四戸橋例は多毛の猿面にもみえ、②の弥栄平（2）例は背中がムササビにもみえる。
　B：口縁部の橋状把手外面に人面装飾が施されるもので三内丸山（6）（図61-16）・野場（5）（図

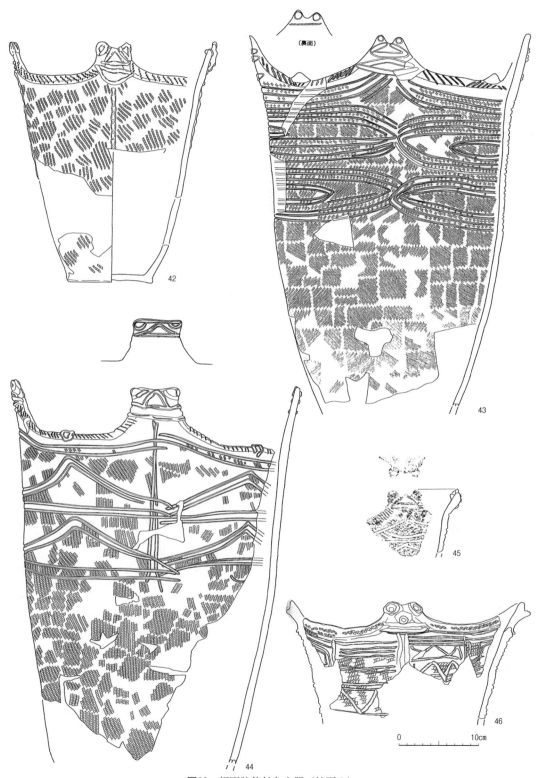

図63　顔面装飾付き土器（蛙面2）

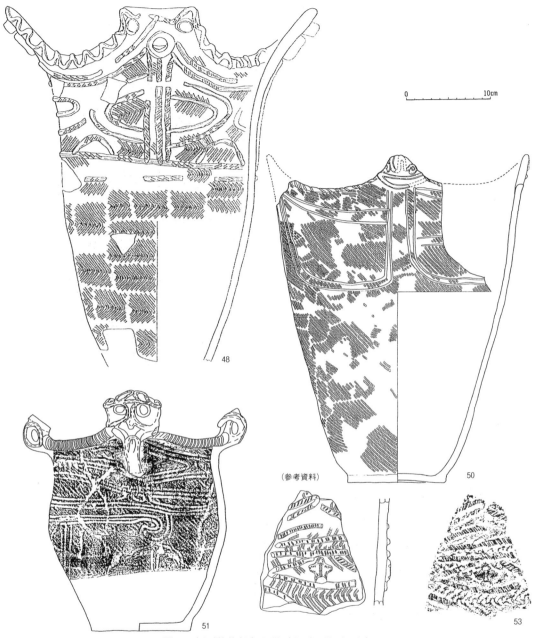

図64　顔面装飾付き土器（人面・獣面など）

61-26）例がある。

第Ⅱ類（図62～64）……深鉢形土器の口縁部に人面以外の顔面装飾が施されるもので、とくに上に飛び出た頭部や大きな両眼などにより蛙面とみられるものが大半をしめる。

　A：口縁部の把手（取っ手）・突起やそれを含む土器上半部に顔面装飾が施されるものである。これには以下のものがある

　①外面のみに施されるもので、三内丸山（図62-30、図64-48）・三内丸山（6）（図62-31）・

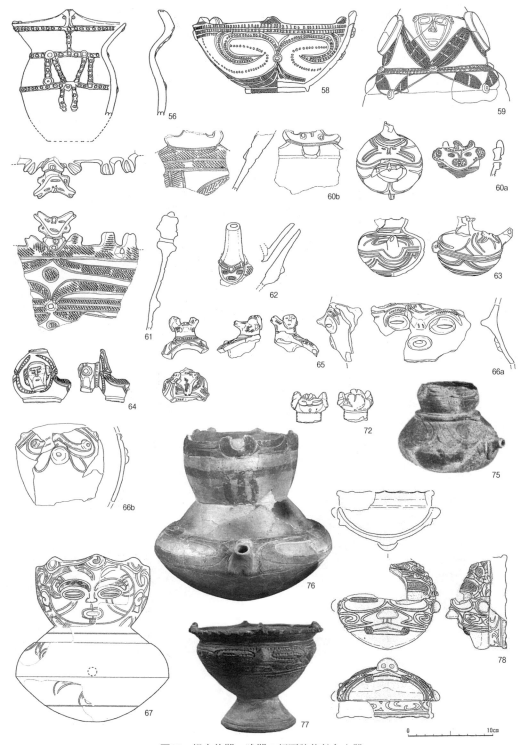

図65　縄文後期・晩期の顔面装飾付き土器

石手洗（図62 - 33、図78 - 11）・二ツ森貝塚（図62 - 36）・近野（図62 - 39〜41、図63 - 42・46）・上牡丹森（図64 - 50）例がある。

②内外両面に施されるもので、堀合（2）（図62 - 28a・b）・冨ノ沢（2）（図62 - 35・図63 - 43）・四戸橋（図62 - 37・38）・三内丸山（図63 - 44）・三内沢部（1）（図78 - 12）・近野（図63 - 45）例がある。

これらのうち、①の上牡丹森例は人面にみえないこともない。また、石手洗例、②の三内沢部（1）例はフクロウなどの鳥類であろうか。

B：口縁部の橋状把手に顔面装飾が施されるもので小川原湖底例（図110 - 23、図115 - 3）、二ツ森例（図64 - 51）があるが、類例は少ない。

第Ⅲ類（図61）……片口土器の口縁部に人面装飾が施されるもので餅ノ沢例（図61 - 25）がある。

第Ⅳ類（図65）……鉢形土器の口端部に人面装飾が施されるもので風張（1）例があり、これには以下のものがある。

外面に施されるもの（図65 - 60a）、内面に施されるもの（図65 - 60b）、内外両面に施されるもの（図65 - 61）がある。

第Ⅴ類（図65）……注口土器に人面装飾が施されるものである。

A：口縁部に人面、注口部両脇に人面の眼が施されるもので川原平（1）（図65 - 67）・館田（図65 - 75）・玉清水（図65 - 76）例があり、後者は注口部を口に見立てたものであろう。

B：注口部と口縁部間に人面が施されるもので道地（1）例（図65 - 63）がある。

C：注口下部に人面が施されるもので風張（1）例（図65 - 62）がある。

D：環状注口土器に施されるもので松長根例がある。

第Ⅵ類（図65）……香炉形土器の上部に人面装飾が施されるものである。

A：上部に人面が施されるもので大湊近川（図65 - 59）・小形例がある。

B：頂部に人頭が施されるもので平例（図65 - 72）がある。

C：頂部に獣頭と人面を合わせた突起が施されるもので水木沢（1）（図65 - 64）・川原平（1）（図65 - 65）例がある。

第Ⅶ類（図65）……鉢形土器・台付き鉢形土器等に人面とみられる文様が施されるものである。

A：鉢形土器に施されるもので大湊近川（図65 - 58）・川原平（1）（図65 - 66a・b）例がある。後者は人面の両眼・鼻に見立てた文様構成がなされている。

B：台付き鉢形土器に施されるもので石名坂例（図65 - 77）がある。人面の両眼・鼻に見立てた文様構成がなされている。

C：壺形土器の頸部に人体意匠が施されるもので十腰内（2）例がある。

D：浅鉢形土器全面に人体意匠が施されるもので五月女萢例（図65 - 78）がある。

4　顔面装飾付き土器の年代

つぎに、各類の顔面装飾付き土器の年代について、土器型式によって考える。

まず、第Ⅰ・ⅡA類については、すべて円筒上層式土器の深鉢上部に装飾が施されるもので、縄文中期である。このなかで、太い隆起線のものは、初頭の円筒上層a式土器であり、青森県域におけるもっとも古い顔面装飾付き土器である。また、隆起線が細いものは中葉の円筒上層c・d式、

表9　青森県域出土の顔面装飾付き土器一覧

番号	名称・点数	遺跡名	時期（土器型式）	備考（特徴・遺構・文献、ページ数など）
1	人面付土器1	つがる市石神	中期初頭（円筒上層a式）	深鉢形土器。江坂輝弥編1970（『石神遺跡』）P.54。
2	人面付土器1	つがる市石神	中期初頭（円筒上層a式）	口縁部破片。平山久夫・佐藤時男1991（『北奥古代文化』21）P.10の2。
3	人面付土器1	つがる市石神	中期中葉（円筒上層d式）	口縁部破片。平山・佐藤1991のP.10の5。
4	人面付土器1	つがる市石神	中期初頭（円筒上層a式）	口縁部破片。平山・佐藤1991のP.10の8。
5	人面付土器1	つがる市石神	中期初頭（円筒上層a式）	口縁部破片。平山1997（『北奥古代文化』26）P.64の7-2。
6	人体文土器3	つがる市石神	中期初頭（円筒上層a式）	口縁部。平山・佐藤1991のP.10の4、平山1997のP.64の4-2～4
7	人体文土器2	青森市三内	中期初頭（円筒上層a式） 中期初頭（円筒上層a式）	土器口端部片に太い隆帯で縦形に描く。県立郷土館風韻堂コレクション。大高興1969『風韻堂収蔵庫―縄文文化遺物集成』P.310。滝沢幸長1978（鈴木克彦編『青森県の土偶』）1・n。
8	人面・人体・蛙文土器多数	八戸市笹ノ沢(3)	中期初頭（円筒上層a式）	口縁部に隆帯貼付により意匠化。県埋文372のP.196・203～205・212・252・263等）。
9	カエル形貼付1	青森市三内	中期初頭（円筒上層a式）	深鉢形土器。風韻堂コレクション。滝沢1978のm。
10	カエル形貼付1	東北町小川原湖底	中期初頭（円筒上層a式）	口縁部。東北町歴史民俗資料館保管。本書第4章図110-23・115-3。
11	サル面把手1	平川市四戸橋	中期初頭（円筒上層a式）	碇ヶ関村文化財調査報告2のP.252の11。
12	人面把手2	平川市四戸橋	中期中葉（円筒上層c・d式）	把手に両眼と口か？同文化財調査報告2のP.252の9・10。
13	人面把手1	五戸町大久保	中期初頭（円筒上層b式）	東北歴史資料館1996（『東北地方の土偶』）P.33の4の写真。藤沼・栗原2008（弘大日本考古学研究室研究報告7）のP.70。
14	顔面意匠土器1	西目屋村水上(2)	中期前葉（円筒上層b式）	土偶顔面状モチーフ2ヵ所。県埋文575-5のP.111の6。
15	顔面把手1	青森市三内丸山	中期中葉（円筒上層c～d式）	表採資料。内外面に顔面貼付。小笠原善範1977（『遮光器』11）。
16	人面把手付土器1	青森市三内丸山(6)	中期中葉（円筒上層d式）	橋状把手に人面。沢地域。県埋文報327のP.147。
17	顔面付土器1	八戸市石手洗	中期後葉（大木8b式）	第3号竪穴住居跡。深鉢形土器口縁。片目をつぶる。市埋文報36のP.27。図は本書第3章図78-11。
18	人面付土器1	八戸市石手洗	中期中葉（円筒上層d式）	土器把手内面に人面4ヵ所。第2号竪穴住居跡。市埋文報36のP.15。
19	人面付把手1	八戸市西長根	中期中葉（円筒上層c～d式）	土器内外両面で表現。第10号住居跡。市埋文報61のP.161。（本遺跡はのちに松ヶ崎遺跡と統合）
20	人面把手2	八戸市石手洗	中期中葉（円筒上層d式）	第2号竪穴住居跡。市埋文報36のP.18。
21	人面付把手貼付1	青森市三内沢部	中期中葉（円筒上層d式）	内面に人面貼付。表採資料。県埋文報41のP.337の1。
22	人頭形貼付1	青森市三内沢部	中期中葉（円筒上層d式）	土器口縁。執筆者はカムサビとする。第16号竪穴住居跡。県埋文報41のP.88。第3章図78-12。
23	人面付土器1	五所川原市原子溜池	中期中葉（円筒上層d式）	原子溜池(2)・(3)遺跡のいずれか。市教委1974（『原子遺跡』）の巻末写真。
24	人面付把手1	八戸市松ヶ崎	中期中葉（円筒上層e式）	口縁部突起破片。第7号竪穴住居跡。防寒具を被ったようなかっこう。市埋文報60のP.78。
25	人面付片口土器1	鰺ヶ沢町餅ノ沢	中期末（大木10式）	ベンガラ容器。第1号遺物包含層。県埋文報278のP.108。
26	人面把手1	階上町野場(5)	中期末（大木10式併行）	橋状把手。第101号住居跡。県埋文報150のP.103。
27	人面付土器1	六ヶ所村栄平(2)	中期末（大木10式）	深鉢形土器口縁内面。報告者は人面かムササビの飛翔かとするが、人面であろう。県埋文報81のP.41。
28	カエル形付土器2	平川市堀合(2)	中期中葉（円筒上層e式）	2点とも表採資料。報告者はカエルか人面とする。旧平賀町堀合II号遺跡。葛西励1980（『うとう』86）。
29	カエル面把手1	青森市三内丸山	中期中葉（円筒上層d式）	カエル面か。第423号住居跡。県埋文報288のP.4。
30	カエル面把手1	青森市三内丸山	中期中葉（円筒上層d式）	ポイント3。県埋文報478のP.43。
31	カエル面把手1	青森市三内丸山(6)	中期中葉（円筒上層d式）	第187号土坑。県埋文報279のP.108。
32	カエル面把手1	西目屋村水上(2)	中期中葉（円筒上層d式）	SI5004（竪穴住居跡）。県埋文報575-2のP.88。
33	カエル面把手1	八戸市石手洗	中期中葉（円筒上層d式）	市埋文報36のP.52。
34	フクロウ頭形突起1	八戸市石手洗	中期中葉（大木8a式）	深鉢形土器口縁。片目をつぶる。第3号竪穴住居跡。市埋文報36のP.27。
35	カエル面付土器1	六ヶ所村富ノ沢(2)	中期中葉（円筒上層d式）	カエル面は両面にあり。第157号住居跡。県埋文報143のP.408。
36	カエル面付土器1	七戸町二ツ森貝塚	中期中葉（大木8a式併行）	口縁突起外面にカエル両眼。天間林村文化財報告4のP.74。
37	カエル面把手付土器1	平川市四戸橋	中期中葉（円筒上層d式）	碇ヶ関村文化財報告2のP.184。
38	カエル面把手1	平川市四戸橋	中期中葉（円筒上層d式）	カエルは口縁部両面にある。SX-04。上記報告28のP.140。
39	カエル面把手1	青森市近野	中期中葉（円筒上層e式）	第E30号竪穴住居跡。県埋文報394のP.52。
40	カエル面把手1	青森市近野	中期中葉（円筒上層e式）	下にあるのはヘビか。第E30号竪穴住居跡。県埋文報394のP.52。
41	カエル面把手1	青森市近野	中期中葉（円筒上層e式）	第E32号竪穴住居跡。県埋文報394のP.55。
42	カエル把手付土器1	青森市近野	中期中葉（円筒上層e式）	第E152号土坑。県埋文報394のP.242。
43	カエル面付土器1	六ヶ所村富ノ沢(2)	中期中葉（円筒上層e式）	カエルは両面にあり。B地区第116・117号土坑。県埋文報147のP.37。
44	カエル面付土器1	青森市三内丸山	中期中葉（円筒上層e式）	内外面に顔面表現。旧三内丸山(2)遺跡。A区3H。県埋文報185のP.17。
45	カエル面把手1	青森市近野	中期中葉（円筒上層e式）	トチの水さらし場。県埋文報418のP.76。
46	カエル面把手1	青森市近野	中期中葉（円筒上層e式）	トチの水さらし場。県埋文報418のP.77。
47	人面把手1	八戸市一王寺(1)	中期中葉（円筒上層c～d式）	土器内面に表現。市埋文報65のP.59の写真。
48	人面？付土器1	青森市三内丸山	中期中葉（円筒上層d式）	カエル面か。第414号埋設土器。県埋文報205のP.60の66。
49	人面？付土器1	青森市三内丸山	中期中葉（円筒上層d式）	カエル面か。第328号埋設土器。県埋文報205のP.60の69。
50	人面？付土器1	大鰐町上牡丹森	中期中葉（円筒上層d・e式）	人面かどうか断定できない。町文化財報1のP.89。
51	フクロウ面付土器1	七戸町二ツ森貝塚	中期中葉（大木8a式併行）	口縁部橋状把手外面。フクロウか。天間林村文化財報告4のP.74。

52	動物頭形突起1	東北町古屋敷	中期中葉（円筒上層e式）	深鉢形土器口縁。カラスなどの鳥にも見える。上北町教委1983（『上北町古屋敷貝塚・I―遺物編(1)』）P.117。
53	人体モチーフ付土器1	青森市三内丸山	中期中葉（円筒上層d式）	土偶状の人体を外面貼付。県埋文報205のP.70。
54	人面突起付土器1	階上町小板橋(2)	後期前葉	階上町教委2002の図面57。
55	人面付スタンプ形土製品1	大鰐町駒木沢(2)	後期中葉（十腰内II式）	持ち手の両面。第7号住居跡。県埋文報532のP.47。
56	人体文付土器1	六ヶ所村千歳(13)	後期初頭	県埋文報27のP.130。田中寿明2007（『県考古学』15）。
57	異形注口土器1	八戸市松長根	後期中葉（十腰内III式）	採集資料。人面か獣面か。福田友之1982（『遺址』2）。
58	人面意匠土器1	むつ市大湊近川	後期後葉（十腰内IV式）	沈線と刺突等で表現。浅鉢形土器。第102号土坑。県埋文報104のP.140。
59	人面付香炉形土器1	むつ市大湊近川	後期後葉（十腰内第V式）	猿面か。香炉形土器頂部。第206号竪穴住居跡。県埋文報1987のP.131。
60	人面付土器2	八戸市風張(1)	後期後葉（十腰内IV式）	2点は突起部でうち1点は外面に顔面、1点は内外に顔面。市埋文報119のP.220。市博物館1990『特別展「縄文人の世界」』のP.38。
61	人面突起付鉢形土器1	八戸市風張(1)	後期後葉（十腰内IV・V式）	鉢形土器口縁部突起1ヵ所の両面に人面・ピアス穿孔あり。第5号竪穴住居跡。市埋文報告40のP.20。市博物館1990のP.38。
62	人面付注口土器1	八戸市風張(1)	後期後葉（十腰内IV式）	顔面は注口根元下部。市埋文報119のP.220。市博物館1990のP.38。
63	人面付注口土器1	七戸町道地	後期後葉（十腰内第IV・V式）	小山彦逸1990（『青森県考古学』5）。
64	人面獣頭付土器1	むつ市水木沢(1)	後期後葉（十腰内IV・V式）	香炉形土器頂部片。側面観は獣頭。第5号竪穴住居跡。県埋文報34のP.96。
65	クマ形・人面突起付香炉形土器1	西目屋村川原平(1)	後期後葉	獣頭が2ヵ所にあり、うち1ヵ所の右側頭部に人面。県埋文報409のP.23。
66	顔面意匠鉢形土器2	西目屋村川原平(1)	後期後葉～晩期初頭	県埋文報409のP.23。
67	獣頭形・人面付・人面突起付土器5	西目屋村川原平(1)	晩期前葉	県埋文報564図版編P.53・60・104・124・126。60の注口部に黒色物質付着。
68	人面突起付浅鉢形?土器1	西目屋村川原平(1)	後期後葉～晩期前葉	県埋文報576のP.270。
69	人面付異形注口土器1	西目屋村川原平(1)	後期後葉～晩期前葉	県埋文報576のP.271の口縁部両面に人面。
70	獣頭形・人面突起付香炉形土器1	西目屋村川原平(1)	後期後葉	県埋文報577のP.54。
71	人面付土器2	西目屋村川原平(1)	後期後葉～晩期前葉	県埋文報577のP.55・64。
72	人面付土器1	南部町平	後期後葉（十腰内V式か）	香炉形土器頂部片。大高興1969（『風韻堂収蔵庫―縄文文化遺物集成』）P.311。鈴木克彦1981（『県立郷土館調査研究年報』6）P.95の98。
73	人形装飾付壺形土器1	弘前市十腰内(2)	後期後葉	江坂輝弥1964（『日本原始美術1』）PL.172では人体装飾付細口壺。県立郷土館1988（『津軽海峡縄文美術展図録』）P.7では「人形装飾付壺形土器」。重文・東京国立博物館蔵。
74	人面付土器1	平内町小形	後期後葉	県立郷土館1988のP.6。旧尾形遺跡。国立歴史民俗博物館蔵。
75	人面意匠付注口土器1	田舎館村諏訪堂―大根子間か、平川市館田か	後期後葉（十腰内V式）	口縁部に人面意匠。注口部に人面意匠。県立郷土館風韻堂コレクション。大高1969のP.117・311。
76	人面意匠付土器1	青森市玉清水	後期末	赤塗り注口土器正面。県立郷土館1996（『縄文の玉手箱』）表紙とP.14。県立郷土館風韻堂コレクション。
77	人面意匠付土器1	黒石市石名坂	晩期中葉（大洞C1・C2式）	肩部に人面文様。台付鉢形土器。高さ12.5cm。県立郷土館1996のP.38。県立郷土館風韻堂コレクション。
78	人面形浅鉢土器1	五所川原市五月女萢	晩期中葉（大洞C1・C2式）	遮光器形土面状。市埋文報34-2のP.203。赤色顔料付着。

※　以上のなかで、人面・カエル文付きの土器については、ほかにもまだ類例があるもので、目についたものを収録した。また、備考の文献は、県（市町）埋文報○○は青森県（市町）埋蔵文化財調査報告書第○○集を略記したものである。

さらに肋骨状の沈線文のものは円筒上層e式である。つぎに、第I類Bについては、野場(5)例は中期末の大木10式併行期である。なお、第I類A①には、北海道函館市サイベ沢遺跡の円筒上層e式土器の人面装飾例（市立函館博物館編 1958）、同森町オニウシ遺跡例（サントリー美術館1969、吉本・渡辺 1994）の類例があるが、前者では、突起下部、後者では平縁端部に付されており、青森県域の例とはやや異なる。

　第II類は、深鉢形土器口縁部に人面以外の顔面装飾が施されるものであり、とくに第II類Aに分類したものは、蛙面（あめん）とみられるもので、この蛙面装飾が付された土器を「蛙面装飾付き土器」と仮称しておく。これには、顔面のみのものと、小川原湖底例のように中期初頭の円筒上層a式の太い貼付帯で蛙の全身をあらわしたとみられるものもある。また、この型式の時期には、同様な手法で人体をあらわしたとみられる例も多い（表9）。第II類Bの二ツ森貝塚例は中期後葉の榎林式（大木8b式）であり、やや不気味な感じがする顔面装飾である。両眼の大きさからフクロウであろう

か。第Ⅲ類はきわめて稀な片口土器に施された例であり、中期末から後期前葉にかけてみられる器形であるが、本例は中期末の大木10式併行期の土器である。第Ⅳ類は、鉢形土器の外面、内面、内外両面に施されるもので、すべて縄文後期後葉である。風張（１）例を示したが、青森県内外にはまだ類例がありそうである。第Ⅴ類は、注口土器に施されるものであり、施される部位は異なるものの、後期後葉～晩期前葉のものである。このなかでＢは、秋田県潟上市狐森遺跡の人面付環状注口土器（十腰内Ⅴ式・重文）（富樫 1978）、埼玉県桶川市高井東遺跡の人面付環形土器（小林編 1977）に類似したものである。

また、このほかに、環状形ではないが、北海道北斗市茂辺地遺跡には、人面が主体となって施された人形装飾付異形注口土器（重文。青森県立郷土館 1988）もある。Ｄは松長根例で、環状注口土器に類した器形であるが、人面かどうか明確ではない。第Ⅵ類については、香炉形土器の上部・頂部に施され、後・晩期にみられる器形であるが、本例はすべて後期後葉である。最後の第Ⅶ類については、Ａ～Ｃは後期後葉から晩期にかけて見られる器形であり、Ａは後期後葉から晩期初頭、Ｂ・Ｃは稀な例で晩期中葉、Ｄはさらに稀な例で晩期中葉である。

5　顔面装飾付き土器の意味

次に、顔面装飾付き土器のもつ意味について考える。

まず、顔面装飾が何をあらわしているのかという点を考えてみると、人面装飾は、それぞれの時期の土偶の顔と類似しているものもあり、土偶になされる乳房表現から女性の顔を思わせるが、土偶の顔とはかなり異なった表現のものもあることから、用途によって異なった顔面表現をとっているとみられる。おそらく、性別を超えた存在の表現形であろう。ただし、後期後葉の注口土器には、注口部を男性器に見立てたものであり、明らかに男性とみられる顔面装飾のものもある。

中期から晩期にいたる顔面装飾の大半は、性別を超えた存在、すなわち精霊（カミ）の顔を表したものと考えられ、土器の内容物、たとえば食物などを魔物から守る魔除けとして意味が込められていたと考えられ、祭祀・儀礼の場で用いられた祭器とみられる。

これらのなかで、とくに中期の深鉢形土器の顔面装飾については、土器内・外に付された人面装飾は大型であり、多量の土器内容物への魔物の侵入を精霊によってくい止める、追い払う意味があったとみられる。

次に、蛙面装飾については、カエルには多くの種類があるが、この装飾の意味は二つの面から考えられる。その一つは、カエルは、一般に集落やその周辺に生息し、人びとと密接な関わりをもつ生き物である。なかでもアマガエルは雨を呼ぶカエル（金子ほか 1992）で、雨乞いに使われ、稲作農耕社会になると田の神の使いでもある。また、この動物は冬眠ののち、春には復活する（碓井 1989）ことなどから、蛙面装飾のある土器、すなわち「蛙面装飾付き土器」は、おそらく、集落で行われた雨乞いなどの祭祀に使われた土器であったとみられる。このなかで、とくに前述の小川原湖底発見の蛙面装飾付き土器は、あたかもカエルが土器の口縁からなかを覗きこむような仕草がうかがわれるもので、縄文中期人のカエルに対する親縁性がうかがわれる例である。もう一つは、三内丸山遺跡ではこの蛙面装飾付き土器の底部が破壊され、死生児や乳幼児用の土器棺とみられる埋設土器に用いられている例がある（図64－48）（青森県教委 1996）。これは、葬送に関わる祭祀・儀礼に使われた土器であったことを示しているもので、おそらく、カエルの変態や冬眠の生態など

の特異性・神秘性が、死産児や乳幼児の再生、そして魔除けへの期待・祈りとなって神聖化されていたのであろう。ちなみに、地中海・西ヨーロッパでは、カエルの色が緑であることは復活と希望のシンボルである（クレベール 1989）。

　蛙面装飾付き土器には、このような大きく二つの意味があったとみられるが、それを厳密に区分して使われたわけではないであろう。蛙面・人面装飾とも、基本的な意味は魔除けであるから、その意味にそぐわない内容の祭祀でさえなければ、上記以外の祭祀においても当然、使用されたことは考えられる。

　また、人面や蛙面以外の顔面装飾には、何らかの鳥獣類が想定されるが、デフォルメが行われたり、想像上の獣類も含まれているとみられるため、具体的には特定できない。しかし、魔除けとしての基本的意味は共通していると考えられる。ちなみに、石手洗（図78-11）や二ツ森出土のフクロウか？とした例（図64-51）は、仮にフクロウだとすれば、フクロウは鳥類のなかでも夜目が利くもので、なかでもシマフクロウはアイヌ民族においては神の鳥であり村の守護神でもある（知里 1976）という。

6　顔面装飾付き土器研究の課題

　縄文土器の長い歴史のなかで、土器の器形分化が起こり、各種の器形が使われるのは前期後葉の円筒下層d式期であり、土器に彩色が施されるのは、中期末以降のことである。彩色などによって祭祀用の土器が、明確に区分されることになった。しかし、土器の区分が明確でないからといって、それ以前に祭祀・儀礼用の土器がなかったということは、とうてい考えることはできない。とくに中期には、各地に大規模集落がつくられ、土偶などの祭祀遺物が各種、作られるようになってきており、さまざまな呪術・祭祀が行われたと考えるのが当然のことであろう。土器にも普段づかいの土器のほかに、祭祀用の土器があったと考えられる。しかし、当時の土器文化のなかでは、土器の機能を彩色や機種で明確に区別するという発想があまりなかったとみられることから、その機能には汎用性があり、祭祀に使われる場合にも、使われ方にはある程度の幅があったと考えられる。土器に付された顔面装飾は、そのような祭祀内容をある程度示していたとみられる。

　なお、中期の顔面装飾のなかで、より細かな形態の分類や土偶の面貌との関係についてはふれることができなかった。また、中期中葉に長野県八ヶ岳山麓の勝坂式系土器文化にみられるような蛙形人像、半人半蛙像などとされる文様の付された土器（小林公 2010）との関わりなどについても、中期中葉という時期が共通するところがあって、非常に興味深いものがある。ともに、今後の課題として残しておきたい。

第3節　狩猟文土器考

　縄文人は、およそ1万年にわたって、土器にさまざまな技法を用いて抽象的かつ装飾的な文様を描き、遮光器土偶などの土偶を製作し豊かな芸術性を発揮してきたが絵画はまったくといっていいほど残しておらず、この点で弥生人（橋本 1987）ときわだった特徴の違いをもっている。しかしながら、1969（昭和44）年になって、長野県富士見町唐渡宮遺跡（武藤 1969、富士見町教委 1988）出土の縄文土器に黒色顔料で描いた人物像が確認され、1982年には青森県八戸市韮窪遺跡（青森県

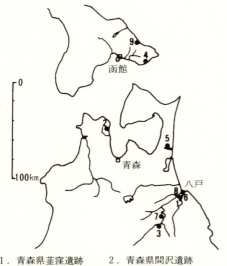

1. 青森県韮窪遺跡　　2. 青森県間沢遺跡
3. 岩手県馬立Ⅱ遺跡　4. 北海道釜谷2遺跡
5. 青森県沖附(2)遺跡　6. 青森県丹後谷地(1)・(2)遺跡
7. 岩手県米沢遺跡　　8. 青森県牛ヶ沢(3)遺跡
9. 北海道臼尻B遺跡

図66　狩猟文土器出土遺跡

埋文 1984e）から細い粘土紐を貼付して弓矢による狩猟場面を描いた縄文土器が発見されるなど、東日本においても次第に絵画の描かれた土器が発見されるようになり、縄文人もきわめて少数ではあるが絵を描いたことが知られるようになってきた（福田 1988a、小山 1988）。このなかでとくに弓矢によって狩猟場面を描いた土器「狩猟文土器」はその後、北海道南部から岩手県北部にかけての地域から類例が発見され、しかも一定の様式をもっていることがわかってきた。縄文時代の絵画（縄文絵画）は縄文人のものの見方・考え方、世界観を知るうえで数少ない、かつ重要な資料である。そこで、本節ではこのなかで「狩猟文土器」について考察をくわえてみることとしたい。

1　各地の出土資料（図66～68）

現在知られている狩猟文土器のなかで、まずその内容がほぼわかる4点について紹介する。

①青森県八戸市韮窪遺跡出土資料（青森県埋文 1984e）（図67-1）

1982（昭和57）年4～10月、青森県埋蔵文化財調査センターの調査において第77B号住居跡の覆土と床面から破片がまとまって出土した。若干の欠損部を除いて全形がわかるほどに復元された。口径19.2cm、高さ26.0cm、底径8.0cmほどで波状口縁をもつ深鉢形土器である。口縁直下の2本の横走隆起線と胴部下方の横走隆起線によって画された無文部に隆起線を貼付して絵画が描かれており、4個ある波状口縁部の下方に各絵柄がある。この絵柄を向かって右へみていくと、A．枝先が斜めに下がる（左6本、右7本）樹木（幹は2本線で表現）と上方の小さな円形の輪、B．先端を右に向けて矢（先端に矢尻がついている）をつがえた弓（上下2カ所に3個ずつ突起がある）、C．四肢獣（尻尾はない）、D．Aと同様の樹木と上方の小さな円形の輪、そして、E．輪わなとみられるものの5個から構成されている。ベンガラなどの顔料は付着していない。縄文時代中期末～後期前葉の土器であろう。

②青森県平舘村（現外ヶ浜町）間沢遺跡出土資料（青森県埋文 1986a）（図67-2）

1984（昭和59）年5～10月、青森県埋蔵文化財調査センターの調査においてK-15区第Ⅲ層から破片で出土した。推定口径13.8cmほどの小型の壺形土器の破片である。口縁部直下の2本の横走隆起線（橋状突起は2個であるが本来は4個と思われる）と胴部の横走隆起線によって画された無文部に隆起線を貼付して絵画が描かれている。絵柄はあい向かい合う形で矢（先端に矢の表現はない）をつがえた弓（上下2カ所に3個ずつ突起がある）が2本あり、双方の間の上方に前肢（手）を広げた四肢獣（尻尾は不明）か人物、下方に方形ぎみのわなかおとし穴と思われるものがあり、向かって右方の弓の右に枝先が斜めに下がる（左右3本のみ確認）樹木（幹は1本線で表現）が描かれている。なお、左方の弓の左にも樹木があったとみられるが欠損しており不明である。土器は

表面が摩滅し、一部に赤色顔料が残されている。この土器は小型ではあるが、橋状突起があり、甕棺（土器棺）のプロポーションをもっている。縄文時代後期前葉の土器（十腰内1式）である。

③岩手県二戸市馬立Ⅱ遺跡出土資料（岩手県埋文 1988a）（図67・68－3a・b）

1986（昭和61）年6～10月、（財）岩手県文化振興事業団埋蔵文化財センターの調査において2点出土している。

1点（3a・b）はDⅢb5区第1号土坑（フラスコ状土坑）の底部から破片で出土した。壺形土器の上半分のみが復元され、口径15.8cm、胴部最大径30.0cm、高さ20.4cmほどである。肩部の横走隆起線と胴部の横走隆起線によって画された無文部に隆起線を貼付して絵画が描かれている。この絵柄を向かって右にみていくと、A．枝先が斜めに上がる（左7本、右6本で1本欠けている）樹木（幹は1本線で表現）、B．数字の6に類似した形状のもの、C．逆三角形状の区画のなかに小さな円形の貼付が3個（うち1個は剥落）、D．先端を右に向けて矢（先端に矢尻がついている）をつがえた弓（突起はない）、E．四肢獣（尻尾がある）、F．わなかおとし穴とみられる楕円形の輪、G．釣針状の鈎、H．逆三角形の区画（絵柄はない）、そしてI．弓とみられるもの（弓の一部やその右方は欠損しており不明である）の9個で構成されている。土器は甕棺の形態をもち、表面一部と口縁部内面に赤色顔料が付着している。縄文時代後期前葉の土器（十腰内1式）である。

もう1点（3c）はDⅡ区第Ⅰ層から破片で出土した。壺形土器の下半部しかなく、推定底径13.3cm、高さ13.4cmほどである。下方が横走隆起線によって画された無文部に隆起線を貼付して絵画が描かれている。絵柄は四肢獣（尻尾はない）と左右および上方の長楕円形の貼付3個および向かって右端の弓（4個の突起あり）から構成されている。矢は欠損しているが弓には矢をつがえていたものと思われる。土器は甕棺の形態をもち、表面に赤色顔料が付着している。縄文時代後期前葉の土器（十腰内1式）である。

つぎに狩猟文土器の一部と思われる資料について紹介する。

④北海道戸井町（現函館市）釜谷2遺跡出土資料（図68－4）（戸井町教委 1988）

1987（昭和62）年9月、戸井町（現函館市）教育委員会の調査において第16号住居跡から破片で出土した。深鉢形土器の胴部破片の無文部に隆起線を貼付し、向かって左上方に人面、右下方に弓（上に突起が6個残っている）が描かれている。赤色顔料などは付着していない。縄文時代中期末葉～後期前葉の土器であろう。

⑤青森県六ヶ所村沖附（2）遺跡出土資料（図68－5）（青森県埋文 1986b）

1984（昭和59）年5～9月、青森県埋蔵文化財調査センターの調査においてED－139区第Ⅰ層から出土した。土器の胴部破片の無文部に隆起線を貼付して描かれており、土器の上下は不明であるが矢（先端は膨らんではいるが尖ってはいない）をつがえた弓（突起が2個のみ残っている）がある。赤色顔料などは付着していない。縄文時代中期末～後期前葉の土器であろう。

⑥青森県八戸市丹後谷地（1）・（2）遺跡出土資料（図68－6）（八戸市教委 1984）

1982（昭和57）年6～10月、八戸市教育委員会の試掘調査において、Ⅱ区第3号住居跡から出土したものと31－M区第Ⅱ層から出土したものがのちに接合した。波状口縁の深鉢形土器の胴部破片の無文部に隆起線の貼付によって描かれている。先端を向かって左に向けた矢（先端は膨らんではいるが尖ってはいない）をつがえた弓（突起が上に3個、下に1個のみ残っている）であり、赤色顔料などは付着していない。縄文時代中期末葉～後期前葉の土器であろう。

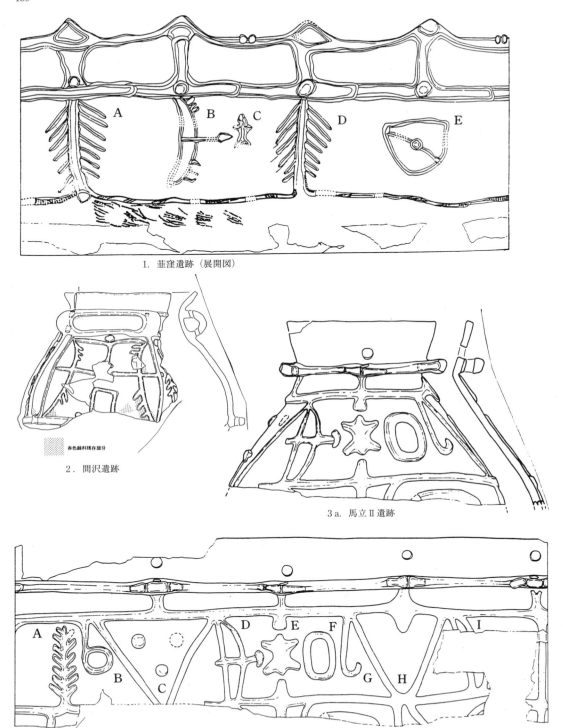

1. 韮窪遺跡（展開図）
2. 間沢遺跡
   赤色顔料残存部分
3a. 馬立Ⅱ遺跡
3b. 馬立Ⅱ遺跡（展開図）

図67　各地の狩猟文土器（1）

第3章 祭祀遺物 151

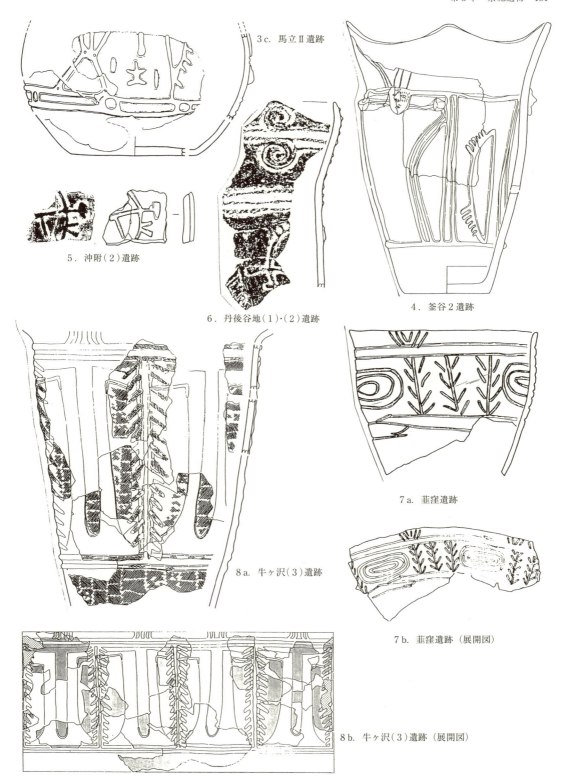

3c. 馬立Ⅱ遺跡
5. 沖附(2)遺跡
6. 丹後谷地(1)・(2)遺跡
4. 釜谷2遺跡
7a. 韮窪遺跡
8a. 牛ヶ沢(3)遺跡
7b. 韮窪遺跡（展開図）
8b. 牛ヶ沢(3)遺跡（展開図）

図68 各地の狩猟文土器（2）

⑦岩手県二戸市米沢遺跡出土資料（岩手県埋文 1988b）

1987（昭和62）年 9 ～10月、（財）岩手県文化振興事業団埋蔵文化財センターの調査により出土した。本報告書が未刊のため詳細は不明であるが、大波状口縁の深鉢形土器など14点の土器破片に四肢獣などのモチーフがみられる。赤色顔料の付着などについても不明である。縄文時代後期前葉の土器である。

2　絵画の解釈と土器の用途（図67～69）

（1）絵画の分析と解釈

　これらの絵画がいったい何を意味し、どのように解されるのか前述した 1 ～ 3 遺跡の 4 点を中心に考えてみよう。

　まず韮窪遺跡例の A・D の絵柄であるが、発掘調査報告書では魚骨の可能性もあるとする江坂輝弥の考えを紹介してはいるが、最終的には針葉樹と考えている（青森県埋文 1984e）。筆者は針葉樹かどうかは別として以前より樹木と考えている（福田 1988b）。当初、縦の 2 本隆起線を 2 本の足、斜めに下がる隆起線を両手か衣服の両袖など、そして上部につながっている小さな円形の輪を顔と考え全体として人物を表現したものと考えたが、のちに間沢、馬立Ⅱ3b例が発見され、双方ともに斜めの隆起線がまったく逆方向であるものの縦の 1 本線が樹木の幹と思われることから斜め隆起線は枝と思われ、総体として現代人が描く樹木であろうと考えるにいたった。そして、現在は韮窪例のみを樹木と人物を合わせ表現したものと考えている。なお、この絵柄をアイヌ文化のヌササン（幣場）で、枝はイナウ（木幣）とする考え方（鈴木克 1985）もある。

　これら樹木モチーフの土器はこのほかにも類例が増えており、韮窪遺跡ではこの土器のほかに図68－7a・b のような絵柄の土器も出土している（青森県埋文 1984e）。これは M－11区第Ⅱ層から出土した推定口径19.8cm、現高16.0cmほどの縄文時代後期前葉（十腰内 1 式）の深鉢形土器破片である（赤色顔料などの付着はない）。口縁部直下の 2 本の横走平行沈線と胴部の 2 本の横走沈線によって画された無文部に沈線で、枝先が斜めに上がる枝を左右 4 本ずつもつ樹木（いずれも幹は 1 本線で表現、このうち 1 本の樹木は上方の平行沈線の上に枝先が左右 3 本ずつさらに延びている） 3 本とその両側に 3 重の同心円状楕円形文が描かれている（これは沼か泉を表現したもので一種、風景画的である）が、そのうち左側の同心円状楕円形文の左方にはさらにもう 1 本の樹木の右半分（斜めに上がる枝先 5 本）、右側の同心円状楕円形文の右方にもさらにもう 2 本の樹木（枝先が斜めに上がるのが左右 5 本のものと左右 4 本のものがある）があり、ともに枝先が上方の平行沈線の上に延びている（ 1 本の樹木は枝先が左右 2 本ずつ延び、他の樹木は左が 1 本のみ延びたのが残っている）。また、八戸市牛ヶ沢（3）遺跡からは図68－8a・b に示したようなモチーフの土器が出土している（青森県埋文 1984f）。これは縄文時代後期初頭の深鉢形土器であるが、胴部の磨消し縄文部に縄文のついた 2 本の隆起線を貼付して幹を表現した樹木モチーフが 4 カ所区画文として配されている。これらの幹の左右には先端が斜めに下がる枝がいずれも14本前後ある。また、馬立Ⅱ遺跡でも先端が斜めに上がる枝先をもち（左 7 本、右 2 本のみ残る） 2 本の隆起線で幹を表現した樹木文の土器（図69－9）や先端が斜めに上がる枝（左 5 本、右 6 本残る）をもち、 1 本の隆起線で幹を表現した縄文時代後期前半の土器（図69－10）が出土しており、綾杉状の文様（岩手県埋文 1988a）と呼称されている。なお、韮窪例と馬立Ⅱ3b例の樹木の枝の数は 6 本、 7 本であって、他例

第3章 祭祀遺物 153

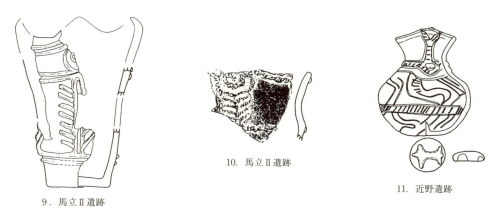

9. 馬立Ⅱ遺跡

10. 馬立Ⅱ遺跡

11. 近野遺跡

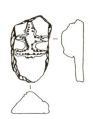

12. 上尾駮(2)遺跡

13. 上尾駮(2)遺跡

14. 上尾駮(2)遺跡

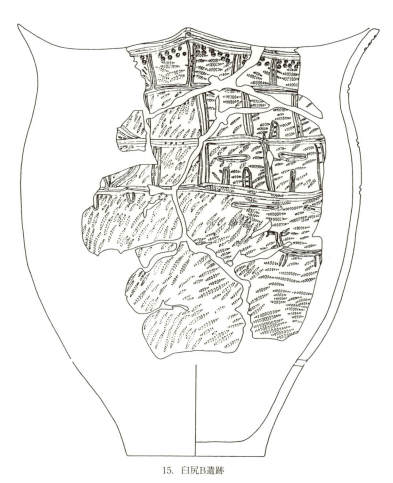

15. 臼尻B遺跡

図69　各地の土器

でも7本前後の枝数およびその倍数の14本前後であるというのはその数に何らかの意味があるものと思われる。

　つぎに韮窪例のBとCの絵柄であるが、矢をつがえた弓で四肢獣をねらう場面と解しており、「狩猟文土器」の呼称のもとになったわけであるが、四肢獣を海獣とする見方もあった（青森県埋文1984e）ようである。筆者は当初、狩猟場面の描き方としては、従来、長野県茅野市尖石（とがりいし）遺跡発見の自然礫に矢をつがえた弓をもつ人物像が線刻された例が知られていた（江坂1974）ため、狩猟場面には弓矢の射手も当然描かれているはずだと思っていたため、けもの道にしかけた仕掛弓（アイヌ文化のアマッポ）で四肢獣を射る場面を俯瞰したものと考えたことがあったが、現在では一般的な弓矢による狩猟場面で射手を省略したものと考えている。この弓には上下に突起があるもの（韮窪、間沢、馬立Ⅱ3c、釜谷2、沖附（2）、丹後谷地（1）・（2）例）とないもの（馬立Ⅱ3a・b例）があって、突起を飾り弓の飾りとする見方もある（鈴木克1985）。何らかの装飾品か付属物と思われるが具体的には不明である。また、矢柄の末端が弦と一致しているもの（韮窪、間沢例）と末端が外側に出ているもの（間沢、馬立Ⅱ3a・b、沖附（2）例）もある。また、矢尻が明確に表現される場合（韮窪、馬立Ⅱ3a・b、沖附（2）例）と表現されない場合（間沢、丹後谷地（1）・（2）例）があるが、尖石遺跡発見の線刻礫には表現されていない。これらの表現の違いは具体的に何らかの意味をもたせたものではなく単なる表現上の差であろう。また四肢獣としたものについては海獣説はともかくとして、クマとされる場合が多い。形態のうえでは尻尾を表現しているもの（馬立Ⅱ3a・b、米沢例）と尻尾を表現していないもの（韮窪例、馬立Ⅱ3c例）、不明なもの（間沢例）があり、何らかの獣種の違いを表現したとも考えられるが、形態からそれを特定することはできない。間沢例は人物の可能性もある。縄文時代の貝塚から発見される獣骨のなかではシカ、イノシシが多く、クマも少数ながら出土する。しかしながらこの絵柄にはシカの特徴である角の表現がないのでシカは除外してよい。おそらくイノシシかクマを念頭において描いた場合が多いのであろう。なお、狩猟文土器に貼付された四肢獣ときわめて類似したものが壺形土器の内部底面に貼付された例が青森県で知られており、青森市近野遺跡（青森県教委1977a）で尻尾のある四肢獣が1点（図69-11）、六ヶ所村上尾駮（2）遺跡（青森県埋文1988b）から尻尾のある四肢獣が3点（図69-12～14）出土している。時期はいずれも縄文時代後期前葉（十腰内1式）であり、狩猟文土器の一部と一致している。このなかには上尾駮（2）例の3点のように四肢の表現がそれぞれ異なる例があるが、狩猟文土器と同一の獣を表現したものもあるかもしれない。また、これらの土器の用途は、水などの液体を入れた場合には四肢獣が没してしまい見えなくなるため、本来的に絵柄を見せるための狩猟文土器とは異なるものであろう。おそらく、この土器はひろく動物儀礼に関する祭器であろう。

　つぎに韮窪例のEの絵柄であるが、筆者は輪わなと考えたが報告書ではやな・わな・おとし穴・泉・シャーマンの太鼓などのほかに漁網とする考えがあったことを紹介している（青森県埋文1984e）。また、クマの檻やその首の綱とする見解（鈴木克1985）などがある。間沢、馬立Ⅱ3a・b例の絵柄とほぼ共通する内容をもっているが、間沢例ではやなと考えられ、馬立Ⅱ3a・b例ではおとし穴かわなと考えられている。なお、馬立Ⅱ3c例の四肢獣の3方に貼付された長楕円形は、青森県では溝状ピット（溝状土坑）、北海道ではTピット、岩手県では陥とし穴状土坑とされる細長い形態のおとし穴と考えられる。獲物とおとし穴ということで、当時の狩猟風景を表現したもので

あろう。なお、これに関連する資料として北海道南茅部町（現函館市）臼尻B遺跡出土資料（南茅部町教委 1987）（図69－15）がある。1986（昭和61）年、南茅部町教育委員会の調査において第294号住居跡から出土した縄文時代中期後半の土器である。口縁が波状の深鉢形土器の胴部縄文地破片に、向かって右方に上部に、溝状土坑などと呼称される細いおとし穴とみられるものが横に4基（半分大のもの6基もその可能性がある）、その下方に角をはやしたシカとみられる動物が沈線によって横向きに表現されている。シカを細長いおとし穴に追い込んでいる情景を表現した可能性が強く、これもタイプは異なるが、広義の狩猟文土器とみてよいであろう。

つぎに、馬立II3b例でB・Gとした絵柄であるが、この絵柄は当例のみである。Gは形態から釣針とされておりそう考えるのが自然であろう。ただ、陸上の獣や鳥（鷲など）を引っかける鈎の可能性も考えてよいのかもしれない。BはGの絵柄とは異なるようであり、樹木の枝から垂れ下がったわなとも考えられるが不明としておきたい。

最後に馬立II3b例でC・Hとした絵柄である。報告書にはその解釈は述べられていないが、Cの絵柄は筆者は人面と解したい。逆三角形は顔の輪郭で、貼付された3個の小円形は両眼と口であろう。また、Hの絵柄は逆三角形のみであるがCの後頭部を表現したものであろう。釜谷2例の人面を付したものとはその意味で類似している。また、韮窪例の樹木が人物像（たとえば樹に宿る神など）も含めて考えられるのと通じるところがある。縄文時代中期の土器口縁部にはその特徴である太い隆起線で人面を描く場合がしばしばある。

以上、分析してきた個々の絵柄を総合してみると、この狩猟文土器はアイヌ文化の熊祭りを象徴的に描いたものとする見解もある（鈴木克 1985）が、従来一般的にいわれてきたように、縄文時代の基本的な生業である狩猟情景（漁具とみられるものもあるが）を表現したものであることはほぼ間違いがない。集落から離れた、獣たちが棲み、空高くそびえる樹木の林や野で、ある時は弓矢によって獰猛な獣に勇敢に挑み、ある時は大勢でおとし穴に獣を追い込むという縄文人の日常生活を表現したものであろう。そしてそれはある意味で縄文狩人としてのみなぎる自信、力強さ、たくましさへの讃歌とも解されるであろう。ただ、個々の絵柄が微妙に異なっていることや弓が異常に大きく表現されたり一定の表現様式をもっていることなどから実際の狩猟場面を写実的に表現したものとは考えられず、それぞれの絵柄によって狩猟を象徴的に表現したものと考えたい。当時の狩猟に関する神話あるいは伝説などがもとになって全体が構成されているのかもしれない。

(2) 土器の用途

これらの土器の用途であるが、まず土器の形態から考えてみると馬立II例2点（3a～c）は形態のうえからも、また、赤色顔料塗彩の点からも縄文時代後期前葉に埋葬用に使用される甕棺（現代流にいえば骨壺）と同一視される。間沢例は小型であるが甕棺のプロポーションに類似しており、また、赤色顔料も塗られている。他の例では韮窪例が形態のうえからも赤色顔料塗布がない点からも一般的な深鉢形土器であるのを除いていずれも破片であって詳細は不明である。

つぎに出土状態から考えてみると、何らかの遺構から出土したものは2例のみであり、韮窪例は竪穴住居跡からまとまって出土し、馬立II3a・b例はフラスコ状土坑の底面西壁寄りから上半部のみがまとまって出土している。この他の土器はいずれも遺構に関連した出土状態ではない。従来、狩猟文土器の用途については、韮窪遺跡の発掘調査報告書で、獲物が多数とれることを祈願した祭祀用の器ではないかと考えられている（青森県埋文 1984e）が、筆者はこの考えを一歩進めてこれ

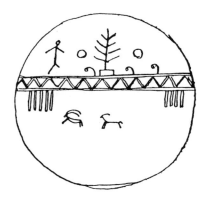

図70　アルタイ・シャーマンの太鼓の絵

らの土器が埋葬用かあるいは葬送儀礼に関する祭器と考えている。狩猟文土器の絵画は死者があの世でもこの世と同じように豊かな狩猟生活を営めるようにという祈りを込めて描かれたのであろう。北海道の縄文時代後・晩期などの墓坑からは弓や多数の石鏃が出土することがしばしばある。これは死者があの世においてもこの世と同様に狩猟をする際に困らないように副葬したものとも考えられるのであって、これと同様の意味をもっているのであろう。そして、これらの狩猟文土器を使用した人は当時の社会における特殊な立場—たとえば呪術者など—の人や血縁なのであろう。

3　樹木文のもつ意味（図70）

　以上、北海道南部から岩手県北部にかけて分布する狩猟文土器を紹介し、その絵画の解釈、土器の用途などについて若干の考察をくわえてきたが、最後にこの土器にみられる樹木の絵柄について述べておきたい。樹木文は狩猟文土器の絵柄の一つとして韮窪、間沢、馬立Ⅱ3b例に共通してみられるものであるが、さらにこのモチーフは牛ヶ沢（3）、馬立Ⅱ例にもみられ土器の文様としても定着している。この樹木文の成立は縄文時代中期中葉の円筒上層d式の縦位の綾杉状文、肋骨文などと系譜的につながりをもつものであろう。

　この樹木文は、韮窪遺跡出土の狩猟文土器によれば上下が横線で画された空間を縦につないでいるように思われる。下方の横線を地上、上方の横線を天空と考えた場合、間沢・馬立Ⅱ3b例は地上に根を張って樹木が天空めがけて高くそびえ立っており、韮窪例2点（図67・68）ではそのてっぺんが天空を突き抜けているようである。そして地上には獣が棲み縄文人の狩猟生活が営まれているという縄文人の一種の世界観がうかがわれる。それは馬立Ⅱ3bや牛ヶ沢（3）、馬立Ⅱの樹木文の土器にもあてはめて考えられるのである。

　ところで、この絵柄は実はフィンランドの比較宗教学者ウノ・ハルヴァの紹介したシベリアのアルタイ・シャーマンの太鼓の絵[(12)]（ハルヴァ、田中訳 1971、石田 1949）（図70）に通じるものがある。大地の丘か山と考えられる大地のへそに立っている樹木の一方に太陽、もう一方に月を配し、それに人物や動物を象徴的に配したものである。アルタイの伝説には「大地のへその上、万物の中心に、地上の樹の中で最も高い樹、もみの巨木がそびえていて、その梢はバイ・ユルゲン（最高神）の住居にとどいている」（ハルヴァ、田中訳 1971）とあって、この巨木を文化人類学では世界樹（world tree）—世界木・宇宙樹とも—と呼んでいる。世界樹は世界のあらゆる秩序を具現する巨木であり（倉田 1987）、彼らの世界観をあらわしている。アルタイ・シャーマンはその樹から自分の太鼓を作りその樹を登って天に行くことができるが、その樹には一定数（7とか9）の階段がある場合もある（エリアーデ、堀訳 1985）という。アバカン・タタール人の英雄伝説には「大地の中心には鉄の山あり、鉄の山の上には白い七つの枝ある白樺あり」（ハルヴァ、田中訳 1971）とある。これを狩猟文土器にあてはめて考えてみると、樹木の枝はあるいは天に至る階段を表現しており、その枝の数がそれを示しているのであろうか。狩猟文土器の枝の数（6・7本が基本）はそれ

第3章 祭祀遺物　157

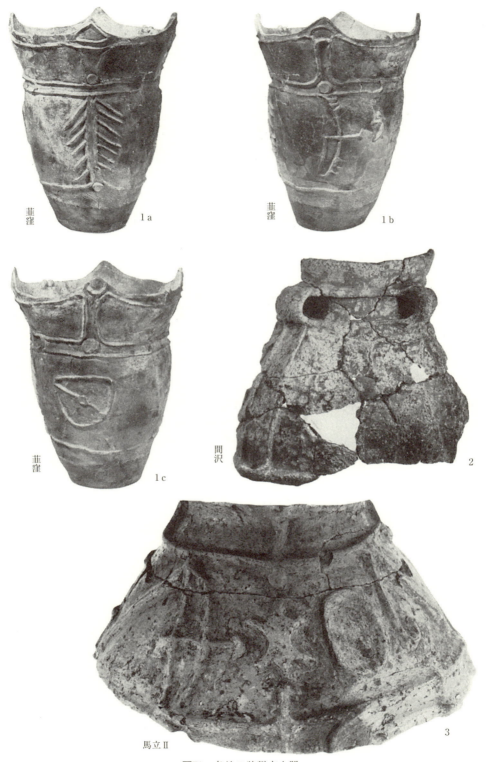

図71　各地の狩猟文土器

らの例と類似しており興味深いが、何らかの意味をもつ特殊な数をあらわしているのであろうか。そしてこの世界樹は生きた生命の樹としての性格ももち、しばしば泉や湖のほとりに立っている点は図68－7a・bの韮窪例の絵柄に類似している。

　地理的にも年代的にも離れた縄文時代の狩猟文土器とこのような民族例、しかも太鼓の絵を無条件に比較・同一視することはできないが、狩猟文土器の絵画ときわめて類似した部分があるのに驚かされるのであって、狩猟文土器の性格や用途などを考える場合きわめて参考になる。世界樹やそれに類した考え方はヨーロッパ、アジア、中国など凡世界的に広がっているといわれ、日本でも古来、樹木や森は神が宿る場所として神聖視されており、樹木に対する信仰、伝説の類は今でも全国各地に残されている。そして空高くそびえる巨木は神木・聖樹としてとくに神聖視され丁重に扱われてきた。世界樹の観念と系譜的に連なるとされる巨木信仰の源が東北地方北部の縄文時代の中・後期にはすでに成立していたと思われる。狩猟文土器は狩猟場面を描いた希有な土器ではあるがもう一つの重要な意味を実は内抱していたのである。北陸地方を中心とする日本海側の地域では近年、縄文時代の巨木建築遺構がいくつか知られるようになり、縄文時代における巨木信仰の成立がうかがわれるが、青森県でも近年、六ヶ所村大石平（１）遺跡では後期前葉の直径40～60cmほどの柱を用いた直径５～６ｍの環状巨木建築群が確認されるようになってきた（青森県埋文 1987c）。狩猟文土器は東北地方北部におけるそういった巨木信仰の成立を背景にして実は出現したものと理解される。

　小林達雄は縄文時代中期になって関東地方や中部地方などで出土する土器にみられる文様のなかに、従来の装飾性文様のほかに物語性文様（小林達 1986）の出現を指摘しているが、狩猟文土器も時期的に同じ縄文時代中期以降出現してくるわけであってそれと軌を一にしている。縄文土器には狩猟文土器のように縄文人のものの見方・考え方、世界観が表現されているものがあるのであって、土器の研究が従来のようにもっぱら文様形態論、型式編年論、用途論の観点から行うだけでは不十分になってきたように思われる。今後は縄文土器を縄文人のものの見方、考え方などが表現された絵画としてとらえ、分析するといった視点も必要不可欠になってくると思われるが、それには当然のことながらひろく内外の原始絵画、民族（俗）例などに関する知識が必要となってくる。しかしながらそれらは専門外でまったく不勉強であることをいいことに盲蛇に怖じずで私見を述べさせていただいた。多くの方から種々、ご教示いただければ幸いである。

第４節　狩猟文土器再考——津軽海峡域特有の絵画土器——

　筆者は、1989（平成元）年に、縄文時代（以下、時代は省略）後期前葉に青森県域を中心としてみられる「狩猟文土器」について、出土例を集成し、その絵柄や土器の用途について考察をくわえた（福田 1989a）。その後、類例はわずかしか増えていないが、それらは、従来とは異なった絵柄をもつものである。本節ではそれらの新資料を含め再度このテーマについて述べる。

1　狩猟文土器の出土例

　筆者が以前に紹介した、北海道南部と青森・岩手両県から出土した７遺跡例と、その後あらたに発見された３遺跡例をくわえて紹介する（図72～74）。

（1）1988（昭和63）年までの出土例（図73）

①北海道戸井町（現函館市）釜谷2遺跡例（図73-1、戸井町教委 1988）

波状口縁の深鉢形土器の胴部破片に、隆起線の貼付けによって人面と上部に突起をもつ弓（矢の有無は不明）が表現されている。赤色顔料付着。縄文後期初頭（牛ヶ沢〜弥栄平式）。

②青森県平舘村（現外ヶ浜町）間沢遺跡例（図73-2、青森県埋文 1986a）

小型の甕棺（土器棺）形土器の上部破片に、隆起線の貼付けによって枝先が下がる樹木文と矢（矢じりの表現はない）をつがえた上下に突起をもつ弓、前肢を広げた四肢獣？（尻尾は不明）、方形のわなかおとし穴とみられる絵柄が表現されている。赤色顔料付着。縄文後期前葉（十腰内Ⅰ式）。

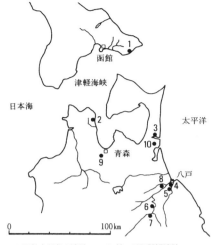

図72　狩猟文土器の出土遺跡

1. 函館市釜谷2遺跡　2. 外ヶ浜町間沢遺跡
3. 六ヶ所村沖附（2）遺跡　4. 八戸市丹後谷地（1）・（2）遺跡
5. 八戸市韮窪遺跡　6. 二戸市米沢遺跡
7. 二戸市馬立Ⅱ遺跡　8. 南部町西山遺跡
9. 青森市小牧野遺跡　10. 六ヶ所村湯の沢（1）遺跡

③青森県六ヶ所村沖附（2）遺跡例（図73-3、青森県埋文 1986b）

深鉢形土器の胴部とみられる小破片に、隆起線の貼付けによって矢（矢じりの表現がある）をつがえ下部に突起をもつ弓が表現されている。縄文後期初頭（牛ヶ沢〜弥栄平式）。

④青森県八戸市丹後谷地（1）・（2）遺跡例（図73-4、八戸市教委 1984）

波状口縁の深鉢形土器の口縁〜胴部破片に、隆起線の貼付けによって矢（矢じりの有無は不明）をつがえ上部に突起をもつ弓が表現されている。縄文後期初頭（牛ヶ沢〜弥栄平式）。

⑤青森県八戸市韮窪遺跡例（図73-5、青森県埋文 1984e）

「狩猟文土器」としては最初の出土例で、1982年に出土した。隆起線の貼付けによって、枝先が下がる樹木文2カ所と矢（矢じりの表現がある）をつがえた上下に突起をもつ弓、尻尾のない四肢獣、不整三角形のわなかおとし穴とみられる絵柄が表現されている。器形は波状口縁の深鉢形土器で、完全に復元された。縄文後期初頭（牛ヶ沢〜弥栄平式）。

⑥岩手県二戸市米沢遺跡例（図73-6、岩手県埋文 1988c）

波状口縁の深鉢形土器の同一個体とみられる破片数点である。隆起線の貼付けによって、尻尾のついた四肢獣が表現された破片1点のほかに、沈線による樹枝状の絵柄が表現された破片数点がある。縄文後期前葉（十腰内Ⅰ式）。

⑦岩手県二戸市馬立Ⅱ遺跡例（図73-7・8、岩手県埋文 1988a）

甕棺形土器2点で、ともに隆起線の貼付けによって各絵柄が表現されている。1点（7）は上部の破片で、枝先が上がる樹木文、数字の6形、逆三角形の区画内にある小円形3カ所、矢（矢じりの表現がある）をつがえた弓（突起はない）、尻尾がある四肢獣、楕円形のわなかおとし穴とみられる絵柄、釣針状の鉤形が表現されている。もう1点（8）は底部破片で、突起をもつ弓と尻尾がない四肢獣、溝状土坑（おとし穴）とみられる絵柄が表現されている。赤色顔料付着。縄文後期前葉（十腰内Ⅰ式）。

160

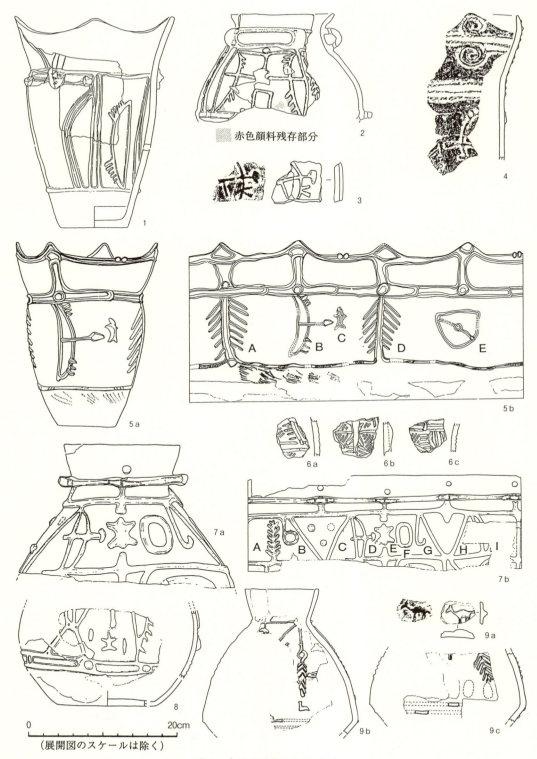

赤色顔料残存部分

図73　各地の狩猟文土器（1）

（展開図のスケールは除く）

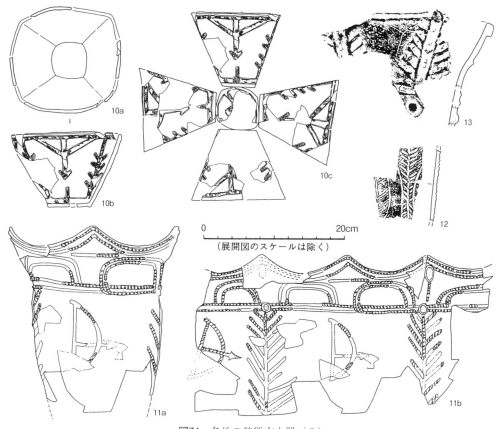

図74 各地の狩猟文土器（2）

（2）1989（平成元）年以降の出土例（図73・74）

1989年から1997年までに、つぎの3例があらたに発見されている。

⑧青森県福地村（現南部町）西山遺跡例（図73-9、青森県埋文 1991）

小型の甕棺形土器の同一個体とみられる口縁～胴部破片12点である。隆起線の貼付けによって、枝先が下がる樹木文とシカとみられる角のある動物が表現されている。また、沈線によって樹木文を表現した破片もある（図74-12）。縄文後期初頭（牛ヶ沢～弥栄平式）。

⑨青森県青森市小牧野遺跡例（図74-10、青森市教委 1996）

ほぼ復元された方形小型の鉢形土器である。磨消し縄文によって、枝先が上がる樹木文、矢（矢じりの表現がある）をつがえた三角形の弓（突起がない）が表現されている。矢は4カ所に表現され、先端は他の例とは異なりすべて下方を向いている。四肢獣の有無については、不明である。縄文後期初頭（牛ヶ沢～弥栄平式）。

⑩青森県郡六ヶ所村湯の沢(1)遺跡例（図74-11、小山 1997）

ほぼ復元された波状口縁の深鉢形土器の上部に、隆起線の貼付けによって、枝先が上がる樹木文、矢（矢じりの表現がある）をつがえた弓（突起がない）が表現されている。ただし、四肢獣の表現はない。縄文後期初頭（牛ヶ沢～弥栄平式）。

2　絵柄の解釈と土器の用途

これらの狩猟文土器の絵柄の解釈や土器の用途については、1989（平成元）年につぎの（1）（2）に示すように考えた（福田 1989a）が、今回は各絵柄に対して「……文」と表記し再考する。

（1）絵柄の解釈（図73・74）

唯一、完全に復元された韮窪例（図73－5b）によって解釈したが、そのなかでA・Dの絵柄は樹木を表現したものと考え、この絵柄を樹木文とした。また、BとCの絵柄は弓矢（弓矢文）によって四肢獣を狙う場面であり、射手を省略したものと考えた。四肢獣（動物文）はイノシシかクマとした。また、Eの絵柄は、輪わなかおとし穴（おとし穴状文）と考えた。このほかに、馬立Ⅱ例（図73－8）の四肢獣の周囲にある長楕円形の貼付け文はおとし穴と考えた。また、馬立Ⅱ例（図73－7b）のB・Gの絵柄は釣針（釣鈎状文）とみられるが、陸上の獣や鳥（ワシなど）を引っかける鈎の可能性や樹木から下げられたわなの可能性も考えた。そして、これらの絵柄を総合して、狩猟文土器は、縄文時代の基本的な生業である狩猟情景を表現したもので、弓矢でクマやイノシシなどをうち、おとし穴やわなにイノシシなどを追い込むという縄文人の日常生活を表現したものとした。しかし、狩猟場面を写実的に表現したものではなく、象徴的に表現したものと考えた。そして、それには、当時の狩猟に関する神話あるいは伝説などがもとになって全体が構成されているのかもしれないとした。

また、狩猟文土器の絵柄で、韮窪（図73－5b）・間沢（図73－2）・馬立Ⅱ（図73－7b）例にみられる「樹木文」について注目し、これが狩猟文土器以外に、八戸市牛ヶ沢（3）遺跡（青森県埋文 1984f）の土器にみられることを指摘した。さらに、この文様は縄文中期中葉の円筒上層d式にみられる縦位の綾杉状文、肋骨文などと系譜的につながるものとし、樹木文は世界樹を示したものと考えた。世界樹（world tree—世界木・宇宙樹とも）は、シベリアのアルタイの伝説などにあって彼らの世界観をあらわしているが、世界樹やそれに類した考え方はヨーロッパ、アジア、中国など凡世界的にみられ、わが国でも古来、樹木や森は神が宿る場所として神聖視されてきている。この観点から、狩猟文土器の樹木文を、その初現的なものであろうとした。

なお、この文様をもつ土器はその後、八戸市牛ヶ沢（4）遺跡（図74－13、八戸市教委 1997）からも出土している。

（2）土器の用途

狩猟文土器には、器形や赤色顔料の有無などのちがいがあるため、すべてを同一目的に用いたとは考えられないとし、馬立Ⅱ例は甕棺（土器棺）、韮窪・間沢などほかの例は、葬送儀礼に関する祭器と考えた。そして、この使用者を社会的に特殊な立場にある呪術者やその血縁であろうと推定した。

（3）絵柄に関する再考

以上が1989年における筆者の解釈・考え方であるが、1989年以降の3点の新資料は、いずれも従来のものとは絵柄が異なっているものである。しかし、樹木文と弓矢文をもっているため、縄文人が野や森で狩りをする情景を表現したものと考えることには問題がないとみられる。したがって、今回の新資料をくわえても、上述の解釈には基本的な変化はない。また、狩猟文土器にみられる樹木文が世界樹を表現したものではないのかとする考え方は、むしろつよまっている（新たな出土資料には動物文がないにもかかわらず樹木文は必ずあることから、この文様は狩猟文土器に不可欠な

重要な要素と考えられる)。ただし、樹木文が縄文中期中葉の円筒上層d式にみられる縦位の綾杉状文、肋骨文などと系譜的につながるものとしたのは、土器編年上の問題があるため、削除することにしたい。なお、以前から指摘されている熊祭りとのかかわりについては、動物文が何を表現したものかという問題と大きくかかわっており、後述する。また、狩猟文土器の用途については、その出現から終わりまで時間幅があるため、時間の経過による機能変化も考慮しなければならないものと思われる。大型の甕棺はともかくとして、小型の壺や深鉢・鉢形土器は葬送儀礼以外にも、狩猟・動物儀礼などにもかかわる祭器としてよいかもしれない。

3　問題点の指摘

　狩猟文土器は、上述のように類例が若干増えてきた。しかし、その分布が本県域を中心とし、北海道南部の太平洋側と岩手県北部の馬淵川流域に限られるという状況はまったく変わっていない。また、年代も縄文後期初頭・前葉に限られていることも変わっていない。

　さて、今回追加された3点の狩猟文土器は、従来の狩猟文土器と比較してあきらかに絵柄が異なっている。まず西山例であるが、これには頭部に角とみられる突起があるため、シカを表現したものとみられる。かつて、狩猟文土器の動物文をイノシシ・クマの可能性だけを考えたが、これからはシカもそのなかに入れる必要があることを示している。つぎに、小牧野・湯の沢(1)例であるが、ともに、樹木文と弓矢文が表現されているのは従来と同様であるが、動物文(四肢獣)の表現がない点に大きなちがいがある。このため、これを狩猟文土器に含めてよいものか議論があろう。つぎに、この点について述べる。

(1) 狩猟文土器の名称と分類 (図73・74)

　狩猟文土器の名称は、弓矢文・動物文などによって狩猟文様が施された土器ということから、韮窪例に対して命名されたものである(青森県埋文 1984e)。したがって、今回あらたに紹介した土器3例のうち2例には、動物文が表現されていないため、狩猟文といってよいか問題があろうが、狩猟を意味する弓矢文と狩猟文土器の重要な要素である樹木文があることから、狩猟文土器に含めてよいと思われる。このことを踏まえ、狩猟文土器を、絵柄によってつぎの2種類に分類する。

　A類(図73-2・5・7)……弓矢文・樹木文・動物文の絵柄をあわせもつ土器。
　B類(図74-10・11)……弓矢文・樹木文の絵柄をもつが、動物文の絵柄をもたない土器。

　このように考えると、ほぼ全体の絵柄がわかるものをもとにした場合、A類は間沢(図73-2)・韮窪(図73-5)・馬立Ⅱ(図73-7)、B類には小牧野(図74-10)・湯の沢(1)(図74-11)例が該当する。本節で扱ったその他の資料についても、破片のため絵柄の一部しか分からないが、A・B類いずれかの絵柄があわせて表現されているものと考えられる。ただし、樹木文だけの破片の場合は、この文様だけの土器もあるために、注意して分類しなければならない。また、これらの絵柄は大半が、無文地に隆起線の貼付けをもって表現されるが、小牧野例のように磨消し縄文による場合や、西山例のように沈線による樹木文の表現もあることにも注意しなければならない。

　狩猟文土器をこのように考えてくると、以前筆者が狩猟文土器に含めた北海道南茅部町(現函館市)の臼尻B遺跡(南茅部町教委 1987)や小山彦逸が指摘した(小山 1997)岩手県北上市館Ⅳ遺跡や同滝沢村(現滝沢市)けやきの平団地遺跡の縄文中期の諸例は、狩猟文土器の系譜につらなる可能性はほとんどなく、除外しなければならないであろう。これらには別な呼称が必要である。

（2）動物文は何をあらわしたものか（図75）

　以前より、韮窪や馬立Ⅱ例などの動物文の絵柄については、突起をもつ弓は飾り弓で、樹木文をイナウが祭られる祭場とし、動物文はクマの仮死状態をあらわしているとして、アイヌ民族の「最高潮に達した熊祭りを象徴的に表現した」とする考え（鈴木克 1985）がある。また、これについては、最近、春成秀爾は飾り弓でクマをねらうという儀礼的な狩り（熊祭り）をあらわしたものとし、この時代に熊祭りが行われていたことを指摘している（春成 1995）。この問題は、青森県のこの時期の動物儀礼を考える際にはきわめて大きな問題であるため、この動物文がクマをあらわしたものかどうかについて、以下検討する。

　狩猟文土器の動物文については、クマ以外ではいまのところイノシシかシカとされるものがある。このなかで、角が表現されているためにシカと判断されるものは西山例のみであるため、ここでは角がないものに限定して考える。

　狩猟文土器が分布する青森県を中心とする地域には、縄文～弥生時代のイノシシ・クマとされる動物意匠の資料がみられる。所属時期がほぼわかるものを示すと以下のとおりである。

イノシシとみられるもの
- 青森県青森市三内丸山遺跡例（図75－8、縄文中期中葉）（小杉・小山編 1982）……土製品（中空）
- 青森県八戸市韮窪遺跡例（縄文後期前葉）（図75－10、青森県埋文 1984e）……土製品（とくに逆毛）
- 青森県弘前市十腰内（2）遺跡例（縄文後期前葉）（図75－9、今井・磯崎 1968）……土製品（写実的）
- 北海道恵山町（現函館市）日ノ浜遺跡例（縄文晩期後半）（図75－11、犬飼 1960）……土製品（幼獣）
- 青森県弘前市砂沢遺跡例（弥生前期）（図75－12、弘前市教委 1988・1991）……頭部破片

クマとみられるもの
- 青森県七戸町道地（1）遺跡例（縄文晩期）（図75－13、小山 1988）……石棒の線刻
- 青森県弘前市尾上山遺跡例（弥生前期）（図75－14、春成 1995）……土製品（中空）
- 青森県階上町大蛇遺跡例（弥生前期）（図75－15、鈴木克 1978）……土器
- 青森県南郷村（現八戸市）畑内遺跡例（弥生前期）（図75－16、青森県埋文 1997a）……石製品
- 岩手県浄法寺町（現二戸市）上杉沢遺跡例（弥生前期）（図75－17、文化庁編 1997）……土製品（中空）・赤色顔料
- 青森県田舎館村垂柳遺跡例（弥生中期）（図75－18、田舎館村教委 1989）……木製杓子の柄・頭部

　先史時代のイノシシ・クマの表現方法をみるために、縄文・弥生両時代のものをあわせて示したが、北海道南部や東北地方北部においては、土製品としてはあきらかにイノシシとみられるものが縄文中期以降、クマとみられるものが縄文晩期以降に現れ、北海道の縄文中期にはクマを表現したとされる石製品がある（宇田川 1989）。また、イノシシとみられる土製品が、北海道南部の晩期や東北地方北部の弥生時代にきわめて少数ながらある。これに対して、北海道・東北地方北部の続縄文・弥生時代ではクマ意匠の遺物が卓越し、土製品以外にも多く用いられている（宇田川 1989）。

図75　津軽海峡域の動物意匠遺物

北海道で、イノシシ意匠の遺物がきわめて少ないのは、この地域の貝塚では、縄文後期中葉以降にしかみられない（西本 1985b）ことと軌を一にしたものであろう。

以上の諸例から狩猟文土器の動物文を考えてみると、この土器が用いられた時期には、土製品ではクマはみられないが、十腰内（2）例のようにイノシシを写実的に表現したものがある。したがって、縄文時代後期前葉の時期には、特定の動物を土製品で明確に表現する技術があったことが理解される。しかし、狩猟文土器の動物文には動物の種類がわかるような表現方法がなされていない。これは、土器表面という狭い部分に貼り付けるという前提があるために、細部までは表現しえなかったか、あるいは、あえて動物の種類までを表現する必要がなかったかのいずれかと思われる。韮窪例は背中が指でつまんだ状態になっており、イノシシの逆毛的であるが、クマが体を揺すりながら悠々と歩いているようにもみられる。また、馬立Ⅱ例は、全体が丸みをもっておりクマのようでもある。しかし、間沢例は動物よりは人体風である。このように、動物文自体に大ざっぱな表現方法しかなされていないことは、動物文が特定の動物を示したものではないことを物語っているようである。また、新資料では動物文が省略されているものもある。したがって、これらの狩猟文土器の動物文は、とくにクマだけを表現し、熊祭りを表現したものではないと考えられる。狩猟対象としてのイノシシ・クマなどの四肢獣を表現したものであろう。しかしながら、この絵柄によって当時何らかの動物・狩猟儀礼があったことは十分想定されうるものである。

このような動物文に類似したものは、同時期の縄文後期前葉（十腰内Ⅰ式）に、青森県（六ヶ所村上尾駮（2）遺跡、青森市近野・小牧野遺跡例）（福田 1989a）や秋田県北部の大湯（図75－1～3）・小坂環状列石遺跡例（図75－4）（鹿角市教委 1989）出土の土器内底部に動物が貼り付けられたいわゆる動物形内蔵土器、さらには六ヶ所村大石平（1）遺跡出土の土器の把手（図75－5）（青森県埋文 1985a）・（図75－6・7）（青森県埋文 1987a）に付けられたものにみられる。しかし、これらの表現にも上尾駮（2）例のような水掻き状のものが付いた爬虫類的な動物も含まれており、すべてが同一の動物を表現したものではないと思われるのは、狩猟文土器と同様である。

4 狩猟文土器の系譜

この狩猟文土器が分布する青森県を中心とする津軽海峡域は、縄文文化圏のなかでは日本海と太平洋を結ぶ唯一といってよい海の道筋である。この海峡域では縄文早期以降、さまざまな物が行き交っているが、そのなかでも、とくに中期以降、晩期にいたるまでは、北陸地方の糸魚川産ヒスイが多数もたらされたり、晩期には、中国東北部の「鬲」に類似した三足土器なども青森県にみられる。

ところで、前節で扱った狩猟文土器のモチーフのなかで、とくに「樹木文」に注目し、それをシベリアなどのシャーマニズムの世界観をあらわした世界樹やそれに類する信仰をうかがわせる巨木ではないかと考えたわけであるが、この文様がこの海峡域に色濃くみられることは、大陸に広まっていたであろう世界樹等の観念が、縄文後期前葉（高きを目指す巨木建築もその一環と考えれば、それ以前にすでに伝播してきていた可能性はつよいが）にこの海峡域に伝わってきており、それを一定の様式をもって土器に表現したとは考えられないだろうか。これを具体的に示す大陸側の考古学的資料については不明であるが、大陸側からの何らかの情報伝播によるものであろう。

今後、狩猟文土器の系譜の問題を扱う際には、東アジア・環日本海的視野に入れてみることも必

要になってくると思われる。

第5節　狩猟文土器再々考

　筆者はこれまで、縄文後期初頭～前葉に北海道南部から青森・岩手両県に分布する狩猟文土器について、10遺跡から出土した資料の紹介や土器絵柄の分類を行い、その意味・用途について考察をくわえてきた（福田 1989a・1998c）。しかしその後、福島県からは中期末例、秋田県からは異形土器などの出土例が報告され、類例も増えてきている。このような状況のなかで、斎野裕彦は各地の類例を集め、精緻な文様分析・時期区分を行っている（斎野 2005・2006・2007・2008）。
　青森県でもその後類例が増え、近年では、津軽地方の山間部からの出土例も報告されるようになり、現在では、北海道から福島県にかけて、21カ所の出土遺跡が知られている（図76）。また、従来その存在が知られていながらも、詳細が不明であった日本民藝館所蔵品についても内容を確認することができた。そこで、本節では、これらの資料のなかで、筆者が1998（平成10）年の発表後、新たに確認した資料を中心にまとめて紹介し、若干の考察をくわえることとしたい。

1　狩猟文土器の新たな出土例・確認例

　新たな出土例では、北海道出土とされるものから、最南の福島県から出土したものまで、斎野がまとめたもの（斎野 2008）を含めて計12カ所（うち1カ所は出土地不明）が知られている。以下、これらについて述べることとするが、斎野が狩猟文土器として扱った岩手県出土例のなかで、北上市館IV遺跡の深鉢形土器（岩手県埋文 1993）については、人体文土器と判断し除外した。また、軽米町駒板遺跡の弓矢文・動物文的な文様のある深鉢形土器（岩手県埋文 1986）や花巻市石鳩岡（東和町教委 1994）、一関市清田台遺跡（岩手県埋文 2003）の弓矢文的な文様の土器片については、狩猟文土器とは文等構成がやや異なっており、今後の検討資料として除外した。

①伝北海道出土例（口絵2）
　日本民藝館の蔵品で、高台付き土器の胴部に隆起線によって、先端三つ股状の矢じりが付いた矢と上下2カ所に突起が付いた弓（弓矢文）、枝先が下向きの樹木文が2カ所ずつ施されている。口唇部は欠損している。高台には相対するかたちで2カ所に穿孔があるので、使用法の検討が必要である。この土器は、筆者が「狩猟文土器考」（福田 1989）を発表した直後、東北大学の芹沢長介から類例として教示されていたもので、2010年にその内容が知られるようになった。この解説を書いた柳宗悦は、「鋺　エベツ式縄文土器」として、「北海道の出土で、……珍しいことに、仕掛弓や樹木や鳥を浮き出しにしてある」と解説しているが、鳥の絵柄は不明である。また、出土地については、記載がないため、北海道から出土したものかどうかを含め不明である。高さ13.5cm（田中編 1960、日本民藝館 2008）。時期は後期初頭。

②青森市山野峠遺跡例（図84-339・340、図77-5）
　土器棺の胴部2段にわたって、隆起線によって弓矢文・動物文2カ所と多数の円文が施されている。1967年の慶應義塾大学文学部の江坂輝彌の調査で出土した土器片（図84-339・340。葛西励 1975）と1970・1971年の青森市教育委員会の調査で出土した土器片（青森市教委 1983）との接合ののち、青森市史編纂事業に併せて復元作業が行われ、土製蓋と高さ約62cmの土器棺1個体が復

1．(北海道)函館市釜谷B遺跡
2．(青森県)外ヶ浜町間沢遺跡
3．青森市小牧野遺跡
4．青森市山野峠遺跡
5．青森市稲山(1)遺跡
6．六ヶ所村沖附(2)遺跡
7．六ヶ所村湯の沢(1)遺跡
8．南部町西山遺跡
9．八戸市丹後谷地(1)・(2)遺跡
10．八戸市韮窪遺跡
11．八戸市市子林遺跡
12．階上町天当平(1)遺跡
13．三戸町下玉ノ木地区
14．西目屋村川原平(6)遺跡
15．(秋田県)鹿角市下内野Ⅱ遺跡
16．北秋田市日廻岱B遺跡
17．(岩手県)二戸市荒谷A遺跡
18．二戸市米沢遺跡
19．二戸市馬立Ⅱ遺跡
20．(福島県)飯舘村上ノ台A遺跡
21．飯野町和台遺跡

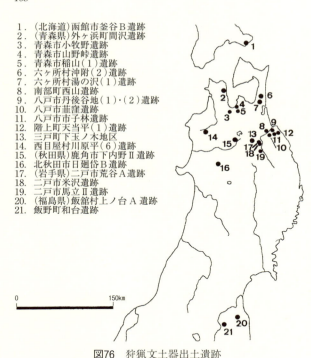

図76　狩猟文土器出土遺跡

元された（図77-5）。339と図77-5には動物文、340には円形文が施されており、図77-5の表面には、赤色顔料が付着している。時期は縄文後期初頭（葛西励 2000・2002）。

③**青森市稲山(1)遺跡例**（図84-344〜348）

1998〜2000年度の調査で破片資料が計5点出土した。344は152号土坑Aから出土した平縁の鉢形土器上部破片で、磨消し縄文地に隆起線によって動物文が施されている（青森市教委 2001）。345・346の2点は遺構外から出土した土器棺破片で、弓矢文（矢じりの表現はない）と動物文、楕円文が表現されている（青森市教委 2002b）。347・348の2点は、遺構外出土の土器棺破片で、ともに動物文が施されたもので、347には、動物文が並んで施されている。時期は縄文後期初頭（青森市教委 2003）。

④**八戸市市子林遺跡例**（図77-1）

遺構外から出土した波状口縁をもつ深鉢形土器の胴部に、縄文を施した隆起線によって弓矢文と動物文（2カ所）が施されている。弓は先端に矢じりをつがえたものであるが、突起はみられない。全体の約4分の1が欠損している。高さ31.5cm。時期は縄文中期末〜後期初頭（八戸市埋文 2006）。

⑤**階上町天当平(1)遺跡例**（図77-2）

遺構外から出土した深鉢形土器の胴部破片に、隆起線によって弓矢文（5カ所に突起が付いた弓、先端に矢じりが付いた矢）とその両側に枝先が下向きの樹木文が施されている。時期は縄文後期初頭（青森県埋文 2010）。

⑥**三戸町下玉ノ木地区例**（図77-3）

2007年3月に未登録の遺跡から表面採集された深鉢形土器の口縁部破片である。磨消し縄文地に沈線によって弓矢文が施されている。弓は先端に矢じりをつがえたもので、突起状の沈線が施されている。時期は縄文中期末の大木10式（山口・野田 2009）。

⑦**西目屋村川原平(6)遺跡例**（口絵2、図77-4a・b）

遺構外の数カ所の地点から破片7点が出土したが、そのうち平縁の1点が、絵柄がややわかるものである。この鉢形土器の上半部に、単節の磨消し縄文を配し、隆起線によって絵柄を表現している。隆起線では、三つ叉状の矢じりをもつ矢をつがえ、3カ所に突起が付いた弓（弓矢文）2カ所とその前先に枝先が下向きの樹木文、四肢獣（動物文）がそれぞれ表現されており、さらに各弓矢文の後方には方形の区画文が施されている。一方の区画文の右上方には動物文が、下方には環形区画文、その右方には楕円形状の文様が表現されている。高さ25.5cm。時期は縄文中期末と考えられている（青森県埋文 2016b）。

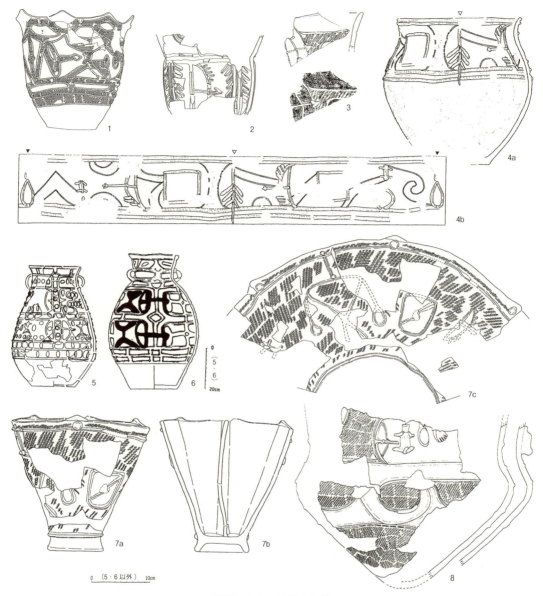

図77　各地の狩猟文土器

⑧秋田県鹿角市下内野Ⅱ遺跡例

　竪穴住居跡の覆土から出土した壺形もしくは深鉢形土器棺の上部破片で、隆起線によって枝先が下向きの樹木文に類似した文様と動物文が施されている。時期は縄文中期後半(鹿角市教委 2000、菅野 2007)。

⑨北秋田市日廻岱B遺跡例（図77-7a～c）
　　　　　ひまわりたい

　遺構外から広範に散乱する状態で出土した台付き深鉢形土器である。口縁は隅丸の三角形で、内部が仕切りで三つの空間に分けられた独特な器形であり、今後、使用法の検討が必要である。接合の結果、ほぼ完全に復元された。表面には、隆起線によって動物文・人体文・方形区画文と3カ所

に突起の付いた弓と矢（弓矢文）が施されている。弓矢文と動物文の間は欠損しているが、ここに樹木文が施されていた可能性が考えられている。高さ約23cm。時期は縄文後期初頭（秋田県埋文 2005）。

⑩岩手県二戸市荒谷A遺跡（図77-6）

円形土坑内に立てて埋設された土器棺の胴部に、2段にわたって沈線で弓矢文・動物文がより抽象化されて施されている。内部からは人骨が発見されている。高さ69.5cm。時期は縄文後期初頭（中村良 1999、葛西励 2002。図は中村図に加筆）。

⑪福島県飯舘村上ノ台A遺跡

竪穴住居跡の覆土から出土した深鉢形土器の胴部破片に、隆起線によって3本指の動物文が施されている。時期は縄文中期末（福島県文化センターほか 1990）。

⑫福島県飯野町和台遺跡（図77-8）

竪穴住居跡の覆土から出土した鉢形土器の胴部に、隆起線によって弓矢文・動物文のほかに、手形文等が施されている。赤色顔料が施されている。全体の約4分の1が残存しており、高さ約27cm。時期は中期末の大木10式後半（飯野町教委 2003）。

2 狩猟文土器の文様と用途

(1) 文 様

つぎに、これらの出土例について、文様ごとに述べる。まず、狩猟文土器の主文様である弓矢文のなかで、弓の表現では、伝北海道・天当平(1)・下玉ノ木例は、突起をもつものである。この表現は、前節の馬立Ⅱ例（図73-7a・b）を除いて、一般的なものである。何らかの飾りが付いた弓とみるべきであろう。矢の表現では、伝北海道例、川原平(6)例のような矢の先端が三つ股に分かれる点が、従来のものとは異なっている。実際にはこのような矢の出土例はないが、たとえば八戸市是川中居遺跡（縄文晩期）から出土した三本ヤスのような構造の矢じりもあったのかも知れない。また、矢柄と弦との関係では、従来は沖附(2)（図73-3）・馬立Ⅱ例（図73-7a・b）を除いて、矢柄の末端と弦が接しているが、伝北海道例では、交差している。また、下玉ノ木例は、沈線による表現で、従来にはなかったものである。なお、弓矢文については、伝北海道例を紹介した柳宗悦は、動物文とともに俯瞰表現であるとし、仕掛け弓とみている。

樹木文では、伝北海道・天当平(1)・川原平(6)例があるが、伝北海道例のみが枝先が上向きである。枝先の下向き・上向きの違いが、実際に広葉樹・針葉樹や何らかの樹種の違いをあらわしているかどうかは不明である。また、枝の本数についても、さまざまである。この文様について、アイヌ文化のヌサ場とみる見方（鈴木克 1985）もある。また、動物文では、前節の西山例が四肢獣が唯一のシカ例であるのを除いて、俯瞰表現のものである。このため、この動物文がシカ以外の何の動物かという問題になる。体形や尻尾からクマやイノシシが想定されているが、尻尾は長短はあるものの双方にみられるため、どちらか一方に決めることはできない。これまでは、韮窪例などから、絵柄はアイヌのクマ送りの儀礼に関したものでクマとするもの（鈴木克 1985、春成 1995）や韮窪遺跡出土のイノシシ形土製品（図75-10）から、イノシシとするもの、あるいは筆者のようにどちらとも断定できないとするものなどがある。この動物文の獣種特定には、狩猟文土器と同時期の獣骨例が参考になるが、残念ながら青森県では縄文中期末から後期前葉の獣骨出土例は、ほとん

どない。またさらに、ほぼ同時期の動物形土製品をみると、前節の論考発表後に、青森市三内丸山（6）遺跡（後期前葉）から新たにクマ形土製品、クマ形意匠のある土器（図83）がまとまって出土し、さらに狩猟文土器を出土した小牧野・稲山（1）両遺跡からもクマ形土製品（図82－235・236）が出土している状況がある。したがって、前節と同様、クマかイノシシか、どちらか一方に決めることはできない。

なお、当時の動物文の表現には、シカは鹿角表現が必要であるため、側面形（類例は函館市臼尻B遺跡［図69－15］の線刻画にもみられる）で、その他の動物（四肢獣）は、俯瞰形でというような、一定の表現様式があったとみられる。

また、川原平（6）・日廻岱例には方形区画文が施されている。方形ないし楕円区画文は、すでに韮窪・間沢・馬立Ⅱ例にみられ、ワナかおとし穴と考えてきたが、実は、狩猟文土器の製作された縄文中期末から後期前葉には、シカを対象とした幅の狭いおとし穴、すなわち溝状土坑はあるが、方形や楕円形のおとし穴は、前期中葉以前のものしか確認されていないため、これらの文様をおとし穴と考えるには無理がある。何らかのワナを考えるべきであろう。また、本節で川原平（6）・和台例に表現されているスプーン先端部に似た形状の区画文については、明確ではないが、ワナの可能性が考えられる。

これらのほか、山野峠例の円文・稲山（1）例にみられる円や楕円文については、何をあらわしたものか皆目見当が付かない。

（2）用　途

狩猟文土器には、時期や器形、赤色顔料付着の有無、さらに文様の違いがあるため、使用目的や用途は、地域・場所などによって異なるとみられる。細かな区分はできないが、山野峠・荒谷A例のような赤色顔料が付着した土器は、埋葬用の土器棺であることは明らかであろう。そして、それ以外のものについては、土器の文様構成から、おおざっぱに狩猟・動物儀礼などに用いられた祭器と考えられるので、これまでとはとくに変わっていない。

3　狩猟文土器の分類

狩猟文土器の文様構成（絵柄）については、前節や斎野（2006・2008）の分類があるが、新たな構成のものも出土していることから、検討が必要である。そこで、ほぼ全体の文様構成がわかる資料によって行うと以下のようになる。

分類は、前節ではA・B類に分類したが、今回はA～C類の3分類とした。

A類（図77－4a・b）……弓矢文・動物文・樹木文が施される土器で、前節の間沢・韮窪・馬立Ⅱ例のほかに、本節の川原平（6）例も含まれる。また、これには、方形などの区画文も施される。

B類（図77－7a～c、8）……弓矢文・動物文が施されるが、樹木文が施されない土器で、本節の日廻岱B例、不確かながら和台例が該当する。日廻岱B例には、人体状の文様もみられるもので、これに類したものでは馬立Ⅱ例があるが、これについて筆者は人面と解した。また、これには、方形などの区画文が施されるものもある。

C類（図74－10・11、口絵2）……弓矢文・樹木文が施されるが、動物文が施されない土器で、前節の小牧野・湯の沢（1）例のほかに、本節の伝北海道例も含まれる。また、これには、方

形などの区画文が施されるものはない。

なお、以上のほかに、狩猟文土器A・C類の主文様となる樹木文のみが施された土器、すなわち樹木文土器が、青森県の南部地方から出土する（図68、図84-349・350）こともすでに指摘してきた。そして、この文様の背景には、世界樹的な考えがこの狩猟文土器分布地域にあったのであろうと推測した（福田 1989a・1998c）。樹木文は、最近では津軽海峡に面した下北半島のむつ市二枚橋（1）遺跡（青森県埋文 2017）の後期初頭例にもみられ、青森県全域に展開していることがわかってきたが、狩猟要素がみられない樹木文土器については、引きつづき狩猟文土器とは区別して扱う。

4　狩猟文土器の波及に関する問題

狩猟文土器が、1982（昭和57）年に八戸市韮窪(にらくぼ)遺跡の調査で最初に出土して以来、35年が経過した。当初は、青森県南部地方を中心に岩手県北部や青森県津軽地方から出土していたが、その後、一気に東北地方南部の福島県からも出土し、そしてさらに秋田県北部と、分布範囲を広げてきた。

狩猟文土器の年代が、当初は縄文後期初頭・前葉のものであったため、出土数の多い東北地方北部で発生したと考えたが、福島県和台遺跡例は明らかに中期末に遡るため、狩猟文土器の発生は、福島県などの東北地方南部で、大木系土器文化の北上に伴い東北地方北部に波及し、後期初頭には東北地方北部で変容を遂げたとも考えるようになった。しかし、本節で紹介したように、その後、東北地方北部においても中期末に遡るものがみられるようになり、しかも、宮城・山形両県からは、いまだに出土していないという特異な分布状況がみられることから、狩猟文土器文化は、東北地方南部で発生し、東北地方北部に広がったという単純な図式では、理解できなくなってきた。

この土器文化が、果たして、どこで、どのような意味で製作が始まり、どのように展開したのか、狩猟文土器を多く出土する東北地方北部の縄文文化の研究課題として、引きつづき類例の発見に注意していきたい。

第6節　青森県域出土の動植物意匠遺物

本州最北端に位置する青森県域の縄文・弥生時代の遺跡からは、さまざまな物を象った遺物が出土している。そのなかで最も多いのは、土製の女性像すなわち「土偶」である。また、石製人物像の「岩偶」・「石偶」もある。このほか、動物を粘土や石で象った「動物形土（石）製品」も多い。これらは単品として作られる場合が多いが、土器の把手(はしゅ)（取っ手）や装飾突起、あるいは土器に貼付するものとして作られる場合も少なくない。稀な例では、動物を容器で表現した「動物形土器」とでもいうべきものや、土器に動・植物が線刻されたものなどがある。

これらのうちで、土偶・岩偶は、古くから注目され研究が行われてきているが、それ以外の動植物形製品等については、注目はされるものの、まとまった研究はあまり行われてこなかったのが実状である。しかし、これらの遺物（以下、動植物意匠遺物と呼ぶ）は、縄文・弥生時代の人びとの動物等に対する考え方、動物等と人間との関わりを探るうえで、きわめて重要なものである。

本節は、これらについて青森県域の出土例をまとめ考察をくわえるものである。

なお、本節の附表として、附編4に一覧としてまとめておいた。

1　青森県域の動植物意匠遺物

青森県域における縄文・弥生時代の出土例について、概要を述べる。

（1）縄文時代（図78～80）

青森県域では、前期以前にさかのぼる明確な例は、未発見であり、中期になってはじめて現れる。動物形ではイノシシ形の土器（3）が作られたり、土器の装飾突起として作られる。また、ヘビ（14・16）やカエル（9・10）が土器に隆起線であらわされるようになる。フクロウとみられる装飾突起（11・12）が付けられた土器もある。中期からは、人面が粘土帯の貼付によってあらわされる例が増加するが、これは隆起線が土器文様の主要素として用いられるようになったこととも密接に関わっている。

動植物意匠遺物が増加するのは後期以降のことで、まれな絵画資料として「狩猟文土器」があげられる。後期初頭・前葉に青森県域を中心に分布しており、イノシシやクマ等とみられる動物文や弓矢・樹木文などが隆起線の貼付（20・22）や沈線（25・26）によってあらわされる。中期後半の例には土器に沈線文によって動植物が描かれたものが例外的にみられる。また、晩期の石棒には刻線で動物が表されたもの（31）も少数ある。後期以降の動物意匠遺物としては、前葉に土器内部の底に四肢獣を貼付した「動物形内蔵土器」（32～34）があり、ほぼ同時期の土器の「橋状把手」（39・41）に動物形が貼付されたものもある。

後期以降は、各種の動物形土製品（58・63）・土器突起（51・108）が増加する。まず動物形ではイノシシ（47・50・52）・クマ（54・66・67）形などが多い。また、サル面（71・76）の土製品が後～晩期にある。鳥の頭部（78・79）を模したとみられるものも後期末～晩期にある。亀形土製品（88・93・98）は晩期前半にみられ、楕円状・中空である。ゲンゴロウ等の水生昆虫とされるものもあるが、孔があいており、息を吹き込むと音が鳴るため土笛ともされる。毛虫形土製品（106）は晩期にあるが、シャクトリムシか蝶の幼虫であろう。写実的なものとデフォルメされたものがある。海生動物では晩期にアシカなどの海獣類？（109）を模したとみられる石製品もある。晩期には、貝類を模倣した例もあり、アワビ（110）のほかに、南海産のイモガイ螺塔部を模倣したとみられる土（石）製品（111・122・124）もある。イモガイ形製品は青森県域に多いが、装身具としてのイモガイ螺塔部の代用品と考えられ、他の動物意匠遺物とは意味が異なる。同様の例はサメの歯にもみられ、歯を石で模した例（125）がある。

つぎに、植物形ではキノコを模した土製品（128・135）が中期末～後期前葉にみられる。青森県内各地から多数出土し、類例は晩期前半にもあるようである。写実的に作られたものもあって、キノコの特定も試みられている。後期にはヒョウタンに類似したヒョウタン形土製品（166・167）もあるが、類例にスタンプ・巾着状土製品と呼称されるものもある。

（2）弥生時代（図81）

土器口縁部の突起・把手などとして動物意匠がさかんに用いられる。イノシシ（174）が例外的にあるが、ほとんどすべてがクマとみられるもの（179・188・189・211・212・214）である。前～中期のものであり、前期にはクマ形土製品（172）、クマ形石製品（175）やクマ形土器（176）、中期にはクマ頭付き木製柄杓（217）の好例がある。

174

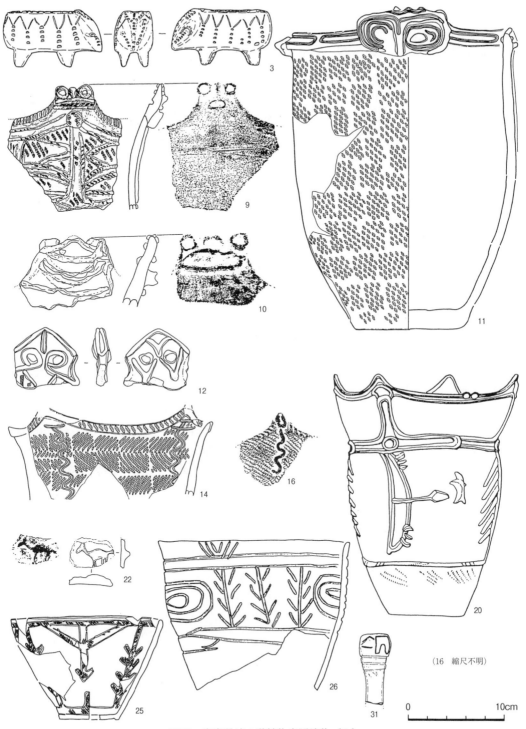

図78　青森県域の動植物意匠遺物（1）

第 3 章 祭祀遺物 175

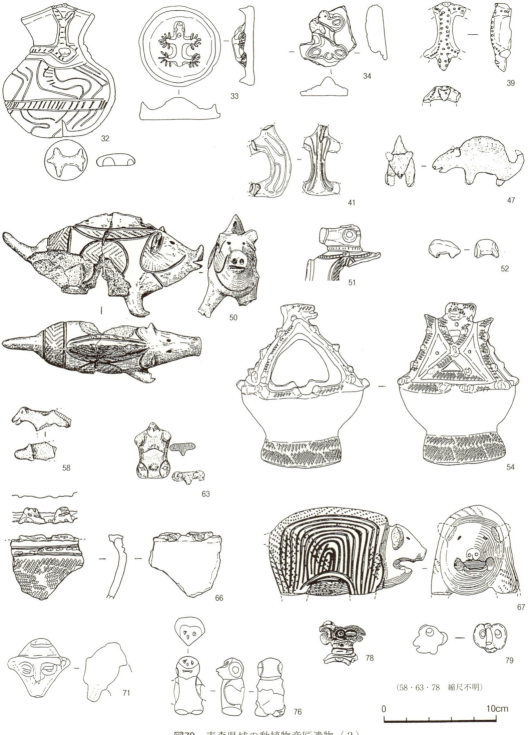

(58・63・78 縮尺不明)

図79 青森県域の動植物意匠遺物（2）

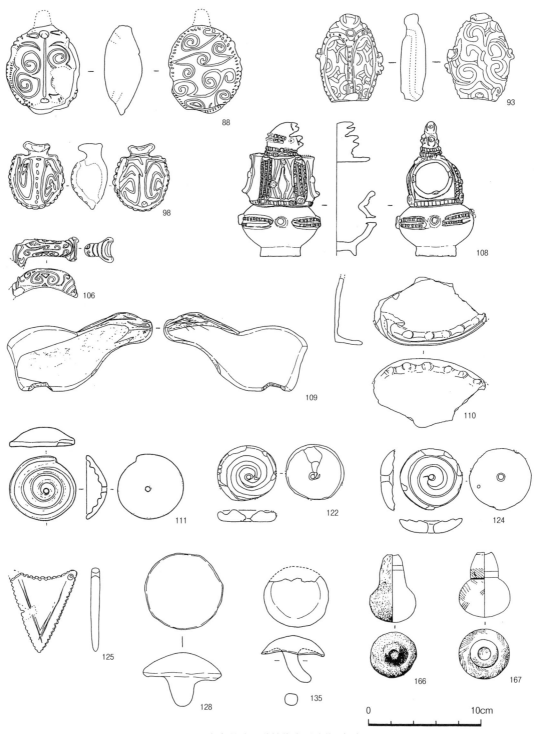

図80　青森県域の動植物意匠遺物（3）

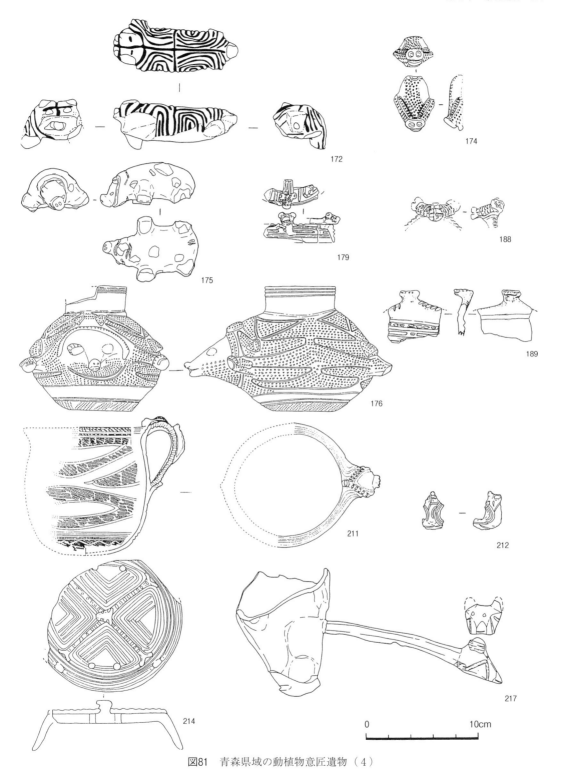

図81 青森県域の動植物意匠遺物（4）

2 各意匠遺物に用いられた動植物の意味

つぎに、これらの動植物意匠遺物の意味を考える前に、対象となった各種の動植物について簡単に述べる。(13)

まず哺乳類の陸獣であるが、イノシシは、本州以南の縄文人にとって重要な食料であり、青森県域以南の貝塚から出土しているが、自然棲息していなかったはずの北海道からも主に後期以降の出土例がある。クマは、陸上では列島最強の動物であり、犬歯に穿孔した垂飾品が青森県の南郷村（現八戸市）畑内遺跡（前期）から出土している。あらゆるものに霊魂が宿るとするアニミズム思考のアイヌ民族においては神「Kamuy」である（知里 1976）。また、シカは列島各地から多数出土しており、縄文人にとって重要な食料・毛皮獣であり、さらに骨角器材としての角をもつ有用な動物である。わが国では神の乗り物・神の使いとする神社がある。サルは、人間にもっとも近い動物で、顔の表情や動作には「猿真似」といわれるように親近感を強く抱かせるものがある。また、海獣のアシカは列島では絶滅種であるが、近年まで各海域に棲息しており、青森県域の縄文貝塚からも出土している。つぎに、両生類のカエルがある。アマガエルは雨を呼ぶ動物で、雨乞いに使われている。稲作農耕社会では田の神の使いでもある。また、この動物は冬眠ののち、春には復活する（碓井 1989）。爬虫類では、カメは東日本の縄文人にとって食料としてはあまり利用されていない。アイヌ民族においては海を所有する神であり、村の守護神でもある（知里 1976）。わが国では、古来長寿の代名詞となっており、男性自身の象徴でもある。また、ヘビは男性自身ともされるように、生命力にあふれた生物である。脱皮を行うことから、再生の象徴となっている。わが国では古来、神であり（吉野 1979）、アイヌ民族においても神である（知里 1976）。つぎに、鳥類のシマフクロウは、アイヌ民族においては神の鳥であり、村の守護神でもある（知里 1976）。昆虫類では、毛虫を蝶の幼虫とした場合、成虫への劇的な変化に神秘性を抱かせるものがある。また、軟体動物の貝類では、アワビの貝を模倣した土器は、埼玉県真福寺貝塚や茨城県椎塚遺跡に縄文後期の例があり、当時からすでに容器としてアワビの貝が用いられていたことがわかる。また、アワビは魔除けとして用いられ、さらに女性自身の象徴でもある。イモガイは南海産の美しい巻貝で、津軽海峡域の縄文晩期人には入手困難な憧れの対象であり、呪物でもあったようだ。八戸市是川中居遺跡から出土しているその螺塔部類似品（111）は代替品であろう（福田 1998b）。また、魚類では、サメは海の最強かつもっとも恐ろしい魚である。わが国では、古来神の神の使いであり（矢野 1976）、ハワイ諸島では祖先神でもある(Nelson Foster 1993)。サメ歯には魔除けの意味が込められているが、捕獲者の勇気の証しでもあったろう。

絵画資料では、狩猟文土器の動物文について、アイヌ民族のクマ送り儀礼のクマとする考え（春成 1995）やクマを含めた不特定の動物とする考えがある。また、狩猟文土器などの樹木文については、当時の人びとの世界観を示す世界樹とする見方を以前から述べてきているが、巨木信仰の存在を推測させるものである（福田 1989a・1998c）。

つぎに植物では、キノコは食料のほかに薬としても用いられる。小樽市の忍路土場遺跡（後期中頃）では、キノコ自体が出土している（北海道埋文 1989）。キノコをリアルに模倣した土製品は、キノコを食用・非食用を見分けるための標本（縄文版キノコ図鑑）とする考えもある（工藤・鈴木 1998）が、何らかの儀礼・祭祀に使われたものであろう。ヒョウタンは熱帯性の植物で、食料よりは杓子などの容器としての意味がつよいものであろう。列島では、縄文前期以降の出土例がある。

第3章 祭祀遺物 179

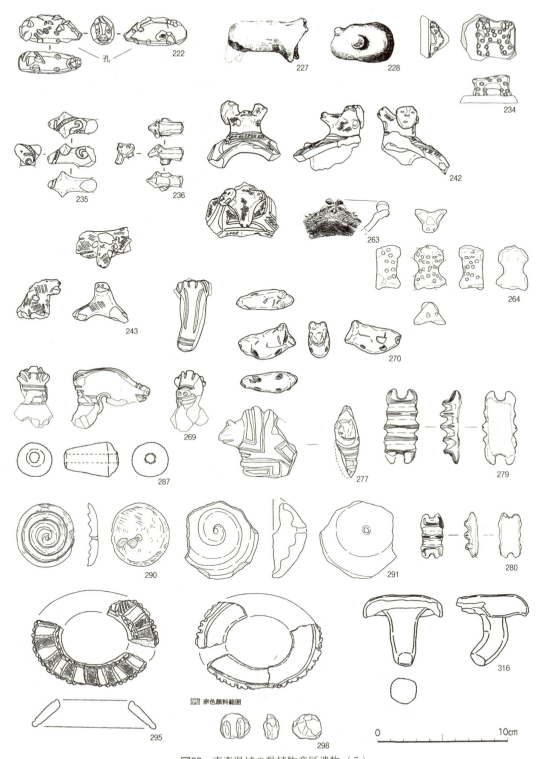

図82 青森県域の動植物意匠遺物（5）

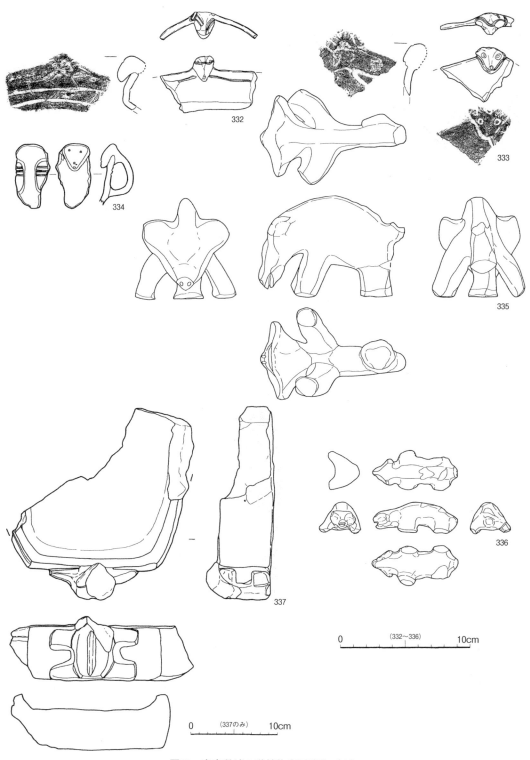

図83 青森県域の動植物意匠遺物（6）

第 3 章 祭祀遺物 181

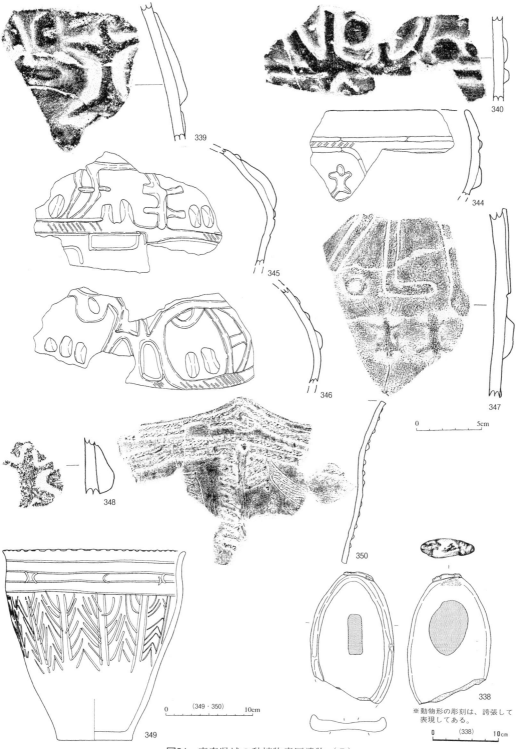

図84 青森県域の動植物意匠遺物（7）

青森市の三内丸山遺跡からも前期の種子が発見され（岡田・伊藤 1995）、岩手県中曽根Ⅱ遺跡ではヒョウタン形土器（晩期）が出土している（八戸市博物館 1985）。祭祀用の容器として用いられたものであろう。ただし、ヒョウタンが栽培されていたと断定するには問題がある（松井 1986）。

3　動植物意匠遺物の意味

つぎに、先史時代の動植物意匠遺物のもつ意味や土器装飾に用いられた際の土器の意味について述べる。

各意匠が用いられた遺物には、つぎのような場合がある。

（1）土器装飾として用いられる場合

結論的にいえば、各動物のもつ意味が込められた祭器と考えられるが、陸獣の場合は豊猟祈願、ヘビであれば再生祈願、カエルであれば水に関した、たとえば雨乞い祭祀に用いられたものであろう。狩猟文土器については、甕棺（土器棺）とわかるもの以外は狩猟・動物儀礼に関した祭器と考えられる（福田 1989a・1998c）。また、動物形内蔵土器についても、ほぼ同様の意味があるものと考えられる。ただし、この土器に液体を入れた場合に、動物形が液中に没することになるわけで、水神への動物供献を連想させる。すなわち、動物の「いけにえ」である。従来、縄文期には動物のいけにえがなかったとする考えがある（土肥 1985）。しかし、わが国では古代、雨乞い祭祀の際に馬そのものをいけにえとして水神へ供献する風習があり（石田 1980）、それが馬の農耕・交通手段等としての有用性から、次第に土馬の供献に変わってきた経緯がある。おそらく、縄文後期前葉にも、何らかの動物供献（豊猟祈願か）が行われていたものを、この土器で代用したものであろう。また、弥生時代に多数みられるクマの頭部装飾の付いた土器はクマ信仰の存在を示すものであるが、これもおそらくは豊猟祈願に関連した祭器であろう。

その他、線刻絵画のある縄文土器なども何らかの祭器であろう。

（2）単品として作られる場合

つぎに、単品の動植物意匠遺物であるが、それらのもつ意味については、現代知られる意味の一端を前項で紹介したが、さかのぼって縄文・弥生時代の各例については、実際にどうであったのか具体的な用途・意味はほとんど解明されていない。このなかで、動物形土製品については、ある程度、動物名が推定されるものではイノシシ・クマなどが多いことから、これらの動物信仰に関わるものであったという従来どおりの考えをとりたい。一般的ではあるが、豊猟への祈りが込められた祭祀用具であったのであろう。

なお、縄文時代のキノコやヒョウタンなどの植物意匠遺物については、何らかの祭祀に関わる道具であろうということにとどめておく。

4　動植物意匠遺物にみられる動物信仰の変化

以上、青森県域にみられる縄文・弥生時代の動植物意匠遺物について述べた。動物意匠遺物のおおよその傾向は、哺乳類の陸獣がもっとも一般的で、縄文中期以降にみられる。単品としてだけでなく、土器の装飾としても継続的に用いられる。ほぼイノシシ・クマとみられるものであるが、縄文晩期まで主体的に用いられており、それが弥生時代にはクマ一辺倒に大きく変化する。これに対して北海道では、弥生時代（続縄文時代）はほぼ同一傾向であるものの、縄文時代にはイノシシ意

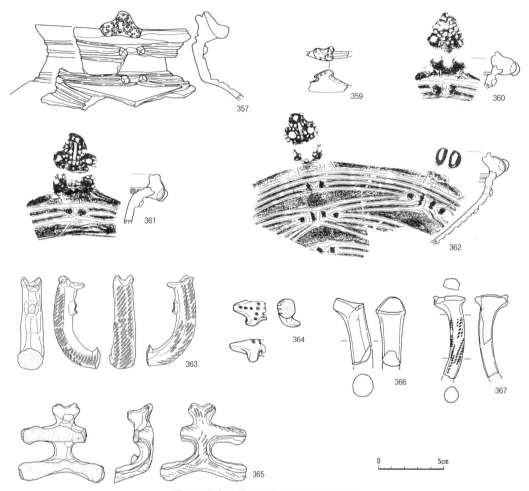

図85　青森県域の動植物意匠遺物（8）

匠のものはきわめてまれで、クマ意匠が大半である（宇田川　1989）。この点が、青森県域とは異なっている。これは、北海道の先史時代にはイノシシが自然生息していなかったと考えられる点から納得される。縄文時代の青森県域は、このイノシシを含む点についていえば青森県以南とはほぼ同様の傾向であるが、弥生時代にクマ意匠が卓越する点では、東北地方南部ときわだった違いが認められる。この意味で、青森県域の動物意匠遺物にみられる傾向は、青森県域が北海道にもっとも近い位置にあるという地理的条件と軌を一にしている。

　青森県域から出土する動物意匠遺物は、この地域における動物信仰・祭祀の歴史のなかで、縄文中期～晩期にはイノシシ・クマを主とする動物信仰、弥生時代にはクマ信仰を基本的な流れとして展開してきたことを示していると考えられる。

　先史時代に動植物意匠が取り入れられた各遺物は、各意匠のもつシンボリックな意味のもとに作られ、それぞれのムラ全体の共同意識のなかで重要な機能を果たしていたはずである。しかし、それぞれの具体的用途・意味は依然として不明な部分が多いまま残されてきている。今後、これらの資料を扱うにあたっては、従来どおり、民俗学・民族学（文化人類学）的な調査・研究の成果を大

いに利用しなければならないのは当然として、従来行われてきた考古学研究者側からの民俗（族）資料へのアプローチとともに、逆に民俗（族）学研究者側からの考古資料へのアプローチ・発言が積極的に行われることを期待するものである。

5 出土資料の増加と新知見（図82〜85）

本節内容の論考発表後も、動植物形土製品の出土・再確認例があいついでおり、そのなかには、これまでに出土例がまったくなかった種類のものもいくつか含まれている。そこで、それらの資料のなかから、とくに注目すべきものについて、本節の分類・順番にしたがい、附編附表4の一覧にしてまとめておいた（219〜367）。このなかで、土器口縁部の把手等を利用した、獣面または人面とみられるもの、さらにキノコ形土製品については、とくに限定して収録した。

新たな収録資料で、これまでみられなかったものとしては、動物意匠遺物では、八戸市長久保（2）遺跡から中期後葉のイノシシ形土製品（図82-222）が出土している。胴体部分のみのものであるが、胴部下面に4カ所孔があけられており、細い棒状のものを差し込んで四肢として使用したとみられる。類例は、これまでは青森市朝日山（1）遺跡から晩期前半例（270）が出土していたが、この技法が中期にまで遡ることがわかった。また、土器の把手に人物や動物が付く例は比較的多くみられるなかで、西目屋村川原平（1）遺跡では、縄文後期後葉の香炉形土器の獣頭把手の側面に人面を付けた例（242）がいくつか発見された（岡本 2017）。また、それまでは、ほとんどみられなかった縄文時代のクマ形意匠が、青森市三内丸山（6）遺跡では、後期前葉の土器の把手や土製品（332〜336）のみならず、これまではまったく想像もしていなかった石皿（337）にもレリーフとして表現された例が出土している。三内丸山（6）遺跡は、おそらくクマ狩り集団の集落であり、ここで関連した祭祀が行われたとみられる。土製品や石皿の類例は同時期の青森市小牧野遺跡（235・338）、土製品は同市稲山（1）遺跡（236）でもみられ、この地域の独自の表現手法と考えられる。このほかに、階上町滝端遺跡から、晩期のクマ形石製品が出土している（277）。

絵画資料では、狩猟文土器が、新たに西目屋村川原平（6）遺跡（本書第3章第5節）、さらに八戸市や青森市で引きつづき出土しているが、実は青森市山野峠(さんの)遺跡では、1982年に最初の報告例があった八戸市韮窪遺跡例よりも7年前の1975（昭和50）年に、すでに甕棺（土器棺）の表面に描かれたものが紹介されている（図84-339・340）ことが確認された（本書第3章第5節）。また、八戸市市子林・階上町天当平（1）遺跡からも、狩猟文土器の好資料が出土している（本書第3章第5節）。

つぎに、動物意匠遺物では、貝製装身具を模倣したとみられる新たな土製品がみられる。三内丸山遺跡のものは南海産の大型イモガイ（287）、八戸市潟野遺跡のものは南海産のオオツタノハ（295）を模倣したとみられるものである。また、植物意匠遺物では、西目屋村大川添（3）遺跡（316）において、キノコ形土製品が異形土器の口縁部に石突きが挿入された状態で出土した例もある。おそらく、異形土器の蓋あるいは栓としても使用されたことを示すものであろう。そのほかに、新たな土製品として、クルミ形土製品がある。クルミの殻に粘土を詰めて、土製品としたもので、青森市三内丸山・三内丸山（9）・近野遺跡（298）などから出土している。祭祀的な意味をもつものか、あるいは玩具的なものなのかは不明である。

弥生時代の動物意匠遺物では、弥生前期から中期のものが引きつづき報告されているが、いずれ

もクマ意匠のもの（図85）で、土器口縁部の突起や土器の把手として表現されている。

註
（1）北海道千歳市ママチ遺跡、青森県六ヶ所村上尾駮（1）遺跡Ｃ地区、秋田県秋田市地方(じかた)遺跡、宮城県田尻町（現大崎市）中沢目貝塚、石川県能都町（現能登町）真脇遺跡、大阪府和泉市仏並遺跡など。
（2）長さが10cm未満で、平らな土版状のものは含まれていない。北海道ママチ、青森県上尾駮（1）・亀ヶ岡・羽黒平・平貝塚？（2点）・今津（1）、秋田県麻生上の山・地方、岩手県蒔前（2点）・鶯宿夜明沢・大原遺跡・どじの沢（2点）・伊保内、宮城県中沢目・沼津貝塚（2点）、福島県三貫地貝塚・天神平・愛谷良、埼玉県発戸、長野県中下原、愛知県川地、石川県真脇（2点）、大阪府仏並の遺跡など。
（3）当実測図は『蒔前』所載の図に加筆したものである。
（4）現在は重文に指定され、御所野遺跡縄文博物館に展示されている。
（5）当図は、天理大学附属天理参考館で撮影した写真からのスケッチである。
（6）当図は、『東北大学文学部考古学資料図録第2巻』所載の写真からのスケッチである。
（7）わが国で発見された最古の木製面は7世紀前半期のものとされており、神戸市宅原遺跡から1例出土している。
（8）江坂輝弥は、鼻曲り土面を土面の第2類に分類している（江坂 1960）が、後にさらに細分し、第2類Ｂ類（江坂 1974）に分類している。
（9）列島最古の人面装飾付き土器の例としては、宮城県柴田町上川名貝塚に前期前葉（上川名Ⅱ式）例（サントリー美術館 1969、吉本・渡辺 1994）がある。
（10）土器の人獣装飾については、各人各様のみかた、みえかたがある。表9は、筆者にはそのようにみえた物の一覧であり、ほかにも多くの類例があることと思う。また、本一覧に収めた例には、そうはみえない、違ったものにみえるとか、何にもみえないなどの意見もあるのであろう。しかし、実はそのような表現手法は縄文時代だけではなく、現在も用いられている。たとえば、〇を3つ逆三角形に配して両眼と口をあらわすことによって、人面意匠とする手法で、漫画の登場人物や携帯電話の絵文字、さらにその他の身近な日用品など随所に取り入れられている。これは、精神医学でいう錯覚（変像・パレイドリア）、健常者でも普通に起きる錯覚を利用した手法である。おそらく、縄文人は、このような表現手法を使って、常套的に土器装飾などに精霊・カミの存在を込めたとみられる。
（11）この人面とする解釈に対し、人体とする傾聴すべき解釈もある（千葉 2017）。
（12）この太鼓の絵は大林太良によって、かつて弥生時代の銅鐸絵画との関連で指摘されたことがある（大林 1979b）。
（13）本節では、引用文献のほかに、金子ほか（1992）、ジャン＝ポール・クレベール（1989）、ジャン・シュヴァリエほか（1996）も参考にしたので明記しておく。また、本文記載の各出土遺物の引用文献は、本文中には明示していないが、附編附表4「青森県域出土の動植物意匠遺物一覧」・「同新規収録遺物一覧」の備考欄の文献からわかるようにしている。

第4章　青森県域の遺跡

第1節　洞穴・岩陰遺跡

　1985（昭和60）年7月、旧相馬村（現弘前市）において確認した洞穴遺跡（不動洞窟遺跡：縄文時代前期）を報告した際、青森県内の他の洞穴（Cave）・岩陰（Rock Shelter）遺跡の踏査例をあわせ、縄文時代（以後、時代を省略）から近世までのものを一覧としてまとめた（福田 1986）。その後、安部遺跡（後期旧石器：東通村）や石ヶ戸洞穴遺跡（縄文：平川市）が新たに調査され、追加した（福田 2012a）が、その際あらためて各例を見直したところ、訂正箇所や新知見を加える必要が出てきた。そこで本節では、前稿をもとに全面的に書きあらためることとし、今後の洞穴・岩陰遺跡研究の一助としたい。

1　これまでの研究史

　本州島最北の青森県域において、洞穴・岩陰遺跡に関する記録は、1884（明治17）年に遡る。弘前の日本画家・考古研究家である佐藤蔀の描いたヒスイ製勾玉（図88-4）の付記に、同年夏に鬼泊村の岩穴から大人骨とともに出土した旨、記されたものである（上條編 2011）。この岩穴は、現在の今別町綱不知貝塚（綱不知洞穴とも）と推定され、勾玉は縄文晩期のものとみられる。この記載が、青森県の縄文の洞穴遺跡に関する最初の記録である。

　ただしこれは、調査による出土品ではない。青森県において洞穴・岩陰遺跡が調査されるようになったのは、第二次大戦後のことである。1951（昭和26）年8月、東通村岩屋洞穴遺跡群が東京大学理学部人類学教室の鈴木尚らによって発掘調査され（鈴木ほか 1952、鈴木尚 1956a）、近世のアイヌ人骨などが出土した。また、1953年9月にも同じく鈴木らによって六ヶ所村大穴洞穴が調査され（鈴木尚 1956b）、古代人骨や続縄文から中世以降にいたる遺物が出土した。ただし、これらの調査は、ともに古人骨の調査を目的としたものである。この後、1960年には、脇野沢村（現むつ市）の九艘泊岩陰遺跡が慶應義塾大学文学部民族学考古学研究室の江坂輝彌らによって調査され（江坂ほか 1965）、縄文晩期から続縄文・擦文期にいたる土器・石器などが出土した。

　1963（昭和38）年には、前年に日本考古学協会に設置された洞穴遺跡調査特別委員会による洞穴遺跡の全国調査が行われ、青森県では弘前大学教育学部の村越潔を中心に、海岸部の洞穴遺跡の分布調査が行われた。その結果、岩崎村松神洞穴（現深浦町森山洞窟遺跡）、小泊村（現中泊町）恵比須・竜神両洞穴、今別町裳月・綱不知両洞穴、平内町立石洞穴、脇野沢村（現むつ市）九艘泊岩陰、佐井村牛滝洞穴（4カ所）、東通村岩屋洞穴遺跡群（3カ所）・尻労安部洞穴・尻労風穴洞穴、六ヶ所村大穴洞穴の17カ所がリストアップされ、うち松神洞穴が調査された（村越 1967）。

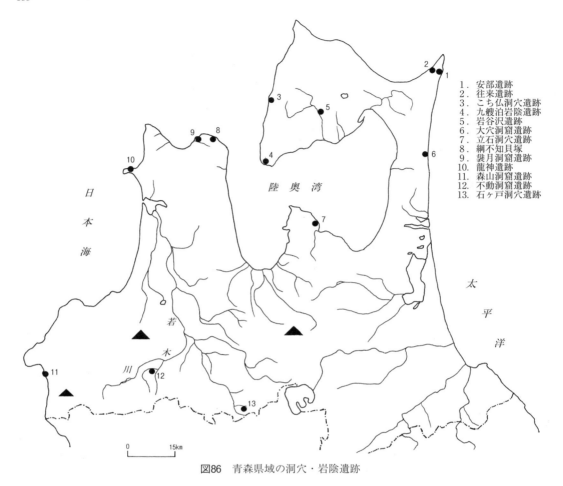

図86　青森県域の洞穴・岩陰遺跡

　しかし、この調査はあくまでも海岸部を対象とした分布調査であったため、内陸部の調査は行われず、空白のままで残された。
　1985（昭和60）年7月、筆者は青森県内の遺跡分布調査で得た情報をもとに相馬村（現弘前市）不動洞窟遺跡や他の洞穴・岩陰遺跡の踏査を行い、内陸部も含めた13遺跡16地点を紹介した（福田1986）。この後、1998（平成10）年には葛西勵・高橋潤による碇ヶ関村（現平川市）石ヶ戸遺跡の再確認調査が行われ（葛西・高橋 2002）、2002（平成14）年からは慶應義塾大学民族学考古学研究室（代表者：阿部祥人・佐藤孝雄）により、旧石器人骨と動物骨の発見および当時の自然環境復元を目的として東通村安部遺跡の調査が開始された（阿部編 2005ほか）。調査はいまも継続して行われており、旧石器や化石動物の発見などの重要な成果が得られている（奈良ほか編 2015）。

2　青森県域の洞穴・岩陰遺跡

　現在、筆者が確認した洞穴・岩陰遺跡は13カ所である。以下、地域別に述べる（図86）。

（1）下北半島の洞穴・岩陰遺跡

　現在、海岸部の5遺跡、内陸部の1遺跡が知られている。
①**安部遺跡**（424134）　東通村尻労字安部。太平洋を望む桑畑山山麓（標高約33m）〈調査期間〉昭

和30年代？（試掘）、平成14～29年7月末～8月前半の各10～14日間（試掘・分布調査を除く）〈調査者〉田名部高等学校中島全二、慶應義塾大学文学部民族学考古学研究室阿部祥人（11回）、慶應義塾大学民族学考古学研究室佐藤孝雄（5回）〈出土品〉ナイフ形石器（図88－1・2）（阿部ほか 2009）・台形状石器（図88－3）（阿部ほか 2011）・縄文土器（後期初頭多・早期？・晩期後葉）・弥生土器・石器・骨角器（釣針など）・人骨（成人・乳児）・動物遺体（旧石器時代：ヤマキサゴ等陸産貝類9科10種、ノウサギ属多数・ハタネズミ・アカネズミ・ヒグマ・ムササビ・リス科・カモシカ・ヘラジカほか。縄文時代早～後期：ヒザラガイ類・ベッコウガサ・ユキノカサガイ・カモガイ・カサガイ類・クロアワビ・サルアワビ・クボガイ・イシダタミ・タマキビ類（主体）・カズラガイ・オオウヨウラク・エゾチジミボラ・レイシ・イボニシ・アカニシ・コベルトフネガイ・エゾタマキガイ・イガイ・ムラサキインコ（主体）・ヤマトシジミ・コタマガイほか、カメノテ・カニ類、ウニ綱、ヤマキサゴ等陸産貝類15科33種、フサカサゴ科多数・アイナメ科多数・マダイ・フグ科・サメ類・タラ科・ウミタナゴ・マアジ・ブリ・スズキ・カレイ類・ヒラメ類・ウマヅラハギ属ほか、カエル類、ヘビ亜目、ミズナギドリ科多数・ウ科・スズメ目・ウミスズメ科・キジ科・ウミツバメ科・フクロウ科・ハト科・アホウドリ科・カモ亜科、ニホンジネズミ・モグラ科・キクガシラコウモリ・ニホンリス・ニホンモモンガ・ハタネズミ・ヤマネほか、ノウサギ属最多、シカ属・ムササビがこれに次ぐ、ニホンザル・キツネ・タヌキ・イヌ・テン・アナグマ・イタチ・オコジョ・オオヤマネコか・ニホンアシカ・オットセイ・イノシシほか）〈年代〉後期旧石器・縄文早期～弥生期 〈文献〉村越 1967、国立歴史民俗博物館 2008『国立歴史民俗博物館資料図録〔7〕直良信夫コレクション目録』、阿部編 2005、阿部ほか 2002～2004「安部遺跡」『平成14～16年度青森県埋蔵文化財発掘調査報告会資料』青森県公立発掘調査機関連絡協議会・青森県埋蔵文化財調査センター、阿部 2005「安部遺跡」『平成17年度 青森県埋蔵文化財発掘調査報告会資料』、阿部ほか 2008・2009・2011「安部遺跡（尻労洞窟）」『平成20・21・23年度 青森県埋蔵文化財発掘調査報告会資料』、金井紋子 2012・2013「安部遺跡」（尻労安部洞窟）『平成24・25年度青森県埋蔵文化財発掘調査報告会資料』、慶応義塾大学ほか 2014・2015「安部遺跡」（尻労安部洞窟）『平成26・27年度青森県埋蔵文化財発掘調査報告会資料』、阿部ほか 2008・2011「安部遺跡（尻労安部洞窟）」『第22・25回「東北日本の旧石器文化を語る会」予稿集』、阿部 2010「旧石器時代文化層における動物遺存体―下北半島・尻労安部洞窟 近年の調査―」『古代文化』62－2、奈良ほか編 2015 〈備考〉山林、通称尻労安部洞窟、石灰岩洞穴。東側200mにナウマンゾウやオオツノジカの化石出土地あり。周辺にはほかに洞窟が5カ所あるが、遺物は発見されず。中島の試掘調査で縄文後・晩期（大洞A′式）土器片出土、慶應義塾大学の調査では洞窟前庭部を調査、哺乳類のうち大型偶蹄類と思われる臼歯歯冠、ノウサギ属の遊離歯・ムササビの歯は後期旧石器のナイフ形石器2点と共伴。平成28年の調査では、縄文後期のオオヤマネコとみられる骨がまとまって出土。平成17年8月20日、26年8月3日に発掘調査見学。

②往来遺跡（424017） 東通村岩屋字石倉。津軽海峡を望む海蝕崖（標高2～5m）〈調査期間〉昭和26年8月13日～17日、36年8月18日、48年11月10日 〈調査者〉東京大学理学部人類学教室鈴木尚ほか、中島全二（田名部高等学校）・木村勇、むつ工業高等学校橘善光 〈出土品〉朱塗り椀・鉄鍋と弦・鉄釘・鎌・キセル・木器・綿布・貝製品・人骨・動物遺体（トコブシ・エゾアワビ・アワビ類・キクスズメガイ・ユキノカサガイ・イシダタミガイ・クマノコガイ・クボガイ・ヒメクボガ

イ・クロタマキビガイ・ツメタガイ・エゾタマガイ・レイシガイ・イボニシ・エゾボラ・バイ・シマミクリガイ・エゾヒバリガイ・クジャクガイ・エゾイガイ・アズマニシキガイ・アカザラガイ・ホタテガイ・イタヤガイ・カガミガイ・ベンケイガイ・ビノスガイ・ウバガイ・ミルクイガイ・オオノガイ、イカ類、サメ類・カレイ類、アホウドリ・サギ類・カモ類・カモメ類・ニワトリ、ノウサギ・タヌキ・イヌ・ネコ・テン・イタチ・クマ・シカ・ウマ・ウシ・クジラ・海獣類）〈遺構〉敷石 〈年代〉江戸期 〈文献〉鈴木ほか 1952、鈴木尚 1956a、東通村史編集委員会 2001『東通村史』東通村、国立歴史民俗博物館 2008 国立歴史民俗博物館資料図録〔7〕直良信夫コレクション目録』〈備考〉海岸・宅地・道路、昭和25年12月に道路工事中に洞穴から人骨発見、A・B（和人骨8体）・C洞窟（アイヌ人骨7体）がある。A洞窟は標高約4m、北北東に開口する石灰岩岩陰、一部崩壊とも。B洞窟は標高0m、北北東に開口、開口部高さ0.9m、幅4m、奥行4mの石灰岩洞穴。一部崩壊。C洞窟は標高約4m、西に開口、開口部高さ1.9m、幅1.4m、奥行2.7mの主室と2カ所の側室からなる、石灰岩岩陰。一部崩壊。蝦夷穴・鬼洞門・岩屋洞穴（窟）・往来洞穴とも呼称、消滅か。昭和59年10月23・24日に現地調査。

③こち仏洞穴遺跡（426009） 佐井村長後字細間字仏ヶ浦。平舘海峡を望む海蝕崖（標高約20m）〈調査日〉昭和38年9月26・27日、48年9月2日 〈調査者〉田名部高等学校中島全二、小沢中学校岩本義雄 〈出土品〉擦文土器・動物遺体（貝・鳥骨）・木炭 〈年代〉古代 〈文献〉村越 1967、佐井村 1971『佐井村誌 上巻』〈備考〉海岸、仏ヶ浦洞穴（遺跡）とも、海に向かって開口、入口はアーチ状、高さ3.1m、幅7.05m、内部の最大幅約9.6m。天井から現在の床面までの高さは最大で約4.4m、奥行約9.1mの凝灰岩洞穴。内部の壁、天井は浸食・風蝕で一部崩壊。村越潔によれば、仏ヶ浦洞穴には4カ所の洞穴遺跡があり、1967年の数年前に函館博物館の吉崎昌一と元佐井村教育長で郷土史家の奥村静一が発見・調査し、擦文土器を採集したと伝えられるが詳細は不明。また、『佐井村誌 上巻』で岩本（佐井中学校教諭）は、このほかに牛滝集落北西の海岸に牛滝洞穴（牛穴）が2カ所あるが、海水面と大差がない標高にあるため遺跡ではないが、その中間にある岩陰状のものは、海面より10数mの高さにあり、遺跡の可能性があるとする。

④九艘泊岩陰遺跡（208168） むつ市脇野沢九艘泊。陸奥湾を望む丘陵（標高30～40m）〈調査期間〉昭和35年8月6日～8日、48年9月9日 〈調査者〉慶應義塾大学民族学考古学研究室江坂輝彌、小沢中学校岩本義雄 〈出土品〉縄文土器（晩期後半大洞C2～A式：図87－22～24）・弥生土器（前期・二枚橋式：同25～30、後期・赤穴式：同31・32）・続縄文土器（後北C1式：同33、後北B式：同34）・擦文土器：同35・36、石器（石錘：同37・38）・骨角器（釣針：同39）・貝製品（ベンケイガイ製貝輪：同40・ホタテガイ製品：同41）・動物遺体（エゾアワビ・イガイ多、トコブシ・ユキノカサガイ・クボガイ・コシダカガンガラ・スガイ・レイシガイ・イボニシ・オオウヨウラクガイ・エゾボラ・ミガキボラ・アズマニシキガイ・マガキ・ベンケイガイ・ウチムラサキガイ・アサリ・ホタテガイ、クロダイ・ヒラメ、鳥類、キツネ・シカ・トド？）〈年代〉縄文晩期、弥生（多）・続縄文・平安 〈文献〉江坂ほか 1965、江坂輝彌 1965「青森県下北郡九艘泊岩蔭遺跡」『日本考古学年報』13、脇野沢村史調査団 2008『脇野沢の歴史―海と山の民のくらし―』むつ市、工藤竹久 2005「九艘泊岩蔭遺跡」『青森県史資料編 考古3 弥生～古代』青森県 〈備考〉山林、昭和20年代に九艘泊中学校の松下稔三が土器片を発見したという。洞穴（A）は北に開口、洞穴状、開口部高さ7～8m、幅約12m、奥行約4mの凝灰岩岩陰。下北半島の猿および猿生息地（国指定天然記

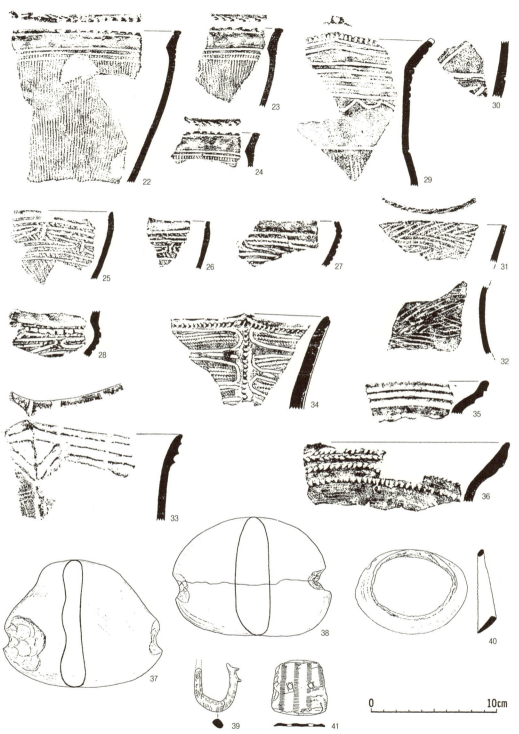

図87　九艘泊岩陰遺跡出土の遺物

念物)・下北半島国定公園(普通地域)内。昭和58年6月16日に現地調査した際、この洞穴の近くで新たに発見されたというやや高い位置にある洞穴(B)も見る。開口部の高さ2m、幅4m、奥行4mで、村教育委員会によれば、かつて地元の民俗研究家の立花勇が踏査し、内部から縄文土器が発見されている。

⑤岩谷沢遺跡(208110)　むつ市川内町高野山国有林第24林班。川内川左岸(標高約80m)　〈調査日〉昭和48年9月16日　〈調査者〉小沢中学校岩本義雄　〈出土品〉縄文土器・石鏃・スクレイパー・動物遺体(獣骨)　〈年代〉縄文晩期(大洞C1式)ほか　〈文献〉県埋蔵文化財包蔵地調査カード　〈備考〉山林、岩谷沢岩陰遺跡とも。西に開口、開口部高さ2.1～3.2m、幅12.5m、奥行約6mの凝灰岩岩陰。一部崩落、セメント吹き付けで固定。昭和60年9月5日に現地調査。

⑥大穴洞窟遺跡(411011)　六ヶ所村泊字村ノ内。太平洋を望む海蝕崖(標高2～3m)　〈調査期間〉昭和27年8月20日～22日、36年8月18日、46年8月25日　〈調査者〉東京大学人類学教室鈴木尚・田辺義一、東湖小学校二本柳正一・横浜第二中学校二本柳正一・北奥古代文化研究会北林八洲晴　〈出土品〉続縄文土器・土師器(擦文土器?)・須恵器・陶器・骨角器(銛頭・骨針)・永楽通宝・寛永通宝・むしろ・人骨3体・動物遺体(イガイ・カキ)　〈遺構〉石囲い炉跡　〈年代〉古代・中世以降　〈文献〉鈴木尚 1956b、鈴木尚 1957「青森県上北郡滝尻洞窟(通称大穴)」『日本考古学年報』5　〈備考〉海岸・原野。東に開口、開口部高さ約6m、幅約3m、奥行約25mの凝灰岩洞穴。貝層・混貝砂層あり、旧滝尻洞窟、動物遺体は中世以降、人骨は古代で50歳(アイヌ人?)・10歳の少年、幼児骨、屈葬あり。昭和59年7月17日に現地調査。

(2) 夏泊半島の洞穴・岩陰遺跡

現在、海岸部の1遺跡が知られている。

⑦立石洞穴遺跡(301023)　平内町雷電林国有林。夏泊半島東岸の海蝕崖(標高2～3m)　〈調査日〉昭和30年代後半(2日間試掘)　〈調査者〉平内郷土史研究会田中忠三郎・福地勤ほか　〈出土品〉縄文土器、石器(剝片)・骨角器(へら状製品)・土師器?、動物遺体(アワビ・クボガイ・コシダカガンガラ・ウミニナ・マガキ・イタボガキ・イガイ・アズマニシキガイ・ホタテガイ・アサリ・オキシジミガイ・オオノガイ、鳥類)　〈年代〉縄文後期前半・晩期中葉　〈文献〉村越 1967、平内町 1977『平内町史』上巻、福田 1986　〈備考〉海岸・山林、第2次大戦末期に火薬庫として利用されたため、内部は改変されている(図91右上)。東に開口、開口部高さ4～5m、幅1.5m、奥行約20m、内部の高さ2.5～3m、幅3mの珪岩板状節理の洞穴で、内部は途中でくの字状に曲がる、混貝土層あり。昭和60年9月4日に現地調査し、晩期の粗製土器片2点を採集(図88-16)。

(3) 津軽半島の洞穴・岩陰遺跡

現在、半島北部の海岸部の3遺跡が知られている。

⑧綱不知貝塚(303002)　今別町奥平部字赤坂。津軽海峡を望む海蝕崖(標高2～3m)　〈調査日〉昭和36年8月22日　〈調査者〉青森市立中央高等学校井上久・今別町史編纂委員肴倉弥八　〈出土品〉縄文土器・続縄文土器、石器?・ヒスイ製勾玉(図88-4)・人骨1体?・動物遺体(アワビ・コシダカガンガラ・イボニシ、獣骨類)　〈年代〉縄文晩期・続縄文期　〈文献〉村越 1967、福田 1986、関根・上條編 2009、上條編 2011　〈備考〉海岸・道路脇、北東に開口、開口部高さ4～5m、幅10m以上、奥行4～5mの凝灰岩洞穴。混貝土層あり、なかに地蔵尊を祀る。村越潔によれば明治期に人骨・縄文前期土器・石器、多数の貝殻が発見されたとされるが不明。綱不知洞穴とも呼称。

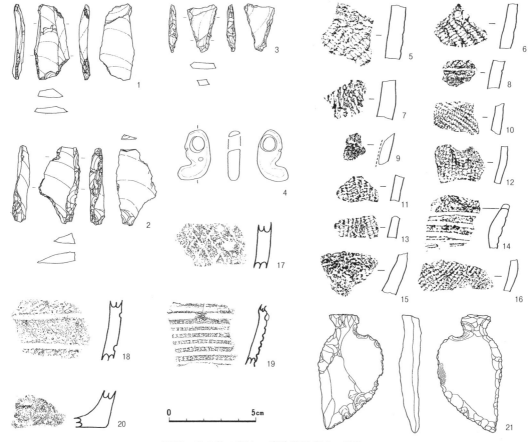

図88 その他の洞穴・岩陰遺跡出土の遺物

『成田コレクション考古資料図録』にあるヒスイ製勾玉（図88－4）が、明治17年夏に鬼泊村の岩穴から大人骨とともに出土したとされる岩穴は、この洞窟とみられる。昭和60年9月11日に現地調査し、縄文晩期などの粗製土器片10点以上（同10～15）と頁岩製フレイク、アワビ・巻貝を確認。この後、平成25年5月18日に、県埋蔵文化財調査センターの齋藤岳とともに再調査。なお、明治期に縄文前期の土器が出土したというのは、縄文海進時の海水面の上昇（＋2～3m）を考えると、洞穴が利用できない状況であったと考えられるため、他の時期、おそらく晩期の土器であった可能性がたかい。

　⑨袰月洞窟遺跡（303003）　今別町袰月。津軽海峡を望む海蝕崖（標高約5m）〈調査日〉昭和36年8月22日　〈調査者〉青森市立中央高等学校井上久・今別町史編纂委員肴倉弥八　〈出土品〉縄文土器？・ヒスイ製勾玉2？・人骨？　〈年代〉縄文晩期　〈文献〉村越 1967、福田 1986　〈備考〉海岸、袰月洞穴とも呼称、凝灰岩洞穴。崩落が著しく、内部に崩落土・岩石充満し、調査は不可。村越によれば、かつて成田彦栄が試掘し、晩期の土器とヒスイ製勾玉2個を採集したとされるが、真偽を含め不明。昭和60年9月11日に現地踏査し、平成25年5月18日に写真撮影。

　⑩龍神遺跡（387051）　中泊町権現崎国有林635林班ル小班。津軽海峡を望む海蝕崖（標高約5～6m）〈調査日〉昭和60年10月24日　〈調査者〉小泊村教育委員会柳沢良知・県教委文化課福田友之　〈出

土品〉土器片 〈年代〉縄文？ 〈文献〉村越 1967、福田 1986 〈備考〉海岸、龍神洞穴とも、北東に開口、開口部高さ約3m、幅約3m、奥行5～6mの流紋岩洞穴。崩落が著しく、内部に堆積土・石塊多し。村越によればかつて成田彦栄が試掘調査し、西側約30mにある恵比寿洞穴か当洞穴のいずれかは不明であるが、後北式土器や擦文土器が出土したとされる。また、村教育委員会によれば、縄文土器片が発見されているとのこと。翌25日に再踏査し、小土器片（図88－9）を1点採集。この後、平成25年5月18日に写真撮影。

なお、恵比寿洞穴は村教育委員会によれば遺物の出土はないとのことであるが、25日に内部を調査したところ遺物は発見できなかった。この当時は恵比須様参拝用のはしごがかけられていたが、現在は破損しており、立ち入りは不可（5月18日は撮影のみ）。

（4）津軽地方の洞穴・岩陰遺跡

現在、海岸部の1遺跡、内陸部の2遺跡が知られている。

⑪**森山洞窟遺跡**（323049） 深浦町松神字下浜松。日本海を望む段丘（標高約20m） 〈調査日〉昭和38年9月14日 〈調査者〉弘前大学教育学部村越潔 〈出土品〉銅銭・動物遺体（コシダカガンガラ・マキアゲエビスガイ・イボニシ・バイ・ホタテガイ、サメ、鳥類、イノシシ牙・シカ・海獣） 〈年代〉江戸 〈文献〉村越 1967、村越潔 1987「原始・古代の岩崎」『岩崎村史』上巻 〈備考〉海岸部山林、南に開口、凝灰岩で岩陰状。開口部径9.6m、奥行6.9m、混貝土層、旧松神洞穴、骨は大半が焼けている。

⑫**不動洞窟遺跡**（202418） 弘前市大助字竜ノ口。作沢川右岸（標高約130m） 〈調査日〉昭和60年7月10日、9月1日ほか 〈調査者〉県文化財保護指導員福沢昭美・県教委文化課福田友之 〈出土品〉縄文土器片採集（図88－5～8） 〈年代〉縄文前期（円筒下層式）・後期中～後葉・木炭片 〈文献〉『新撰陸奥国誌』巻29、1876年（県文化財保護協会 1965『新撰陸奥国誌』2巻、みちのく双書16）、内田・宮本編訳 1967「つがるのをち」『菅江真澄遊覧記』3、東洋文庫82、平凡社、福田 1986 〈備考〉山林、不動洞穴とも。作沢川に開口、開口部は高さ4～5m、幅6.5～7m、奥行き8mの凝灰岩洞穴。開口部は県道拡幅工事のため長さ2mほど削土、なかに不動尊を祀る。三河の紀行家菅江真澄が寛政九（1797）年旧暦5月16日に参拝。昭和60年7月10日以降、数度にわたり調査。

⑬**石ヶ戸洞穴遺跡**（210228） 平川市碇ヶ関大落前山国有林288林班、3小班。大落前川左岸（標高約260m） 〈調査日〉昭和25年10月、平成10年10月 〈調査者〉県史跡調査委員葛西覽造、青森短期大学葛西勵・青森山田高等学校高橋潤 〈採集品〉縄文土器片・石匙 〈年代〉縄文後期前葉（十腰内Ⅰ式）・晩期後葉（大洞A式） 〈文献〉齋藤祐一解説 1997『碇ヶ関村歴史案内地図』碇ヶ関村教委、葛西・高橋 2002、福田 2012a 〈備考〉山林、昭和25年10月6日（金）付けの『東奥日報』に、葛西覽造が行った調査結果が報じられ（図89）、平成9年の『碇ヶ関村歴史案内地図』に石ヶ戸として紹介された。葛西・高橋の調査報告では、岩陰は三角形状に3カ所配置されたような状況であり、岩陰で囲まれた中央部は広場を思わせる平坦地である。No.1とした岩陰は長さ10m、厚さ1～1.5mほどの板状石を大岩にもたれかけさせた状態で、大落前川（北側）に向かって開口、間口部約7m、奥行約9.5m、天井までの高さは最高所で2.85m。この内部底面から、十腰内Ⅰ式（図88－17・18）、大洞A式前後（同19）の土器片、土器底部（同20）、縦形石匙（同21）を採集。No.2とした岩陰はNo.1の北東約50mにある高さ4mほどの凝灰岩大岩で、これに2mほどの庇（ひさし）状張り出しがある。天井までの高さは約3m、内部から無文土器小片を1点採集。No.3とした岩陰は

No.1の東方約70mにあり、No.2より大きい凝灰岩製大岩で、これに2mほどの庇状張り出しがある。天井までの高さは約1m。地元では石家戸とも呼称。平成10年11月6日に県史編さん室の職員・県史編さん考古部会専門員らとともに踏査。

(5)遺跡の可能性があるその他の洞穴

以上のほかに、青森市の石家戸の洞穴（駒込川に開口）から縄文末期の土器が出土したという記載（鈴木政1965）や今別町鬼泊岩屋観音堂を祀る洞穴（奥平部砥石所在）ではかつて、整地の際に縄文前期の土器が出土した旨の記載（小笘1982）がある。このなかで、石家戸の

図89　石ヶ戸洞穴遺跡の新聞記事

洞穴については、未だに所在が確認されていない。また、鬼泊岩屋観音の洞穴は昭和60年9月以来、数回見ているが、内部がコンクリートで固められているため、遺物は確認できない状況である。

また、村越潔（1967）によれば、かつてJR津軽線の三厩―津軽浜名の線路敷設工事中に2カ所、県道拡幅工事で1カ所の洞穴遺跡が破壊されて土器や人骨が出土したとされているが、詳細は不明である。

3　洞穴・岩陰遺跡の分布と性格

(1)分布と年代

三方を海に囲まれた青森県域では、下北、夏泊、津軽の各半島海岸部には岩礁地帯が各所に展開しており、波浪によって浸食されてできた海蝕洞穴がある。これらの洞穴を利用した遺跡は、下北半島には安部・往来両遺跡（東通村）、東部に大穴洞窟遺跡（六ヶ所村）、こち仏洞穴遺跡（佐井村）、九艘泊岩陰遺跡（むつ市）の5カ所、夏泊半島には立石洞穴遺跡（平内町）、津軽半島には綱不知貝塚・袰月洞窟遺跡（今別町）、龍神遺跡（中泊町）の3カ所、津軽地方の日本海側には森山洞窟遺跡（深浦町）がある。

また、内陸部では、下北半島の川内川流域に岩谷沢遺跡（むつ市）、津軽地方の秋田県との県境付近の相馬川流域には不動洞窟遺跡（弘前市）、大落前川流域には石ヶ戸洞穴遺跡（平川市）がある。内陸部の洞穴遺跡は、今のところ秋田県との県境をなす白神・大鰐山地に水源をもつ河川流域において確認されているだけで、津軽・南部の両地方を分ける東岳山地、十和田・八甲田山地、さらに岩手県との県境をなす名久井山地・三戸丘陵に水源をもつ河川流域では、発見例がない。これ

図90　青森県域の洞穴・岩陰遺跡（下北半島）

立石洞穴遺跡（1985.9.4）

立石洞穴遺跡内部（1985.9.4）

綱不知貝塚（2013.5.18）

袰月洞窟遺跡（2013.5.18）

龍神遺跡（2013.5.18）

恵比寿洞穴（2013.5.18）

図91　青森県域の洞穴・岩陰遺跡（津軽半島①）

不動洞窟遺跡（1985.7.10）　　　　　　　　　　石ヶ戸洞穴遺跡（1998.11.6）
図92　青森県域の洞穴・岩陰遺跡（津軽地方②）

は、分布調査が未だ進んでいないためであり、今後の調査の進展によって、発見が期待できる。

　以上の遺跡のうち、青森県最古の洞穴遺跡は安部遺跡である。後期旧石器時代のナイフ形石器が発見され、化石動物を含む動物の骨類も発見されていることから、氷河期におけるヒトと動物との関わり、海水準や気候変動等の自然環境の変化を研究するうえで、きわめて重要な遺跡である。次いで古いのは不動洞窟遺跡で、縄文前期の円筒下層式土器が採集されている。また、石ヶ戸洞穴遺跡では後期前葉、岩谷沢遺跡では晩期の土器が採集されている。しかし、いずれも発掘調査が行われていないため、地下にはどのような年代の遺物が包含されているのか不明であるが、縄文早期以前の遺物が埋もれていないとは断定できない。また、晩期、およびそれ以降の洞穴遺跡は大半が海岸部にある。とくに、晩期土器が採集された網不知貝塚や立石洞穴遺跡は、ともに海岸の標高2〜3mという低い位置にあり、縄文海進などの影響により、縄文前期以前は利用できない状況があったためとみられる。

（2）性　格

　青森県域では、遺跡の多くが発掘調査されていないため、遺跡内容はほとんど不明であるが、調査が行われた安部遺跡では人骨が出土し、網不知貝塚では、かつてヒスイ製勾玉が人骨とともに発見されたということから、墓地としても利用されたとみられる。また、海岸部にある網不知貝塚、袰月洞窟遺跡、立石洞穴遺跡はいずれも小規模なもので、遺物包含層も薄いとみられることから、通年居住のものではなく、狩猟・漁撈活動に関わる季節的な利用が考えられるが、とくに立石洞穴遺跡は、漁労のほかに、周辺地域に分布する製塩遺跡を考えると、夏場の製塩作業に関わる遺跡であったことも推定される。

　古代・近世の大穴洞窟遺跡や往来遺跡では、人骨がまとまって出土していることから、おもに墓地としての利用が考えられる。

4　青森県域の洞穴・岩陰遺跡研究の現状

　不動洞窟遺跡の発見を契機に、これまではほとんど注目されてこなかった洞穴・岩陰遺跡への興味がかき立てられ、今日にいたっているが、青森県域で確認された旧石器から中世にいたる約4,500

カ所の遺跡（埋蔵文化財包蔵地）のなかで、洞穴・岩陰遺跡はわずか13カ所しか確認されていない。わが国の洞穴・岩陰遺跡は、1997年の段階では、全国681カ所の所在が記録されている（麻生編 1997）。しかし、47都道府県中、県域の広さが第8位である青森県域ではあるが、その割にはかなり少ない。しかも、南部地方では未だ1カ所も確認されていないというのは、分布・確認調査が十分でないことを示している。

　洞穴・岩陰遺跡は、一般的な遺跡（開地遺跡。open site）とは異なって、海岸部や内陸部の急崖にあるためあまり人目にはふれず、しかも踏査・調査には危険を伴うため、調査対象とはなりにくい遺跡である。しかし、旧石器・縄文草創期以来、人びとと密接な関わりをもって存在し、いまもなお神社等の神域という形に姿をかえて利用され続けてきている。洞穴・岩陰遺跡では、人骨や動物遺体などが比較的良好に保存され、とくに内陸部の洞穴遺跡の場合は、たとえば長崎県福井洞穴、長野県石小屋洞穴、山形県日向洞窟、岩手県蛇王洞洞穴などのように、旧石器終末から縄文早期初頭の定住生活以前の状況を示す遺物が埋蔵される場合が多い。このような洞穴・岩陰遺跡が、草創期以降の縄文文化が盛行した青森県域において、どのように利用され、絶対多数を占める開地遺跡とどのような関わりをもって存在していたのか。今後の分布調査と発掘調査の進展が期待される。

第2節　島の遺跡

　本州島最北端の青森県域は、三方を海に囲まれたうえ陸奥湾という広い内湾を抱えていることから、人びとは古くから海と密接な関わりをもった生活を営んできた。海岸部にある多数の縄文遺跡や貝塚などがそれをよく示している。この一方、つねに海との密接な関わりをもっていた島の遺跡は、青森県域に限っていえば、1955（昭和30）年に発見された八戸市蕪島遺跡（市川 1967、小笠原 1984）のみであり、島の遺跡やその意味については、研究者間で話題にのぼることもなく、現在にいたっているといってよい。

　ところで筆者は、20年ほど前から縄文人と海との関わりに対する興味から、海をめぐる交流・交易や貝塚・漁撈等に関する論考を発表してきたが、その過程で、青森県域には蕪島遺跡のほかにも、まだ島の遺跡があるはずであり、その調査を行う必要性を感じてきた。そして、それは島の数や漁撈活動・製塩などの生業関連遺跡の分布密度の高さから、とくに陸奥湾西南の青森湾東部にある島であろうと予測し注目してきた。そして、偶然にも夏泊半島沖の大島（福田 1998a）において遺跡を確認することができ、さらにその後に浅虫温泉沖の湯ノ島においても確認することができた（福田・児玉 2005、福田 2006）。

　そこで本節では、これら2島の遺跡を紹介するとともに、その意味するところについて、若干述べてみたい。

1　青森湾東部の島の遺跡

（1）青森市湯ノ島遺跡（図93〜95）

　湯ノ島は、浅虫温泉の西方沖合約800mにある無人の小島である。ほぼ円形で周囲約1.5km。標高132m。柱状節理が発達した石英安山岩で構成されている。2004（平成16）年4月10日にカタク

図93　湯ノ島（2004.4.11）

リの花を見るため渡島した際に、東側海岸縁の道路脇において遺物の散布を確認した。海面から1～2mの高さにあり、赤く焼けた土や小円礫とともに貝類・土器片などがごく少数散布していた。その後、同年5月26日午後、青森市教育委員会文化財課職員とともに再度島に渡り調査し、縄文～平安時代の土器片および縄文時代とみられる石器を少数確認した。調査結果はすでに報告されている（福田・児玉 2005、福田 2006）が、あらためてそれらを紹介すると、図94の1は無文地に沈線文が施された土器片で、縄文時代後期前葉の十腰内Ⅰ式とみられる。2は縄文地に平行沈線文が施された土器片で、同晩期後葉～弥生時代前期の鉢形土器片とみられる。また、3～10は平安時代の土器片であり、3～6は土師器甕の口縁部片、7・8は製塩土器の胴部片、9・10は製塩土器の底部片である。

また、11は平安時代の土製支脚片である。12・13は縄文時代の石器であり、12は赤い鉄石英の掻器（スクレイパー）、13は頁岩製石器の剥片である。また、14は円礫で火熱を受けた痕跡が認められる。

これらのほかに焼土も確認されており、当遺跡には製塩関連等の遺構がある可能性がある。ちなみに、元青森県考古学会長の市川金丸は、29年ほど前にこの島から発見された土師器片を見たことがあると話しており、一部の研究者のあいだでは遺跡の存在がすでに知られていたようである。おそらく、この地点のことと思われる。
(1)

（2）平内町大島貝塚（図96～98）

夏泊半島先端の夏泊崎から約180mほど北にある無人の小島である。長円形で周囲約3km。標高73m。北部は柱状節理が発達した石英安山岩、南部は頁岩で構成されている。現在は、コンクリート橋で夏泊崎と結ばれているが、干潮時には徒歩で渡ることができるという。この遺跡は、1990（平成2）年に県埋蔵文化財調査センターに勤務していた木村高からの情報により、同年12月7日に初めて踏査した（福田 1998a）。東南部の海岸縁にほぼ10mにわたって延びる低い崖に、表土下にアワビやムラサキインコガイなどの岩礁性貝類を含む混貝土層（厚さ20～40cm）がみられ、木炭や魚骨類とともに土師器片と頁岩剥片が確認された。また、その下のローム混じりの層との境付近から頁岩製の石器剥片も確認され、その下位は岩盤である。この後、数度の踏査を行ったが、遺物は非常に少なく、わずかに、以下の遺物を確認できたのみである。図97-1は縞縄文と三角形列点文のある続縄文土器の小片で、後北C2・D式とみられる。2・3は平安時代の土師器甕の胴部片で、同一個体の可能性がある。4も土師器甕の胴部小片である。また、5は厚手で、胎土に細礫を含み表面が粗い土器小片である。平安時代の製塩土器の胴部片とみられる。このほかに、頁岩製の石器剥片が2点（図98-6・7）ある。

なお、踏査のみの遺跡調査であるため、遺構とみられるものは確認できなかったが、平安時代の製塩関連遺構がある可能性がある。これらの遺物により、この遺跡の年代は続縄文～平安時代とみ

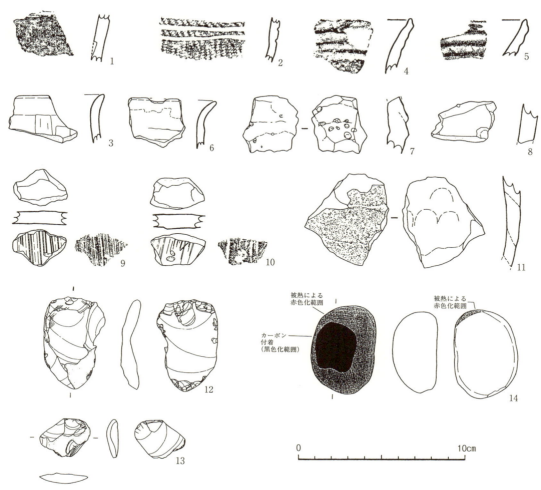

図94　湯ノ島遺跡の遺物

られるが、剝片は縄文時代のものである可能性がたかい。

2　青森湾以外の島の遺跡

　以上が、筆者が確認した縄文～古代の青森湾の島の遺跡であるが、青森県域の島の遺跡は青森湾内のほかに、冒頭に述べた蕪島遺跡のほか中島遺跡の2カ所がすでに知られている。

図95　湯ノ島遺跡の遺物写真

（1）八戸市蕪島(かぶしま)遺跡（図99・100）

　蕪島は八戸港東部の鮫町の北西約150mほど沖合にある島で、国の天然記念物・ウミネコ繁殖地として知られている。周囲約800m、標高19m。輝緑凝灰岩類で構成されており、頂上に弁財天を

大島（2004.4.11）　　　　　　大島貝塚の状況（1990.12.7）

図96　大島貝塚

図97　大島貝塚の土器

祭る蕪嶋神社があることから、弁天島とも呼称されていた。もともとは島であったが、第2次大戦中の1943（昭和18）年に海軍が軍用基地建設のため埋め立てしたため陸続きとなった。遺跡は1955（昭和30）年に確認され、同年から1980・1981年まで、断続的に採集された遺物は市川金丸（市川 1967）、小笠原善範（小笠原 1984）によって発表されている。市川は、蕪嶋神社のある島頂部一帯4カ所から縄文時代早期中葉（白浜・小船渡平〜吹切沢式）の貝殻文・条痕文・刺痕文土器片、土器尖底部片等計63点、石鏃2・石匙1・石斧2・石錘24点のほか、続縄文土器片4点、土師器片3点が採集されたことを紹介し、小笠原は早期中頃（寺の沢〜吹切沢式）の貝殻腹縁・押引文・条痕文土器片の計21点を紹介している。図100は小笠原が採集した土器の一部である。1・2は寺の沢式土器、3〜7は吹切沢式土器の破片であり、いずれも尖底深鉢形土器である。これらの遺物により、この遺跡は縄文時代早期中葉から続縄文・平安時代にかけて断続的に利用されたとみられる。[2]

（2）五所川原市（旧市浦村）中島遺跡（図101・102）

中ノ島は、海に浮かぶ島ではないが、日本海とつながる十三湖（かつては十三潟）の北西岸近くにある。湖岸から250mほど離れた長楕円形の島で、周囲約2.3km、標高2.4m。平坦な低湿地・砂丘である。現在は木造の遊歩道橋が架けられている。1952（昭和27）年、島の南端で採砂工事中に奈良時代の土師器坏（1・2）・高坏（3）・長胴甕（4）・球胴甕（5）などが発見された（櫻井 1954、木村鉄 1976）[3]ことをうけ、1953年に当時早稲田大学文学部の櫻井清彦らによって発掘調査が行われた。その後、1983・1985（昭和58・60）年には、市浦村当局による「十三湖・中の島公園施設整備事業」に伴う調査が同村教育委員会によって行われ、1983年の調査では同時期とする土師器甕が出土している（市浦村教委 1984）。遺構は未発見であるが、1952年発見のものは竪穴住居跡

から出土した可能性があり、奈良時代の小集落跡があった可能性がたかい。

3 島の遺跡のもつ意味

以上が青森県域の島の遺跡の概要である。学術的な発掘調査が行われた結果、各種の遺構・遺物など多くの情報が得られたという状況ではなく、遺物の発見により遺跡の所在が確認されたという程度の情報にすぎ

図98　大島貝塚の遺物写真

ない。このため、踏み込んだ考古学的な考察をくわえることはできないし、時期尚早である。しかし、これらの遺跡の所在確認によって、これまでにない島から陸をみる視点や島を含めた沿岸交流の視点をもつことができるようになった。

さて、これらの島の遺跡の性格であるが、青森湾内の湯ノ島遺跡は、平坦地が狭小で、しかも波浪や風の影響を直接受けやすいため、長期にわたる居住地や墓地としての利用は考えにくい。近距離にある青森市野内の大浦遺跡（縄文時代晩期の貝塚）からうかがわれるような漁場、夏の製塩場などの季節的居住・利用が考えられる。また、湯ノ島・大島貝塚では平安時代の製塩土器も確認されたことから、この時代に陸奥湾海岸部で盛行した製塩が、湾内の島においても行われていたことがわかった。また、漁場としての季節的な利用も考えられる。

太平洋沿岸の蕪島遺跡は、土器以外に狩猟用の石鏃や漁撈用の石錘などの石器も多くあり、ウミネコ等の鳥獣類の猟場、さらに漁場であったとみられる。岩木川河口部の奈良時代の中島遺跡は、縄文時代とは時代・社会状況もまったく違い、同一に考えることはできないが、古代の漁場、交易拠点などの性格が想定される。

つぎに、海進現象との関係においてみると、約6,500～5,500年前の縄文時代早期後半～前期中葉の海進（縄文海進）のピーク時には、陸奥湾一帯では冬季の最低表面水温が今よりも5℃ほど高く、海水面が2～3m高かったとされている（松島 2006）。山頂部等にある蕪島遺跡とは違って青森湾東部の2島は、いずれも中央部が高いため、居住地域は海岸部の狭い平場（標高1～2m）と考

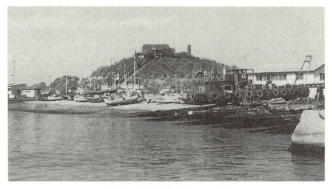

図99　蕪島（1985.9.21）

えられる。このため、縄文海進期にはこの平場は水中にあった可能性がたかい。したがって、平場におけるこの縄文海進期の人の居住は考えにくく、この2島には当時の遺物はない可能性がたかい。今のところ、湯ノ島遺跡で確認された最古の土器が縄文時代後期前葉であるのは、その辺の事情をも示唆しているのであろう。陸奥湾内の海水準変動を考える

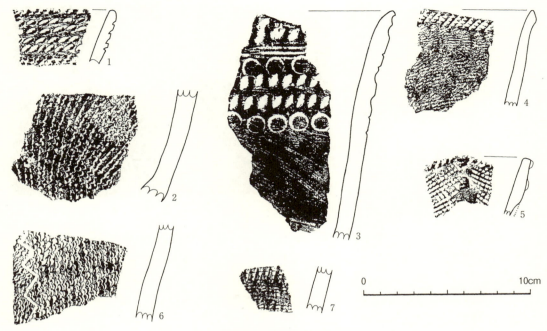

図100　蕪島遺跡の土器

うえでも、島の遺跡のもつ意味は大きい。
　これら2島の遺跡と直接的な関連が想定される陸奥湾沿岸の青森市や平内町の遺跡のなかで、縄文時代晩期では青森市大浦遺跡、平内町横峰貝塚・立石洞穴遺跡等の貝塚、外ヶ浜町今津（1）遺跡の製塩遺跡、また平安時代の製塩土器という点では、青森市内真部（9）・大浦遺跡、平内町白砂・大沢遺跡などの陸奥湾南部の製塩遺跡、さらにむつ市瀬野・上野平遺跡などの下北半島の製塩遺跡が距離的に近く、双方の関連が想定される。また、湯ノ島遺跡・大島貝塚のある2島は、ともに陸奥湾沿岸各地から眺望できることから、湾内交通の際の目印や漁撈時の山アテ用の目印（太田原2002）ともなっていたのであろう。

4　青森県周辺の島々の調査と展望

図101　中ノ島（右端中央部。1984. 10. 19）

　島の遺跡への興味は、深浦町の艫作崎（へなし）西方約30kmの久六島に始まった。47年以上も前の学生時代のことになるが、この島に渡って考古学調査を、あわよくば何らかの大陸系文化の出土品をと意気込み、深浦町役場に漁船のチャーター料や島の状況を手紙で問い合わせたことがあった。返ってきた手紙には、「この島は岩礁で航路標識塔があるのみ。満潮時には海中に没する」とい

う旨が書かれており、それが考古学研究室の先輩たちに知られ大笑いされたことがあった。その後しばらくたって、縁あって青森県立郷土館に勤務することとなり、1996年8月24日には、以前からの希望であった本州最北端の下北半島大間崎沖の弁天島に渡った。沖合約800mにある柱状節理の発達した周囲約2.7km、標高11.6mの小島である。大間港から早潮のクキド瀬戸を渡り6分ほどで着き、セグロカモメ・ウミネコ・ウミウなどの鳥やその死骸を見ながらの表面踏査となった。海峡域に住む縄文人が上陸したことは間違いないところであるが、表土がほとんどないため、5時間近く歩き回ったにも

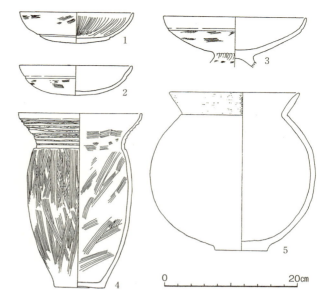

図102　中島遺跡の土師器

かかわらず、遺物発見は叶わなかった。その後、2016（平成28）年、今度は、下北半島南西端のむつ市脇野沢沖に浮かぶ鯛島に渡る機会に恵まれた。同年6月30日、むつ市教育委員会の森田賢司らとともに漁船で渡り調査した。鯛島は牛ノ首岬沖約800mの陸奥湾内にあり、長さ約300m、幅約70m、標高約50mほどの溶結凝灰岩の小島である。鯛の尾の部分は、切り立った岩礁であるため踏査範囲から除外し、頭の部分にあたる弁天島を一周した。このあと、島上部の平坦な草地で、陸奥弁天島灯台や弁財天を祀る小社周辺、さらに石段脇の地表が露出している部分を1時間ほど踏査したが、遺物を発見することはできなかった。小社一帯は狭小で樹木も生育していない状況であり、しかもセグロカモメの営巣地であるため、今後、縄文時代〜古代の遺構が発見される可能性は、ほぼないと判断された。

　また、津軽半島から遠望できる島には、北海道松前沖の渡島大島・小島がある。松前町教育委員会の前田正憲によれば、大島の状況は不明であるが、小島ではかつて小島漁港付近の神社建設の際に土器片が発見されたようである。しかし、その年代などは不明とのことであった。また、津軽・下北両半島から遠望できる函館山は、縄文時代早期以降の遺跡が確認されているが、縄文海進時は島であったわけで、海域と密接に関わっていた生活が推測される。また、北海道南部では、日本海側の江差港沖にある鴎島（現在は埋め立てられて陸続きになっている）には恵山式土器を出土した鴎島遺跡がある。青森県域には、今回紹介した遺跡の他にも遺跡発見の可能性のある島が陸奥湾内にある。平内町茂浦沖に浮かぶ茂浦島であるが、いまだ渡島する機会を得ていない。

　青森県域における島の遺跡の調査・研究は、島の数が少ないため限界があり、考古学的な発展が望めないとみる向きもあろう。事実、宮城県松島湾の島の遺跡の多さ（東北歴史資料館 1989）、伊豆諸島の島々の調査の進展（橋口 1988）とは比較できない状況がある。しかし、遺跡のある島が多いか少ないかという問題ではなく、島の遺跡がどのような内容をもち、地域のなかでどのような意味をもっていたのかを明らかにしていくことが、考古学の立場であろう。表面採集という限ら

図103　島の遺跡と関連遺跡

た情報ではあるが、島にある遺跡を紹介したのは、このことがあったからである。今後、これらの遺跡の学術的な調査を期待したい。

　また、島の遺跡の問題に関連して、現在は陸地であるが、縄文海進時には島であった遺跡の問題もある。青森県域ではいまだ具体的な遺跡は指摘できないが、今後必要になる視点である。

第3節　津軽海峡・小川原湖発見の先史遺物

　先に筆者は、青森県の周辺海域および湖沼などから引き上げられた考古資料についてまとめ、簡単に紹介したことがある（福田 1990b）。これは、本州最北域の青森県が、三方を海に囲まれた海洋県であることもあって、先史時代の海上・河川・湖沼交通を考える資料になるという観点から行ったものである。この後四半世紀を経た今日、小川原湖底発見の遺物などの新たな発見がなされてきている（瀬川滋 2015）。そこで本節では、それらのなかでとくに縄文・弥生時代の遺物について、新資料を提示し、遺物のもつ意味について考えてみたい。

1　海底から引き上げられた石器

　海底から発見された遺物として、津軽海峡の南、青森県側の海底発見の2例がある。

第4章 青森県域の遺跡 207

図104 津軽海峡の石器引き上げ地点（『日本津軽海峡水深図』）

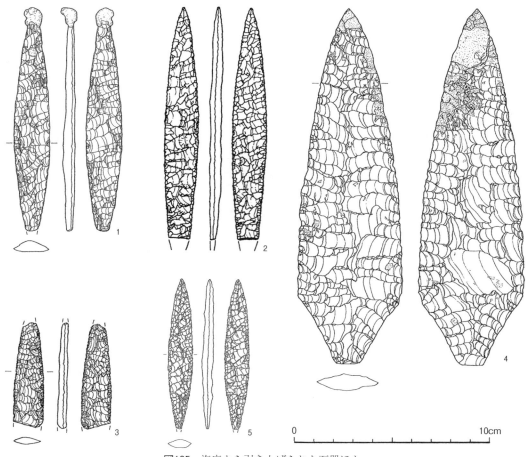

図105　海底から引き上げられた石器ほか

（1）津軽半島中泊町横泊沖発見の尖頭器（図104・105・115）

　1986（昭和61）年2月21日に、旧小泊村横泊沖約2kmの海底（水深123m）（図104A）から、漁師磯野礼一郎氏が仕掛けたカレイ網にかかって魚介類・海獣とみられる骨の化石とともに引き上げられた（図105-1・図115-1）。先端に海綿状の物が付着している（鈴木 2005）。硬質頁岩製で長さ11.88cm、幅1.84cm、厚さ0.64cm、重さ13.4g。全体は白色で摩滅が顕著である。海綿状の付着物は灰白色である。

（2）下北半島佐井村長後沖発見の尖頭器（図104B 地点・図105）

　1987（昭和62）年2月20日に、長後沖約4kmの海底（水深150～160m）（図104B）から、漁師川村昇一氏のババガレイ漁のサシ網に付着して引き上げられた（図105-2）。硬質頁岩製で長さ12.4cm、幅1.83cm、厚さ0.8cm、重さ19.0g。全面に細かな押圧剝離が施され、基部が欠損している（橘 1987）。

　このほかに、鰺ヶ沢町北方沖から縄文土器や石器が発見されたという記載（小江 1975）があるが、その有無を含めまったく不明である。

2　小川原湖から発見された土器・石器

　小川原湖(旧小川原沼)は、面積62.4km²、最深24.4mで国内第11位の大きさであり、唯一の排出河川である高瀬川を通じて北方7kmで太平洋とつながっている。縄文海進時には、内陸深くまで海水が入り現在の2倍以上の面積の入江や湾となっていた(川村 2001)。

　小川原湖底では現在、埋蔵文化財包蔵地が4カ所登録されており(図106-1～4)、遺物はいずれも成人男性の背が立つ深さの場所から採集されたり、柄の長さが3～5mほどのシジミ漁のじょれん籠にかかって引き上げられたものである。

　このなかで、小川原湖(2)・(3)遺跡資料については、地元のシジミ漁師が発見したもので、田中寿明(東北町文化財保護審議会会長)を介して、東北町歴史民俗資料館に現在、保管されている。

(1) 小川原湖(1)遺跡 (408030：東北町大字大浦字小川原湖) (図106-1)

　小川原湖東岸南部の三沢市民の森公園老人福祉センター前の湖岸(旧湖水浴場沖遺跡)にあり、県埋蔵文化財包蔵地台帳には縄文前期の遺跡と記載されている。1985(昭和60)年8月、野辺地町在住の瀬川滋(現日本考古学協会会員)が小川原湖海水浴場沖合70～80mの地点(水深約1.5m)から、長さ8cmで頁岩製の縦形石匙(完形品)を1点(図112-1)発見し、早期中葉～前期中葉のものとした(瀬川滋 1988)。

(2) 小川原湖(2)遺跡 (408043：同東北町大字大浦字小川原湖) (図106-2)

　小川原湖西岸南部の小川原湖公園沖350m(水深5m未満)にあり、県埋蔵文化財包蔵地台帳には弥生時代の遺跡と記載されているが、資料を実見したところ、土器片は4点で縄文中期の円筒上層式の胴部片(図108-1)、中期末～後期初頭の深鉢口縁部片(同2)、後期前葉(十腰内Ⅰ式)の土器器棺胴部片、時期不明で口縁部に沈線、胴部に縄文のある土器片である。また、本遺跡とみられる通称タカトリ地点からは頁岩製の石べら(図112-5、図115-8)も1点発見されている。長さ6.07cm、幅3.15cm、厚さ1.23cm、重さ26.6g、縄文後～晩期のものとみられる。

(3) 小川原湖(3)遺跡 (408044：東北町大字大浦字小川原湖) (図106-3)

　小川原湖西岸南部、鶴ヶ崎沖350m(水深5m未満)にあり、県埋蔵文化財包蔵地台帳には縄文後期の遺跡と記載されているが、土器片7点を実見したところ、後期の口頸部片(図108-3)・土器棺とみられる無文土器片のほかに、晩期とみられる無文土器片、晩期の縄文が施された底部片(同7)、弥生後期の念仏間式片3点(同4～6)もある。

(4) 小川原湖(4)遺跡 (408045：東北町大字大浦字小川原湖) (図106-4)

　小川原湖西岸中部、浜台沖70～80m(水深1.5m)にあり、縄文後期の土器片が採集されている。田中寿明が浜台遺跡の沖合108m(台帳では40～100m)の湖底(水深1～1.5m)から十腰内Ⅰ式の土器片を採集した(図108-8)(瀬川滋 1988)。この情報をもとに1983(昭和58)年7月31日、成田滋彦(当時、青森県埋蔵文化財調査センター)、瀬川滋(前野辺地町文化財保護審議委員)、長尾正義(現三沢市教育委員会)、田中寿明、古屋敷則雄(現東北町歴史民俗資料館)、小田川哲彦(現青森県埋蔵文化財調査センター)と筆者(当時、青森県埋蔵文化財調査センター)で当該地点で調査し、浜台の海水浴場砂浜とB&G海洋センター沖合約30mの湖底から、縄文後期とみられる表面が剝落した土器小片を各1点発見している(同9・10)(福田 1990)。

(5) 東北町田ノ沢沖、三沢市野口・山中(1)貝塚沖 (図106-5～7)

　近年、瀬川により発見された遺物が報告された(瀬川滋 2015)。まず、小川原湖西岸の田ノ沢沖

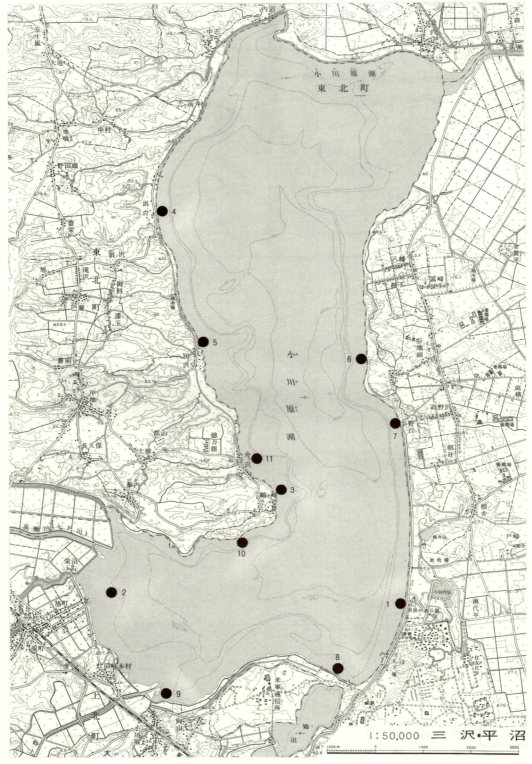

本図は、国土地理院発行の5万分の1地形図を使用した。
図106　小川原湖底の遺物発見地点

沖（図106 - 5）で、2013（平成25）年に野辺地町在住の井口勝好氏がシジミ採りの際に発見したものがある。遺物は縄文早期中葉のムシリⅠ式（図113 - 1・2）、後葉の早稲田Ⅴ類（同3・4）など計5点の土器片と珪質頁岩製の縦型石匙（同5）・石べら（同6）各1点である。この後、同地点では、同年7月24日、8月4日に瀬川によって潜水調査が行われ、水深50cmの水底からムシリⅠ式土器（同7・8）、早稲田Ⅴ類土器の口縁部・胴部（同9

図107　小川原湖（野口貝塚より。2015.9.15）

～15）・底部（図114 - 18・19）、早期末の表館Ⅹ群（同16・17）など計31点の土器片と、珪質頁岩製のスクレイパー（同20～24）、安山岩製の敲磨器類（同25）などの石器計7点が発見されている。石器類は発見された土器と同様の早期中葉から後葉の時期とみられる。また、この報告のなかで瀬川は、対岸の三沢市沖2カ所から発見した遺物も紹介している。2014（平成26）年7月22日に三沢市野口貝塚沖47m、水深80cmの水底（図106 - 6）から発見した縄文晩期（図114 - 26）、同年9月20日に同市山中（1）貝塚沖約30m、水深50cmの水底（図106 - 7）から発見した縄文後期（図114 - 27）の土器片各1点である。

（6）東北町歴史民俗資料館保管の遺物

　小川原湖からは、これらのほかに、小川原湖（2）・（3）遺跡のものと同様、地元のシジミ漁師が発見したもので未発表資料のものが、田中を介して東北町歴史民俗資料館に保管されている。縄文・弥生時代の土器・石器などである。発見場所は、漁師の話によると、現在の集落の沖合から発見され、小川原湖西岸の鶴ヶ崎沖、舟ヶ沢沖、田ノ沢沖、六ヶ所村中志沖などであったとのことである。資料が未整理のため、発見地などが不明なものが大半であるが、その一部を以下に紹介する。

　発見地がわかるのは4カ所の資料である。第1地点（姉戸沖、図106 - 8）からは弥生時代前期の二枚橋式土器片（図109 - 11）が発見され、第2地点（通称小川原ヨド付近、図106 - 9）からは縄文前期初頭の早稲田Ⅵ類近似土器片（図109 - 12）と前期後葉の円筒下層d式土器片（同13）が発見されているが、第3地点（大久保沖、図106 - 10）から発見されたものが最も多く、早期中葉のムシリⅠ式土器片（図109 - 14）、早期後葉の早稲田Ⅴ類土器片（同15）、前期初頭の早稲田Ⅵ類近似土器片（同16）、前期中葉の円筒下層b式土器片（同17）、中期後葉の最花式土器片（同18）、後期前葉の十腰内Ⅰ式土器片（図110 - 19）、後期中葉の十腰内Ⅲ式土器片（同20）、後期の羽状縄文の土器片（同21）などが発見されている。また、第4地点（舟ヶ沢沖、図106 - 11）からは縄文後期前葉の十腰内Ⅰ式、中葉の十腰内Ⅲ式土器片が発見されている（八戸市埋文 2015）。

　つぎに、発見地が不明のもので、縄文時代の土器では、早期中葉のムシリⅠ式土器、早期後葉の早稲田Ⅴ類土器（図110 - 22）、前期初頭の早稲田Ⅵ類近似土器片（図115 - 2）、中期初頭で口縁部に蛙形の貼付文様のある円筒上層a式土器片（図110 - 23、図115 - 3）、中期末の大木10式土器片（図110 - 24）、後期前葉の十腰内Ⅰ式土器片（同25・26）・同朱塗り土器片（図111 - 27）・土器棺の

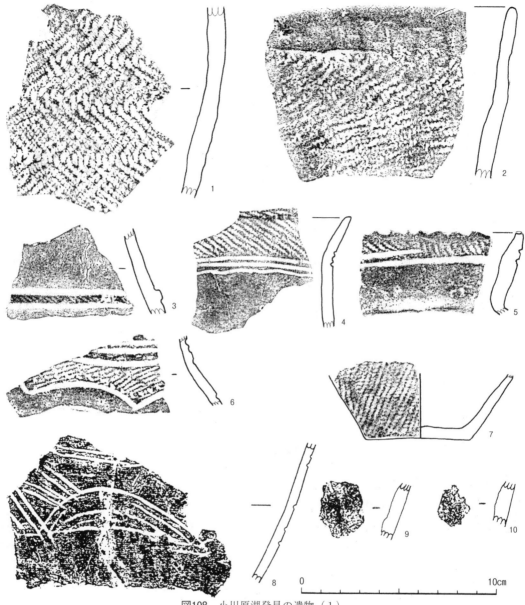

図108 小川原湖発見の遺物（1）

口縁部片、晩期の壺形土器片（同28）があり、土製品では、縄文前期初頭の早稲田Ⅵ類近似の土器片を利用した円盤状土製品1点（図111-30、図115-4）、石器では、縦形石匙3点（図112-2～4、図115-5～7）、不定形スクレイパー1点（図112-6）、リタッチ（調整剥離）のある大型剥片1点（同7）があり、すべて頁岩製である。このなかで縦形石匙3点については、早期中葉～前期のものと考えられる。

また、弥生時代のものでは、前期の二枚橋式、後期とみられる土器片（図111-29）があるが、土器以外の遺物は未発見である。その他、古代の土師器・須恵器、中・近世の陶磁器などについて

第4章 青森県域の遺跡 213

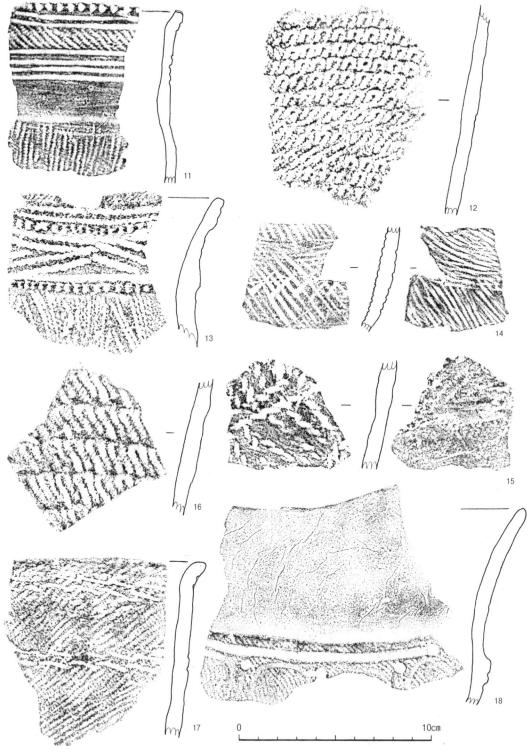

図109 小川原湖発見の遺物（2）

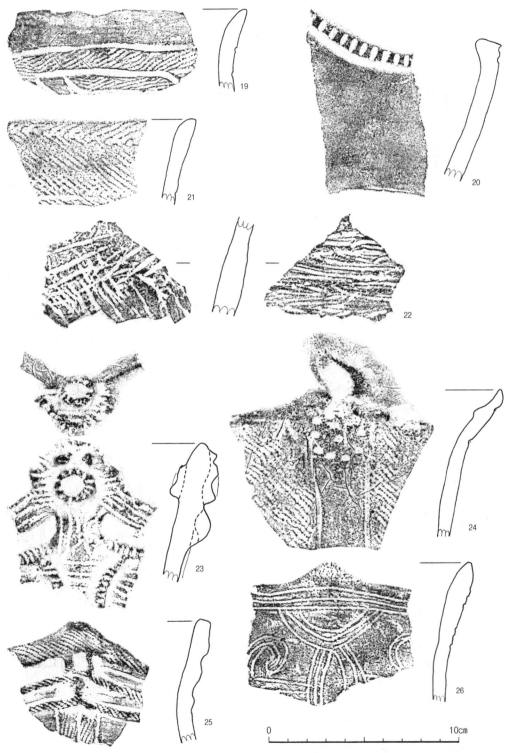

図110　小川原湖発見の遺物（3）

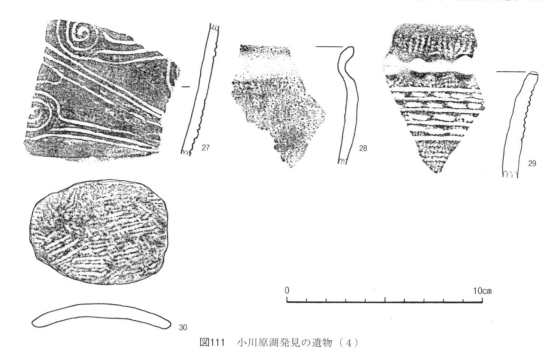
図111　小川原湖発見の遺物（4）

も同様に未発見である。なお、縄文土器の破片は以上のほかにも多数発見されたものがあるが、地点が不明なものが多いため、図示はしていない。

　これらの紹介した小川原湖発見の土器のなかで最も古い土器は、縄文早期中葉のムシリⅠ式で、ほかに早期後葉〜前期初頭、前期中・後葉、中期初頭・末、後期前葉・晩期のものがあるが、後期後半・晩期のものは少ない。この状況は、湖岸には晩期の野口貝塚にはあるものの、上北地方では、一般に遺跡が非常に少ないことと軌を一にしている。

3　沼・河川から発見された土器・石器

（1）小泊村（現中泊町）縄文沼

　標高約70mの山間地丘陵部にある、周囲350m、水深2mほどの小さい沼である。沼の周囲と汀線付近・沼底から遺物が採集された。1985〜1987（昭和60〜62）年に小泊村教育委員会と早稲田大学考古学研究室によって行われた沼近辺の発掘調査では、縄文晩期中葉の竪穴住居跡など6軒と土坑14基、配石遺構2基等、縄文後期前葉十腰内Ⅰ式から弥生後期の念仏間式の土器と石鏃・石匙等が出土したが、付近の沼底からも土器が発見されている（早稲田大学文学部考古学研究室　1991）。

　青森県立郷土館（1976）によれば、この沼は直径約150mの円形で、「河水流入地点は1ヶ所（水量はきわめて少ない）あり、流出河川は見当らない。ここには、ハゼ科の魚と思われる魚類2種のほか、フナと思われる魚類が生息する」とのことである。

（2）市浦村（現五所川原市）二ツ沼(7)

　十三湖北岸相内集落の北側にある2カ所の沼で、標高は30m。水底から縄文晩期の亀ヶ岡式土器片が発見されている。沼の東側には二ツ沼遺跡があり、古代の竪穴住居跡や縄文晩期の遺物が発見されている。

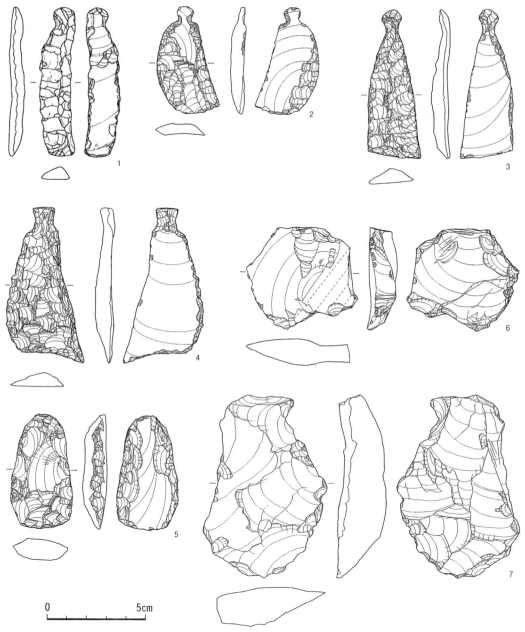

図112 小川原湖発見の遺物（5）

（3）板柳町幡竜橋付近の岩木川

　以上の海底・湖沼底のほかに、岩木川中流域の幡竜橋付近の川底では、縄文土器が採集されている。渇水時に子どもたちによって土器片が発見されたことを踏まえ、1974（昭和49）年7月に、青森県教育委員会文化課が隣接した河岸地域（板柳町土井（3）遺跡）を発掘調査した結果、縄文後期の十腰内Ⅰ・Ⅲ・Ⅴ式土器が出土することを確認した。そして、川底の土器片については、摩滅したものが多く、遺物包含層を覆っていた砂礫層（河床）が洪水などで削られて露出したものと判断

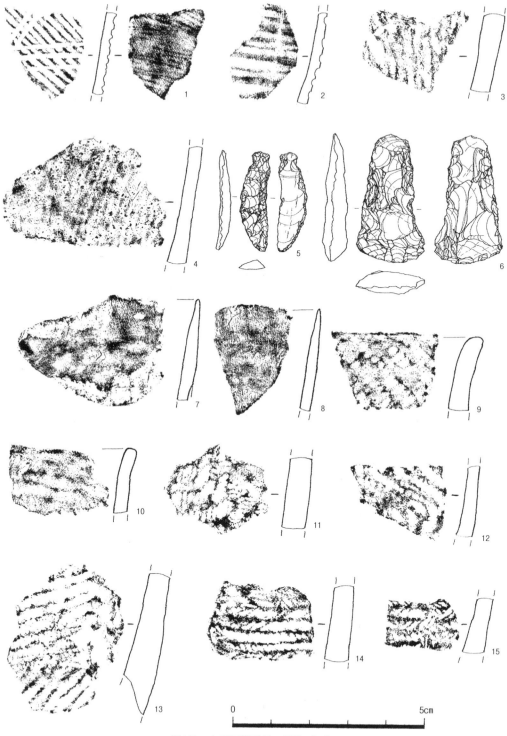

図113 小川原湖発見の遺物（6）

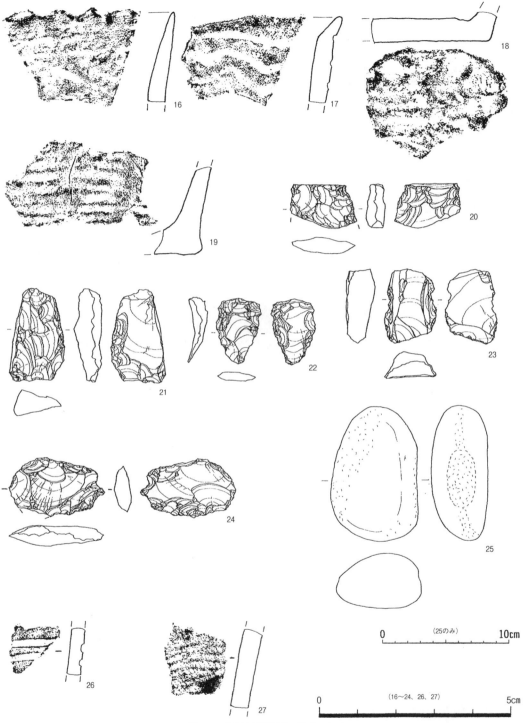

図114　小川原湖発見の遺物（7）

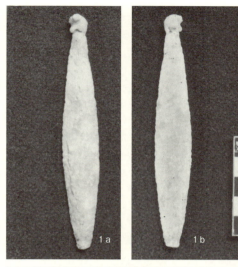

津軽半島横泊沖発見の尖頭器

小川原湖発見の土器・土製品

小川原湖発見の石器

図115　津軽半島横泊沖および小川原湖発見の遺物

図116　縄文沼（1985.5.9）

している（青森県教委 1975b）。

4　海底・小川原湖発見遺物のもつ意味

以上のなかで、とくに重要なものは佐井村長後沖と中泊町横泊沖発見の石槍、小川原湖発見の遺物である。以下、これらのもつ意味について考えてみたい。

（1）海底発見の石器について

まず、長後沖の発見の有舌尖頭器あるが、資料を報告した橘善光は、わが国の有舌尖頭器の年代を13,000～12,000B.Pから10,000B.Pの間とする芹沢長介の見解にもとづき、結論としてこの石器発見地は、当時は陸地であったと述べた（橘 1987）。つぎに、横泊沖発見の石槍であるが、『小泊村史　上巻』で執筆を担当した鈴木克彦は、縄文時代草創期の有舌尖頭器であるとし、石器が発見された水深123mの海底は、当時は陸地であったことを証明するものであると述べた（鈴木克 1995a）。この年代に近いとみられる尖頭器は、実は北海道太平洋側の釧路沖と襟裳岬沖の海底2カ所からも発見されている。まず、釧路沖例であるが、青森県2例の尖頭器とは形態が異なる大型有舌尖頭器が1点海底から引き上げられている。釧路港沖の真南14マイル（22.53km）の水深100～120m前後と推定される地点で、カレイの刺網漁で引き上げられた。硬質頁岩製で、長さ19.1cm、幅5.3mm、最大厚1.4mmである（図105-4）。報告者の西幸隆は、この石器が道南の知内町湯の里4遺跡のものに類似することから、旧石器時代終末期の細石器に後続する年代としている。そしてさらに、この石器は原位置をとどめている可能性が高いとし、約12,000年前の海水面を現海水面下60-40mと推定する岡崎由夫の考え方をとった場合、50mの水深差が生じ、ウルム氷期の最盛期でも現海水準より100ないし140m低いとされていることから、問題が残ると指摘している（西 1991）。つぎに、襟裳岬沖例であるが、青森県2例ときわめて類似した形態の尖頭器である。1998（平成10）年11月末～12月初に、襟裳岬沖東方約15kmの水深100～120mで行ったカレイの刺網漁の網にかかって引き上げられた。硬質頁岩製で、長さ79.6mm、幅12.3mm、厚さ5.0mm、重さ4.81mmである（図105-5）。青森県2例に比べて小型であるが全体の形態が酷似しており、旧石器終末期から縄文草創期の可能性があるとした。しかし、この石器が原位置を保っているとすれば、どのような経緯でこの位置に運ばれてきたかが問題になると指摘している（赤石 2000）。

さて、この後2000（平成12）年12月になって、太田原潤は、横泊沖例についての鈴木の考えに対し、海水面の変動を誤解したものであるとしたうえで、海水面上昇に伴う遺跡の水没ではなく、縄文人の海洋活動を反映したものであると反論している（太田原 2000）。

この4例の発表後、海底からの新たな発見例はないが、2000（平成12）年6月になって、青森県野辺地町明前（4）遺跡が調査された。土器は出土しなかったが、多数の石器が出土し、そのなかに青森県海底の2例と襟裳岬沖例に類似した石槍破片が1点出土した。頁岩製で半分ほど欠損して

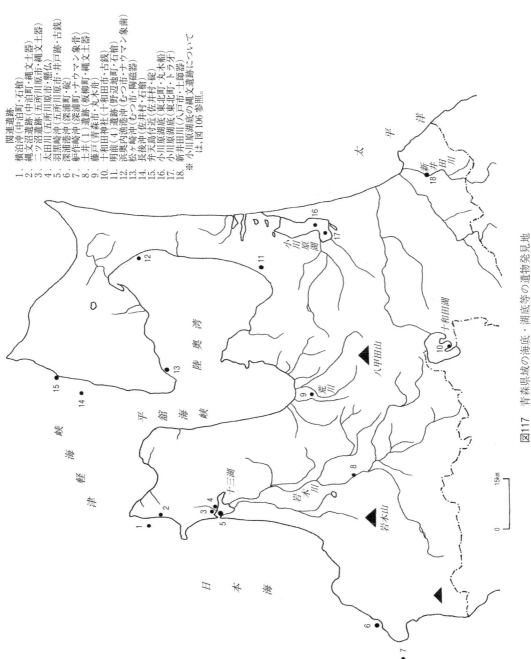

図117 青森県域の海底・湖底等の遺物発見地

関連遺跡
1. 横泊沖（中泊町）・石斧
2. 縄文沼遺跡（中泊町）・縄文土器
3. 二ツ沼遺跡（五所川原市）・縄文土器
4. 太田川（五所川原市）・懸仏
5. 羽黒崎沖（五所川原町）・古銭
6. 深浦港沖（深浦町）・碇
7. 舮作崎沖（深浦町・ナウマン象骨）
8. 土井（1）遺跡（板柳町）・縄文土器
9. 戸（青森市）・丸木舟
10. 十和田神社（十和田市）・古銭
11. 明前（4）遺跡（野辺地町）・石斧
12. 浜奥ヶ崎沖（むつ市・ナウマン象歯）
13. 松ヶ崎沖（むつ市）・陶磁器
14. 長後沖（佐井村）・石斧
15. 弁天島付近（佐井村）・碇
16. 小川原湖底（東北町）・丸木船
17. 小川原湖底（東北町）・トラ牙
18. 新井田川（八戸市）・土師器

※小川原湖底の縄文遺跡については、図106参照。

いるが、長さ57.7mm、幅15.7mm、厚さ5.1mm、重さ4.2gである（図105－3）。執筆者の三宅徹也は、これらについて類例を見出すことができないとしたが、年代を長者久保・神子柴(みこしば)系石器群に属するものとし、青森県外ヶ浜町大平山元Ⅰ遺跡の無文土器より後出で隆線文系土器段階に近い年代のものと想定している（三宅　2003）。

　これらの見解から、青森県海底の２例と襟裳岬例の年代は、縄文草創期の古い段階のものと考えられる。年代は13,000～14,000年前ということになろうか。

　このような年代観を前提にして考えると、まず、当時の海水面の高さは、約18,000～20,000年前のウルム氷期最盛期には現海水面より120～130m以上低下しており、その後の温暖化によって、約4,000～5,000年後に始まる縄文草創期には温暖化が次第に進み、約6,000年前の縄文海進ピーク時までの期間を考えれば、西が述べるようにかなり海水面が高くなっていたと考えられる。ただし、当時の海水面の高さがどの程度であったのかという点については、たとえば、ウルム氷期最盛期の海水面の高さを現海水面より130m低いものとし、縄文草創期の約15,000年前には120～100mに上昇したとする考え（安井　2015）もあり、約13,000～14,000前には、この海水面がどの程度の高さになっていたのかよくわかっていない状況である。

　したがって、これらの石器と当時の海水面との関わりは不明といわざるをえず、どのような自然環境のなかで、石器が使用されていたのか結論は出せない状況である。ただし、考え方としてはつぎの３通りがあろう。①縄文草創期人の陸地（海岸を含め）使用、②草創期人の海上使用、③使用後の二次的移動に伴ったもの。このなかで、①は草創期人の陸棲哺乳類を対象とした狩猟活動、②は草創期人の海上での漁猟や交易などに関わる活動、具体的には、大型魚類や海棲哺乳類などを狙った漁猟活動、あるいは丸木舟の転覆・沈没事故などが考えられる。また、③は、可能性としては前者より低いが、草創期人の陸地・内水面での狩猟・漁撈活動により、獣類が石槍を射込まれた状態で海域へ移動したり、洪水・崖崩れなどの自然災害に伴い、石器が海域に流入した場合などの二次的移動も考えられよう。

　なお、この問題については、海底から引き上げられた石器２例（註（４）・（５）で指摘した）のように、横泊・長後沖例の沿岸からの距離と水深認識や記載に関わる問題がある。とくに横泊沖例の沖合・水深の記載数値は、当時の海水準の問題と大きく関わってくるので、今後検討すべき問題であろう。

　つぎに、関連するものとして、日本海の海底から引き上げられた土器の例がある。新潟県から福井県にいたる海域からはさまざまな遺物が引き上げられている。古代から近世にかけての陶磁器を主とするもので、それ以前の縄文時代の遺物はきわめて少ない（佐々木　2013）なかで、佐渡海峡では、水深約250mの海底から縄文中期初頭の「新崎(にんざき)式土器」の深鉢形土器が引き上げられている。資料報告を行った小熊博史は、これについて海上交通または漁撈の際に土器を落としたか、海難で舟自体が沈没した可能性があるとしたが、報文の『註』のなかでは、海神・漁業神などの祭祀儀礼に関わる廃棄行為の可能性も視野に入れている（小熊　1998）のは、注意されてよい。

（２）小川原湖発見の土器・石器について

　つぎに、小川原湖から発見された遺物の問題であるが、前述した海底の有舌尖頭器２例とは異なり、年代が縄文時代早～晩期から弥生時代までの長期にわたっているため、その間の地形変化・湖水面変動とともに、各種遺物の用途の問題も関わっている。

そこで、これらの自然環境の変遷を考慮しながら、湖底に遺物が残された理由について考えると、野口・山中（1）貝塚沖例については、発見遺物が各1点と少ないため、周辺の陸上遺跡からの流れ込みなどが考えられるので、とりあえず除外しておくとして、基本的には、瀬川も述べている（瀬川滋 2015）ように、次の二つの面から考えられる。すなわち、自然環境・地形の変化と人間の諸活動の面である。

まず、自然環境の変化として、最初に考えられるのが、縄文時代以降の気候変動・湖水準の変化に伴う現象ではないかという点である。

この点について、平井幸弘によれば、縄文時代の最大海進期には小川原湖の水面が最大4ｍほど高く、中期（約4,000〜5,000年前。筆者註）まで継続したと考えられ、その後は、海退に転じ約2,000年前までは現湖水面より約2ｍほど低下したとし（平井 1983）、遠藤邦彦・小杉正人も5,000〜4,500年前にかけては、1〜1.5ｍ程度海水準は低下し、3,000〜2,000年前にかけては現海水準以下にあったと推測されるとしており、縄文後・晩期や弥生時代には気候の寒冷化があったことを指摘している（遠藤・小杉 1989）。この点を考慮すれば、湖底発見の土器に縄文後期のものや弥生時代のものが多いのは、この時期に湖岸にあった集落跡がその後の温暖化により、水没した可能性が考えられる。これに対して、縄文早期から前期（約10,000〜5,000年前。筆者註）の遺物は、いわゆる縄文海進期のものになるため、現在以上に水面が高かったと想定すれば、当時の集落跡に伴った可能性は少ないとみられる。また、中期の遺物については、湖水準との関係が不明であり、その由来は不明である。そのほかに、多量の降雨・増水による周辺遺跡から小川原湖への遺物の流入などの可能性も考えられる。また、大きな問題として、地形変化の問題も考えられよう。湖底の沈降である。湖底から遺物が採集される小川原湖西岸側には、海退・浸食作用により形成された段丘が7面知られており（川村 2001）、遺跡があるのは、この最上段の第1段丘面である。しかし、この湖岸段丘が地滑りなどの原因で地盤沈下し、かつて陸地にあった遺跡が沈んでしまったかどうかについては、縄文時代以降の報告はないようであり不明である。

次に、人間の諸活動に関することである。最初に、漁撈・交通、湖への投棄などが考えられる。具体的には、漁撈では網漁あるいは、湖底に杭を立てて魚を導く施設である魞漁に伴う場合が考えられる。とくに、遺物の発見された地域がすべて水深が浅いことを考慮すれば、湖上・杭上住居が存在したとはいえないにしても、現在も小川原湖北部の六ヶ所村倉内沖に残るマテ小屋（湖上の漁撈施設）に類したものの存在も考えてよいのかも知れない。そのほかに、単純に、舟からの遺物の投棄・落下、舟の転覆・沈没なども考えられる。この場合には、結氷時の氷上活動に伴った可能性も考える必要がある。そのほかに、何らかの祭祀行為に伴う投棄もあった可能性も当然考えられる。

以上の点を考慮し、あらためて遺物をみると、遺物は土器破片と少数の石器のみである。発見されてしかるべき交通・漁撈関係の遺物、たとえば沈没した縄文時代の丸木舟や網漁の錘もないという状況である。縄文時代であれば、必ずといっていいほど発見される石鏃や石斧なども未発見である。ただし、これは、遺物には目の粗いじょれんで引き上げられたものが多いため、小型の遺物はじょれんの目に掛からないものもあることを考慮しておかなければならない。

小川原湖から発見される遺物の量の多さを考えると、湖底遺跡の存在、かつての遺跡が水没した可能性がたかいと思われるが、現在のところ遺構の有無が不明であるため、判断できない。今後は、湖水準の変動、とくに縄文海進時の水準、地形変動と遺跡の相関性、人びとの湖上活動との相関性、

遺物の周辺地域からの二次的な流入など、複眼的な視点から研究することが必要となる。しかし、考古学の基本的な問題点として、まだ組織だった水中調査がなされていないことがある。小川原湖は、水深が浅いが、水の濁りが強いため、潜水だけの調査では限界がある。本格的な湖底の発掘調査が行われることを願わずにはいられない。

　（3）その他の湖および川底発見の遺物について

　縄文沼・二ツ沼の例についてであるが、縄文沼の例については、前述したように直径約150mの小沼で、ハゼ科・フナと思われる魚類が生息する（青森県立郷土館 1976）ことから、投網漁などが行われていた可能性はあるが、発見された土器は、降雨による増水やそれに伴う沼岸の削土、あるいは、縄文人の廃棄行為によるものであろう。また、二ツ沼の例については、沼の状況や遺物の内容がまったく不明である。今後の状況把握・調査が必要である。

　つぎに、岩木川底発見の縄文土器については、調査報告書にあるように、洪水に伴う遺物包含層の露出であろう。類例は、青森県内の河川流域の調査が進めば、増加していくものとみられる。

　5　期待される小川原湖の水中考古学

　青森県における海底・湖底発見の遺物をめぐる現状は以上に述べた通りであるが、組織だった調査が行われていないため、資料不足・材料不足である。今後は、これまでの偶然の発見を待つだけの受け身の資料収集から積極的な資料収集、すなわち水中考古学的手法による調査が望まれる。そして、そのフィールドとしては、水深が浅く、しかも発見される遺物の年代が長期にわたっている小川原湖が絶好の舞台となろう。

　小川原湖では、最近、環境変動の観点から調査が行われている（篠塚・山田 2015）。自然環境の変遷の縄文人との環境利用という点からその研究の進展におおいに期待したい。

　なお、青森県では上記のような縄文時代の遺物のほかに、他の時代の遺物も海底・湖底などから発見されている。これらについては、各水底にあった意味が比較的推測しやすいものではあるが、関心をおもちの方もあろうかと思われるので、附編附表5として一覧を示し、参考に供しておく。

第4節　北日本の山岳遺跡

　1966（昭和41年）の夏、百沢（ひゃくざわ）（現弘前市）から岩木山（標高1,625m）に登った際、標高420mあたりの「七曲り」の急坂で硬質頁岩の石鏃を1点（図122-1）発見したことがある（福田 1981a）。この頃は、当時熱中して読んだ『旧石器の狩人』（藤森 1965）や『かもしかみち』（藤森 1967）などの、信州八ヶ岳山麓の高原遺跡に執念を燃やす人たちを主人公にした本の影響もあってか、この程度の高さであれば縄文時代（以下、時代を省略）の遺物が発見されることは決して珍しいことではなく、青森県各地に類例があるものとばかり思っていた。しかし、その後30年近くになるが、青森県内の標高400〜500m以上の場所から、縄文・弥生時代の遺物が発見されたという報告はない。これは、高地にはこの時代の遺跡がまったくない（少ないのは事実である）であろうという固定観念にとらわれたり、かりに遺跡で開発工事が行われ、遺物が出土したとしても、現代人の居住地域とは標高差があるため、人の目にふれにくいという状況があるためとみられる。しかしながら、これに対して、北海道（河野常 1926、河野廣 1931）や信州など中部山岳地域など（中谷 1943）

では、以前から標高1,000m、あるいは2,000m級の高地から石器や土器が発見された例があり、最近では東北地方南部（保角 1987）や関東地方（岡本孝 1989ほか）でも類例が増えてきている。また、1991（平成3）年9月には、海外からアルプスの標高3,210mの氷河で、凍結した5,000年前の男性ミイラ「エッツイ」が発見された（シュピンドラー 1994）という衝撃的なニュースも飛び込んできてもいる。

これら高地の遺物・遺跡はいうまでもなく、人間が何らかの目的によりそこで活動したことを示しており、それを考えることは考古学的に重要なことであろう。

本節では、北海道・東北地方の類例を紹介することによって、青森県の高地遺跡に対する関心を高めてもらうことを目的とするが、あわせてその意味についても考えてみたい。

1　青森県域の例（図118・119）

青森県域の縄文・弥生遺跡は、大半が100〜200mの標高にあり、標高300m級となると、遺跡数は激減する。青森県内で山麓の遺跡分布調査がもっとも進んでいる津軽の岩木山（図118－4）も同様であり、東麓にある岩木町（現弘前市）一本木沢遺跡（標高330m、図119－5）の竪穴住居跡（縄文後期末）は、縄文・弥生時代のものとしては青森県内最高所である。そして、さらに標高400m以上となると、筆者の知りえた範囲ではつぎの例のみである。

まず岩木山麓では、前述の石鏃（おそらく縄文後〜晩期であろう）が発見された七曲り（図119－1）のほかに、西麓に鰺ヶ沢町苗代沢遺跡（標高500m、図119－2）があり、縄文後期の土器片1点と平安時代の土師器片数点が発見されたという記録がある（成田末 1968）。また、この遺跡の西にある鰺ヶ沢町白沢遺跡（標高450m、図119－3）や南西にある鰺ヶ沢町若松遺跡（標高450m、図119－4）では縄文後期の土器片が出土したと記されている（青森県教委 1992）。

つぎに奥羽山脈北端の八甲田山系（図118－5）は、山裾が広いため高地にも遺跡があると思われるが、現在のところ未発見である。かつて八甲田山麓の雲谷や萱野茶屋高原、田代平箒場で土器を発見したという情報があって、確認のためいくたびか付近一帯を踏査したことがあるが、遺物はまったく確認されていない。

また南八甲田山系では、浅瀬石川左岸にある平賀町（現平川市）大木平遺跡（標高500m、図118－6）から弥生中期の田舎館式土器が1個体出土している。これは、青森県内の弥生遺跡としてはもっとも高い位置にある遺跡でもある。また、十和田湖に近い奥入瀬川右岸の十和田湖町（現十和田市）馬門遺跡（標高360〜400m、図118－7）からは縄文中・後期の遺物が出土したと記されている（青森県教委 1992）。

以上であるが、いずれも内容には不明な点が多い。つぎに、他県の例をみてみよう。

2　北海道・東北地方の例（図118・120〜122）

青森県域を除いた北海道・東北地方では、より高い600mあるいは700m以上の高地で旧石器・縄文・弥生遺跡が発見されている。これらの地域には、ほかにまだまだ類例があるかと思われるが、知りえた範囲内で概要を述べてみたい。

まず北海道では、1924（大正13）〜1927（昭和2）年にかけて、中央部の大雪山系（図118・120）の白雲岳（標高2,229m）と小泉岳間にある白雲岳遺跡（上川町、標高2,100m、図120－3）から

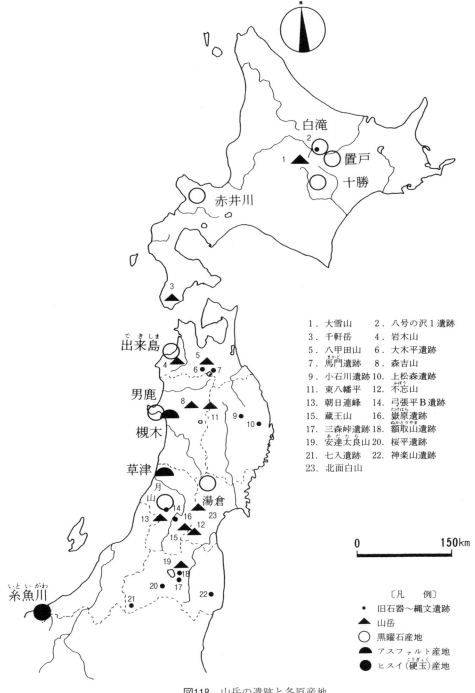

図118 山岳の遺跡と各原産地

第4章 青森県域の遺跡 227

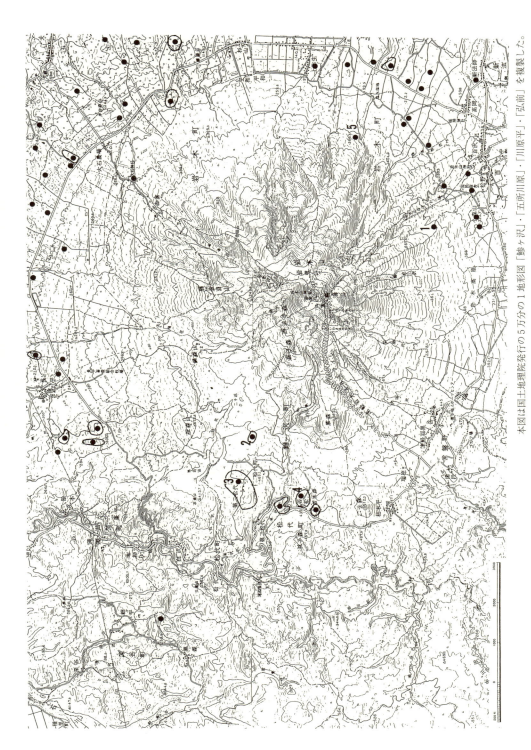

本図は国土地理院発行の5万分の1地形図〔鰺ヶ沢〕・〔五所川原〕・〔川原平〕・〔弘前〕を複製した。

図119 岩木山麓の縄文遺跡

黒曜石製の石器などが74点（石鏃38・石槍3・石匙32・石錐1）採集されているが、土器はない（河野廣 1931）。この地点は目下、北海道・東北地方では最も高い位置の縄文遺跡（ちなみに、信州八ヶ岳では標高2,400mの高地から石鏃が発見されている（藤森 1967））である。この山岳地域に石器が遺された理由として、報告者の河野廣道はいくつかの可能性を考え、「1．狩猟の目的。2．ある地方より他の地方に赴く際に（交易、移住又は遠征の目的を以て）一時足を留めた所」の考えがもっとも可能性が高いとしている。そして、人数も一人・二人ではなく集団で遠方から来て、相当の期間を山中で暮らせるように準備してきたもので、夏の仮宿所にちがいないとし、石器が遺された場所は十勝石（黒曜石）などの集団的交易隊の通路であったとも考えられるとしている（河野廣 1931）。この地域では、その後吉田裕幸によって積極的な分布調査が行われ、1978（昭和53）年には、忠別岳（標高1,963m）の忠別岳山小屋付近（標高1,660m、図120－5）から黒曜石製の有茎石鏃1点（図122－3）、黒岳（標高1,984m）の黒岳遺跡（図120－2）から黒曜石製の剥片1点（図122－4）、白雲岳（標高2,230m）の白雲岳遺跡（標高2,040m）から黒曜石製石鏃3（図122－5・6）・同剥片8点（図122－7～9）、白雲岳山小屋付近（標高1,980m、図120－4）から黒曜石製の剥片1点（図122－10）、ヒサゴ沼西北沼（標高1,770m、図120－6）から黒曜石製のチップ（細片）1点が発見されているが、同様に土器はない。そしてこれらの遺跡群が遺された理由としては、河野廣道と同様の考えである旨述べている（吉田 1981）。またこの地域では、1992（平成4）年には、北鎮岳（標高2,244m）の西5.3kmの登山道（標高1,600m、図120－1）から、当時市立名寄図書館郷土資料室の鈴木邦輝によって黒曜石製の石刃鏃（図122－2）も1点採集されている（氏江 1993）。

また、大雪山の北東30kmには黒曜石の原石産地として全国的に知られた白滝村（現遠軽町）があり、大規模な黒曜石の露頭がある赤石山（標高1,172m、図123）付近には、後期旧石器時代の八号の沢1遺跡（標高700m、図118－2）（木村英 1995）などがある。北海道ではこのほかに、渡島半島の松前・上ノ国・福島の3町にまたがる千軒岳系で、安政五、六年（1859）頃に、松前藩勘定奉行の伊達智信（通称林右衛門）が、山道工事中に千軒岳山頂（大千軒岳か前千軒岳か不明、図118－3）に近い標高1,000mの高地から石鏃・石斧などを発見したという記録もある（河野常 1926）。

つぎに、東北地方であるが、秋田県域では、北部の森吉山（標高1,454m、図118－8）北麓に森吉町（現北秋田市）小又川遺跡（標高680～800m）があり、縄文後期の土器片や石器が発見されている(14)（文化庁文化財保護部編 1977）。

岩手県域では、盛岡市の北東30kmにある人造湖・岩洞湖南岸に後期旧石器時代の小石川遺跡（現盛岡市、標高710m、図118－9）（岩手県埋文 1985）があり、さらに東南の新里村（現宮古市）上松森遺跡（標高1,100mの尾根、図118－10）では、かつて（戦前か）縄文前期の土器が発見されたという(15)（文化庁文化財保護部編 1984）。また、東八幡平の山麓には標高400～500m台の縄文遺跡が点在している（図118－11）（文化庁文化財保護部編 1984）。

宮城県域では、南蔵王の不忘山（標高1,705m、図118－12）東麓の高地に多くの遺跡があり、標高600～700mの白石市蔵王開拓上・中遺跡や蔵王開拓A・B遺跡などでは縄文早期の土器や弥生土器あるいは石鏃・石匙が採集されている。また、不忘山南麓の七ヶ宿町長老沼遺跡（標高710m）では旧石器時代のスクレイパー、出水遺跡（標高690m）では縄文中期の土器片が採集されている（白石市史編さん委員会 1976）。

第 4 章　青森県域の遺跡　229

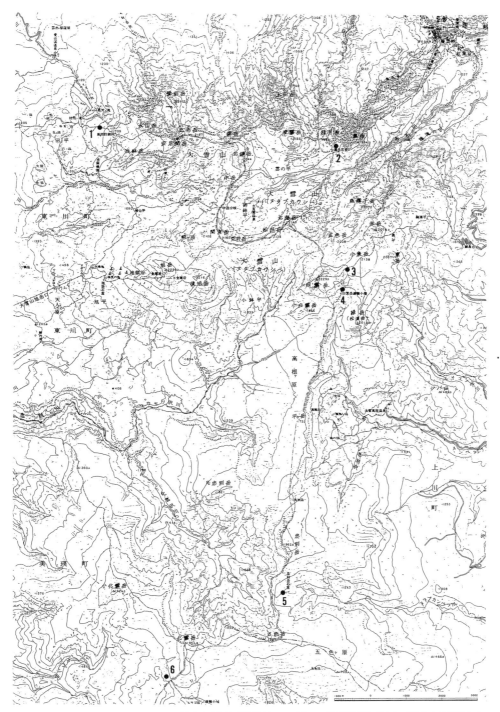

本図は国土地理院発行の 5 万分の 1 地形図「大雪山」・「旭岳」を複製した。
図120　大雪山系の遺跡

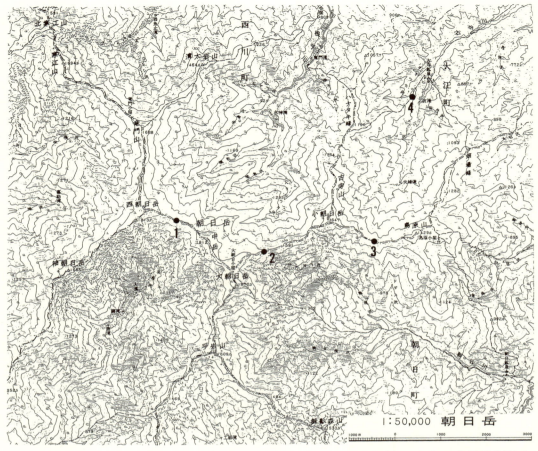

本図は国土地理院発行の5万分の1地形図を複製した。

図121　朝日連峰の遺跡

　山形県域では、山形・新潟県境にそびえる朝日連峰（図118-13、図121・122）で、1969（昭和44）年に最初に石器が発見されて以来、4カ所から縄文時代の石器が発見されている。第1地点は、大朝日岳（標高1,870m）から中岳をへて、西朝日岳（標高1,814m）に登る地点（西川・小国両町にまたがる。標高1,700m。図121-1）であり、縄文前期中頃の硬質頁岩製の無茎石鏃2点（図122-11）・スクレイパー15点（同12）、石器剥片多数と木炭片が採集されている。また第2地点の、小朝日岳・大朝日岳間の銀玉水（ぎんぎょくすい）という湧水付近（朝日・西川両町にまたがる。標高1,600m。図121-2）からは石槍1点が採集されている。第3地点の、鳥原山（標高1,430m）・小朝日岳間の登山道（朝日・大江両町にまたがる。標高1,600m。図121-3）からは有茎石鏃1点（図122-13）が採集されている。第4地点の、古寺鉱泉からの登り口の登山道（大江町。標高800m。図121-4）からは、縄文晩期とされる硬質頁岩製の有茎石鏃1点（図122-14）がが採集されている。報告者の保角里志は、これらの石器が狩猟や動物解体用の石器だけであることから、「縄文マタギ」が獲物を求めて下の母村（北の寒河江川（さがえ）流域と推定する）からこの連峰に遠征したものであり、第1地点はその際の野営地であり、第2～4地点は石器1点のみの出土であるため野営地的なものではないとしている（保角 1987）。

第 4 章 青森県域の遺跡 231

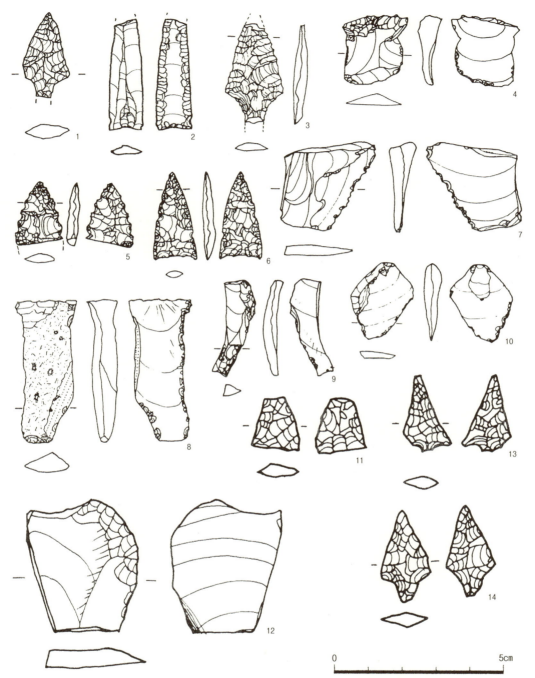

1. 硬質頁岩製石鏃(岩木山七曲り) 2. 黒曜石製石刃鏃(北鎮岳西) 3. 黒曜石製フレイク(忠別岳山小屋付近) 4. 黒曜石製フレイク(黒岳遺跡) 5・6. 黒曜石製石鏃(白雲岳遺跡) 7〜9. 黒曜石製フレイク(白雲岳遺跡) 10. 黒曜石製フレイク(白雲岳山小屋) 11. 硬質頁岩製石鏃(朝日連峰第1地点) 12. 硬質頁岩製スクレイパー(朝日連峰第1地点) 13. 硬質頁岩製石鏃(朝日連峰第3地点) 14. 硬質頁岩製石鏃(朝日連峰第4地点)

図122 岩木山・大雪山遺跡群・朝日連峰から発見された石器

また、寒河江川の上流の月山火山南麓には弓張平Ｂ遺跡（西川町。標高600m。図118－14）など標高500m以上の高所に旧石器・縄文遺跡が４カ所あり、弓張平Ｂ遺跡では、発掘調査によって旧石器時代から縄文草創期・早期末〜前期初頭にいたる石器や土器が出土しており、草創期の石器製作跡、前期初頭の炉跡とみられるものが発見されている（山形県教委・弓張平遺跡調査団　1978）。また、上山市の蔵王温泉養鱒場遺跡（標高800m。山腹。図118－15）では縄文中期の遺物、また山形盆地と米沢盆地を結ぶ白鷹丘陵にある嶽原遺跡（山辺町。標高680m。図118－16）では縄文中期の住居跡が発見されている（山形県　1969、文化庁文化財保護部編　1978）。福島県域では、猪苗代湖東岸の郡山市三森峠遺跡（標高800mの緩斜面、図118－17）から1962（昭和37）年の発掘調査によって、縄文前期の竪穴住居跡と土器、同後期・晩期の土器、弥生土器、さらに石器などが発見されているが、遺跡位置が中通り地方と会津地方をつなぐ峠にあたっていることから、狩猟時のキャンプ地的性格か双方を結ぶ交易上の遺跡と考えられている（郡山市　1975）。また、同じく郡山市額取山（標高850m、図118－18）からも縄文土器片が発見されている。安達太良山西麓（図118－19）にある猪苗代町高森（標高850m）・上川（標高910m）母成峠遺跡（標高980m）や会津の下郷町桜平（標高840m、図118－20）・御霊平Ｂ遺跡（標高880m）では縄文土器片や石器が発見されている（福島県教委　1984・1985）。また、新潟・群馬・栃木の３県と接する会津の檜枝岐村では標高850〜1,100mに６カ所の縄文遺跡があり、最高所は標高1,100mの七入遺跡（図118－21）である（福島県教委　1984・1984、福島県　1969）。このほかに、浜通りのいわき市神楽山遺跡（標高770m、図118－22）では石鏃・石斧が発見されている（福島県教委　1984・1984）。

3　山岳遺跡のもつ意味
　このような山岳地帯にある遺跡はいったいどのような意味をもっているのか、大半が未発掘調査で所属時期が不明という、きわめて限定された資料のもとではあるが考えてみたい。

（１）山岳高地にある遺跡の特徴
　北海道や東北地方では、一般的に高地の尾根や山腹の平坦地（緩斜面）に大半が位置しており、北海道大雪山系の遺跡群を筆頭に（最高所は白雲岳遺跡の標高2,100m）、山形・新潟両県にまたがる朝日連峰の遺跡群（標高1,400〜1,700m）、道南の千軒岳や本州の岩手県上松森・福島県七入遺跡の標高1,000〜1,100m級の遺跡がこれに続いている。
　標高によってこれらの遺跡の出土品をみると、縄文土器が発見されているのは七入遺跡のように標高1,100mあたりまでであり、より高地である大雪山系や朝日連峰では石器しか発見されていない。そしてそれらは、石鏃・石槍（狩猟用）、石匙・スクレイパー（獲物の解体・調理用）、石斧（樹木の伐採・枝払い用）などが主体を占めている。大雪山系からは黒曜石製の剝片（フレイク）・細片（チップ）も発見されており、石器製作・加工なども行われていたようである。また、明らかに人びとの居住を示す竪穴住居跡は福島県三森峠遺跡（標高800m）で縄文前期、山形県嶽原遺跡（標高680m）で縄文中期の例が発見されている。
　時期的に、これらの遺跡のなかで最古は後期旧石器時代のもので、岩手県小石川・宮城県長老沼・山形県弓張平Ｂ遺跡（標高600〜710m）などがあり、それ以降は、土器の発見が少ないため時期不明のものが多いが、縄文草創期から晩期、そしてさらに弥生時代まで連続するものと推定される。ただし、遺跡数が時期とともにどのように推移していくのか、その大まかな傾向をつかむまでには

大雪山系の北鎮岳（1977.8.7、標高2,244m）

大雪山系の黒岳（1977.8.7、標高1,984m）。大雪山系の山々は、縄文人が活動した場所としては北日本で最も高い位置である。

遠軽町赤石山の黒曜石露頭（1991.9.26、標高1,000m）。旧石器・縄文人はこの一帯から黒曜石を採取して、石器を製作したが、この一帯の黒曜石はサハリンや本州にまで運ばれている。

岩木山（1985.9.1、西目屋村より。標高1,625m）。この山麓には多くの縄文遺跡が分布している。

八甲田山（1983.6.5、萱野茶屋高原より。標高1,585m）。高地からの遺跡の発見が期待される。

小牧野遺跡（1994.5.29、青森市。縄文後期）から望む雲谷峠（標高553m）。「もや」と呼ばれる三角形の山は東北地方北部に分布している。

図123　大雪山系の山々と青森県の山

いたっていない。また個々の遺跡について、保角が指摘するように母村とのかかわり（保角 1987）でとらえることはきわめて重要な視点であるが、大半の遺跡が時期不明であるため、周辺や山麓にある他の遺跡との関わりでとらえることはまだできない。

（2）山岳高地に遺跡を遺した目的

山岳地域に遺物があるということは、いうまでもなくここに人間が登り何らかの活動をした証拠である。人間が高地に行くにはさまざまな目的があろう。現在では、思いつくままにあげただけでも、山岳地域での各種の建築工事や管理・営業などの業務、物資運搬、樹木伐採・炭焼き、狩猟・山菜取り・野菜栽培、鉱山採掘、または地形測量・気象観測などの調査、一般居住、別荘・ホテルなどへの宿泊、登山・スキー・旅行・ドライブなどの観光・スポーツ、さらには岩木山のお山参詣のような山岳信仰があり、その他さまざまなことが想定される。また、近年まで山村に残っていた、山に住む人びとのさまざまな生活もある（柳田 1976）。

これらの目的を縄文・弥生時代に即して考えてみると、観光・スポーツ・研究的なものや山岳信仰(16)は、遺物・遺構の点で裏づけがないため、除外せざるをえない。おそらくは一般的にいわれるように、狩猟や山菜取りなどの植物食料採集や物資運搬などに関するものが基本かつ主体的であったと考えられる。

大雪山系や朝日連峰などの標高1,400～2,100m以上の山岳遺跡群は、食物の煮炊きという重要な用途をもつ土器がなく、狩猟・解体などの道具である石器のみであるため、滞在期間はきわめて限られたものであり、住居があったとすれば簡単な仮小屋程度のものしかない野営地であったと考えられる。そして、それらの場所は朝日連峰ではすべて山頂部を結ぶ尾根に位置しており、当時の尾根筋が山越えや山間部の主要な道であったことを示している。また、狩猟・解体関連の石器が多いことから、当然のことながら狩猟つまり食料獲得に関した活動もその目的であったことがうかがわれる。また、大雪山系の高地に限っていえば、狩猟活動のほかに黒曜石の採取・運搬との関わりも考えられる。近年、黒曜石の産地分析の進展により、日本列島各地の産地から黒曜石が周辺地域以外に遠方にまで運ばれていることがわかってきており（藁科・東村 1988c）、近年では長野県長門町の鷹山遺跡群（標高1,500m前後）では黒曜石の採掘跡が確認され、産地周辺の黒曜石の採掘・運搬に関連した遺跡の存在も確実になってきている状況がある（安蒜・小杉 1993）。大雪山系の遺跡群も北東が白滝、東が置戸という黒曜石産地であることから、黒曜石を採取し運搬するための山岳ルート沿いの野営地であったことも充分考えられる。

また、高地から竪穴住居跡が確認されている遺跡も山形・福島両県に少数ある。類例は関東地方・中部山岳地帯でも確認されており、中部山岳地方では高原に集落が形成されている（岡本孝 1989、勅使河原 1992）。このことから、北海道や東北地方でも、標高500～900m前後の落葉広葉樹林地帯で付近に水場がある平坦地であれば、小集落（規模はさまざま）の存在を考えてもよいであろう。ただし、冬場の自然環境の厳しさ（ちなみに100m上るごとに気温は0.6度下がる）を考慮すれば、越冬はまったく不可能ではないにしても、通年居住はむずかしく、狩猟・植物食料採集などを中心とした季節的な小集落であったと考えられる。このほかに、竪穴住居跡の有無は不明であるが、土器が発見された遺跡がある。これも一定期間の居住の結果と考えた方がよく、狩猟・植物食料採集を中心とした小集落（野営地も含めて）を形成していた場合もあったと思われる。そして、秋田県から福島県にかけての奥羽山脈を中心とする山岳遺跡群には、阿仁マタギなど奥羽山脈の山々を狩

猟の場としてきた狩人の狩小屋（文化庁文化財保護部 1973）的な場所（野営地であった可能性もある）も含まれていたとみられるが、それらは、高地の狩猟・植物食料採集活動の根拠地としての機能以外に、各地域産の物資運搬が行われ、時として秋田・山形両県など日本海側に産するアスファルト（安孫子 1982）や糸魚川産ヒスイ（硬玉）などに代表される広域流通物資が通った場所でもあったとみられるのであり、遺跡はその山岳ルートに沿っていたようにも思われるのである。

（3）青森県域の場合

つぎに青森県域の例であるが、岩木山西麓にある青森県最高地の苗代沢遺跡などは、縄文土器があり、標高もあまり高くないことから、竪穴住居跡があったと想定してもよい。この地域は、津軽地方の内陸部と日本海沿岸部を結ぶ位置にあたり、しかもこの西を流れる中村川や鰺ヶ沢・木造町（現つがる市）の海岸部から採集される黒曜石（出来島産黒曜石）を用いた石器が、この東側にある岩木山南麓の縄文遺跡から多数出土していることを考慮すれば、縄文時代のこの地域には、黒曜石のほかに海の幸や山の幸などの各種物資が運ばれた道があり、この遺跡もその道に沿った小集落（季節的集落かどうかは不明）であった可能性がある。

また、岩木山七曲り発見の石鏃については、現地がやや急な斜面であって竪穴住居跡の存在は考えられないため、カモシカやクマなどの狩りの場所であった場合が考えられる。おそらく、距離的に近いすぐ下の小森山や百沢あたりに居住していた縄文人が、ケモノ道に沿って逃げる獲物を追い登ってきたのであろうか。

4　山岳遺跡研究の視点

山岳遺跡の研究は、北海道・東北地方においては端緒についた段階である。今後は、まず最初に遺跡の発見と発掘調査がなされなければならないであろう。そしてその資料の蓄積によって、山麓を含めた周辺遺跡群との比較・理解も可能になると思われる。ただし、その際には、周辺地域の地形・気候・植生・動物生態などの自然環境との関わりのなかで理解するという姿勢が重要になろう。本節では、そのような段階にまだいたっていない現状を考慮して、大ざっぱに総括的に述べ、現状を紹介した次第である。山岳の遺跡は、ここで紹介した以外にもまだまだあるかと思われるが、これによって、今後このような高地にある遺跡に関心をもつ方が増え、少しずつ研究が進展することを願うものである。

また、青森県の縄文・弥生時代の山岳遺跡については、すべて今後に期待するしかない状況であるが、地域的にはとくに白神山地と八甲田山系からの遺跡発見を期待したい。白神山地は日本海沿岸部と岩木川上流・津軽地方内陸を結ぶ位置にあり、八甲田山系は青森県の中央部にあるため、ともに山越えのルートを想定するうえで重要な地域である。青森県域は、三方を海に囲まれているため、縄文時代から北海道や本州他地域との海上交通がさかんに行われてきている。そのため、陸上交通にくらべてよりダイナミックな海上交通が取り上げられることが多いが、内陸部では河川のほかに山越えの道による往来も頻繁に行われていたはずである。今後はその問題を考えるためにも、山岳地域の遺跡へ注意・関心を向けることが必要であろう。

それにしても標高1,500m、2,000m という山岳高地に縄文人が足跡を遺した具体的な目的は何なのか。英国の登山家ジョージ・マロリーに質問したニューヨーク・タイムス紙の記者の言葉を借りて縄文人に尋ねてみたい気がする。「なぜ、高い山に登ったのか？」と。縄文人はいったい何と答

えてくれるのであろうか。

　なお、本文中に使用した図118～122のうち、図119の岩木山麓の遺跡分布図については、遺跡台帳のほかに、かつて筆者が確認したものも含まれている。また、図120は（吉田 1981、氏江 1993）の遺跡位置図をもとに筆者が改変したものであり、図121は、保角（1987）の遺跡位置図の内容を変えないようにして作成した。また、図122・124は、今回新たに作成し付した。

5　その後の山岳遺跡研究

　本節の内容を発表後、15年も経つにもかかわらず、青森県域では依然として高地からは遺跡が発見されていない状態が続いているが、青森県外各地では新資料や新研究の成果が発表されている。そこでここでは、それらの例について紹介し、青森県域の山岳遺跡への注意を促し、新たな発見を期待したい。

　さて、福田（1996）で見過ごしていた文献があるので、紹介しておく。東京人類学会の若林勝邦が明治27（1894）年にすでに発表していたもので、「予は信濃國大門峠発見の石鏃を見し、山崎直方君は山城國比叡山山頂から石鏃1個発見し本会へ寄贈し、岐阜県神岡鉱山より石鏃など、予は男鹿半島の真山の山中から往々にして石鏃発見ありしを聞く」と記載されている（若林 1894）。

　次に、新発見例では、北のほうから順に述べると、前述した北海道の大雪山系では、当時富良野市郷土館の杉浦重信が、それまでの発見資料・知見をまとめた後、1999（平成11）年9月に白雲岳遺跡と周辺地域の分布調査を行い、あらたに縄文時代以降の黒曜石の石鏃1・大型1点と剝片25点を採集し、これまでに白雲岳遺跡で採集されためのう製剝片1点を含む黒曜石製石器など15点を紹介した（図124－1～9）。そして、これまでの白雲岳遺跡から採集された総数338点のうち、黒曜石製のやや大型の剝片78点と石鏃1点について、京都大学原子炉実験所の藁科哲男に産地分析を依頼し、白滝産46点、置戸産19点、十勝産1点、近文台産1点、その他9点、判定不能3点で、白滝・置戸産が全体の95.5％を占めていたことを報告した。この遺跡について杉浦は、石器の形態から、主体となる時期を縄文晩期後葉とし、遺跡を残した人間集団は網走地方に居住する人びとで、ここを夏期の一時的なキャンプサイトとして用い、狩猟活動に従事したと考えた（藁科・杉浦 2000）。

　また、東北地方では、小林達雄が、岩手県内の研究者からの情報により、岩手県の八幡平山頂（標高1,614m）から縄文晩期の石刀の完形品、岩手県中央部の早池峰山（標高1,914m）から、縄文土器片1点が発見されている旨紹介し、縄文時代における山岳信仰の存在について言及した（小林 2005）。また、佐藤広史は宮城・山形との県境をなす北面白山山頂（標高1,264m）から、珪質頁岩製の楔形石器1点と石器剝片7点を発見し（図124－10～15）、このような山岳地帯は狩猟地帯であると同時に交易路でもあり、最上川水系から太平洋側へ珪質頁岩が供給されたルートではなかったかと考えた（佐藤広 2000）。

　そのほかに、中部地方では、長野県北信の高社山（標高1,315.5m）からは縄文時代の石鏃、縄文中期後半・後期の遺物や13世紀代の珠洲壺が発見されている（小枡 1998）。関東地方以西では、平成10年の『季刊考古学』第63号誌上において、「山の考古学」の特集が組まれ、原田昌幸が「縄文人と山」のテーマで、関東・中部地方の縄文時代の山頂・山腹などの高地にある遺跡について述べ（原田 1998）、兼康保明は、兵庫県神戸市の六甲山系、滋賀県比叡山などから発見された石鏃について述べ（兼康 1996）、縄文時代の山岳信仰の存在を主張した。

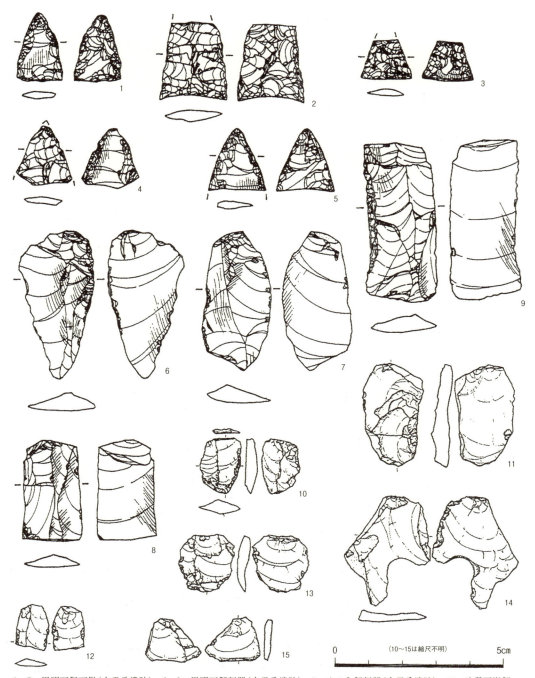

1～5. 黒曜石製石鏃（白雲岳遺跡）　6～8. 黒曜石製削器（白雲岳遺跡）　9. めのう製削器（白雲岳遺跡）　10. 珪質頁岩製ピエス・エスキーユ（北面白山頂）　11～15. 珪質頁岩製フレイク（北面白山頂）

図124　白雲岳遺跡と北面白山頂の石器・剥片

この一方、立正大学の時枝務は、これまでに研究してこられた全国の山岳宗教遺跡について一書にまとめている。このなかで、これまでの「山の考古学」の呼称を「山岳考古学」と呼ぶこととし、対象を山地利用・山岳宗教とし、これまでの研究史、今後の課題などについて述べた（時枝 2011）。本書では、全国の主な山岳遺跡54カ所を取りあげ紹介し、最後に山岳考古学関連の文献一覧を添えていて、研究者にとっては今後の基礎的な文献となるものである。ただこのなかで、寺院・祭祀・経塚等に関わる宗教施設以外の遺跡としては、わずかに、大規模な黒曜石採掘跡が確認された長野県の鷹山遺跡群１カ所しか取り上げられておらず、しかもこれが唯一、先史時代の遺跡である。文献目録においても、東北地方や北海道の縄文時代のものなどは含まれていない。これは、山岳宗教関連の遺跡を主としたためであろうが、これまで岡本孝之や筆者、杉浦重信らが論考をくわえたように、関東地方以北、東北地方・北海道の山岳には多くの先史時代の遺跡が残されており、資料報告がなされている。とくに北海道の大雪山糸の遺跡群の資料は、縄文時代における山岳の交流・交通ルートを考える際には看過できないものである。今後、先史時代の遺跡をぜひくわえていただきたいものである。

註
（１）本遺跡ではこの後、平成20年12月９日に観光案内板設置工事に伴い、青森市教育委員会文化財課によって船着き場付近が試掘調査（２m²）が行われた。その結果、平安時代の製塩土器片・近現代の陶磁器片が少量出土している（青森市教委 2009）。
（２）本遺跡ではこの後、平成27年11月５日未明に蕪嶋神社が、火災で焼失したため、翌年３月８～11日に、再建に伴う試掘調査が八戸市埋蔵文化財センター是川縄文館によって行われた。その結果、縄文時代早期中葉（吹切沢式期）の竪穴住居跡など２軒、早期中～後葉（吹切沢式・ムシリⅠ式・早稲田Ⅴ類）の土器・石鏃・土製品、続縄文・弥生時代の土器片・円板状土製品が少数出土しており、さらに多くの早期の竪穴住居跡の存在も推測されている（八戸市教委 2017）。
（３）木村鉄（1976）には、桜井清（1954）に紹介された土師器を再実測した図が掲載されており、本節ではこの文献の図を掲載した。
（４）海上保安庁水路部編 1949「日本津軽海峡水深図」No.6075。本図と根本（2001）を参考にすれば、横泊沖合約２kmの水深は約60mで、約11km沖でなければ水深123mにはならない。
（５）同様に、同水深図№6075と根本（2001）を参考にすれば、長後沖約４kmの水深は約110mであり、５km以上沖合でなければ水深150～160mにはならない。
（６）昭和62（1987）年６月28日（日）付の東奥日報朝刊に、関連記事「旧石器時代末期　陸奥湾陸地説　考古学で立証」がある。
（７）青森県埋蔵文化財包蔵地調査カード（1973．8．4）
（８）このことについて、遠藤邦彦は、「１万8000年前を中心とする時期は、氷河期の中でも最も寒冷な時期にあたり、（中略）海面は大きく低下していた。その低下量については若干の議論もあるが、一般に80～120mに及んでいたことで一致している。（中略）地球が温暖化するにつれ、海面は１万5000年前頃から急速な上昇を始め、（中略）。１万3000～１万1000年前には海面は－25～15m位まで上昇し、（中略）１万1000年前から１万年にかけて、海面高度は一時的ながら世界的に、急激に低下した。（中略）関東平野では、－50m位にまで海面が再び低下したことが明らかにされている。海岸線は再び沖合いに退いていた。１万年前以後、この位置から海面は急速に上昇し、（中略）現在の陸地内に侵入していく。これは有楽町海進または縄文海進として広く知られている」と述べている（遠藤 1999）。
（９）岡本は、岡本孝（1989）のなかで、東京都、神奈川・長野両県（長野県は八ヶ岳や霧ヶ峰の高原遺跡を

除外）では、標高550〜1,251mの縄文遺跡が35カ所（最高所は東京都、埼玉・山梨両県にまたがる雲取山山頂付近—標高1,850m）確認されており、大半が土器や石器の出土であるが、中之平遺跡（東京都桧原村、標高950m）では発掘調査の結果、縄文早期末の土器・石器のほかに炭化したクリ・クルミを伴う炉穴と土坑が発見され、西峰遺跡（長野県阿南町、標高1,000m）では縄文中期後半の竪穴住居跡、付近の境沢遺跡（標高800m）では縄文中期の敷石炉が確認されている。岡本は、これら高地の遺跡について、石器だけを出土する遺跡は縄文狩猟民の狩猟の痕跡であり、土器と石器をあわせもつ遺跡は（狩猟活動の）キャンプ・サイト（野営地）としており、そのなかでも尾根上の遺跡は、尾根道が当時交通路として利用され、黒曜石などの物資の交通路・連絡道であったことを示し、山頂の遺跡は、広く平野を見おろすことができるという眺望の目的によるものと考えている。

(10) その後、雲取山の尾根伝いの登山道から、縄文前期の石槍・打製石斧・ナイフなど23点が発見され、周辺のうり平遺跡（東京都奥多摩町、標高650mの尾根）では石鏃などが発見されている（1993年2月18日付「産経新聞—埼玉版」（ジャパン通信社 1993）。

(11) 本書では、この男性ミイラは放牧をしながら移動していた羊飼いで、故郷での戦闘から脱出し逃げている途中に、この場所で死亡したと考えられている。

(12) 旧石器・縄文・弥生時代のものに限定している。古代以降になると、わが国では山岳信仰に伴う遺跡や山城などの高地遺跡が多様化し増加する。

(13) 平賀町（現平川市）教育委員会の小笠原豊氏のご教示による。

(14) 森吉町（現北秋田市）教育委員会のご教示による。

(15) 新里村（現宮古市）教育委員会のご教示による。

(16) 本文では除外したが、山に対する信仰は縄文時代にも何らかの形であったと思っている。青森県の岩木山や八甲田山とは別に、青森県、秋田・岩手両県北部には、「もや」という名称がつく、岩木山のような三角形の美しい山（標高150〜530m）が分布している。青森県では青森市に雲谷、市浦村（現五所川原市）に靄山、上北地方に大母屋・小母屋、秋田県北部に母谷山、茂谷山、茂屋方山、靄森、岩手県北部に茂谷、靄岳などがあり、一部には山頂に神社があり山岳信仰の対象となっている。しかし、出土遺物や遺構の面から裏づけるものがないため、ここでは除外したが、この分布と縄文前・中期の円筒土器文化やそれ以降の縄文・弥生文化にみられる地域性との重複を考慮すれば、それぞれの時代にその地域に住む人びとが日常的に目にしていたはずの「もや」（岩木山も含めて）と呪術的にまったく無縁であったとは考えにくい。

(17) 「なぜエヴェレストに登るのか？」というニューヨーク・タイムス紙の記者の質問に対する、マロリーの「そこにあるから」という答えが有名になった（ホルツェル／サルケルド 1988）。

附　編　青森県域の遺構・遺物集成

附表1　青森県域のおとし穴（Ⅰ～Ⅲ）一覧

No.	市町・遺跡名	立　地（標高 m）	おとし穴の形態・基数（杭穴の有無）	火山灰との関係、おとし穴の大きさ・底面の杭穴、他遺構との重複関係、図1～3番号	溝状土坑数	引用文献
1	階上町下天摩	道仏川と二十一川に挟まれた丘陵（73～83）	円形7（杭穴あり）・円形1（杭穴なし）	覆土上位に中掫浮石層。径1.50～2.40m、深さ0.45～1.70m、小杭穴2～6。	7	県埋文報572（2016）
2	〃 道仏鹿糠	道仏川左岸の丘陵・沢岸（70～86）	円形8（杭穴あり）・だ円形気味2（杭穴なし）	覆土上位に中掫浮石層。円形は径1.66～1.74m、深さ0.64～1.38m、小杭穴5～15。9号土坑が5号溝状土坑に切られる。図2-14。	14	県埋文報499（2011）
3	〃 藤沢（2）	道仏川左岸の丘陵斜面・沢岸（70～92）	円形5（うち4基に杭穴あり）	中掫浮石層の下位。径1.90～2.36m、深さ0.94～1.27m、小杭穴5～15。	7	県埋文報499（2011）
4	〃 横沢山（2）	松森川西の支流沿いの台地（102～108）	円形1（杭穴あり）	覆土に中掫浮石。径1.4m、深さ1.4m、中央に杭穴5。	1	県埋文報465（2009）
5	〃 横沢山（1）	松森川西の支流沿いの台地（95～102）	円形2（杭穴あり）	覆土に中掫浮石。径1.4・1.8m、深さ1.00・1.10m、中央に杭穴1・9。	22	県埋文報465（2009）
6	〃 鴨平	松館川右岸の丘陵（107～121）	（A区）円形1（杭穴あり）	長径1.40m、深さ1.20m、杭穴6。	2	町教委（2014）
7	〃 小板橋（2）	新井田川・松館川間の丘陵（79～86）	円形5（うち3基に杭穴あり）	径1.20～2.26m、深さ0.63～0.93m、杭穴5～6。	なし	町教委（2002）
8	八戸市畑内	新井田川右岸の段丘（84～100）	円形1（杭穴あり）	径1.8m、深さ1.1m、中央に小杭穴2。	なし	県埋文報161（1994）
		新井田川右岸の段丘（89～99）	円形7（うち3基に杭穴あり）	覆土上位に中掫浮石層。3基は径1.6～1.8m、深さ0.53～0.97m、中央大杭穴1、杭穴4、杭穴5？、4基は径1.9～2.35m。	9	県埋文報326（2002）
		新井田川右岸の段丘（94～107）	（ブロック2）円形1（杭穴あり）（ブロック4）円形2（うち1基に杭穴あり）（ブロック5）円形2（杭穴あり）	径1.35m、深さ0.45m、中央の太い杭穴1に小穴5。覆土上位に中掫浮石。径1.95・2.10m、深さ0.75・1.85m、中央に太い杭穴1。径1.3・1.45m、深さ0.65・0.95m、中央に太い杭穴各1。	なし	県埋文報345（2003）
9	〃 砂子	新井田川右岸の丘陵（74～76）	（A区）円形3（うち2基に杭穴あり）	径1.60～2.07m、深さ0.77～1.20m、中央に杭穴3。	18	県埋文報280（2000）
10	〃 水吉	新井田川左岸の段丘（160～180）	円形2（杭穴なし）	径1.38・2.58m、深さ0.77～1.10m。	2	県埋文報245（1998）
11	〃 古坊	新井田川左岸の段丘（86～92）	円形3・だ円形2（すべてに杭穴あり）	円形は径1.10～1.63m、深さ0.47～0.84m、杭穴3～10、だ円形は径1.63・1.68m、深さ0.69・0.87m、杭穴5・13、杭穴の深さ0.30～0.45m程度。図2-11・図3-4。	2	県埋文報335（2002）
12	〃 荒屋敷久保（1）	八戸市南部の小河川沿い丘陵（92～104）	円形10（うち6基に杭穴あり）	中掫浮石の下位。円形は径1.5～2.1m、深さ1.2～1.7m。	13	県埋文報453（2008）
13	〃 荒屋敷久保（2）	八戸市南部の小河川沿い丘陵（122～127）	円形3（うち1基に杭穴あり）	1基は径2.05m、深さ2.00m、杭穴7、2基は径1.7・1.8m、深さ1.10・1.20m。	8	県埋文報465（2009）
14	〃 沢堀込	太平洋を望む海岸段丘（80～100）	（B区）円形3（杭穴あり）	径0.96～1.05m、円筒状、深さ0.90～1.01m、杭穴は7・11、中央杭穴3、B183号土坑をB31号溝状土坑が切る。	95	県埋文報144（1992）
15	〃 大山	八戸市東部の蒼前平段丘（約110）	円形1（杭穴あり）	径1.45m、深さ1.18m、中央に小杭穴4。図2-7。	1	市埋文報69（1997）
16	〃 牛ヶ沢（4）	新井田川・松館川間の丘陵（50～100）	円形2（杭穴あり）	覆土1層が中掫浮石。径1.80・2.56m、深さ0.78・0.90m、中央に杭穴4・大杭穴1。	なし	市埋文報71（1997）
		新井田川・松館川間の丘陵（50～100）	円形3（うち2基に杭穴あり）	径1.04～2.04m、深さ0.68～1.17m、杭穴4・8。	なし	市埋文報89（2001）

No.	市町・遺跡名	立地（標高m）	おとし穴の形態・基数（杭穴の有無）	火山灰との関係、おとし穴の大きさ・底面の杭穴、他遺構との重複関係、図1～3番号	溝状土坑数	引用文献
17	〃 風張(1)	新井田川右岸の丘陵（21～23）	円形1（杭穴あり）	径1.5m、深さ1.25m、南側に大杭穴1、縄文後期後葉の14号住居跡に削られる。	なし	市埋文報40(1991)
		新井田川右岸の丘陵（25～30）	円形1（杭穴あり）	長径2m、深さ1.21m、小杭穴14。	3	市埋文報42(1991)
		新井田川右岸の丘陵（25～30）	円形2（杭穴あり）	径1.76m、深さ1.02m、中央に杭穴4。径1.83m、深さ1.10m、全面に杭穴7。	1	市埋文報119(2008)
18	〃 黒坂	松館川左岸の段丘（30～38）	円形4（杭穴あり）	覆土上位に中摺浮石。径1.6～2.05m、深さ0.60～1.10m、中央に杭穴7～13。	4	県埋文報317(2002)
		松館川左岸の段丘（30～38）	円形3（杭穴あり）	径1.40～1.76m、深さ0.76～1.12m、杭穴4～5。	11	県埋文報306(2001)
19	〃 弥次郎窪	新井田川・松館川間の丘陵（36～53）	円形4（杭穴あり）	径1.55～2.45m、深さ0.70～1.08m、中央ほかに杭穴3～7。	12	県埋文報128(1990)
		新井田川・松館川間の丘陵（32～45）	円形3（うち1基に杭穴あり）	径1.06～1.22m、深さ0.49～0.71m、杭穴1。	9	県埋文報561(2016)
20	〃 松ヶ崎	新井田川・松館川間の丘陵（32～34）	円形1（杭穴あり）	径2.15m、深さ1.10m、中央に杭穴5。	なし	県埋文報377(2004)
21	〃 檜館	新井田川右岸の段丘（8～28）	円形7・だ円形2（すべてに杭穴あり）	径1.25～2.00m、深さ0.50～0.90m、杭穴2～4。図2－8。	1	県埋文報342(2003)
		新井田川右岸の段丘（8～28）	円形4（うち1基に杭穴あり）・だ円形4（うち1基に杭穴あり）	円形は径1.70～2.00m、深さ1.0～1.2m、杭穴10。だ円は長径1.30～2.05m、深さ0.2～1.60m、杭穴9。	なし	県埋文報388(2005)
		新井田川右岸の段丘（22～26）	円形2（杭穴あり）・だ円形1（杭穴なし）	径1.2～1.75m、深さ0.9～1.4m、中央に杭穴3・4。	なし	県埋文報537(2014)
22	〃 館平	新井田川右岸の段丘（6～37）	円形1・だ円形1（杭穴あり）	径1.16・1.72m、深さ0.84・1.07m、杭穴5・4。第14号は第11号土坑に削られる。	2	県埋文報553(2015)
23	〃 新井田古館	新井田川右岸の段丘（7～9）	円形1・だ円形1（ともに杭穴あり）	径1.5m、深さ0.58m、中央に太い杭穴1、長径1.86m、深さ0.72m、中央に杭穴5。図3－5。	41	市埋文報94(2002)
24	〃 田向	新井田川左岸の段丘（7～11）	円形2（うち1基に杭穴あり）、だ円形3（杭穴あり）	覆土に中摺浮石。円形は径1.76m、深さ1.32m、杭穴5、他は径2.00m、深さ1.17m。だ円形は径1.60～1.70m、深さ0.92～1.03m、杭穴5～7。図3－1。	137	市埋文報122(2009)
25	〃 田向冷水	新井田川左岸の段丘（16～22）	だ円形2（うち1基に杭穴あり）	覆土上位に中摺浮石層。長径1.39m、深さ0.75・0.51m、底面に杭穴7。	5	県埋文報336(2002)
		新井田川左岸の段丘（8～20）	円形2（杭穴あり）	覆土1層に中摺浮石。径1.97・1.86m、深さ1.18・1.09m、中央に大杭穴1、小杭穴7。図2－15。	53	市埋文報113(2006)
		新井田川左岸の段丘（8～20）	だ円形5（杭穴あり）	径1.58～2.25m、深さ0.91～1.32m、全面に杭穴7～9。	108	市埋文報129(2011)
26	〃 中居林	新井田川左岸の丘陵（38～80）	（南区）長方形1（杭穴あり）・円形3（うち2基に杭穴あり）	長方形は径1.20×0.94m、深さ0.30m、杭穴7、円形は径1.40～1.70m、深さ0.80～1.30m。図3－7。	なし	県埋文報454(2008)
		新井田川左岸の丘陵（38～80）	円形4（杭穴あり）	径1.55m、径0.92～1.61m、深さ0.54～0.96m、中央に杭穴1～5。	1	県埋文報485(2010)
27	〃 長久保(2)	馬淵川・新井田川間の丘陵（65～75）	円形7（うち3基に杭穴あり）	覆土上部に中摺浮石層。径1.10～1.70m、深さ0.70～1.30m、中央に大杭穴1。	なし	県埋文報367(2004)
		馬淵川・新井田川間の丘陵（56～74）	方形1（杭穴なし）	1辺1.2m、深さ1.0m、図3－8。	なし	県埋文報454(2008)
28	〃 糠塚小沢	新井田川左岸の丘陵（48～54）	円形2（うち1に杭穴あり）	径1.2・1.35m、深さ1.10・1.15m、円柱状、中央に小杭穴5。図2－12。	なし	県埋文報470(2009)
29	〃 丹後谷地(1)・(2)（地図の地点は30と同）	馬淵川・土橋川間の丘陵（45～65）	円形（方形気味）1（杭穴あり）	径1.35m、深さ0.80m、中央に大杭穴1。	なし	市埋文報13(1984)
30	〃 丹後平(1)	馬淵川・土橋川間の丘陵（81～87）	（B地点）円形1（杭穴あり）	径1.88m、深さ0.91m、中央に杭穴3、2号溝状土坑に切られる。	4, 8	市埋文報66(1996) 市埋文報93(2002)
31	〃 丹後平古墳（地図の地点は30と同）	馬淵川・土橋川間の丘陵（93～96）	だ円形1（杭穴あり）	径2.07・1.72m、深さ1.06m、中央に大杭穴1。	6	市埋文報93(2002)
32	〃 丹後平(2)	馬淵川・土橋川間の段丘（65～82）	円形2（杭穴あり）	径0.73・1.22m、深さ0.33・0.47m、中央に杭穴各1、底面は漏斗状。	なし	市埋文報55(1994)

No.	市町・遺跡名	立地（標高m）	おとし穴の形態・基数（杭穴の有無）	火山灰との関係、おとし穴の大きさ・底面の杭穴、他遺構との重複関係、図1～3番号	溝状土坑数	引用文献
33	〃 丹後平(3)	馬淵川・土橋川間の丘陵（90～100）	円形1（杭穴あり）	覆土1層に中掫浮石。深さ1.37m、径1.97m、杭穴4。	なし	市埋文報13(1984)
34	〃 田面木平(1)	馬淵川右岸の段丘（79～103）	円形2（杭穴あり）	覆土1層に中掫浮石。径1.48・1.48m、深さ1.22・1.03m、隅の杭穴1に小穴4、他の隅の杭穴1に礫。図2－5。	31	市埋文報20(1988)
35	〃 鴨平(1)	馬淵川・新井田川間の丘陵（184～201）	（B地区）円形1（杭穴あり）	径2.26m、深さ1.36m、小杭穴4。	7	県埋文報72(1983)
36	〃 鴨平(2)	馬淵川・新井田川間の丘陵（168～172）	（A地区）円形1（杭穴なし）	中掫浮石層の下位。径2.50m、深さ1.20m。	6	県埋文報73(1983)
37	〃 根城跡（岡前館）	馬淵川右岸の段丘（22～28）	（44地点）だ円形気味1（杭穴あり）	長径1.2m、深さ1.0m、杭穴5。	2	市埋文報83(2000)
38	〃 鶉窪	馬淵川右岸の丘陵沢地（45～55）	円形15（うち8基に杭穴あり）	覆土1層に中掫浮石。径1.1～2.63m、深さ0.96～2.05m、杭穴1～7。図1－3－12。	12	県埋文報76(1983)
39	〃 田面木	馬淵川右岸の段丘（25～30）	円形1（杭穴あり）	径1.72m、深さ1.29m、中央に小杭穴7。	なし	市埋文報41(1991)
		馬淵川右岸の段丘（42～47）	（37地点）円形1（杭穴あり）	径1.48m、深さ1.19m、杭穴6。	2	市埋文報136(2012)
40	〃 白山平(2)	馬淵川・土橋川間の段丘（90～95）	だ円形1（杭穴あり）	径1.40×1.10m、深さ0.9m、小杭穴7。図3－2。	8	県埋文報85(1984)
41	〃 長者森	馬淵川・土橋川間の丘陵（60～73）	円形1（杭穴あり）	径1.20m、深さ0.65m、底面等に杭14。	7	県埋文報74(1983)
42	〃 酒美平	馬淵川右岸の丘陵（35～49）	円形1（杭穴あり）	径1.75m、深さ1.55m、中央に杭穴1。	3	市埋文報88(2001)
43	〃 鳥木沢	馬淵川・土橋川間の丘陵（67～68）	円形1（杭穴あり）	覆土1層に中掫浮石。径1.80m、深さ0.9m、中央に杭穴1。	1	市埋文報13(1984)
		馬淵川・土橋川間の丘陵（60～66）	円形4（杭穴あり）	覆土1層に中掫浮石。径1.44・1.26・2.14・2.26m、深さ1.30・1.12・2.44・1.46m、中央に杭穴3、中央に杭穴1。図2－4。	6	市埋文報17(1986)
44	〃 笹子(2)	土橋川左岸の丘陵（90～112）	（B区）だ円形気味3（杭穴あり）	5号土坑の覆土1層に中掫浮石層。径1.7～2.2m、深さ1.35～1.40m、杭穴2～3。	11	県埋文報480(2010)
45	〃 韮窪	馬淵川・土橋川間の丘陵（92～120）	円形4（うち3基に杭穴あり）	径1.28～2.08m、深さ0.78～1.28m、2基の中央に大杭穴1、1基の中央に小杭穴7。	22	県埋文報525(2013)
46	〃 湯ノ沢	馬淵川右岸の段丘（75～105）	（Ⅱ区）円形2（杭穴あり）	径1.93m、深さ1.15m、中央に杭穴5。径1.70m、深さ1.20m、中央に杭穴1。	2	市埋文報127(2010)
47	〃 櫛引	馬淵川右岸の丘陵（59～84）	円形20（うち18基に杭穴あり）	中掫浮石層の下位。径1.1～2.63m、深さ1.20～1.45m、杭穴1～9。	39	県埋文報263(1999)
		馬淵川右岸の丘陵（59～84）	円形8（うち3基に杭穴あり）	覆土1層に中掫浮石。3基は径1.3～1.9m、深0.4～1.1m、杭穴5～8（中央穴1に細杭穴6ある例あり）、他の5基は径1.1～2.2m、深0.7～1.3m。図2－16・17。	6	県埋文報272(2000)
48	〃 千石屋敷	馬淵川右岸の河岸段丘（17～19）	（第1地点）だ円形1（杭穴あり）	長径1.23m、深さ0.90m、杭穴5。	1	市埋文報124(2010)
		馬淵川右岸の河岸段丘（17～19）	円形2（杭穴あり）	径1.45・2.1m、深さ0.65・1.00m、杭穴4・5。	1	県埋文報550(2015)
49	〃 昼場	馬淵川左岸の丘陵（28～41）	円形3（杭穴あり）	覆土上部に中掫浮石層。径1.66～2.22m、深さ0.88～1.05m、17号土坑は2号溝状土坑に切られる、1基は中央に太い杭穴1と小杭穴5、他の2基は中央に杭穴1、1基は底は平坦でない。図2－19。	10	市埋文報78(1999)
50	〃 堀端(1)	馬淵川左岸の丘陵（約25）	円形1（杭穴あり）	径1.68m、深さ1.31m、中央に杭穴1。	6	県埋文報517(2012)
51	〃 白蛇	馬淵川左岸の段丘（29～35）	円形1（杭穴あり）	覆土上部に中掫浮石層。径2.46m、深さ1.27m、杭穴6。	7	市埋文報150(2015)
52	〃 上野	馬淵川左岸の段丘（20～40）	円形7（うち4基に杭穴あり）	覆土上部に中掫浮石層。径1.36～2.42m、深さ0.65～1.55m、杭穴1・8・9。	21	県埋文報297(2001)
53	〃 上野平(3)	馬淵川左岸の段丘（21～32）	円形9・だ円形気味3（うち6基に杭穴あり）	覆土上部に中掫浮石。径1.5～2.4m、深さ0.95～1.70m、杭穴1・8など。	19	県埋文報296(2001)

No.	市町・遺跡名	立地（標高m）	おとし穴の形態・基数（杭穴の有無）	火山灰との関係、おとし穴の大きさ・底面の杭穴、他遺構との重複関係、図1～3番号	溝状土坑数	引用文献
54	〃 人首沢	馬淵川左岸の丘陵（55～60）	円形2（杭穴あり）	円形は径1.25・1.65m、深さ0.60・1.7m、中央に杭穴1、底面は平坦ではない。	10	市埋文報84（2000）
			※だ円形1（底面壁際に小ピット群）	※12号、径1.85m以上、深さ1.60m、底面壁際に小ピットが18めぐる。		

No.	市町・遺跡名	立地（標高m）	おとし穴の形態・基数（杭穴の有無）	火山灰との関係、おとし穴の大きさ・底面の杭穴、他遺構との重複関係、図1～3番号	溝状土坑数	引用文献
55	〃 岩ノ沢平	馬淵川左岸の丘陵（50～67）	（A・B区）円形10（うち6基に杭穴あり）、だ円形4（うち3基に杭穴あり）	円形（ASK118、BSK26・158）が溝状土坑（SV75、18・87）にそれぞれ切られる。径1.16～2.19m、深さ0.90～1.75m、杭穴1～12。図2-18、図3-6。	228	県埋文報287（2000）
			※だ円形3（底面壁際に小ピット群）	※だ円形のBSK201は長さ1.75m、深さ1.20m、小ピット小ピット8以上、その他は長さ1.69・1.94m、深さ1.23・1.23mで底面壁際に周溝めぐる。BSK38・188の小ピットは10以上、BSK38は溝状土坑に切られる。図3-14・15。		
		馬淵川左岸の丘陵（56～67）	（C区）円形4（うち2基に杭穴）	径1.6～1.84m、深さ0.55～1.15m、杭穴4・5。	54	県埋文報301（2001）
			※円・だ円形計26（うち21基の底面に小ピット・小ピット群あり）	※径1.07～2.03m、深さ0.85～1.85m、小ピット3～11。14基（円・だ円形）は底面壁際に小ピットめぐる（35号土坑は8号溝状土坑に切られる）、22・36・38・49号のだ円形で底面壁際に小ピットが多数めぐる土坑は溝状土坑を切る。図3-11～13・16。		
		馬淵川左岸の丘陵（56～66）	だ円形1（杭穴なし）	長径3m以上、深さ2m、半分が調査区外。	11	市埋文報46（1992）
			※だ円形1（底面壁際に小ピット群）	※8号、長さ1.60m、底面壁際に小ピットが11めぐる。		
56	〃 大仏	馬淵川左岸の丘陵（16～28）	円形4（杭穴あり）	径1.06～1.50m、深さ0.6～0.96m、杭穴1（3基、うち1基は杭穴内に小穴4あり）・8、SK11がMP2に切れる。	86	市埋文報84（2000）
			※だ円形1（底面壁際に小ピット群）	※SK9、長さ1.8m、底面壁際に小ピット19めぐる		
57	〃 林ノ前	馬淵川左岸の丘陵（27～44）	（B区）円形3（杭穴なし）（D区）円形1（杭穴あり）	径1.41～2.03m、深さ0.88～1.54m、SK133がSV10に切れる。径1.50m、深さ1.24m、中央に大杭穴1（杭穴内に小穴5あり）。	44	県埋文報396（2005）
		馬淵川左岸の丘陵（20～40）	だ円形気味1（杭穴あり）	中央に杭穴2以上、計測不可。	3	市埋文報120（2009）
		馬淵川左岸の丘陵（20～40）	円形1（杭穴あり）	径2.18m、深さ1.22m、杭穴1。	4	市埋文報124（2010）
58	〃 見立山（2）	五戸川・馬淵川間の丘陵（48前後）	円形9・だ円形1（すべてに杭穴あり）	径0.85～1.76m、深さ0.19～0.45m、中央に杭穴1（6基）、他は杭穴2・3、底は平坦でない。	52	市埋文報79（1999）
59	〃 長七谷地	五戸川右岸の段丘（9～21）	（長七谷地7号）円形3（うち2基に杭穴あり）	径1.44、1.65、1.76m、深さ1.05・1.19・1.02m、中央に大杭1・小杭1、底面に小穴5。	108	市埋文報8（1982）
60	南部町日渡	如来堂川左岸の丘陵（70～83）	（A区）だ円形2（うち1基に杭穴あり）	中撫浮石層の下位。1基は径1.90m以上、深さ1.80m、杭穴2以上、他は不明。	なし	県埋文報162（1994）
61	〃 大久保平	馬淵川右岸の段丘（約90）	円形4（うち1基に杭穴あり）	径1.1～1.9m、深さ1.2m、杭穴5。	4	県埋文報489（2010）
62	〃 西久根	馬淵川右岸の段丘（25～40）	円形1（杭穴の有無不明）	中撫浮石層の下位。一部の調査のため全形不明、長径2.76m、深さ1.32m。	6	県埋文報407（2006）
63	〃 西張（3）	馬淵川右岸の段丘（20～30）	円形1（杭穴あり）	径1.9m、深さ1.1m、中央に小杭穴4。	3	県埋文報197（1996）
64	〃 西張（2）	馬淵川右岸の段丘（25～28）	円形3（杭穴なし）	径1.30～2.13m、深さ0.81～1.02m。	4	県埋文報233（1998）
65	〃 法師岡	馬淵川右岸の段丘（8～31）	円形1（杭穴あり）	径1.40m、深さ1.1m、円筒状、中央に大杭穴1。	1	県埋文報378（2004）

No.	市町・遺跡名	立地（標高m）	おとし穴の形態・基数（杭穴の有無）	火山灰との関係、おとし穴の大きさ・底面の杭穴、他遺構との重複関係、図1～3番号	溝状土坑数	引用文献
66	五戸町上蛇沢(1)	五戸川・浅水川間の丘陵(76～95)	(A区)だ円形1（杭穴なし）	径1.57×1.12m、深さ1.54m。図3-3。	9	県埋文報198(1996)
	〃 上蛇沢 No.4区	(86～95)	円形1（杭穴あり）	径1.5m、深さ0.68m、中央に大杭穴1、杭穴の深さ0.46m。	2	町埋文報4(1998)
67	六戸町長谷(1)	奥入瀬川右岸の段丘(20～35)	円形2（杭穴あり）	径1.23・1.60m、深さ1.16・1.14m、中央に杭穴2・4。	26	県埋文報241(1998)
68	〃 通目木	奥入瀬川・稲生川間の丘陵(50～55)	円形1（杭穴なし）	径1.0m、深さ0.75m。	なし	県埋文報392
69	〃 堀切沢(3)	六戸町東方の丘陵(40～50)	だ円形1（杭穴あり）	径2.22×1.68m、深さ1.31m、中央に杭穴。	18	県埋文報511(2012)
70	〃 堀切沢(5)	六戸町東方の丘陵(45～48)	円形大型1（杭穴なし）	径1.82m、深さ1.26m。	8	県埋文報141(1992)
71	〃 坪毛沢(3)	六戸町東方の丘陵(36～42)	円形3（杭穴あり）	径1.36～1.60m、深さ0.8～0.9m、中央に杭穴1～2。	34	県埋文報430(2007)
72	十和田市平窪(2)	奥入瀬川右岸の段丘(53～66)	円形2（杭穴あり）	径1.2・1.2m、深さ0.84・0.90m、中央に杭穴2。	20	県埋文報235(1998)
73	〃 寺山(3)	奥入瀬川右岸の段丘(50～91)	円形7（うち4に杭穴あり）	径1.3～1.6m、深さ1.0～1.2m、中央に杭穴1～3。	2	県埋文報235(1998)
74	〃 北野(1)	川去川右岸の段丘(46～49)	円形2（うち1基に杭穴あり）	径1.42m、深さ0.93m、中央に杭穴1、他の1基は径1.74m、深さ0.94m。	5	県埋文報455(2008)
75	三沢市天狗森(3)	姉沼東岸の段丘(20～34)	円形1（杭穴あり）	径1.55m、深さ1.20m、中央に杭穴1。	なし	市埋文報17(1999)
76	〃 小田内沼(1)	小田内沼南岸の段丘(約25)	円形5	中掫浮石層の下位、径1.0～1.5m、円筒状、深さ0.8～1.1m、杭穴1内に細い杭各2本立てた痕跡。図1-1・2。	2	県埋文報107(1988)
77	東北町夫雑原下山(7)	東北町北西部の丘陵(116～120)	円形2（杭穴あり）	径1.04m、深さ1.04m、中央に大杭穴1、だ円（長径0.96m以上、深さ1.00m）の2号土坑が2号溝状土坑に切られる。図2-6。	3	町埋文報7(1997)
78	〃 赤平(2)	七戸川右岸の段丘・扇状地(20～30)	円形4（うち3基に杭穴あり）	径1.16～1.43m、深さ0.81～0.92m、中央に杭穴1。	17	県埋文報438(2007)
79	七戸町大池館	七戸川左岸の段丘(20～39)	円形2（杭穴あり）	径0.95・1.08m、円筒状、深さ0.88・0.98m。中央に大杭穴1。	なし	県埋文報389(2005)
80	〃 倉越(2)	七戸川左岸の段丘(37～42)	円形1（杭穴あり）	径0.85m、円筒状、深さ1.10m、中央に杭穴1。	16	県埋文報417(2006)
81	〃 矢倉館	七戸川右岸の段丘（約50）	円形1（杭穴あり）	径1.25m、深さ0.8m、中央に大杭穴1。	なし	町埋文報72(2007)
82	〃 作田(1)	作田川左岸の段丘（約52）	円形1（杭穴あり）	径1.05m、深さ1.55m、円筒形、中央に大杭穴1、時期不明の竪穴を切る。	なし	町埋文報5(1992)
83	野辺地町向田(29)	陸奥湾東岸の段丘（約22）	円形1（杭穴あり）	径1.58m、深さ1.87m、中央に杭穴1、杭穴の深さ0.57m。図2-13。	3	町文報10(2003)
84	〃 向田(38)	陸奥湾東岸の段丘(65～70)	円形2（杭穴あり）	径1.55・1.72m、深さ1.50・1.92m、中央に大杭穴1。2号土坑と9号溝状土坑が重複するが新旧関係不明。	15	町文報16(2007)
85	〃 向田(39)	陸奥湾東岸の段丘(65～77)	円形2（杭穴あり）	径1.83・2.25m、深さ1.35・1.46m、中央に大杭穴1。	16	町文報16(2007)
86	〃 向田(36)	陸奥湾東岸の段丘(20～39)	円形10・だ円形1（うち5基に杭穴あり）	径1.23～1.46m、深さ0.80～1.40m、杭穴1～5、10号土坑覆土から物見台式片・敲磨器。図2-9。	なし	町文報17(2011)
87	青森市野尻館	横内川右岸の段丘(10～20m?)	だ円形1（覆土に痕があるが杭穴は不明）	径1.84以上×1.42m、深さ1.48m。覆土から貝殻文土器小破片。未完掘。	なし	市埋文報111(2012)
88	〃 野木(1)	牛館川・合子沢川間の丘陵(50～90)	(西区)円形6（杭穴あり）	径0.88～1.70m、深さ0.76～1.20m、すべて中央に杭穴1。底面が平坦でない例もあり。	14	県埋文報281(2000)
		牛館川・合子沢川間の丘陵(50～90)	(西区)円形4（杭穴あり）	径1.26～1.60m、円筒状、深さ0.88～1.01m、3基が杭穴1、1基が杭穴2。図2-3・10。	3	市埋文報54-2(2001)
89	〃 栄山(3)	荒川・沖館川間の丘陵（約25）	円形1（杭穴あり）	径0.8m以上、円筒状、深さ約0.90m、中央に大杭穴1。3号住居跡（円筒下層a・b式）に削られる。図2-1。	なし	県埋文報294(2001)
		荒川・沖館川間の丘陵(17～26)	長方形1（杭穴あり）	0.9×0.54m、深さ1.10m、中央に大杭穴1、覆土に棒状痕が残る。図3-10。	なし	市埋文報76(2005)

No.	市町・遺跡名	立　地（標高 m）	おとし穴の形態・基数（杭穴の有無）	火山灰との関係、おとし穴の大きさ・底面の杭穴、他遺構との重複関係、図1～3番号	溝状土坑数	引用文献
90	〃安田(2)	荒川・沖館川間の丘陵（64～65）	円形3（うち2基に杭穴あり）・方形1（杭穴あり）	円形は径0.96～1.40m、円柱状、深さ1.00～1.20m、中央に大杭穴1。方形は0.82×1.04m、深さ1.0mで中央に0.37m長の杭穴1。図2－2、図3－9（県埋文報321）。	5	県埋文報303(2001)・321(2003)
91	深浦町津山	津軽海峡を望む海岸段丘(60)	円形1（杭穴なし）（第1号土坑）	円形は径1.36×1.50m、深さ1.18m	6	県埋文報221(1997)

総検出数：県内12市町（40市町村中）91遺跡—380基

※　「おとし穴の形態・数（杭穴の有無）」欄の※は、底面壁際に小ピット群をめぐらす土坑（32基）についての記載で、右欄にその内容を記している。本稿ではおとし穴からは除外した。また、溝状土坑数は、同報告書掲載分の数である。引用文献欄の教委は教育委員会、県埋文報〇は青森県埋蔵文化財調査報告書第〇集、市町埋文報〇は市町埋蔵文化財調査報告書第〇集、市町文報〇は市町文化財調査報告書第〇集を略記したものである。

附表2　青森県域の溝状土坑一覧（遺跡名はアイウエオ順）

201：青森市（34遺跡—361基）
赤坂1基（市埋文報77）・朝日山(2)8基（県埋文報350・369）・石江1基（県埋文報458・岩渡小谷(2)1基（県埋文報300）・江渡1基（市埋文報75）・大矢沢野田(1)5基（市埋文報61・101）・上野尻11基（県埋文報302・323・353）・葛野(3)1基（市埋文報96）・源常平4基（県埋文報39）・合子沢松森(2)2基（市埋文報93）・下石川平野10基（県埋文報556・569・583）・新城平岡(2)1基（市埋文報112―3）・新城平岡(4)17基（市埋文報112―1）・新町野62基（県埋文報239・275、市埋文報告54―1・87・98）・高間(1)63基（市埋文報94・113―1～3）・高屋敷館21基（県埋文報393）・玉水(4)1基（県埋文報441）・近野1基（県埋文報33）・月見野(1)1基（市埋文報90）・中平6基（県埋文報490・518）・浪岡蛍沢1基（県埋文報583）・新田(1)6基（市埋文報94・県埋文報472）・新田(2)10基（県埋文報471）・野木(1)17基（県埋文報281、市埋文報54―2）・野川(1)7基（県埋文報234・259・351）・野長(2)5基（県埋文報186）・野尻(3)7基（県埋文報186・県埋文報414）・野尻(4)7基（県埋文報186・浪岡町埋文緊急発掘報10）・蛍沢1基（市蛍沢遺跡発掘調査団1979）・宮田館6基（県埋文報322・411・429・473）・安田(2)5基（県埋文報255・303・321）・山元(1)52基（県埋文報395）・山元(3)17基（県埋文報159）・米山(2)2基（県埋文報274）

202：弘前市（3遺跡―6基）
油伝(2)2基（市教委2017）・神原(2)3基（県埋文報530）・砂沢1基（市教委1988・1991）

203：八戸市（101遺跡―2919基）
荒屋敷久保(1)13基（県埋文報453）・荒屋敷久保(2)8基（県埋文報465）・石ノ窪(1)5基（県埋文報69）・石ノ窪(2)10基（県埋文報92）・石橋2基（市埋文報120）・泉沢(3)2基（県埋文報328・400）・市子林25基（市埋文報83・85・90・108・114・117、県埋文報516）・稲荷後(3)1基（市埋文報108）・岩ノ沢296基（市埋文報46・50、県埋文報287・301）・牛ヶ沢(3)9基（県埋文報86）・牛ヶ沢(4)16基（市埋文報104）・鶏窪12基（市埋文報76）・売場172基（市埋文報93）・上野21基（県埋文報297）・上野平(3)19基（県埋文報296）・狼走(2)6基（市埋文報145）・大久保(3)1基（市埋文報101）・大タルミ9基（市埋文報93）・大開5基（県埋文報384）・大山1基（市埋文報69）・風張(1)4基（県埋文報42・119）・蟹沢(3)5基（県埋文報317）・上七崎1基（市埋文報62）・鴨平(1)8基（県埋文報72、市埋文報告101）・鴨平(2)14基（県埋文報73）・北熊ノ沢(2)2基（市埋文報145）・櫛引46基（県埋文報263・272、市埋文報140）・熊野堂2基（市埋文報143・是川縄文館年報6）・黒坂15基（県埋文報306・317）・毛合清水(2)16基（市埋文報29・74）・毛合清水(3)5基（市埋文報84）・境沢頭3基（市埋文報72）・坂中1基（市埋文報61）・酒美平17基（市埋文報73・83・88）・笹子(2)11基（県埋文報480）・笹ノ沢(2)4基（県埋文報305）・笹ノ沢(3)81基（県埋文報305・318・346・372）・沢里山2基（市埋文報67）・沢堀込95基（県埋文報144）・沢目1基（市埋文報152）・三合山1基（県埋文報69）・三社1基（市埋文報143）・重地6基（市埋文報95）・白桃4基（市埋文報51）・新田1基（県埋文報410）・砂子18基（県埋文報280）・千石屋敷3基（市埋文報124・134、県埋文報550）・大仏113基（市埋文報74・84・98）・大仏館16基（市埋文報96）・田代2基（県埋文報506）・館平3基（市埋文報143、県埋文報553は2基）・田ノ上(1)1基（県埋文報65）・田向649基（市埋文報105・122）・田向冷水168基（県埋文報336、市埋文報113・129、八戸遺跡調査会埋文報1）・田面木8基（市埋文報136・137・143・156、是川縄文館年報6）・田面木平(1)31基（市埋文報20）・田面木平(2)1基（市埋文報53）・丹後(1)12基（市埋文報66・93）・丹後平古墳6基（市埋文報93）・丹後谷地2基（市埋文報15）・丹内2基（県埋文報273）・長七谷地貝塚375基（県埋文報51・57、市埋文報8）・長者森7基（県埋文報74）・土橋2基（市埋文報30）・鳥河岸(2)1基（市埋文報72）・鳥木沢7基（市埋文報13・17）・中居林1基（県埋文報485）・中崎1基（市埋文報64）・楢館1基（県埋文報342）・新井田古館69基（市埋文報94・116・123・142・147・148・154）・西山2基（県埋文報397）・韮窪27基（市埋文報84・525）・根岸山添7基（県埋文報364・400）・根城跡5基（市埋文報83・86・114）・咽平8基（市埋文報43・143・146）・白山平(2)8基（県埋文報85）・白蛇7基（市埋文報150）・畑内9基（県埋文報308・326）・八戸城跡23基（八戸遺跡調査会埋文報3、市埋文報121・126・133・143・152、是川縄文館年報6）・馬場瀬(2)1基（県埋文報70）・林ノ前62基（県埋文報396、市埋文報108・114・120・124・134）・人首沢10基（市埋文報84）・昼場10基（市埋文報78）・昼巻17基9基（市埋文報83）・舟渡ノ上2基（市埋文報59）・古坂11基（市埋文報23）・古坊2基（県埋文報335）・古宮7基（市埋文報19・92）・堀端(1)9基（県埋文報503・517）・松ヶ崎7基（県埋文報291・497、市埋文報90）・水吉2基（県埋文報245）・見立山(1)3基（県埋文報238）・見立山(2)74基（市埋文報38・79）・盲堤沢(3)1基（市埋文報92）・弥次郎窪12基（市埋文報128・238・561）・八幡1基（市埋文報115）・湯浅屋新田(1)2基（市埋

文報13)・湯浅屋新田(2)5基（市埋文報13・19)・湯ノ沢2基（市埋文報127)・四ツ役2基（県埋文報188)・和野前山111基（県埋文報82・403)	

205：五所川原市（3遺跡—4基）
隠川(12)1基（県埋文報260)・桜ヶ峰(1)2基（県埋文報299)・実吉1基（県埋文報207)

206：十和田市（9遺跡—95基）
大和田3基（県埋文報235)・北野(1)5基（県埋文報455)・北野(2)12基（県埋文報455)・下タ久根1基（県埋文報131)・寺上18基（市埋文発報8・9)・寺山(3)2基（県埋文報235)・平窪(1)14基（県埋文報235)・平窪(2)20基（県埋文報235)・山ノ外20基（市埋文発報11)

207：三沢市（15遺跡—125基）
五川目(6)1基（県埋文報502)・小田内沼(1)2基（県埋文報107)・小田内沼(3)4基（市埋文報15)・小田内沼(4)4基（市埋文報10)・小田内沼(5)9基（『県史資料編考古3』)・小山田(2)2基（市埋文報17)・風穴3基（市埋文報15)・上久保(1)10基（市埋文報12)・鯨森(1)1基（埋文報535)・駒沢(5)12基（市埋文報24、県埋文報529・554)・駒沢(6)28基（市埋文報24、県埋文報529・554)・下タ沢43基（県埋文報124、市埋文報19)・根井沼(1)2基（市埋文報4)・根井沼(3)1基（市埋文報23)・平畑(3)3基（市埋文報14)

208：むつ市（2遺跡—3基）
熊ヶ平(1)2基（県埋文報180)・二枚橋(1)1基（県埋文報581)

209：つがる市（1遺跡—2基）
牛潟(1)2基（市遺跡調査報告書4)

210：平川市（1遺跡—1基）
大面(1)1基（県埋文報55)

303：東津軽郡今別町（4遺跡—8基）
二ツ石1基（県埋文報117)・山崎(1)1基（県埋文報68A地区)・山崎(3)4基（県埋文報68C地区)・山崎(4)2基（県埋文報68D地区)

321：西津軽郡鰺ヶ沢町（5遺跡—17基）
金沢街道沢(1)4基・新沢(1)3基・新沢(2)6基（県埋文報563)・鳴戸(3)3基（平成26年度の県埋文調査センターの調査で検出)・平野(2)1基（町埋文緊急発掘報10)

323：西津軽郡深浦町（3遺跡—12基）
尾上山4基（県埋文報347)・蘆野2基（県埋文報347)・津山6基（県埋文報221)

362：南津軽郡大鰐町（2遺跡—4基）
駒木沢(2)1基（県埋文報532)・砂沢平3基（県埋文報53)

384：北津軽郡鶴田町（1遺跡—1基）
稲元1基（県埋文報468)

401：上北郡野辺地町（19遺跡—172基）
有戸鳥井平(5)2基（町文報7)・有戸鳥井平(7)1基（県埋文報348)・大谷地東沢(3)2基（町文報6)・野辺地蟹田(10)18基（県埋文報319)・野辺地蟹田(12)1基（県埋文報343)・二十平(1)9基（町文報15)・向田(18)2基（町文報14)・向田(24)10基（町文報7・11)・向田(26)1基（町文報13)・向田(29)3基（町文報10)・向田(30)6基（県埋文報319)・向田(32)1基（町文報13)・向田(33)5基（町文報8)・向田(34)2基（県埋文報343)・向田(35)9基（県埋文報373)・向田(37)1基（県埋文報408)・向田(38)15基（町文報16)・向田(39)16基（町文報16)・向田(40)68基（町文報16)

402：上北郡七戸町（12遺跡—135基）
後平(1)9基（平成28年度県埋文発掘調査報告会資料)・夷堂19基（平成28年度県埋文発掘調査報告会資料)・大池館13基（県埋文報417)・大沢12基（県埋文報417)・太田(1)4基（県埋文報455)・太田(2)4基（県埋文報464)・大平1基（天間林村文報10)・太田野(3)6基（県埋文報496)・倉越(2)17基（県埋文報417・464)・塚長根16基（平成28年度県埋文発掘調査報告会資料)・寒水18基（県埋文報417)・二ツ森貝塚16基（天間林村文報4・5・6・7、町文報1)

405：上北郡六戸町（10遺跡—182基）
犬落瀬柳沢4基（県埋文報481)・柴山(1)6基（県埋文報449)・坪毛沢(1)54基（県埋文報430・449)・坪毛沢(3)34基（県埋文報430)・長谷(1)26基（県埋文報241)・根古橋5基（県埋文報481・498)・堀切沢(2)13基（県埋文報141・511)・堀切沢(3)27基（県埋文報123・141・511)・堀切沢(4)5基（県埋文報123・141)・堀切沢(5)8基（県埋文報141)

406：上北郡横浜町（1遺跡—1基）
モダシ平1基（県埋文報271)

408：上北郡東北町（12遺跡—120基）
赤平(1)3基（県埋文報449)・赤平(2)17基（県埋文報438)・赤平(3)36基（県埋文報438)・内蛯沢蝦夷館10基（町埋文報2・12)・ガス平(16)2基（町埋文報10)・大坊頭24基（県埋文報449)・塔ノ沢山(1)1基（県埋文報164)・塔ノ沢山(5)1基（町埋文報8)・塔ノ沢山(6)1基（町埋文報9)・東道ノ上(3)18基（県埋文報424、平成27年度県埋文発掘調査報告会資料)・夫雑原下山(7)3基（町埋文報7)・松原4基（県埋文報77)

411：上北郡六ヶ所村（16遺跡―979基） 家ノ前13基（県埋文報148・160）・弥栄平(1)40基（県埋文報94・446・559）・大石平(1)4基（県埋文報90・103）・沖付(2)5基（県埋文報48・101）・表館(1)32基（県埋文報61・91・121・126・127）・幸梅(1)60基（県埋文報236）・幸梅(3)1基（県埋文報222）・幸畑(4)4基（県埋文報236）・幸畑(6)4基（県埋文報222）・幸畑(7)16基（県埋文報125・148）・新納屋(1)117基（県埋文報28・256）・新納屋(2)1基（県埋文報62）・鷹架10基（県埋文報63・160）・千歳(13)11基（県埋文報27）・富ノ沢(3)1基（県埋文報147）・発茶沢(1)660基（県埋文報9・67・96・116・120・126）
412：上北郡おいらせ町（6遺跡―155基） 下谷地(1)4基（県埋文報109、おいらせ町文報15・17・19）・中野平104基（下田町埋文報7・8、おいらせ町埋文報3・4・7～10・12・15・17～19・21～23、県埋文報134）・ふくべ(3)9基（県埋文報392）・ふくべ(4)17基（県埋文報392・457）・向山(4)20基（県埋文報134、おいらせ町埋文報7）・向山(5)1基（下田町埋文報20）
424：下北郡東通村（7遺跡―57基） 前坂下(1)7基（県埋文報71）・前坂下(3)13基（県埋文報71）・前坂下(5)5基（県埋文報71）・前坂下(6)1基（県埋文報71）・前坂下(7)1基（県埋文報71）・前坂下(8)1基（県埋文報71）・前坂下(13)29基（県埋文報75）
441：三戸郡三戸町（1遺跡―1基） 沖中1基（町文報1）
442：三戸郡五戸町（12遺跡―47基） 浅水2基（町文報5）・浅水上1基（町文報2）・上蛇沢(1)9基（県埋文報198）・上蛇沢(2)14基（県埋文報177）・上蛇沢(No.3・4区)3基（町埋文報4）・幸神1基（県埋文報212）・菖蒲沢(2)4基（町文報2）・荷軽井7基（町埋文報5）・西張平1基（県埋文報416）・八盃久保(2)1基（県埋文報212）・八盃久保(3)1基（県埋文報212）・古街道長根2基（県埋文報29）・松ヶ沢1基（町埋文報2）
445：三戸郡南部町（12遺跡―48基） 雷3基（県埋文報136）・大久保平4基（県埋文報489）・佐野平(2)1基（県埋文報131）・苫米地館野2基（県埋文報119）・西久根6基（県埋文報407）・西張(2)4基（県埋文報233）・西張(3)8基（県埋文報197・213）・西山9基（県埋文報136）・法師岡3基（福地村埋文報2、県埋文報378）・法師岡館1基（県埋文報387）・前比良(1)6基（県埋文報108）・森越館野1基（名川町埋文報3）
446：三戸郡階上町（14遺跡―78基） 大草里窪4基（県埋文報572）・鴨平2基（町教委2014）・笹畑(2)2基（県埋文報479）・下天摩7基（県埋文報572）・外金山沢4基（町教委2014）・天当平(1)7基（県埋文報479）・天当平(2)4基（県埋文報479）・道仏鹿糠14基（県埋文報499）・野場(5)1基（県埋文報150）・藤沢(1)1基（県埋文報479）・藤沢(2)7基（県埋文報499）・山館前2基（町教委2001）・横沢山(1)22基（県埋文報465）・横沢山(2)1基（県埋文報465）
総検出数：26市町村（40市町村中）305遺跡―5,533基

※　○○遺跡の遺跡は省略し、市町村の順番は総務省の市町村コード番号順、遺跡の順番は各市町村ごとにアイウエオ順としている。また、収録文献の県埋文報・市町村埋文報○○は青森県・市町村の埋蔵文化財調査報告書第○○集を略記したものである。

附表3　青森県域出土のヒスイ製玉類一覧（遺跡名はアイウエオ順）

201：青森市（23遺跡147点以上であるが、調査による出土数は20遺跡138点） ○朝日山(1)（晩期前半土坑墓勾玉・丸玉等36・県埋文報152・156）○朝日山(2)（晩期中葉勾玉1・県埋文報325。晩期中葉土坑墓勾玉1・県埋文報350。晩期中葉勾玉1・県埋文報368。晩期中葉土坑墓等35・県埋文報369）○後潟(1)（中期鰹節形大珠1・県埋文報512）○大浦（晩期？鰹節形1・『郷土館調査研究年報』9）○岡町(1)（旧新城岡町。晩期？方形大珠1・江坂1954・1957a）○源常平（晩期中葉土坑墓勾玉2・小玉5・県埋文報39）○三内（大珠・有溝未製品各1・『風韻堂収蔵庫　縄文文化遺物蒐成』1969）○三内丸山　中期方形大珠片1・中期土坑墓方形玉1・県埋文報2。中期原石片2・県埋文報382。中期大珠・未製品等10・県埋文報205・478。中期前葉未製品等2・県埋文報520。中期前葉～末玉・原石等17（ヒスイと断定できないものも含む）・県埋文報533。中期緒締片1・県埋文報557。中期前葉住居跡玉破片1・県埋文報570）○三内丸山(6)（中期後葉土坑墓未製品1・県埋文報279-1。後期前葉玉1・県埋文報327）○三内霊園（中期大珠片1・市の文化財2-1962）○玉清水(1)・(2)（晩期勾玉・丸玉各1・市の文化財3-1967。晩期勾玉1・関根・上條編2009）○近野（中期原石等2・県埋文報418。後期前葉半月形玉1・県埋文報22）○長森（晩期中葉土坑墓小玉・台形玉各1・市教委1985。宮田（晩期？勾玉1・小玉2・『郷土館調査研究年報』9。長森遺跡と同一遺跡であろう）○野尻(4)（平安住居跡覆土大珠1・浪岡町埋文緊急調査報10・平成13年度浪岡町文化財紀要Ⅱ）○羽黒平(3)（晩期中葉丸玉1・浪岡町埋文緊急調査報5）○平野（晩期土坑墓丸玉2・平成13年度浪岡町文化財紀要Ⅱ）○細越（晩期小玉2・県埋文報49）○細野（晩期大型勾玉1・『郷土館調査研究年報』9）○蛍沢（後・晩期丸玉1・市遺跡発掘調査団1979）○宮田館（前期末未製品1・県埋文報429）○宮本(2)（後期前葉楕円形1・県埋文報293）○山吹(1)（中期後葉土坑墓大珠等2・市埋文報16）○山元(3)（晩期丸玉1・県埋文報159） ※これらの他に、青森市周辺（大型勾玉5・勾玉7・『日本原始美術大系5』講談社1978）、高田の川岸（円形大珠1・『青森県考古学』11）
202：弘前市（5遺跡14点であるが、調査による出土数は2遺跡3点） ○十腰内（晩期勾玉・丸玉各3・『陸奥考古2』1930。晩期勾玉2・梅原1971。晩期勾玉1『東北大学文学部考古学資料図録』

2）〇野脇（1）（晩期中葉大型勾玉・小玉未製品各1・県埋文報149）〇薬師（晩期土坑墓丸玉1・県埋文報545）〇湯口長根（旧相馬村湯口一ノ下り山。中期大珠2・『県史資料編考古1』2017）
　※これらの他に、笹森町（中期鰹節形大珠1・『東北大学文学部考古学資料図録』2）

203：八戸市（10遺跡288点であるが、調査による出土数は9遺跡272点）
〇荒谷（中期？球状大珠1・江坂1957a・『縄文文化の研究』9 雄山閣1983。晩期末～弥生前期土坑墓玉1・市2007）〇一王寺（有溝長方形大珠1・江坂1957a・『縄文文化の研究』9）〇風張（1）（後期後葉土坑墓勾玉・丸玉・管玉等237・市埋文報119）〇是川中居（後期後葉住居跡勾玉1・遺跡調査会報5。晩期中葉大型勾玉等2・市埋文報10。晩期勾玉・丸玉等10・保坂編1972・市博1988b。晩期前葉勾玉1・市埋文報103。晩期勾玉2・市埋文報107。晩期勾玉1・丸玉等5・市埋文報135）〇是川（晩期勾玉・丸玉等4・『郷土館調査研究年報』9。是川中居と同一遺跡であろう）〇笹ノ沢（3）（中期初方形玉・土坑1・県埋文報372）〇田面木平（1）（後期中葉住居跡楕円大珠1・市埋文報20）〇丹後平古墳（7世紀後葉～9世紀後葉古墳勾玉・丸玉等13・市埋文報44。古墳勾玉1・市埋文報93）〇畑内（縄文後期～弥生初？楕円形大珠1・県埋文報161。縄文後期～弥生初？土坑墓小玉3・県埋文報211）〇松石橋（後～晩期玉1・県埋文報360）〇松ヶ崎（旧西長根・中期後葉住居跡大珠未製品1・市埋文報61。中期後葉住居跡大珠未製品1・市埋文報65）
　※これらの他に、新井田（半月形大珠1・東博『日本の考古遺物』1978）

204：黒石市（3遺跡5点であるが、調査による出土数は1遺跡2点）
〇一ノ渡（後期前葉組石脇長楕円大珠2・県埋文報79）〇（伝）花巻（球状・楕円形大珠各1・江坂1957a・『縄文文化の研究』9・梅原1971・関根＆上條編2009）〇牡丹平（有溝樽形大珠1・江坂1957a・梅原1971・『縄文文化の研究』9）

205：五所川原市（5遺跡138点であるが、調査による出土数は5遺跡137点※暫定）
〇観音林（晩期小玉片1・市文発掘報7）〇神明町（弥生前期台形玉1土坑墓・県埋文報58）〇妻ノ神（1）（後期前葉方形・楕円玉各1・県埋文報30）〇妻ノ神（晩期？大型勾玉片1・『郷土館調査研究年報』9。妻ノ神（1）か）〇五月女萢（晩期勾玉1・未製品2・市浦村教委1983）〇晩期土坑墓等のヒスイ質丸玉・勾玉・管玉等130（石材未鑑定）・市埋文報34）〇紅葉（1）（中期鰹節形大珠破片1・市文発掘報24）

206：十和田市（1遺跡11点で、調査による出土数）
〇明戸（中期球状大珠片1・晩期中葉土坑墓勾玉・丸玉等7・市埋文報2・3。中期球状大珠片1・玦状耳飾片1・玉斧片1・県埋文報488）
　※これらの他に、赤沼（弥生？勾玉1・『郷土館調査研究年報』9）、洞内（中期円形大珠1・『郷土館調査研究年報』9）

207：三沢市（1遺跡2点で、調査による出土数）
〇小山田（2）（弥生前期住居跡等玉片2・市埋文報17）

208：むつ市（11遺跡21点であるが、調査による出土数は8遺跡15点）
〇板子塚（弥生中期土坑墓等勾玉・丸玉等3・県埋文報180-2）〇内田（1）（後期前半1・平成28年の県文センターの調査で出土）〇葛訳（中期楕円大珠1・垂玉3『川内町史』2005）〇熊ヶ平（1）（前期後葉玉1・県埋文報180-1）〇高野川（3）（縄文丸玉1・県埋文報179）〇最花（中期後葉鰹節形大珠1・市教委1986）〇角違（3）（晩期前半丸玉1・『郷土館調査研究年報』12）〇瀬野（縄文管玉1・『玉文化』5）〇戸沢川代（弥生前期勾玉1・川内町教委1991）〇二枚橋（2）（晩期勾玉・小玉・孔なし未製品等6・大畑町教委2001）〇不備無（玉斧1・『川内町史』2005）
　※これらの他に、川代海岸（原石1・『玉文化』3）、関根（縄文球状大珠1・『玉文化』6）

209：つがる市（2遺跡48点以上であるが、調査による出土数は1遺跡2点）
〇石神（中期玉類点数不明・村越1974）〇亀ヶ岡（晩期丸玉1・三田史学会1959。晩期中葉丸玉1・郷土調査報告17。晩期大型勾玉・丸玉・未製品等30・『郷土館調査研究年報』4・9。晩期楕円玉1・『東北大学文学部考古学資料図録』2。晩期勾玉点数不明・『日本原始美術大系5』。晩期鰹節形大珠・大型勾玉・小玉計11・梅原1971。玉斧1・『郷土館図録　火炎土器と翡翠の大珠』。その他に、未発表資料多数・木造亀ヶ岡考古資料室（縄文館）の展示品等）

210：平川市（4遺跡10点であるが、調査による出土数は2遺跡8点）
〇石郷（4）（旧石郷。晩期前半勾玉・丸玉未製品等5・平賀町埋文報7）〇唐竹（管玉1・『郷土館調査研究年報』9）〇大光寺新城跡（縄文？大型勾玉1・平賀町埋文報19。弥生前～中期2・平賀町埋文報29）〇程ノ森（晩期玉片1・『陸奥考古3』1930）

301：東津軽郡平内町（1遺跡1点で、調査による出土数）
〇槻ノ木（晩期小玉1・『平内町史上巻』1977）

303：東津軽郡今別町（1遺跡1点であるが、調査による出土例ではない）
〇綱不知貝塚（晩期勾玉1・『成田コレクション考古資料図録』2009弘前大学。袰月洞穴のものを指しているとみられる・『日本の洞穴遺跡』平凡社1967）

307：東津軽郡外ヶ浜町（4遺跡20点であるが、調査による出土数は3遺跡15点）
〇今津（1）（晩期小玉2・県埋文報95・『遺址5』1985）〇宇鉄（晩期円形大珠等2・江坂1957a・『郷土館調査研究年報』9・『縄文文化の研究』9。晩期後葉丸玉・未製品等9・三厩村教委1996-1・2。弥生中期土坑墓勾玉等2・郷土館調査報告6）〇算用師（円形大珠2・江坂1957a・『縄文文化の研究』9・『郷土館調査研究年報』9・関根＆上條編2009）〇中ノ平（後期前葉半月形大珠等3・県埋文報25・79、『玉文化』6）

321：西津軽郡鰺ヶ沢町（1遺跡1点で、調査による出土数）
〇餅ノ沢（前期後葉～中期初捨て場長方形未製品1・県埋文報278）

323：西津軽郡深浦町（調査による出土例ではない） 　※吾妻浜（勾玉1・『風韻堂収蔵庫　縄文文化遺物蒐成』）	
343：中津軽郡西目屋村（3遺跡50点で、調査による出土数） ○川原平（1）（晩期丸玉2・県埋文報564。晩期勾玉・丸玉等11・県埋文報579）○川原平（4）（晩期土坑墓勾玉・丸玉等29・県埋文報566）○水上（2）（中期住居跡大珠1・県埋文報575-2。中期後葉大珠1・中期大珠片等2・県埋文報575-3。中期大珠1・玦状耳飾3・県埋文報575-5）	
367：南津軽郡田舎館村（1遺跡1点で、調査による出土数） ○垂柳（弥生中期未製品1・村埋文報16）	
381：北津軽郡板柳町（1遺跡5点以上で、調査はされたが、出土数は不明） ○土井（1）（晩期勾玉・丸玉等・『考古学ジャーナル』75・町教委1993）	
387：北津軽郡中泊町（1遺跡1点であるが、調査による出土例ではない） ○大澗（晩期勾玉1・『とひょう4』1983）	
401：上北郡野辺地町（1遺跡1点で、調査による出土数） ○有戸鳥井平（7）（後～晩期勾玉1・県埋文348）	
402：上北郡七戸町（2遺跡5点であるが、調査による出土数は1遺跡1点である） ○道地（1）（晩期勾玉1・七戸町教委蔵）○二ツ森貝塚（中期楕円形大珠1・『天間林村史上巻』1981。中期方形大珠1・『郷土館調査研究年報』9。中期住居跡球状大珠片1・『青森県考古学』11。中期大珠1・個人蔵）	
406：上北郡横浜町（1遺跡1点で、調査による出土数） ○桧木（晩期前半小玉1・町教委1983）	
408：上北郡東北町（1遺跡1点で、調査による出土数） ○蓼内久保（1）（中期末大珠未製品1・町埋文報17）	
411：上北郡六ヶ所村（5遺跡106点で、調査による出土数） ○大石平（1）（後期前葉住居跡台形大珠等2・県埋文報103-1・2）○沖附（2）（後期前葉方形玉2・県埋文報101）○上尾駮（1）C地区（晩期中葉土坑墓勾玉・丸玉等92・県埋文報113）○上尾駮（2）（後期前葉大珠4・楕円形玉等2・県埋文報115）○富ノ沢（2）（中期後葉牙形大珠1・県埋文報24。中期後葉楕円形大珠等3・県埋文報147）	
412：上北郡おいらせ町（2遺跡3点で、調査による出土数） ○阿光坊古墳（7世紀中～後葉古墳大型勾玉1・下田町埋文報1）○天神山（7世紀中～後葉古墳勾玉2・下田町埋文報19・21）	
424：下北郡東通村（調査による出土例はない） 　※大利浜海岸（大珠1・『玉文化』3）	
426：下北郡佐井村（調査による出土例はない） 　※箭根森八幡宮蔵（八幡堂遺跡か？管錐痕のものあり・『県立郷土館研究紀要』34）	
441：三戸郡三戸町（1遺跡7点で、調査による出土数） ○泉山（晩期土坑墓勾玉1・県埋文報31。晩期前半大型勾玉・丸玉等6・県埋文報190）	
442：三戸郡五戸町（2ヶ所が報告されたが、調査による出土例ではない） 　※切谷内等（縄文鰹節形大珠等3・『玉文化』6）	
443：三戸郡田子町（1遺跡1点で、調査による出土数） ○野面平（晩期臼玉片1・『じゅずかけ3・4』1961・梅原1971）	
445：三戸郡南部町（1遺跡5点が報告されたが、調査による出土例ではない） ○平（後期？樽形大珠1・梅原1971）○名久井（平と同一遺跡か。晩期勾玉・丸玉等4・『郷土館調査研究年報』9） 　※これらのほかに、広場（中期？長楕円大珠2・『郷土館調査研究年報』9）	
446：三戸郡階上町（2遺跡13点で、調査による出土数） ○滝端（晩期丸玉等3・町教委2000）○寺下（晩期中葉勾玉・丸玉等10・町教委2007）	
総出土数：27町村（40市町村中）95遺跡906点以上	

※印のあるものは、遺跡が特定できないもの。なお、○○遺跡の遺跡は省略し、市町村の順番は総務省の市町村コード番号順、遺跡の順番は各市町村ごとにアイウエオ順としている。また、収録文献の青森県・市町村の埋蔵文化財調査報告書第○○集は、県埋文報・市町村埋文報○○、郷土館は青森県立郷土館を略記したものである。

附表4　青森県域出土の動植物意匠遺物一覧（表中のNo.は図78～85と一致）

動物（縄文前期・中期）

No.	名称・点数	遺跡名	時期（土器型式）	備考（遺構・特徴・文献・ページなど）
1	動物形石製品1	むつ市湧館	前期後葉（円筒下層d1式）	軽石製。著者はネズミかモグラとするが不明。大畑町教委1980（町文化財調査報告2）P.60。
2	イノシシ形突起1	つがる市石神	中期初頭（円筒上層a式）	深鉢形土器口縁に4カ所。江坂輝弥編1970（『石神遺跡』ニュー・サイエンス社）PL.14。

No.	名称・点数	遺跡名	時期（土器型式）	備考（遺構・特徴・文献・ページなど）
3	イノシシ形土製品1	青森市三内丸山	中期中葉（円筒上層c式）	中空。背中・片耳欠損。小杉・小山編1982（小杉嘉四蔵蒐集考古資料集─三内丸山1遺跡）P.46と鈴木克彦1991b（『古代文化』43-11）。
4	動物形土製品1	青森市三内沢部	中期後葉（最花式）	頭部片。シカとする。県教委1978b（県埋文報41）P.130。
5	動物頭形突起1	東北町古屋敷	中期後半	深鉢形土器口縁。鳥頭にも見える。上北町教委1983（『上北町古屋敷貝塚・I─遺跡編(1)』）P.117。
6	動物頭形突起1	六ヶ所村弥栄平(2)	中期末（大木10式）	深鉢形土器口縁内側。人面かムササビの飛翔かとするが、人面であろう。県埋文1984b（県埋文報81）P.41。
7	カエル形貼付1	青森市三内	中期初頭（円筒上層a式）	深鉢形土器。三内は三内丸山遺跡のことか。県立郷土館風韻堂コレクション。
8	動物形貼付1	青森市三内沢部	中期中葉（円筒上層d式）	カエルか？とする。県教委1978b（県埋文報41）P.337。
9	カエル形貼付1	平川市堀合(2)	中期中葉（円筒上層d式）	表面採集。口縁部片。カエルと人面とする。葛西励1980（『うとう』86）。
10	カエル形貼付1	平川市堀合(2)	中期中葉（円筒上層d式）	表面採集。口縁部片。カエルと人面とする。葛西励1980。
11	フクロウ頭形突起1	八戸市石手洗	中期後葉（大木8b式）	第3号竪穴住居跡。土器口縁。片目をつぶる。市教委1990（市埋文報36）P.27。
12	フクロウ頭形貼付1	青森市三内沢部	中期中葉（円筒上層d式）	第16号竪穴住居跡。土器口縁。県教委1978b（県埋文報41）P.88。
13	ヘビ形貼付1	南部町苫米地館野	中期中葉（大木7b〜8a式）	深鉢形土器上半。隆帯と沈線で施文。県埋文1989b（県埋文報119）P.173。
14	ヘビ形貼付1	八戸市石手洗	中期中葉（円筒上層d式）	第3号住居跡。深鉢形土器上半。隆帯で施文。市教委1990（市埋文報41）P.27。
15	ヘビ形貼付1	むつ市大湊近川	中期中葉（円筒上層d式）	第136号土坑。深鉢形土器上半。隆帯で施文。県埋文1987c（県埋文報104）P.183。
16	ヘビ形貼付1	つがる市石神	中期中葉（円筒上層e式）	深鉢形土器上半。隆帯で施文。江坂輝弥1977（『月刊考古学ジャーナル』131）。

絵画（縄文前期〜晩期）

No.	名称・点数	遺跡名	時期（土器型式）	備考（遺構・特徴・文献・ページなど）
17	線刻石2	平川市大面(1)	前期中葉（円筒下層a・b式）	2点並んで出土。安山岩製。サケとするが、不明。県教委1980c（県埋文報55）P.408〜409。
19	刻画土器1	平川市堀合(2)	中期後葉（円筒上層f式）	深鉢形土器に沈線施文。著者は人面2面・亀・兎・魚・植物・ゼンマイとする。小山彦逸1988（『青森県考古学』4）。
20	動物文・樹木文1	八戸市韮窪	後期初頭	第77号B住居跡。深鉢形土器に隆帯施文。県重宝。県埋文1984e（県埋文報84）P.106・107。
21	樹木文1	六ヶ所村湯の沢(1)	後期初頭	深鉢形土器に隆帯施文。小山1997（『青森県考古学』10）。
22	シカ文・樹木文1	南部町西山	後期初頭	壺形土器に隆帯・沈線施文。県埋文1991（県埋文報136）P.89。
23	樹木文1	八戸市水吉	後期初頭	壺形土器に隆帯施文。県埋文1998b（県埋文報245）P.86。
24	動物文・樹木文1	外ヶ浜町間沢	後期前葉（十腰内I式）	壺形土器に隆帯施文。ベンガラ塗布。県埋文1986a（県埋文報95）P.333。
25	樹木文1	青森市小牧野	後期前葉（十腰内I式）	竪穴住居跡。方形鉢形土器に沈線施文。市教委1996（市埋文報30）P.22。
26	樹木文1	八戸市韮窪	後期前葉（十腰内I式）	鉢形土器に沈線施文。樹木と泉のある風景画的。県埋文1984e（県埋文報84）P.250。
27	樹木文1	八戸市牛ヶ沢(3)	後期初頭	深鉢形土器に隆帯施文。県埋文1984g（県埋文報86）P.97。
28	樹木文1	八戸市牛ヶ沢(4)	後期初頭	深鉢形土器に隆帯施文。市教委1997（市埋文報71）P.39。
29	鳥の線刻ある石斧1	むつ市葛沢	縄文	著者は鳥の線刻とするが、線刻は後世のものであろう。鈴木克彦1995c（『古代文化』47-8）。
30	動物の線刻ある石棒1	つがる市亀ヶ岡	晩期	柄にキツネ？を線刻。弘前大学人文社会科学部北日本考古学研究センター蔵。
31	クマの線刻ある石棒1	七戸町道地(4)	晩期	柄にクマを線刻。小山1988（『青森県考古学』4）。

※ 20〜22、24・25は狩猟文土器。

動物（縄文後期〜晩期）

No.	名称・点数	遺跡名	時期（土器型式）	備考（遺構・特徴・文献・ページなど）
32	動物形貼付1	青森市近野	後期前葉（十腰内I式）	四肢獣。動物形内蔵土器。県教委1977a（県埋文報33）P.104。
33	動物形貼付1	六ヶ所村上尾駮(2)	後期前葉（十腰内I式）	水掻き状の四肢。著者はイモリかヤモリなどの爬虫類かともするが、四肢獣とした。動物形内蔵土器。県埋文1988c（県埋文報115）P.610。
34	動物形貼付2	六ヶ所村上尾駮(2)	後期前葉（十腰内I式）	著者はイモリかヤモリなどの爬虫類かともするが、四肢獣とした。動物形内蔵土器。県埋文1988c（県埋文報115）P.610。

36	動物形貼付 1	青森市小牧野	後期前葉（十腰内Ⅰ式）	四肢獣。動物形内蔵土器。市教委1996（市埋文報30）P.182。
37	動物形装飾 1	五戸町古街道長根	後期前葉	壺形土器の口端に付けられた2点のうち1点が遺った。カモシカ説もあるが、水を飲むイヌか。鈴木1991a（『古代文化』43-8）。
38	動物形突起 1	六ヶ所村大石平(1)	後期前葉（十腰内Ⅰ式）	土器口縁。執筆者は人間か何の動物かは不明とする。県埋文1987a（県埋文報103）P.525。
39	動物形把手 2	六ヶ所村大石平(1)	後期前葉（十腰内Ⅰ式）	Ⅱ区第27号土坑ほか。土器の把手。県埋文1985b（県埋文報90）P.91・446。
41	動物形把手 2	六ヶ所村大石平(1)	後期前葉（十腰内Ⅰ式）	土器の把手。著者は何の動物か不明とする。県埋文1987a（県埋文報103）P.346・525。
43	動物形土製品 2	六ヶ所村大石平(1)	後期前葉（十腰内Ⅰ式）	頭部片。県埋文1985b（県埋文報90）P.446。
45	動物形土製品 2	青森市近野	後期前葉（十腰内Ⅰ式）	一部欠損。何の動物か不明。県教委1975a（県埋文報22）P.44-4・5。
47	イノシシ形土製品 1	八戸市韮窪	後期初頭	第40B号住居跡。四肢の一部と尻尾を欠損。県埋文1984e（県埋文報84）P.293。
48	動物形土製品 1	むつ市隠里	後期前葉	下肢を欠損。著者はオオサンショウウオとするが不明。鈴木1993（『古代文化』45-8）。
49	動物形土製品 1	むつ市隠里	後期	完形。刺突文。イノシシか。サントリー美術館1969（『土偶と土面-』春の特別展図録）PL.178。
50	イノシシ形土製品 1	弘前市十腰内(2)	後期中葉（十腰内Ⅲ式）	四肢のうち3ヵ所欠損。今井富士雄・磯崎正彦1968（『岩木山―岩木山麓古代遺跡発掘調査報告書』）P.349。※平成23年に重文指定。
51	動物頭形付き土器	むつ市水木沢(1)	後期後葉（十腰内Ⅳ・Ⅴ式）	第5号竪穴住居跡。香炉形土器頂部片。側面は動物形。県教委1977b（県埋文報34）P.96
52	クマ形土製品 2	むつ市水木沢(1)	後期後葉（十腰内Ⅳ・Ⅴ式）	第5号竪穴住居跡。頭部欠損。県教委1977bのP.96。
54	クマ頭形突起 1	今別町二ツ石	後期末（十腰内Ⅴ式）	第2号竪穴住居跡。香炉形頂部。県埋文1989a（県埋文報117）P.25。
55	クマ形土製品 2	弘前市十腰内	後～晩期	1点はほぼ完形。1点は下肢を欠損。東京国立博1996（『東京国立博物館図版目録　縄文遺物篇』）PL.296・298。
57	イノシシ形土製品 1	弘前市十腰内	後～晩期	四肢の一部を欠損。イヌにも見える。東北大学文学部1882（『考古学資料目録』）P.65。
58	イヌ形土製品 1	弘前市小森山東	後期後葉～晩期初頭	四肢・尻尾欠損のためオオカミかともする。今井1968（『岩木山』）P.202。
59	イノシシ形土製品 1	つがる市亀ヶ岡	晩期	四肢を欠損。サントリー美術館1969（『土偶と土面』）PL.179。
60	イノシシ形土製品 1	つがる市亀ヶ岡	晩期か	完形。江坂輝弥1967（『土偶』校倉書房）P.240。
61	動物形土製品 2	つがる市亀ヶ岡	晩期（大洞C1～A式か）	著者はイヌ・クマ・シカとする。佐藤傳藏1896a・b（『東京人類學會誌』124・125）。図82-227・228。
63	モグラ形土製品 1	弘前市十面沢	晩期	完形。江坂1967（『土偶』）のP.246。
64	動物形土製品 1	弘前市十面沢	晩期	完形。磯前順一・赤沢威1996（『東京大学総合研究博物館所蔵　縄文時代土偶・その他土製品カタログ（増訂版）』）PL.45。
65	動物形土製品 1	三戸町泉山	晩期前半	頭部片。県埋文1995（県埋文報181）のP.380。
66	動物頭形突起 1	横浜町桧木	晩期中葉（大洞C1式）	土器口縁に2ヵ所並ぶ。イヌかクマであろう。町教委1983（『桧木遺跡発掘調査報告書』）P.59。
67	クマ形土製品 1	弘前市尾上山	弥生前期	四肢・尻尾を欠損。春成秀爾1995（『国立歴史民俗博物館研究報告』60）。
68	動物形浮彫付き石皿 1	青森市小牧野	後期前葉（十腰内Ⅰ式）	安山岩製石皿。クマであろう。市教委1996（市埋文報30）P.174。図84-338。
69	イヌ形石製品 1	青森市玉清水(1)	晩期	黒曜石製。イヌの側面。小杉嘉四蔵1988（『小杉嘉四蔵蒐集考古学資料写真集―玉清水1遺跡』）P.47。
70	サル面土偶 1	つがる市石神	中期初頭	顔面片。江坂編1970（『石神遺跡』）PL.40-38。
71	サル形土製品 1	田子町野面平	後期雇用～晩期初頭	頭部片。鈴木克彦1992（『古代文化』44-5）。
72	サル形土製品 1	階上町桐ノ堂	後期後葉～晩期初頭	頭部片。横顔がサルに酷似。鈴木1992（『古代文化』44-5）。
73	サル形土製品 1	南部町下比良（湯浅館）	晩期初頭	猿面の土偶か。鈴木編1978（『青森県の土偶』）PL.54。
74	サル形土製品 1	弘前市十面沢	晩期	右足欠損。全面刺突。猿面の土偶か。サントリー美術館1969（『土偶と土面』）PL.186。
75	サル形土製品 1	黒石市花巻	晩期	頭部片。眼孔2。鈴木克彦1981（『県立郷土館調査研究年報』6）No.88。
76	サル形土製品 1	三戸町泉山	晩期	両手を欠損。猿面の土偶か。県埋文1995（県埋文報181）のP.380。
77	鳥頭形突起 1	八戸市荒谷	後期後葉	鳥ともムササビともする。鈴木1995c（『古代文化』47-8）。
78	鳥頭形突起 1	つがる市亀ヶ岡か	後期後葉	香炉形土器頂部。佐藤公知編1976（『亀ガ岡文化（復刻版）』）P.138。

79	鳥頭形土製品1	つがる市亀ヶ岡	晩期	頭部のみ。鈴木克彦1981（『県立郷土館調査研究年報』6）No.68。佐藤編1976（『亀ガ岡文化（復刻版）』）P.116では鶏とする。
80	鳥頭形突起1	（伝）つがる市亀ヶ岡	晩期中葉（大洞C2式）	浅鉢形土器頂部。鈴木克彦1987（『月刊文化財』281）P.20。
81	鳥形石製品1	むつ市梨ノ木平	弥生前期（二枚橋式）	赤彩痕。粘板岩製。筆者には、鳥形には見えない。橘善光・佐藤敏次1990（『平成元年度むつ市文化財調査報告』16）P.74。
82	亀形土製品1	田子町野面平	晩期前半	完形品。頭部あり。江坂1967（『土偶』）P.247右上。サントリー美術館1969（『土偶と土面』）PL.196右。
83	亀形土製品1	田子町野面平	晩期前半	頭部欠損。サントリー美術館1969のPL.196左。
84	亀形土製品1	南部町平	晩期前半	頭部欠損。江坂1967（『土偶』）のP.247右上。サントリー美術館1969（『土偶と土面』）PL.199。
85	亀形土製品1	南部町平	晩期前半	頭部欠損。江坂1967（『土偶』）P.246。サントリー美術館1969のPL.195。
86	亀形土製品1	南部町平	晩期	頭部欠損。鈴木克彦1982（『県立郷土館調査研究年報』7）No.3。
87	亀形土製品1	南部町平	晩期	頭部欠損。鈴木1982のNo.4。
88	亀形土製品1	南部町寺下	晩期	頭部欠損。鈴木1982（『県立郷土館調査研究年報』7）No.5。
89	亀形土製品1	八戸市右エ門次郎窪	晩期中葉（大洞C1～C2式）	半分ほど欠損。県埋文1982c（県埋文報69）P.194。
90	亀形土製品2	三戸町泉山	晩期前半	四肢・頭部あり。頭部が曲がる。県埋文1995（県埋文報181）P.383。
92	亀形土製品1	野辺地町槻ノ木	晩期	頭部あり。鈴木1982（『県立郷土館調査研究年報』7）No.1。
93	亀形土製品1	つがる市亀ヶ岡	晩期前葉（大洞BC式）	ほぼ完形。県重宝。鈴木1979（『県立郷土館調査研究年報』4）P.175。
94	亀形土製品1	つがる市亀ヶ岡	晩期	完形か。江坂1967（『土偶』）校倉書房）P.248。
95	亀形土製品1	弘前市十腰内	晩期前半	完形。磯前・赤沢1996（『東京大学総合研究博物館所蔵縄文時代土偶・その他土製品カタログ（増訂版）』）PL.37。
96	亀形土製品1	むつ市大湊近川	晩期	長楕円形。頭部なし。サントリー美術館1969（『土偶と土面』）PL.193。
97	カメ形土製品1	青森市駒込月見岱	晩期	いわゆる亀形土製品とは異なる。月見野遺跡か。サントリー美術館1969のPL.194。
98	虫形土製品1	十和田市明戸	晩期中葉（大洞C1～C2式）	完形。2個の角状突起あり中空。市教委1983（市埋文報2）P.12。
99	虫形土製品1	青森市玉清水（1）	晩期	2個の角状突起あり中空。一部欠損。小杉1988（（『小杉嘉四蔵蒐集考古学資料写真集―玉清水1遺跡』）P.45。
100	毛虫形土製品1	青森市羽黒平	晩期	底面を除き全面に刺突。完形。蝶の幼虫かシャクトリムシであろう。鈴木1995b（『古代文化』47-7）。
101	毛虫形土製品1	七戸町道地（1）	晩期	ほぼ完形。県立郷土館1994（『館収蔵資料目録―考古編』4）P.107。
102	毛虫形土製品2	外ヶ浜町今津（1）	晩期中葉（大洞C2式）	完形。県埋文1986a（県埋文報95）P.194。
104	毛虫形土製品1	階上町滝端	晩期	完形。鈴木1995b（『古代文化』47-7）。
105	毛虫形土製品1	五所川原市観音林	晩期	完形。鈴木1995b（『古代文化』47-7）。
106	毛虫形土製品1	十和田市明戸	晩期中葉（大洞C1～C2式）	一部欠損。市教委1984（市埋文報3）P.74。
107	虫形土製品1	不明	晩期？	県立郷土館1997（県立郷土館調査報告40）P.126。
108	動物形突起1	むつ市大湊近川	後期後葉（十腰内Ⅳ・Ⅴ式）	香炉形土器頂部。サケか。県埋文1987c（県埋文報104）P.259。
109	海獣形石製品1	平川市大面（1）	晩期	安山岩製。完形品。著者はイヌ？とするが、アシカ類の海獣のように見える。県教委1980c（県埋文報55）P.415。
110	アワビ形土器1	青森市宮田	晩期	一部欠損。福田友之1992（『県立郷土館だより』23-2）。
111	イモガイ形土製品9	八戸市是川中居	晩期前半	浅い容器形。各1孔。稲野裕介1982（『史学』52-2）、市博物館1988b（『縄文の美―是川中居遺跡出土品図録』2）。
120	イモガイ形土製品1	八戸市八幡	晩期前半	浅い容器形破片。市教委1988c（市埋文報26）P.147。
121	イモガイ形土製品1	南部町埖渡	晩期前半	浅い容器形。1孔。県立郷土館1997（県立郷土館調査報告40）P.72。
122	イモガイ形土製品1	青森市宮田	晩期前半	円盤形。1孔。稲野1982（『史学』52-2）、福田1992（『県立郷土館だより』23-2）。
123	イモガイ形土製品1	弘前市十腰内	晩期	1孔。磯前・赤沢1996（『東京大学総合研究博物館所蔵縄文時代土偶・その他土製品カタログ（増訂版）』）PL.42。
124	イモガイ形石製品1	平内町槻ノ木	晩期前半	凝灰質砂岩製。浅い容器形（1孔）。福田1992（『県立郷土館だより』23-2）。
125	サメ歯形石製品1	十和田市高谷	晩期	凝灰岩製垂飾品（1孔のみ残る）。大型で、ホホジロザメの歯を模したのであろう。鈴木克彦1984（『県立郷土館調査研究年報』9）No.53。
126	サメ歯形石製品1	平川市程森	晩期	凝灰岩製垂飾品（三角形でギザギザはない・2孔）。サメ

| | 1 | | | 歯を模造した可能性あり。鈴木1984（『県立郷土館調査研究年報』）№35。 |

※32～36は動物形内蔵土器。

植物（縄文後期～晩期）

No.	名称・点数	遺跡名	時期（土器型式）	備考（遺構・特徴・文献・ページなど）
127	キノコ形土製品1	青森市近野	後期前葉（十腰内Ⅰ式）	傘の一部欠損。県教委1975a（県埋文報22）P.45。
128	キノコ形土製品5	六ヶ所村大石平(1)	後期前葉	ハツタケ・ホンシメジとする。重文。県埋文1985a（県埋文報90）P.446。
133	キノコ形土製品2	六ヶ所村上尾駮(2)	後期前葉	CJ―148号土坑。県埋文1988c（県埋文報115）P.361・620。
135	キノコ形土製品1	八戸市韮窪	後期前葉	第32A号住居跡。傘の一部欠損。ホンシメジとする。県埋文1984e（県埋文報84）P.293。
136	キノコ形土製品23	八戸市丹後谷地	後期前葉	第20号竪穴住居跡1点ほか。完形品2、欠損品21。市教委1986（市埋文報15）P.45・340。
159	キノコ形土製品3	八戸市是川中居	晩期前半	1点を干しシイタケとす。2点は茎を欠損。保坂三郎1972（『是川遺跡出土遺物報告書』中央公論美術出版）。
162	キノコ形土製品4	三戸町泉山	晩期前半	傘や茎が欠損したものあり。県埋文1995（県埋文報181）P.383。
166	ヒョウタン形土製品3	弘前市十腰内(2)	後期（十腰内Ⅰ・Ⅲ・Ⅳ式）	2点は完形品。1点は先端欠損。今井・磯崎1968（『岩木山』）P.353。
169	スタンプ形土製品2	むつ市水木沢(1)	後期後葉（十腰内Ⅳ・Ⅴ式）	第3・8号住居跡。断面は一部偏平。県教委1977b（県埋文報34）P.61・111。
171	巾着状土製品1	八戸市馬場瀬(1)	後期後葉（十腰内Ⅳ式）	ここでは巾着状土製品とする。県埋文1982d（県埋文報70）P.132。

動物（弥生）

No.	名称・点数	遺跡名	時期（土器型式）	備考（遺構・特徴・文献・ページなど）
172	クマ形土製品1	弘前市牧野(2)	縄文晩期末～弥生前期（大洞A′式～砂沢式）	四肢を欠損。中空。岡田康博1983（『弘前大学考古学研究』2）。
173	クマ形土製品1	弘前市砂沢	前期（砂沢式）	頭部片。市教委1991（『砂沢遺跡発掘調査報告書―本文編』）P.178。
174	イノシシ形土製品1	弘前市砂沢	前期（砂沢式）	頭部片。市教委1988（『砂沢遺跡発掘調査報告書―図版編』）P.132。クマとする見方もある。
175	クマ形石製品1	八戸市畑内	前期（砂沢式）	凝灰岩製。四肢を若干欠損するがほぼ完形。県埋文1997a（県埋文報211）P.171。
176	クマ土器1	階上町大蛇	前期（砂沢式）	壺形土器。口縁を一部欠損。鈴木克彦1978（『月刊考古学ジャーナル』145）。
177	クマ頭形突起1	むつ市江豚沢	縄文晩期末～弥生前期	大洞A′式かとする。土器口縁。橘善光・山本一雄1967（『うそり』4）。
178	クマ頭形突起1	弘前市砂沢	前期（砂沢式）	土器口縁。県埋文1990b（『図説ふるさと青森の歴史　総括編』）P.135。
179	クマ頭形突起1	弘前市砂沢	前期（砂沢式）	蓋形土器上縁の装飾。市教委1991（『砂沢遺跡発掘調査報告書―本文編』）P.130。
180	クマ頭形突起1	鰺ヶ沢町大曲	前期（砂沢式）	土器口縁。木村1989（『県立郷土館調査研究年報』13）。図85-357参照。
181	クマ頭形突起7	むつ市戸沢川代	前期（砂沢～二枚橋式）	土器口縁。川内町教委1991（『戸沢川代遺跡発掘調査報告書』）P.57。
188	クマ頭形突起1	むつ市二枚橋(1)	前期（二枚橋式）	土器口縁。須藤隆1970（『考古学雑誌』56-2）P.139。
189	クマ頭形突起2	むつ市梨ノ木平	前期（二枚橋式）	土器口縁。橘・佐藤1990（『平成元年度むつ市文化財調査報告』16）P.69。
191	クマ頭形突起1	むつ市瀬野	前期（二枚橋式）	土器口縁。伊東信雄・須藤隆1982（『瀬野遺跡』）P.448。
192	クマ頭形突起1	むつ市瀬野	前期（二枚橋式）	土器口縁。一部欠損。サントリー美術館1969（『土偶と土面』）PL.23。
193	クマ頭形突起1	八戸市弥次郎窪	前期（二枚橋式）	第9号住居跡。土器口縁。県埋文1998a（県埋文報238）P.81。
194	動物頭形突起15	むつ市室戸等市内7遺跡	前期（二枚橋式）	土器口縁。鈴木1997（『古代文化』49-6）。
209	動物形橋状把手1	三沢市小山田(2)	前期（砂沢～二枚橋式）	カップ形土器。割れ目に黒色付着物。キツネ等とする。市教委からの教示。※市教委1999（市埋文報告17）P.154で、図85-363参照。
210	動物形土製品1	三沢市小山田	前期（砂沢～二枚橋式）	赤色顔料付着。市教委からの教示。※市教委1999のP.154で、図85-364参照。
211	クマ形把手1	外ヶ浜町宇鉄	中期（宇鉄Ⅱ式）	第3号土坑。カップ形土器。クマの全身を抽象化。重文。県立郷土館1979（県立郷土館調査報告6）P.24。

No.	名称・点数	遺　跡　名	時　期（土器型式）	備　考（遺構・特徴・文献・ページなど）
212	クマ形把手 1	外ヶ浜町宇鉄	中期（宇鉄Ⅱ式）	第4・5号土坑。カップ形土器。クマの全身。県立郷土館1979のP.26。
213	クマ形把手 1	外ヶ浜町宇鉄	中期（宇鉄Ⅱ式）	第24号土坑。カップ形土器。クマの全身を抽象化。県立郷土館1979のP.50。
214	クマ頭形突起 1	田舎館村垂柳	中期（田舎館式）	蓋形土器中央のつまみ。県重宝。サントリー美術館1969のPL.26。
215	クマ形把手 1	田舎館村高樋字泉	中期（田舎館式）	土器片。下方に円孔1。クマの全身。現高樋(1)遺跡か。県教委1985a（県埋文88）P.469。サントリー美術館1969のPL.25では弘前市十面沢字湯ヶ沢とする。
216	クマ頭形突起 1	田舎館村高樋(1)	中期（田舎館式）	土器口縁。一部欠損。県教委1985aのP.21。
217	クマ頭付き木柄 1	田舎館村垂柳	中期（田舎館式）	漆塗りの柄杓状木製品の柄にクマの頭部を作りだす。村教委1989（『垂柳遺跡―昭和63年度垂柳遺跡緊急調査報告書（第3年次）』）P.27。
218	線刻石製品 1	田舎館村垂柳	中期（田舎館式）	凝灰岩製。昆虫の幼虫を模したものかとするが不明。村教委1982『垂柳遺跡―昭和56年度遺跡確認調査報告書』）P.42。

動植物（縄文中期～晩期）（新規収録遺物）

No.	名称・点数	遺　跡　名	時　期（土器型式）	備　考（遺構・特徴・文献・ページなど）
219	動物形土製品 3	青森市三内丸山	中期	イノシシ形土製品など。県教委2013年（県埋文報533）P.89。
222	イノシシ形土製品 1	八戸市長久保(2)	中期後葉	下面4カ所に孔あり。県埋文2004年（県埋文報367）P.46。
223	動物形土製品(9)	青森市三内丸山	中期	県埋文2007年（県埋文報434）P.212。
224	ヘビ形貼付土器 3	青森市近野	中期中葉（円筒上層e式）	本書図62-40参照。第E30号竪穴住居跡。カエル面把手の下。県埋文2005a（県埋文報394）P.52。
227	動物形土製品 1	つがる市亀ヶ岡	晩期	№61の図。一部欠損。イヌ・クマ・シカとする。佐藤傳藏1896a・b。
228	動物形土製品 1	つがる市亀ヶ岡	晩期	№62の図。一部欠損。イヌ・クマ・シカとする。佐藤傳藏1896a・b。
229	動物形土製品 1	青森市新田(2)	後期前葉	県埋文2009年（県埋文報471）P.72。
230	動物形土製品 1	青森市中平	後期前葉	破片。県埋文2009年（県埋文報474）P.241。
231	動物形石製品 1	西目屋村砂子瀬	後期前半	県埋文2012年（県埋文報513）P.172。
232	動物形土製品 2	階上町小板橋(2)	後期	1点は海獣か。町教委2002の図面57。
234	動物形貼付土器 1	青森市近野	後期前葉（十腰内Ⅰ式）	四肢獣。動物形内蔵土器底部。成田滋彦2004（県埋文センター研究紀要9）。
235	クマ形土製品 1	青森市小牧野	後期前葉（十腰内Ⅰ式）	第36A号土坑。市教委2002年（市埋文報60）P.57。
236	クマ形土製品 1	青森市稲山(1)	後期前葉（十腰内Ⅰ式）	市教委2003（市埋文報66）P.621。
240	動物形貼付土器 1	八戸市楢館	後期初頭	第84号土坑覆土。四肢獣。県埋文2005（県埋文報388）P.58。
241	動物形貼付土器 1	八戸市糠塚小沢	後期前葉（十腰内Ⅰ式）	クマであろう。県埋文2009年（県埋文報470）P.70。
242	獣頭・人面付香炉形土器 1	西目屋村川原平(1)	後期後葉	香炉形土器頂部。県埋文2006年（県埋文報409）P.23。
243	獣頭付香炉形土器 1	西目屋村川原平(1)	後期後葉	香炉形土器頂部。県埋文報409のP.23。
244	獣頭付香炉形土器 5	西目屋村川原平(1)	後期後葉	県埋文2016a 図版編（県埋文報564）P.65・93・96・112・149。
249	獣頭・人面付香炉形土器 1	西目屋村川原平(1)	後期後葉	県埋文2016a 図版編（県埋文報564）P.124。
250	獣頭・人面付香炉形土器 1	西目屋村川原平(1)	後期後葉～晩期前葉	県埋文2017年（県埋文報577）P.54。
251	獣頭付土器 1	西目屋村川原平(1)	後期後葉～晩期前葉	県埋文2017年（県埋文報577）P.54・415。
252	亀形土製品 4	西目屋村川原平(1)	晩期	県埋文報577のP.60・61・194。
256	亀形土製品 7	西目屋村川原平(1)	晩期	県埋文2017年（県埋文報579）P.125。
263	獣頭付香炉形土器 1	西目屋村砂子瀬	後期後葉	第2316号ピット。土器口縁部突起。県埋文2014年（県埋文報543）P.132。
264	動物形土製品 1	西目屋村砂子瀬	後期後葉	頭部欠損。全面刺突文。県埋文報543のP.172。
265	カエル形土製品 1	三戸町沖中	後期末～晩期初頭	町教委2000のP.93。
266	亀形土製品 1	三戸町沖中	後期末～晩期初頭	町教委2000のP.93。
267	動物形土製品 2	八戸市是川中居	晩期前葉	土器口縁部突起か。八戸遺跡調査会2004（埋文報告5）P.64。
269	イノシシ形土製品 1	八戸市風張(1)	後期後葉	土器突起か。市教委2008（市埋文報119）P.220。

No.	名称・点数	時　期（土器型式）		備　考（遺構・特徴・文献・ページなど）
270	動物形土製品 1	青森市朝日山(1)	晩期前半	下面4カ所と尾の計5カ所に穿孔あり。県埋文1994年（県埋文報156）P. 166。
271	獣頭付土器 2	五所川原市五月女萢	後期末	香炉形土器頂部。市教委2017（市埋文報34-2）P. 221。
273	獣頭？付土器 2	五所川原市五月女萢	後期末	人面か。香炉形土器頂部。市教委2017（市埋文報34-2）P. 221。
275	動物形貼付土器 1	五所川原市五月女萢	晩期	破片。市教委2014『よみがえる縄文の美―五月女萢遺跡の世界―』P. 13。
276	動物形土製品 1	階上町滝端	晩期中葉	破片。ウリ坊形か。町教委2000のP. 94。
277	クマ形付石製品 1	階上町滝端	晩期中葉	破片。町教委2000のP. 94。
278	動物形土製品 1	階上町寺下	晩期中葉（大洞C1式）	階上町教委2007のP. 91。
279	毛虫形土製品 2	階上町寺下	晩期中葉（大洞C1式）	2個の角状突起あり。表面に赤色顔料付着。装身具であろう。町教委2007P. 92。
281	毛虫形土製品 1	西目屋村川原平(1)	晩期前半か	県埋文2016a 図版編（県埋文報564）P. 224。
282	毛虫形土製品 1	西目屋村川原平(1)	晩期	県埋文2017年（県埋文報577）P. 160。赤色顔料付着。
283	毛虫形土製品 1	五所川原市五月女萢	晩期	市教委2017（市埋文報34-2）P. 294。
284	動物形土製品 2	五所川原市五月女萢	晩期	SX（集石遺構）−01。イノシシ形など。市教委2017（市埋文報34-1）P. 218。市教委2014『よみがえる縄文の美―五月女萢遺跡の世界―』P. 10。
286	イノシシ形土製品 1	むつ市二枚橋(2)	晩期中・後葉（大洞C2〜A）	ウリ坊。弘前大学人文学部附属亀ヶ岡文化研究センターの平成21年度の調査で出土。未報告。
287	イモガイ形土製品 2	青森市三内丸山	中期	イモガイ全形。県教委2013年（県埋文報533）P. 83。貫通孔あり。
289	イモガイ形土製品 1	青森市三内丸山	中期	イモガイ全形。県教委2014年（県埋文報546）P. 163。貫通孔なし。
290	イモガイ形石製品 1	青森市稲山(1)	後期前葉（十腰内Ⅰ式）	第291号土坑。螺頭部完形。凝灰岩製。市教委2002b（市埋文報62）P. 392。
291	イモガイ形土製品 1	八戸市松石橋	晩期	螺頭部ほぼ完形。県教委2003年（県埋文報360）P. 213。
292	イモガイ形土製品 1	八戸市是川中居	晩期	螺頭部の浅い容器形破片。八戸遺跡調査会2002（調査会文報告 2）P. 61。
293	イモガイ形土製品 2	五所川原市五月女萢	晩期	螺頭部の浅い容器形。市教委2014『よみがえる縄文の美―五月女萢遺跡の世界―』P. 11。市教委2017（市埋文報34-2）P. 82・102。
295	貝輪形土製品 1	八戸市潟野	晩期中葉	オオツタノハを模したか。県埋文2014年（県埋文報537）P. 89。赤色顔料付着。
296	クルミ形土製品？ 2	青森市三内丸山(6)	中期	クルミの殻押圧土製品。県埋文2000c（県埋文報279-2）P. 219。
298	クルミ形土製品 1	青森市近野	中期	クルミの殻押圧土製品。県埋文2005a（県埋文報394）P. 266。
299	クルミ形土製品 1	青森市三内丸山(9)	中期	クルミの殻押圧土製品。県埋文2007年（県埋文報434）P. 212。
300	クルミ形土製品 2	青森市三内丸山	中期	クルミの殻押圧土製品。県教委2012（県埋文報520）P. 82。
302	クルミ形土製品 12	青森市三内丸山	中期	クルミの殻押圧土製品。県教委2013（県埋文報533）P. 87・88。
314	キノコ形土製品 2	階上町野場(5)	中期後葉〜後期初頭	県埋文1993年（県埋文報150）P. 381。
316	キノコ形土製品 1	西目屋村大川添(3)	中期末〜後期初頭	異形土器の蓋に使用された状態で出土。県埋文2014年（県埋文報544）P. 176。
317	キノコ形土製品 2	八戸市松石橋	後期前葉	172・176土坑出土。県教委2003年（県埋文報360）P. 168。
319	キノコ形土製品 12	青森市中平	後期前葉	破片。県埋文2009年（県埋文報474）P. 240。
331	キノコ形土製品 1	五所川原市原子	後期前葉	県立郷土館で展示。

※　234は動物形内蔵土器。

動植物（三内丸山(6)遺跡）（新規収録遺物）

No.	名称・点数	時　期（土器型式）	備　考（遺構・特徴・文献・ページなど）
332	クマ形頭部付土器 1	後期前葉（十腰内Ⅰ式）	県埋文2002（県埋文報327）P. 85。
333	クマ形頭部付土器 1	後期前葉（十腰内Ⅰ式）	県埋文2002（県埋文報327）P. 247。

附編　青森県域の遺構・遺物集成　257

334	クマ形橋状把手1		後期前葉（十腰内Ⅰ式）	第200号土坑。クマであろう。県埋文2000c（県埋文報279-2）P. 110。
335	クマ形土製品1		後期前葉（十腰内Ⅰ式）	後ろ足は1本。県埋文2002（県埋文報327）P. 296。
336	クマ形土製品1		後期前葉（十腰内Ⅰ式）	動物形内蔵土器底部か。県埋文2002（県埋文報327）P. 133。
337	クマ形浮彫付石皿1		後期前葉（十腰内Ⅰ式）	凝灰岩製。県埋文2002（県埋文報327）P. 132。
338	動物形浮彫付石皿1（青森市小牧野遺跡）		後期前葉（十腰内Ⅰ式）	No.68の図。安山岩製。クマであろう。市教委1996（市埋文報30）P. 174。三内丸山（6）遺跡のものとの類似性から、本欄に記載している。

絵画（縄文前期～晩期）（新規収録遺物）

No.	名　　称	遺　跡　名	時　期（土器型式）	備　考（遺構・特徴・文献・ページなど）
339	動物文土器1	青森市山野峠	後期前葉（十腰内Ⅰ式）	狩猟文土器。人体文？。土器棺破片。葛西励1975（『北海道考古学』11）。
340	弓矢文土器1	青森市山野峠	後期前葉（十腰内Ⅰ式）	狩猟文土器。土器棺破片。葛西励1975。
341	動物文土器1	青森市山野峠	後期前葉（十腰内Ⅰ式）	狩猟文土器。蓋付き土器棺として復原。葛西勵2000（『市史研究あおもり』3）。図77－5参照。
342	動物文土器1	八戸市市子林	後期前葉（十腰内Ⅰ式）	狩猟文土器。市教委2006a（市埋文報112）P. 14。図77－1参照。
343	動物・弓矢・樹木文土器1	西目屋村川原平（6）	後期初頭	狩猟文土器。県埋文2016b（県埋文報567）巻頭、P. 124。図77－4a・b参照。
344	動物文土器1	青森市稲山（1）	後期前葉（十腰内Ⅰ式）	第152A号土坑。狩猟文土器。市教委2001（市埋文報56）P. 90。
345	動物文土器1	青森市稲山（1）	後期前葉（十腰内Ⅰ式）	狩猟文土器。土器棺。市教委2002b（市埋文報62）P. 450。
346	動物文土器1	青森市稲山（1）	後期前葉（十腰内Ⅰ式）	狩猟文土器。土器棺。市教委2002bのP. 450。
347	動物文土器1	青森市稲山（1）	後期前葉（十腰内Ⅰ式）	狩猟文土器。土器棺。市教委2003（市埋文報66）P. 525。
348	動物文土器1	青森市稲山（1）	後期前葉（十腰内Ⅰ式）	狩猟文土器。土器棺。市教委2003のP. 525。
349	樹木文土器1	六ヶ所村鷹架	後期前葉（十腰内Ⅰ式）	県教委1981c（県埋文報63）のP. 108。
350	樹木文土器1	八戸市田代	後期初頭	第14号竪穴住居跡の土器片と接合。県埋文2006年（県埋文報413）P. 149。
351	樹木文土器1	八戸市糠塚小沢	中期末（大木10式併行）	第9号竪穴住居跡。県埋文2009年（県埋文報470）P. 39。
352	樹木文土器1	階上町天当平（1）	後期初頭	図77－2参照。県埋文2010（県埋文報479）P. 28。
353	樹木文土器1	青森市米山（2）	後期初頭	県埋文2000年（県埋文報274）P. 96。
354	樹木文土器1	蓬田村山田（2）	後期初頭	県埋文2010年（県埋文報495）P. 144。
355	樹木文土器1	西目屋村川原平（6）	後期初頭	県埋文2016b（県埋文報567）P. 123。図77－4a・b参照。
356	樹木文土器1	むつ市二枚橋（1）	後期初頭	SK18（フラスコ状土坑）。県埋文2017（県埋文報581）P. 66。

※　339～348は狩猟文土器。

動物（弥生）（新規収録遺物）

No.	名称・点数	遺　跡　名	時　期（土器型式）	備　考（遺構・特徴・文献・ページなど）
357	クマ頭形突起1	鰺ヶ沢町大曲	前期（砂沢式）	No.180の図。土器口縁。木村1989（『県立郷土館調査研究年報』13）。
358	クマ頭形突起1	深浦町塩見形（2）	前期（砂沢式）	土器口縁3カ所にあり。県史編さん室1998（『青森県史だより』4）P. 3。
359	クマ頭形突起1	弘前市砂沢	前期（砂沢式）	土器口縁。表面採集品。福田2010（『続私の考古学ノート』私家版）P. 70。
360	クマ頭形突起3	弘前市宇田野（2）	前期（砂沢式）	土器口縁。県埋文1997年（県埋文報217）P. 108。
363	動物形橋状把手1	三沢市小山田（2）	前期（砂沢～二枚橋式）	No.209の図。カップ形土器。割れ目に黒色付着物。キツネ等とする。※市教委1999（市埋文報）P. 154。
364	動物形土製品1	三沢市小山田（2）	前期（砂沢～二枚橋式）	No.210の図。赤色顔料付着。※市教委1999のP. 154。
365	クマ形橋状把手1	中泊町坊主沢	前～中期（二枚橋～宇鉄Ⅱ式）	土器口縁。小泊村教委2003（村文化財調査報告3）P. 50。
366	動物形把手2	佐井村八幡堂	前～中期	東通村史編集委2001（『東通村史　歴史編Ⅰ』）P. 122。

※　以上のなかで、土器口縁部の把手等を利用した獣面または人面とみられるもの、さらにキノコ形土製品、樹木文の土器については、類例がほかにもまだあるとみられるが、限定して収録している。また、備考の文献に記載された県埋文は青森県埋蔵文化財調査センター、県（市町）埋文報○○は青森県（市町）埋蔵文化財調査報告書第○○集を略記したものである。

附表5　青森県域の海底・湖底発見の遺物一覧（縄文・弥生時代以外）

洪積世（動物化石）

番号	名称・点数	発見地点	年代・時期	備　考（概要・引用文献）
1	ナウマンゾウ右大腿骨	深浦町艫作崎沖（艫作崎から久	10～12万年前の可能性	平成11年1月11日朝、西崎昭一氏がタラの刺し網漁をしていた際、網にかかったもので水深160mの大陸棚から発見された。平成11年6月10日

		六島に向かう線上の沖合5km）		（木）付け東奥日報朝刊。田中克人2000「青森県におけるナウマンゾウ化石産出層準の古環境」『青森県史研究』5。
2	ナウマンゾウ牙（切歯）・右下顎の白歯各1（白歯はのちに、ムカシマンモスゾウのものと判明）	むつ市浜奥内漁港沖約300m	2～12万年前の可能性（白歯はのちに、70～110万年前のものと判明）	平成16年12月に、地まきホタテの底引き漁をしていた伊藤傳氏の網にかかったもので、水深10m。翌年春になって、10数年前にほぼ同じ地点から発見した牙（切歯）化石とともに、県営浅虫水族館の持ち込んだ。長さ17cm。鑑定した県立郷土館の島口氏によれば12万年前から2万年前に生息した可能性が高いとする。県立郷土館蔵。島口天2007「青森県陸奥湾から産出した長鼻類化石」『化石研究会会誌』40-1、高橋啓一・島口天・馬場理香・北川博道2016「X線CT装置を活用した青森県陸奥湾から産出した長鼻類化石の再検討」『化石研究会会誌』49-2。
3	トラの犬歯1	東北町小川原湖底	10数万年前	平成10年1月11日に、旧上北町中央桟橋沖約1.6kmの水深10.5mの湖底からシジミ漁をしていた沼山均氏のじょれんに入って発見された。東北町歴史民俗資料館蔵。

古代～近世（奈良・鎌倉・室町・江戸時代）

番号	名称・点数	発見地点	年代・時期	備考（概要・引用文献）
1	土師器高坏1	八戸市大字新井田（新井川）	奈良時代	三戸郡大館村（現八戸市）新井田川にて砂利舟の人夫某河中から得るもの。完形で高さ6.9cm。八戸市博1992『「音喜多コレクション」目録』の番号405。
2	丸木舟1隻（図125・127）	東北町小川原湖舟ヶ沢―三沢間のほぼ真ん中	室町時代（C14年代測定では480±50年前）	長さ5.95m、幅0.66m、高さ0.47mで杉材。右舷側は厚い。右舷・右舷外側に凹部、船首・船尾に通し穴、舟の内側に多数の刃物跡あり。櫂・櫓・棹などの付属用具はない。昭和63年11月18日（金）、ワカサギ漁をしていた舟ヶ沢の漁師沼辺正登が水深約19mの湖底で発見。引き上げ後、町教委が平成元年4月から同12月まで保存処理を実施。同5年4月1日付けで町民俗文化財「東北町丸木舟」に指定。7年4月19日付けで青森県有形民俗文化財「舟ヶ沢の丸木舟」一隻として指定。町コミュニテイセンター「未来館」で保管・展示。付属の用具はない。昭和63年11月29日（火）付け東奥日報朝刊。青森県文化財指定台帳。
3	井戸枠（曲げ物）・古銭・かんざし、宝篋印塔	市浦村（現五所川原市）十三湖（旧十三潟）羽黒崎沖	中世～近世	かつて干潮時に井戸枠が見え、中から古銭・かんざしを子供たちが採集した（旧市浦村教委談）。また、五所川原市教委の榊原滋高氏によると、ほかに宝篋印塔も引き上げられ、湖岸には陶磁器類が散布していたという。土塁北側地区の、現在は湖中になった部分には、近世の羽黒堂・伊勢堂につながる何らかの宗教施設が中世から存在したと思われる（小島道裕1995「中世十三湊の構造」『国立歴史民俗博物館研究報告』64）。
4	石の地蔵尊1	市浦村（現五所川原市）壇林寺東方沖	中世～近世	明治の終わり頃、網に掛かって引き上げられた。湊迎寺位牌堂安置。豊島勝藏編1984『市浦村史』第壱巻。
5	懸仏1	市浦村（現五所川原市）太田川（相内川）上流約109mほど	中世～近世	明治42、3年頃に地元在住の奈良豊太郎氏が川の中から発見。豊島勝藏編1996『市浦村史』第弐巻。
6	鉄製碇1	深浦沖	江戸時代後期	200～210年ほど前に加賀から松前に向かう途中、暴風雨で錨の綱を切ったもの。県立郷土館蔵。新人物往来社1975「特集古代水底遺跡の謎」『歴史読本』20-15。
7	鉄製碇1	佐井港外弁天島付近	江戸時代元禄年間	平成8年に佐井港外の弁天島そばの水深15～20mの海底から、同村糠森の漁業福田栄一氏の小型定置網にかからまって引き上げられた。長さ約1.6m、かぎの部分は約1mで鉄製で砂に埋もれていたようで貝や砂に覆われていた。『佐井村誌　上巻』（佐井村編1971）記載の元禄11(1698)年8月19日に大暴風に見舞われ、ヒバの積み出し港であった佐井港に避難した船の27隻が難破したときのものか。戦前にも数本引き上げられたが、4年前に引き上げたものだけが1本保存されている。平成12年6月18日（日）付け東奥日報朝刊。
8	鉄製碇	市浦村（現五所川原市）沖		詳細は不明。新人物往来社1975「特集古代水底遺跡の謎」『歴史読本』20-15。
9	日本刀1	市浦村（現五所川原市）沖か車力村（現つがる市）沖か		新人物往来社1975「特集古代水底遺跡の謎」『歴史読本』20-15では詳細不明だが、豊島勝藏編1984『市浦村史』第壱巻では、日本海沿岸で鯛網にかかって引き上げられた。神明宮蔵。
10	陶磁器類数十点・石の道祖神1	脇野沢村（現むつ市）松ヶ崎沖合東約250m	江戸時代末～明治前半	水深約11mからホタテ網にかかって引き上げられたり、ダイバーが潜水し発見。昭和50～60年に村内中学校教諭の岩本義雄氏が漁師から20点ほど集めた。現在、地元公民館に徳利7点（有田焼・信楽焼各1、越後産5点）保管され、越後産の徳利は、新潟市の松郷屋で作られた松郷屋焼、新潟県阿賀野市の五頭山麓で作られたもの。フジツボが付着。県立郷土館で3点展示。道祖神は高さ30cm。脇野沢村史調査団2008『脇野沢の歴史―海と山の民のくらし―』むつ市、関根達人2003「脇野沢沖海上がり陶磁器」『青森県史　資料編　考古4　中世・近世』青森県。
11	寛永通宝等	十和田湖中湖湖岸（図126）	江戸時代～現代	十和田神社占場（散供場）。福田友之2010『続私の考古学ノート』私家版。

※　陸奥湾は、湾口部の平舘海峡に向かって次第に深くなり、湾の中央部では約40～50mであったものが、最深部の平舘海峡

では60m以上となって津軽海峡に接する。また、十三湖（旧十三潟）は、面積18.07km²で最深約3m、平均1.5mと非常に浅く、北西部に中島がある。現在、十三大橋下の水路を通じて日本海と接する汽水湖である。近世においては、前潟・セバト沼・明神沼をつないだ川で日本海とつながっていた。

　この一覧のなかで、小川原湖引き上げの室町時代の丸木舟は、これまで、考古学関係の雑誌等には発表されたことのない資料であるため、あえて、実測図を添付している。丸木舟例では、このほかに六ヶ所村尾駮沼に丸木舟が沈んでいるという話や、小川原湖西側でもかつて丸木舟が引き上げられたという話がある。出土例については、ほかに旧荒川村（現青森市）藤戸発見の丸木舟1隻（杉材）がある。大正11(1922)年5月下旬に東京新聞が報じたもので、水田下6寸から腹部を上にして板材が発見され、その後の発掘や接合でほぼ完全に復元された。長さ2丈4尺3寸、中央部の幅3尺6寸・高さ1尺6寸（当時の青森監獄事務所で計測）。東京帝国大学人類学教室で受け入れ。石田収藏1922「青森縣東津輕郡荒川村發見の丸木舟（口繪説明）」『人類學雜誌』第37巻第11号（掲載写真は大正11年6月に鳥居龍蔵の命で石田が現地へ行き、青森監獄事務所で撮影したもの）。

　また、海底からの陶磁器発見例としては、鰺ヶ沢町沖の海底からも発見されたという話があるが、詳細は不明である。

　なお、表中末尾に記した十和田神社のほかに、県内各地に池底から古銭が発見される例がある。小館衷三によると、これは池中に米粒や古銭を投打し吉凶等を占う占場「サンゴ場」で、各地の十和田様（山中の水溜まりを十和田様と言い竜神を祀る）の池で行われており、下記の例がある。天間林村（現七戸町）天間舘神社、大鰐町阿闍羅山上の小祠、三ツ目内川上流の十和田山中の貴船神社、平賀町（現平川市）新館の八幡宮の摂社の貴船社、猿賀神社境内の鏡が池、弘前市堂ヶ平の毘沙門天、不動・観音と弁天を祀り、弁天のある小池、青森市浪岡の吉野田の東北、梵珠山中の十和田神社、青森市戸門の西、馬神山の中腹の戸門竜神—十和田様、西田沢の山中の十和田神社（十渡明神宮）、五所川原市藻川の戸和田神社、福岡の境ノ沢溜池の堂、金木町（現五所川原市）吉良市の十和田神社、中里町（現中泊町）大沢内の十和田神社、車力村（現つがる市）高山稲荷神社、蟹田町（現外ヶ浜町）桂淵神社である（小館1976）。

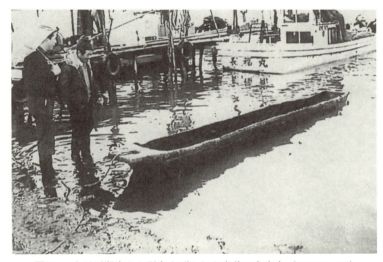

図125　小川原湖底から引き上げられた直後の丸木舟（1988.11.18）

図126　十和田神社占場（1986.9.15）

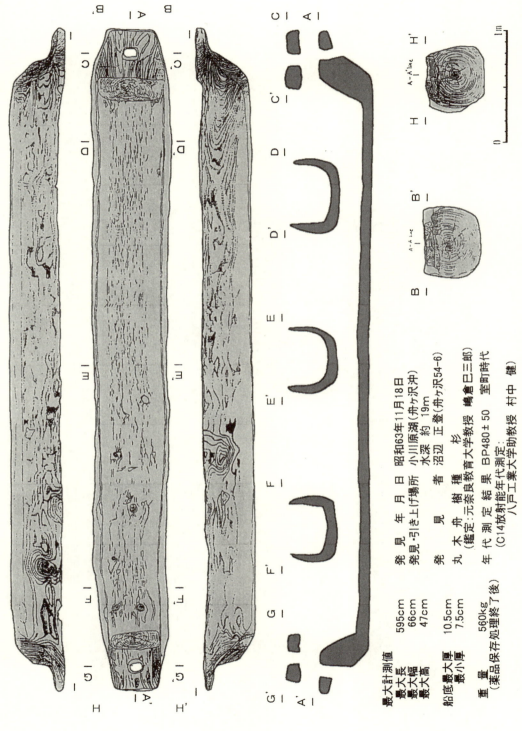

図127 小川原湖底から引き上げられた丸木舟

引用文献

青森県教育委員会　1974　『むつ小川開発予定地域内埋蔵文化財試掘調査概報』青森県埋蔵文化財調査報告書第9集
青森県教育委員会　1975a　『近野遺跡発掘調査報告書（Ⅱ）』青森県埋蔵文化財調査報告書第22集
青森県教育委員会　1975b　『土井3号遺跡発掘調査報告書』青森県埋蔵文化財調査報告書第23集
青森県教育委員会　1975c　『むつ小川原開発地域関係埋蔵文化財試掘調査概報』青森県埋蔵文化財調査報告書第24集
青森県教育委員会　1975d　『中の平遺跡発掘調査報告書』青森県埋蔵文化財調査報告書第25集
青森県教育委員会　1976a　『千歳(13)遺跡発掘調査報告書』青森県埋蔵文化財調査報告書第27集
青森県教育委員会　1976b　『むつ小川開発予定地域内埋蔵文化財試掘調査概報』青森県埋蔵文化財調査報告書第28集
青森県教育委員会　1976c　『五戸町中ノ沢西張遺跡・古街道長根遺跡発掘調査報告書』青森県埋蔵文化財調査報告書第29集
青森県教育委員会　1976d　『白山堂遺跡・妻の神遺跡発掘調査報告書』青森県埋蔵文化財調査報告書第30集
青森県教育委員会　1976e　『泉山遺跡発掘調査報告書』青森県埋蔵文化財調査報告書第31集
青森県教育委員会　1977a　『近野遺跡発掘調査報告書（Ⅲ）・三内丸山(Ⅱ)遺跡発掘調査報告書』青森県埋蔵文化財調査報告書第33集
青森県教育委員会　1977b　『水木沢遺跡発掘調査報告書』青森県埋蔵文化財調査報告書第34集
青森県教育委員会　1978a　『源常平遺跡発掘調査報告書』青森県埋蔵文化財調査報告書第39集
青森県教育委員会　1978b　『三内沢部遺跡発掘調査報告書』青森県埋蔵文化財調査報告書第41集
青森県教育委員会　1979a　『むつ小川開発予定地域内埋蔵文化財試掘調査概報』青森県埋蔵文化財調査報告書第48集
青森県教育委員会　1979b　『細越遺跡発掘調査報告書』青森県埋蔵文化財調査報告書第49集
青森県教育委員会　1980a　『桔梗野工業団地造成に伴なう埋蔵文化財試掘調査報告書』青森県埋蔵文化財調査報告書第51集
青森県教育委員会　1980b　『大鰐町砂沢平遺跡発掘調査報告書』青森県埋蔵文化財調査報告書第53集
青森県教育委員会　1980c　『碇ヶ関村大面遺跡発掘調査報告書』青森県埋蔵文化財調査報告書第55集
青森県教育委員会　1980d　『長七谷地貝塚遺跡発掘調査報告書』青森県埋蔵文化財調査報告書第57集
青森県教育委員会　1980e　『金木町神明町遺跡』青森県埋蔵文化財調査報告書第58集
青森県教育委員会　1981a　『表館遺跡発掘調査報告書』青森県埋蔵文化財調査報告書第61集
青森県教育委員会　1981b　『新納屋（2）遺跡発掘調査報告書』青森県埋蔵文化財調査報告書第62集
青森県教育委員会　1981c　『鷹架遺跡発掘調査報告書』青森県埋蔵文化財調査報告書第63集
青森県教育委員会　1981d　『国営八戸平原開拓建設事業に係る埋蔵文化財発掘調査報告書Ⅱ』青森県埋蔵文化財調査報告書第65集
青森県教育委員会　1985a　『垂柳遺跡発掘調査報告書』青森県埋蔵文化財調査報告書第88集
青森県教育委員会　1985b　『国道338号（鷹架大橋）橋梁整備事業に係る埋蔵文化財試掘調査報告書』青森県埋蔵文化財調査報告書第94集
青森県教育委員会　1988　『上尾駁（1）遺跡C地区発掘調査報告書』青森県埋蔵文化財調査報告書第113集
青森県教育委員会　1992　『青森県遺跡地図』
青森県教育委員会　1994　『稲垣村久米川遺跡発掘調査報告書』青森県埋蔵文化財調査報告書第163集
青森県教育委員会　1996　『三内丸山遺跡Ⅵ』青森県埋蔵文化財調査報告書第205集
青森県教育委員会　1997　『三内丸山遺跡Ⅷ』青森県埋蔵文化財調査報告書第230集
青森県教育委員会　1998a　『三内丸山遺跡Ⅸ（第2分冊）』青森県埋蔵文化財調査報告書第249集

青森県教育委員会 1998b『三内丸山遺跡XI』青森県埋蔵文化財調査報告書第251集
青森県教育委員会 1999『大矢沢野田（1）遺跡発掘調査報告書』青森県埋蔵文化財調査報告書第270集
青森県教育委員会 2000『史跡三内丸山遺跡年報』3　青森県教育庁三内丸山遺跡対策室
青森県教育委員会 2005a『大平山元Ⅱ遺跡』青森県埋蔵文化財調査報告書第401集
青森県教育委員会 2005b『特別史跡三内丸山遺跡年報』8　青森県教育庁三内丸山遺跡対策室
青森県教育委員会 2006『特別史跡三内丸山遺跡年報』9　青森県教育庁三内丸山遺跡対策室
青森県教育委員会 2012『三内丸山遺跡39』青森県埋蔵文化財調査報告書第520集
青森県教育委員会 2013『三内丸山遺跡40』青森県埋蔵文化財調査報告書第533集
青森県埋蔵文化財調査センター 1982a『発茶沢遺跡発掘調査報告書』青森県埋蔵文化財調査報告書第67集
青森県埋蔵文化財調査センター 1982b『今別町山崎（1）・（2）・（3）遺跡発掘調査報告書』青森県埋蔵文化財調査報告書第68集
青森県埋蔵文化財調査センター 1982c『右エ門次郎窪遺跡・三合山遺跡・石ノ窪遺跡発掘調査報告書』青森県埋蔵文化財調査報告書第69集
青森県埋蔵文化財調査センター 1982d『馬場瀬（1）（2）遺跡発掘調査報告書』青森県埋蔵文化財調査報告書第70集
青森県埋蔵文化財調査センター 1982e『下北地点原子力発電所建設予定地内埋蔵文化財試掘調査報告書』青森県埋蔵文化財調査報告書第71集
青森県埋蔵文化財調査センター 1983a『鴨平（1）遺跡発掘調査報告書』青森県埋蔵文化財調査報告書第72集
青森県埋蔵文化財調査センター 1983b『鴨平（2）遺跡発掘調査報告書』青森県埋蔵文化財調査報告書第73集
青森県埋蔵文化財調査センター 1983c『長者森遺跡発掘調査報告書』青森県埋蔵文化財調査報告書第74集
青森県埋蔵文化財調査センター 1983d『鶏窪遺跡発掘調査報告書』青森県埋蔵文化財調査報告書第76集
青森県埋蔵文化財調査センター 1983e『松原遺跡・陣馬川原遺跡・槻ノ木遺跡発掘調査報告書』青森県埋蔵文化財調査報告書第77集
青森県埋蔵文化財調査センター 1984a『一ノ渡遺跡発掘調査報告書』青森県埋蔵文化財調査報告書第79集
青森県埋蔵文化財調査センター 1984b『弥栄平遺跡（2）発掘調査報告書』青森県埋蔵文化財調査報告書第81集
青森県埋蔵文化財調査センター 1984c『和野前山遺跡発掘調査報告書』青森県埋蔵文化財調査報告書第82集
青森県埋蔵文化財調査センター 1984d『昼巻沢遺跡発掘調査報告書』青森県埋蔵文化財調査報告書第83集
青森県埋蔵文化財調査センター 1984e『韮窪遺跡発掘調査報告書』青森県埋蔵文化財調査報告書第84集
青森県埋蔵文化財調査センター 1984f『白山平（2）遺跡発掘調査報告書』青森県埋蔵文化財調査報告書第85集
青森県埋蔵文化財調査センター 1984g『牛ヶ沢（3）遺跡発掘調査報告書』青森県埋蔵文化財調査報告書第86集
青森県埋蔵文化財調査センター 1985a『大石平遺跡発掘調査報告書』青森県埋蔵文化財調査報告書第90集
青森県埋蔵文化財調査センター 1985b『売場遺跡発掘調査報告書・大タルミ遺跡発掘調査報告書』青森県埋蔵文化財調査報告書第93集
青森県埋蔵文化財調査センター 1986a『今津遺跡・間沢遺跡発掘調査報告書』青森県埋蔵文化財調査報告書第95集
青森県埋蔵文化財調査センター 1986b『沖附（2）遺跡発掘調査報告書』青森県埋蔵文化財調査報告書第101集
青森県埋蔵文化財調査センター 1987a『大石平遺跡発掘調査報告書Ⅲ（第1分冊）』青森県埋蔵文化財調査報告書第103集
青森県埋蔵文化財調査センター 1987b『大石平遺跡発掘調査報告書Ⅲ（第2分冊）』青森県埋蔵文化財調査報告書第103集
青森県埋蔵文化財調査センター 1987c『大湊近川遺跡発掘調査報告書』青森県埋蔵文化財調査報告書第104集
青森県埋蔵文化財調査センター 1988a『小田内沼（1）遺跡発掘調査報告書』青森県埋蔵文化財調査報告書第107集
青森県埋蔵文化財調査センター 1988b『上尾駮（2）遺跡Ⅱ（B・C地区）発掘調査報告書』青森県埋蔵文化財調査報告書第115集
青森県埋蔵文化財調査センター 1988c『上尾駮（2）遺跡（B・C地区）発掘調査報告書Ⅱ（1）』青森県埋蔵文化財調査報告書第115集

青森県埋蔵文化財調査センター　1989a『二ツ石遺跡発掘調査報告書』青森県埋蔵文化財調査報告書第117集
青森県埋蔵文化財調査センター　1989b『館野遺跡発掘調査報告書』青森県埋蔵文化財調査報告書第119集
青森県埋蔵文化財調査センター　1989c『表館（１）遺跡発掘調査報告書Ⅲ』青森県埋蔵文化財調査報告書第120集
青森県埋蔵文化財調査センター　1990a『幸畑（７）遺跡発掘調査報告書』青森県埋蔵文化財調査報告書第125集
青森県埋蔵文化財調査センター　1990b『図説ふるさと青森の歴史　総括編』
青森県埋蔵文化財調査センター　1991『雷遺跡・西山遺跡発掘調査報告書』青森県埋蔵文化財調査報告書第136集
青森県埋蔵文化財調査センター　1994『三内丸山（２）遺跡Ⅲ』青森県埋蔵文化財調査報告書第166集
青森県埋蔵文化財調査センター　1995『泉山遺跡発掘調査報告書（２）』青森県埋蔵文化財調査報告書第181集
青森県埋蔵文化財調査センター　1997a『畑内遺跡Ⅳ』青森県埋蔵文化財調査報告書第211集
青森県埋蔵文化財調査センター　1997b『大和田遺跡・寺山（３）遺跡・平窪（１）遺跡・平窪（４）遺跡・伝法寺遺
　　　　跡』青森県埋蔵文化財調査報告書第235集
青森県埋蔵文化財調査センター　1998a『見立山（１）遺跡・弥次郎窪遺跡Ⅱ』青森県埋蔵文化財調査報告書第238集
青森県埋蔵文化財調査センター　1998b『水吉遺跡発掘調査報告書』青森県埋蔵文化財調査報告書第245集
青森県埋蔵文化財調査センター　1999『櫛引遺跡』青森県埋蔵文化財調査報告書第263集
青森県埋蔵文化財調査センター　2000a『櫛引遺跡Ⅱ』青森県埋蔵文化財調査報告書第272集
青森県埋蔵文化財調査センター　2000b『餅ノ沢遺跡』青森県埋蔵文化財調査報告書第278集
青森県埋蔵文化財調査センター　2000c『三内丸山（６）遺跡Ⅱ（第２分冊）』青森県埋蔵文化財調査報告書第279集
青森県埋蔵文化財調査センター　2000d『岩ノ沢平遺跡』青森県埋蔵文化財調査報告書287集
青森県埋蔵文化財調査センター　2001『岩ノ沢平遺跡Ⅱ』青森県埋蔵文化財調査報告書301集
青森県埋蔵文化財調査センター　2002『三内丸山（６）遺跡Ⅳ』青森県埋蔵文化財調査報告書第327集
青森県埋蔵文化財調査センター　2003『野辺地蟹田(10)遺跡Ⅱ、野辺地蟹田(12)遺跡、向田(34)遺跡』青森県
　　　　埋蔵文化財調査報告書第343集
青森県埋蔵文化財調査センター　2004『笹ノ沢（３）遺跡Ⅳ』青森県埋蔵文化財調査報告書第372集
青森県埋蔵文化財調査センター　2005a『近野遺跡Ⅷ』青森県埋蔵文化財調査報告書第394集
青森県埋蔵文化財調査センター　2005b『山元（１）遺跡』青森県埋蔵文化財調査報告書第395集
青森県埋蔵文化財調査センター　2006『東道ノ上（３）遺跡』青森県埋蔵文化財調査報告書第424集
青森県埋蔵文化財調査センター　2009『新田（１）遺跡』青森県埋蔵文化財調査報告書第472集
青森県埋蔵文化財調査センター　2010『天当平（１）遺跡・天当平（２）遺跡・藤沢（１）遺跡・笹畑（２）遺跡』青
　　　　森県埋蔵文化財調査報告書第479集
青森県埋蔵文化財調査センター　2016a『川原平（１）遺跡Ⅱ』青森県埋蔵文化財調査報告書第564集
青森県埋蔵文化財調査センター　2016b『川原平（６）遺跡』青森県埋蔵文化財調査報告書第567集
青森県埋蔵文化財調査センター　2017『二枚橋（１）遺跡』青森県埋蔵文化財調査報告書第581集
青森県立郷土館　1976「津軽半島西北部山塊の自然調査概要」『青森県立郷土館調査研究年報』第２号
青森県立郷土館　1979『宇鉄Ⅱ遺跡発掘調査報告書』青森県立郷土館調査報告第６集　考古－３
青森県立郷土館　1980『大平山元Ⅱ遺跡発掘調査報告書』青森県立郷土館調査報告第８集　考古－４
青森県立郷土館　1984『亀ヶ岡石器時代遺跡』青森県立郷土館調査報告第17集　考古－６
青森県立郷土館　1988『津軽海峡縄文美術展図録』
青森県立郷土館　1992『小川原湖周辺の貝塚―三沢市山中（２）貝塚・天間林村二ツ森貝塚発掘調査報告―』青
　　　　森県立郷土館調査報告第31集　考古－９
青森県立郷土館　1994『青森県立郷土館収蔵資料目録―考古編』第４集
青森県立郷土館　1995『木造町田小屋野貝塚―岩木川流域の縄文前期の貝塚発掘調査報告書―』青森県立郷土
　　　　館調査報告第35集　考古－10
青森県立郷土館　1997『馬淵川流域の遺跡調査報告書』青森県立郷土館調査報告第40集　考古－11
青森県立郷土館　2000『東北町長者久保遺跡・木造町丸山遺跡』青森県立郷土館調査報告第44集　考古－12

青森市教育委員会 1967『玉清水遺跡発掘調査概報』青森市の文化財 3
青森市教育委員会 1972『大浦遺跡調査報告書』青森市の文化財 7
青森市教育委員会 1983『山野峠遺跡（石棺墓移転に伴う発掘調査）』
青森市教育委員会 1985『長森遺跡発掘調査報告書』
青森市教育委員会 1994『小三内遺跡発掘調査報告書』青森市埋蔵文化財調査報告書第22集
青森市教育委員会 1996『小牧野遺跡発掘調査報告書』青森市埋蔵文化財調査報告書第30集
青森市教育委員会 1998『野木遺跡発掘調査概報』青森市埋蔵文化財調査報告書第41集
青森市教育委員会 1999『新町野・野木遺跡発掘調査概報』青森市埋蔵文化財調査報告書第46集
青森市教育委員会 2000『大矢沢野田（1）遺跡調査報告書』青森市埋蔵文化財調査報告書第52集
青森市教育委員会 2001『稲山遺跡発掘調査報告書Ⅰ』青森市埋蔵文化財調査報告書第56集
青森市教育委員会 2002a『大矢沢野田（1）遺跡発掘調査報告書』青森市埋蔵文化財調査報告書第61集
青森市教育委員会 2002b『稲山遺跡発掘調査報告書Ⅱ』青森市埋蔵文化財調査報告書第62集
青森市教育委員会 2003『稲山遺跡発掘調査報告書Ⅲ』青森市埋蔵文化財調査報告書第66集
青森市教育委員会 2009『市内遺跡発掘調査報告書17』青森市埋蔵文化財調査報告書第99集
青森市史編集委員会 2011『新青森市史　通史編第1巻―原始・古代・中世―』青森市
青森市蛍沢遺跡発掘調査団 1979『青森市蛍沢遺跡発掘調査報告書』青森市教育委員会
青柳文吉 1988「北海道出土のひすい製玉について」『北海道考古学』第24輯
赤石慎三 2000「襟裳岬沖発見の尖頭器」『苫小牧市埋蔵文化財調査センター所報』2
赤沼英男 1988「上尾駮（1）遺跡出土赤色糸状物質および櫛の自然科学的調査」『上尾駮（1）遺跡C地区発掘調査報告書』青森県埋蔵文化財調査報告書第113集
秋田県埋蔵文化財センター 1991『池内遺跡　遺物・資料編』秋田県文化財調査報告書第282集
秋田県埋蔵文化財センター 2005『日廻岱B遺跡』秋田県文化財調査報告書第394集
秋道智彌 1994『クジラとヒトの民族誌』東京大学出版会
朝日新聞社 1994『完全記録・三内丸山遺跡』アサヒグラフ通巻3780号
朝日村教育委員会 1996『奥三面ダム関連遺跡発掘調査報告書Ⅴ』朝日村文化財報告書第11集
朝日村教育委員会 2002『奥三面ダム関連遺跡発掘調査報告書ⅩⅢ』朝日村文化財報告書第21集
鰺ヶ沢町史編纂委員会 1984『鰺ヶ沢町史』第2巻
鰺ヶ沢町教育委員会 2002『鰺ヶ沢町埋蔵文化財緊急発掘調査報告書10―平野（2）遺跡―』
麻生　優編 1997「日本における洞穴遺跡研究の現状と課題」『第2回シンポジウム「洞穴遺跡の諸問題」発表要旨』千葉大学
安孫子昭二 1982「アスファルト」『縄文文化の研究』第8巻　雄山閣
虻田町教育委員会 1994「貝製品」『入江貝塚出土の遺物』虻田町教育委員会
安倍寛次 1953「東釧路貝塚及び春採チャシ附近から南方の海洋に多産する貝類を発見」『釧路博物館新聞』No.16（4月20日）　釧路市立郷土博物館
阿部祥人編 2005『下北半島石灰岩地帯における洞窟遺跡の調査』慶應義塾大学文学部民族学考古学研究室
新谷雄蔵・川村真一 1978『市浦村五月女范遺跡』市浦村教育委員会
新谷雄蔵・永沢秀夫 1992『観音林遺跡（第10次）』五所川原市埋蔵文化財発掘調査報告書第15集　五所川原市教育委員会
アンソニー・マーティン編著・粕谷俊雄監訳 1996『クジラ・イルカ大図鑑』平凡社
安藤文一 1982「翡翠」『縄文文化の研究』第8巻　雄山閣
安藤文一 1983「翡翠大珠」『縄文文化の研究』第9巻　雄山閣
安蒜政雄・小杉　康 1993「黒耀石原産地における原石の採掘と石器の製作―長野県小県郡長門町鷹山遺跡群―」『日本考古学協会第59回総会―研究発表要旨』
飯野町教育委員会 2003『和台遺跡』飯野町埋蔵文化財報告書第5集

石岡憲雄 1978「おとしあな」『日本史の謎と発見』1巻月報（1） 毎日新聞社
石岡憲雄 1980「所謂Tピットについて」『土曜考古』第2号
石田英一郎 1949「世界樹の観念について」『民族学研究』第14巻第2号（山口1986に再録）
石田英一郎 1980『新版河童駒引考』東京大学出版会
石本省三 1976「Tピットの謎」『はこだて─自然と文化』第2巻第1号
石本省三・長谷部一弘・藤田 登 1975「函館空港第4地点遺跡」『北海道考古学』第11輯
磯前順一・赤沢 威 1996『東京大学総合研究博物館所蔵 縄文時代土偶・その他土製品カタログ（増訂版）』言叢社
板柳町教育委員会 1993『土井I号遺跡』
市川金丸 1967「蕪島遺跡調査報告（略報）」『東奥文化』第34号 青森県文化財保護協会
市川金丸 1979「三戸郡倉石村出土の縄文時代後期甕棺土器について」『青森県考古学会会報』第12号
一戸町教育委員会 1986『蒔前─岩手県蒔前遺跡出土資料の図録─』一戸町文化財調査報告書第17集
市原市教育委員会 2007「タカラガイ類加工品」『市原市西広貝塚Ⅲ』市原市埋蔵文化財調査センター調査報告書第2集
伊東信雄 1978「鼻曲り土面」『天地』第1巻第7号 道友社
伊東信雄・須藤 隆 1982『瀬野遺跡』東北考古学会
田舎館村教育委員会 1982『垂柳遺跡（遺跡確認調査報告書）』
田舎館村教育委員会 1989『昭和63年度 垂柳遺跡緊急調査報告書（第3年次） 垂柳遺跡─垂柳遺跡範囲確認調査─』
稲野裕介 1982「亀ヶ岡文化における内面渦状土（石）製品とその分布」『史学』第52巻第2号
犬飼哲夫 1960「民族学的に見た北海道の野猪」『北方文化研究報告』第15輯
（財）遺物材料研究所 2006「東道ノ上（3）遺跡出土の黒曜石製石器、剝片の原材産地分析」『東道ノ上（3）遺跡』青森県埋蔵文化財調査報告書第424集
今井富士雄 1968「小森山東部遺跡」『岩木山』岩木山刊行会
今井富士雄・磯崎正彦 1968「十腰内遺跡」『岩木山』岩木山刊行会
今村啓爾 1976「縄文時代の陥穴と民族誌上の事例の比較」『物質文化』No.27
岩崎村史編集委員会 1989『岩崎村史 下巻』
岩手県教育委員会・岩手県土木部 1977『荒屋遺跡発掘調査報告書』
（財）岩手県文化振興事業団埋蔵文化財センター 1986『駒板遺跡発掘調査報告書』岩手県文化振興事業団埋蔵文化財調査報告書第98集
（財）岩手県文化振興事業団埋蔵文化財センター 1988a『馬立Ⅱ遺跡発掘調査報告書』岩手県文化振興事業団埋蔵文化財調査報告書第122集
（財）岩手県文化振興事業団埋蔵文化財センター 1988b「米沢遺跡」『岩手県埋蔵文化財発掘調査略報（昭和62年度分）』岩手県文化振興事業団埋蔵文化財調査報告書第126集
（財）岩手県文化振興事業団埋蔵文化財センター 1988c『米沢遺跡発掘調査報告書』岩手県文化振興事業団埋蔵文化財調査報告書第132集
（財）岩手県文化振興事業団埋蔵文化財センター 1993『館Ⅳ遺跡発掘調査報告書』岩手県文化振興事業団埋蔵文化財調査報告書第187集
（財）岩手県文化振興事業団埋蔵文化財センター 1999a『崎山牧場I遺跡A地区発掘調査報告書』岩手県文化振興事業団埋蔵文化財調査報告書第291集
（財）岩手県文化振興事業団埋蔵文化財センター 1999b『耳取I遺跡B地区発掘調査報告書』岩手県文化振興事業団埋蔵文化財調査報告書第292集
（財）岩手県文化振興事業団埋蔵文化財センター 2000『大向上平遺跡発掘調査報告書』岩手県文化振興事業団埋蔵文化財調査報告書第335集

（財）岩手県文化振興事業団埋蔵文化財センター　2003『清田台遺跡発掘調査報告書』岩手県文化振興事業団埋蔵文化財調査報告書第412集
（財）岩手県文化振興事業団埋蔵文化財センター　2004『早坂平遺跡発掘調査報告書』岩手県文化振興事業団埋蔵文化財調査報告書第437集
（財）岩手県埋蔵文化財センター　1978『都南村湯沢遺跡（昭和52年度）』岩手県埋文センター文化財調査報告書第2集
（財）岩手県埋蔵文化財センター　1983『上里遺跡発掘調査報告書』岩手県埋文センター文化財調査報告書第55集
（財）岩手県埋蔵文化財センター　1985「小石川遺跡」『岩手の遺跡』
岩手県立博物館　1984『埼玉・岩手文化交流展　縄文の風景―大地と美術』
岩手県立博物館　1995『岩手県立博物館収蔵資料目録第11集　考古Ⅲ　小田島コレクション　その2』
岩本義雄　1971「八幡堂遺跡」『佐井村誌　上巻』佐井村
氏江敏文　1993「大雪山系の石刃鏃」『北海道考古学会だより』43号
碓井益雄　1989『蛙』ものと人間の文化史64　法政大学出版局
宇田川　洋　1989「動物意匠遺物とアイヌの動物信仰」『東京大学文学部考古学研究室研究紀要』8
内山真澄　1977「札幌Ｓ267、268遺跡の土壙群―いわゆるＴピットについて―」『札幌市文化財調査報告書XIV』
ウノ・ハルヴァ著、田中克彦訳　1971『シャマニズム―アルタイ系諸民族の世界像―』三省堂
海と貝のミュージアム　2001「高田で見られるタカラガイ」『広報りくぜんたかた』No.648
梅棹忠夫・木村重信監修　1981『仮面―MASKS OF THE WORLD』講談社
梅原末治　1971『日本古玉器雑攷』吉川弘文館
江上波夫　1932「極東に於ける小安貝の流伝に就きて」『人類學雑誌』第47巻第9号
江坂輝弥　1954「青森県東津軽郡岡町遺跡」『日本考古学年報』2
江坂輝彌　1955「青森県女館貝塚発掘調査報告」『石器時代』第2号
江坂輝弥　1957a「所謂硬玉製大珠について」『銅鐸』第13号
江坂輝弥　1957b「三戸郡大舘村十日市赤御堂貝塚調査略報」『奥南史苑』第2号
江坂輝弥　1960『土偶』校倉書房
江坂輝弥　1974『古代史発掘3―土偶芸術と信仰』講談社
江坂輝弥　1977「縄文文化中期の土器にみられる蛇体装飾」『月刊考古学ジャーナル』No.131
江坂輝彌　1983「縄文時代の宝貝」『化石の知識　貝塚の貝』考古学シリーズ9　東京美術
江坂輝彌編　1970『石神遺跡』ニュー・サイエンス社
江坂輝弥・高山　純・渡辺　誠　1965「青森県九艘泊岩蔭遺跡調査報告」『石器時代』第7号
江坂輝弥・渡辺　誠・高山　純　1967「大間町ドウマンチャ貝塚」『下北―自然・文化・社会』平凡社
Ｍ・エリアーデ、堀　一郎訳　1985『シャーマニズム―古代的エクスタシー技術（第3刷）』冬樹社
遠藤邦彦　1999「地形環境の変遷」『考古学と年代測定学・地球科学』考古学と自然科学―④　同成社
遠藤邦彦・小杉正人　1989「地形環境」『弥生文化の研究』第1巻　雄山閣
小江慶雄　1975『琵琶湖水底の謎』講談社現代新書404
大池昭二　1972「十和田火山東麓における完新世テフラの編年」『第四紀研究』第11巻第4号
大平山元Ⅰ遺跡発掘調査団　1999『大平山元Ⅰ遺跡の考古学調査』國學院大學考古学研究室
大高　興　1969『風韻堂収蔵庫　縄文文化遺物集成』私家版
太田原　潤　2000「旧石器時代」『研究紀要』第6号　青森県埋蔵文化財調査センター
太田原　潤　2002「縄文時代とマダラ漁」『海と考古学とロマン―市川金丸先生古稀記念献呈論文集―』
大塚和義　1975「縄文後期の仮面にみられる幻覚症状」『どるめん』第7号
大塚和義　1977「アイヌのキテ（回転式離頭銛）の諸系列」『国立民族学博物館研究報告』第1巻第4号
大塚民俗学会編　1972「恵比寿信仰」『日本民俗事典』弘文堂
大畑町教育委員会　1980『湧館遺跡発掘調査報告書』大畑町文化財調査報告第2集

大畑町教育委員会 2001『二枚橋（2）遺跡発掘調査報告書―』大畑町文化財調査報告第12集
大林太良 1979a「仮面と仮装」『図説日本文化の歴史1 先史・原始』小学館
大林太良 1979b「胴鼓の機能」『図説日本文化の歴史1 先史・原始』小学館
小笠原善範 1984「青森県八戸市蕪島遺跡採集の早期縄文土器」『遺址』第4号
岡田康博 1983「牧野Ⅱ遺跡出土遺物について（2）―土偶」『弘前大学考古学研究』第2号
岡田康博・伊藤由美子 1995「円筒土器文化の植物利用―三内丸山遺跡の事例」『月刊考古学ジャーナル』No.389
小片　保・村越　潔 1963『青森県二ツ森貝塚発掘調査概要』青森県教育委員会
岡本　勇・加藤晋平 1963「青森県野口貝塚の発掘」『MOUSEION―立教大学博物館研究』No.9
岡本孝之 1989「山の上の縄文人」『考古学の世界』新人物往来社
岡本　洋 2017「川原平（1）遺跡出土の人面付土器」『青森県考古学』第25集
小熊博史 1998「佐渡海峡から陸揚された縄文土器」『長岡市立科学博物館研究報告』第33号
奥谷喬司編著 2000『日本近海産貝類図鑑』東海大学出版会
忍澤成視 2001「縄文時代におけるタカラガイ加工品の素材同定のための基礎的研究」『古代』第109号
忍澤成視 2004a「縄文時代における垂飾素材の実際」『玉文化』創刊号
忍澤成視 2004b「縄文時代のイモガイ製装身具―現生貝調査からみた素材供給地と入手方法―」『動物考古学』第21号
忍澤成視 2011『貝の考古学』物が語る歴史22　同成社
小山彦逸 1988「縄文時代の絵画について」『青森県考古学』第4号
小山彦逸 1990「七戸町道地遺跡出土の人面付き土器」『青森県考古学』第5号
小山彦逸 1997「縄紋時代の狩猟文土器について」『青森県考古学』第10号
小山陽造 1987「根城跡土壙土壌の無機燐酸の含有量と土壙土壌および灰釉皿とつき臼（石製）の残存脂肪酸組成並びに根城跡出土人骨および馬骨の残存アミノ酸のラセミ化率」『史跡根城跡発掘調査報告書Ⅸ』八戸市埋蔵文化財調査報告書第18集
葛西安十郎 1985『みちのく市浦―その史跡を訪ねて』西北刊行会
葛西　勵 1975「青森市山野峠石器時代墳墓跡について」『北海道考古学』第11輯
葛西　勵 1980「顔面付円筒土器」『うとう』第86号
葛西　勵 2000「山野峠遺跡出土のレリーフ（絵画）のある土器」『市史研究あおもり』3
葛西　勵 2002『再葬土器棺墓の研究　縄文時代の洗骨葬』再葬土器棺墓の研究刊行会
葛西　勵・髙橋　潤 2002「碇ヶ関村石ヶ戸遺跡の岩陰群について」『青森県考古学第13号―青森県考古学会30周年記念論集』
鹿角市教育委員会 1989『大湯環状列石周辺遺跡発掘調査報告書（5）』鹿角市文化財調査資料35
鹿角市教育委員会 2000『下内野Ⅱ遺跡』鹿角市文化財調査資料67
加藤泰男 1961「野面平遺跡出土遺物について」『じゅずかけ』3号
金関丈夫 1975「魂の色―まが玉の起り」『発掘から推理する』朝日新聞社
金関　恕・小野山節編 1978『日本原始美術大系5＝武器　装身具』講談社
蟹田町教育委員会 1992『大平山元Ⅱ遺跡発掘調査報告書』
金子浩昌 1967「下北半島における縄文時代の漁猟活動」『下北―自然・文化・社会』平凡社
金子浩昌 1975「中の平遺跡出土の動物骨」『中の平遺跡発掘調査報告書』青森県埋蔵文化財調査報告書第25集
金子浩昌 1977「自然遺物」『水木沢遺跡発掘調査報告書』青森県埋蔵文化財調査報告書第34集
金子浩昌 1980「貝塚出土の貝類の種類」『長七谷地貝塚遺跡発掘調査報告書』青森県埋蔵文化財調査報告書第57集
金子浩昌 1983「骨角器・自然遺物」『上北町古屋敷貝塚Ⅰ―遺物編』上北町文化財調査報告第1集
金子浩昌 1984a「明戸遺跡出土の動物遺体と骨角製品」『明戸遺跡発掘調査報告書』十和田市埋蔵文化財発掘調査報告第3集
金子浩昌 1984b「亀ヶ岡遺跡出土の動物骨について」『亀ヶ岡石器時代遺跡』青森県立郷土館調査報告第17集

金子浩昌・牛沢百合子・橘　善光・奈良正義　1978「最花貝塚第1次調査報告」『むつ市文化財調査報告』第4集
金子浩昌・忍沢成視　1986a「槍・刀形の骨製品」『骨角器の研究　縄文篇Ⅰ』慶友社
金子浩昌・忍沢成視　1986b『骨角器の研究　縄文篇Ⅱ』慶友社
金子浩昌・小西正泰・佐々木清光・千葉徳爾　1992『日本史のなかの動物事典』東京堂出版
金子浩昌・鈴木克彦　1983「風韻堂コレクションの骨角器及び自然遺物」『青森県立郷土館調査研究年報』第8号
金子浩昌・橘　善光・奈良正義　1975「第2次大間貝塚調査概報」『北海道考古学』第11輯
金子浩昌・橘　善光・奈良正義　1983「最花貝塚第3次調査報告」『むつ市文化財調査報告』第9集
金子裕之　1982「野辺のおくり」『日本の美術』第191号　至文堂
兼康保明　1996「山上の石鏃」『考古学推理帖』大巧堂
上北町教育委員会　1983『上北町古屋敷貝塚・Ⅰ―遺物編（１）―』上北町文化財調査報告書第1集
上條信彦編　2011『佐藤　蔀　考古画譜Ⅲ』弘前大学人文学部附属亀ヶ岡文化研究センター
川内町教育委員会　1991『戸沢川代遺跡発掘調査報告書』
川村　正　2001「低地　小川原低地」『青森県史　自然編　地学』青森県
菅野美香子　2007「秋田県の狩猟文土器」『第4回土偶研究会発表資料』
キーリ．C．T．・武藤康弘　1982「縄文時代の年代」『縄文文化の研究』第1巻　雄山閣
木島　勉　2012「新潟県における縄文時代前半期の翡翠製品について」『玉文化』第9号
北上市教育委員会　1979『八天遺跡（本文編）』文化財調査報告書第25集
北林八洲晴　1972「青森県陸奥湾沿岸の製塩土器（予報）」『考古学研究』第18巻第4号
北林八洲晴　1994「青森県」『近藤義郎編　日本土器製塩研究』青木書店
北見市郷土博物館編　1979『北見市開成遺跡発掘調査報告書』
木村鉄次郎　1976「青森県における土師器研究史と若干の問題」『考古風土記』創刊号
木村鉄次郎　1988「むつ市角違（３）遺跡発掘調査」『青森県立郷土館調査研究年報』第12号
木村鉄次郎　1989「西津軽郡鰺ヶ沢町大曲遺跡発掘調査報告」『青森県立郷土館調査研究年報』第13号
木村英明　1995「黒曜石・ヒト・技術」『北海道考古学の諸問題―北海道考古学第31輯』
清野謙次　1969「円筒形土器を出す陸奥国の貝塚群」『日本貝塚の研究』岩波書店
霧ヶ丘遺跡調査団　1973『霧ヶ丘』武蔵野美術大学考古学研究会
金　度憲、訳・解説：庄田慎矢・佐藤宏之　2006「韓国における陥し穴と狩猟法の検討」『考古学研究』第53巻
　　　第1号
草間俊一・金子浩昌編　1971『貝鳥貝塚』花泉町教育委員会・岩手県文化財愛護協会
久慈市教育委員会　1993『二子貝塚』久慈市埋蔵文化財調査報告書第16集
釧路市埋蔵文化財調査センター　1994『釧路市幣舞遺跡調査報告書Ⅱ』
楠本政助　1973「仙台湾における先史狩猟文化」『矢本町史第1巻』矢本町
工藤伸一・鈴木克彦　1998「キノコ形土製品について」『研究紀要』第3号　青森県埋蔵文化財調査センター
工藤　大　1995「考察　縄文土器」『木造町田小屋野貝塚―岩木川流域の縄文前期の貝塚発掘調査報告書―』青
　　　森県立郷土館調査報告第35集　考古－10
工藤竹久　1995「大平貝塚」『東通村史編さんに伴う遺跡発掘調査概報―大平（４）遺跡・大平貝塚・目名高館遺
　　　跡』東通村教育委員会
工藤竹久　1997「本州北部の中・近世アイヌ関連遺跡」『月刊考古学ジャーナル』No．425
工藤　肇　1971「青森県山下遺跡の飾玉類」『玉―日本玉研究会会誌』第2号
熊谷常正　1983「岩手県における縄文時代前期土器群の成立」『岩手県立博物館研究報告』第1号
倉田　勇　1987「世界樹」『文化人類学事典』弘文堂
甲野　勇　1933「日本石器時代の假面」『ドルメン』１月号
甲野　勇・江坂輝弥・山内清男編　1964『日本原始美術２―土偶・装身具』講談社
河野常吉　1926「大雪山頂先史時代の遺跡」『大雪山及石狩川上流探検開発史』大雪山調査会

河野廣道　1931「大雪山頂の石器時代遺跡」『蝦夷往来』第5号　尚古堂
河野広道・藤本英夫　1961「御殿山墳墓群について」『考古学雑誌』第46巻第4号
河野広道・藤原敏郎・藤本英夫　1954『静内町先史時代遺跡調査報告』静内町町史資料第1集　静内町役場
郡山市　1975『郡山市史　第1巻』
小島孝夫　1999「子安貝」『日本民俗大辞典　上』吉川弘文館
五所川原市教育委員会　1984『観音林遺跡第2次発掘調査報告書』五所川原市埋蔵文化財発掘調査報告書第7集
五所川原市教育委員会　1985『観音林遺跡第3次発掘調査報告書』五所川原市埋蔵文化財発掘調査報告書第8集
五所川原市教育委員会　2017『五月女萢遺跡』五所川原市埋蔵文化財調査報告書第34集
小杉嘉四蔵　1988『小杉嘉四蔵蒐集考古学資料写真集—玉清水1遺跡』青森縄文文化を探る会
小杉嘉四蔵・小山彦逸編　1982『小杉嘉四蔵蒐集考古学資料集〔三内丸山1遺跡〕』
小舘衷三　1976『水神竜神　十和田信仰』青森県の文化シリーズ8　北方新社
小舘衷三　1982「東津軽郡」『青森県の地名』日本歴史地名大系2　平凡社
児玉作左衛門　1972「装身具」『アイヌ民族誌（再版）』第一法規
後藤勝彦　1981「宮城県青島貝塚調査報告—内陸淡水産貝塚の研究—」『日本考古学年報21・22・23』
五戸町教育委員会　2006『駒袋（1）遺跡・駒袋（2）遺跡・幸神遺跡』五戸町埋蔵文化財調査報告書第7集
小林和彦　1987「本丸跡及び岡前館第16地点出土の動物遺存体」『史跡根城跡発掘調査報告書Ⅸ』八戸市埋蔵文化財調査報告書第18集
小林和彦　1988「岡前館第17地点出土の動物遺存体」『史跡根城跡発掘調査報告書Ⅹ』八戸市埋蔵文化財調査報告書第25集
小林和彦　1989「赤御堂遺跡から出土した動物遺存体」『赤御堂遺跡』八戸市埋蔵文化財調査報告書第33集
小林和彦　1992「三沢市山中（2）貝塚　動物遺存体」『小川原湖周辺の貝塚』青森県立郷土館調査報告第31集
小林和彦　1994「松ヶ崎遺跡から出土した動物遺存体」『八戸市内遺跡発掘調査報告書6』八戸市埋蔵文化財調査報告書第60集
小林和彦　1997「畑内遺跡西捨場出土の動物遺存体」『畑内遺跡Ⅳ』青森県埋蔵文化財調査報告書第211集
小林公明　2010「縄文土器の図像学　その太陰的な世界観」『増補　縄文人の時代』新泉社
小林圭一　2005「山形県内出土の縄文時代ヒスイ製石製品について」『玉文化』第2号
小林達雄　1986「土器文様が語る縄文人の世界観」『日本古代史』3　集英社
小林達雄　2005「縄文人、山を仰ぎ、山に登る」『國學院大學考古学資料館紀要』第21輯
小林達雄編　1977「人面付環形土器」『日本原始美術大系1＝縄文土器』講談社
小桝義男　1998「高社山頂出土の遺物」『高井』第125号
近藤義郎編　1978『日本塩業大系　史料編　考古』日本塩業研究会
コンラート・シュピンドラー、畔上　司訳　1994『5000年前の男—解明された凍結ミイラの謎』文藝春秋
埼玉県教育委員会　1973『坂東山』埼玉県遺跡発掘調査報告書第2集
齋藤　岳　2010「青森県佐井村箭根森八幡宮の玉類・石器について」『青森県立郷土館研究紀要』第34号
斎野裕彦　2005「東北における動物形土製品：四肢獣形の変容・消滅」『葛西勵先生還暦記念論文集　北奥の考古学』葛西勵先生還暦記念論文集刊行会
斎野裕彦　2006「狩猟文土器と人体文」『原始絵画の研究—論考編』六一書房
斎野裕彦　2007「狩猟文土器と人体文」『第4回土偶研究会発表資料』
斎野裕彦　2008「狩猟文」『総覧　縄文土器』アム・プロモーション
阪倉篤義校訂　1970「燕の子安貝（いそのかみの中納言の話）」『竹取物語』岩波文庫（2003第51刷）
酒詰仲男　1961『日本縄文石器時代食料総説』土曜会
坂本真弓・杉野森淳子　1997「青森近県における陥し穴集成」『研究紀要』第2号　青森県埋蔵文化財調査センター
櫻井清彦　1954「青森県十三村中島発見の土師器」『考古学雑誌』第40巻第1号
桜井冬樹　1988『西浜往来』北方新社

佐々木達夫 2013「北陸地方の水中考古学」『季刊考古学』第123号
佐佐木信綱編 1967『新訂　新訓万葉集　上巻（第46刷）』岩波文庫Ⅰ-4
笹澤魯羊 1966『下北半嶋史（改訂）』下北郷土会
札幌市教育委員会 1976『札幌市文化財調査報告書Ⅹ』
札幌市教育委員会 1977a『札幌市文化財調査報告書ⅩⅣ』
札幌市教育委員会 1977b『札幌市文化財調査報告書ⅩⅤ』
佐藤一夫 1991「タカラガイの道」『苫小牧市博物館研究報告』第1号
佐藤一夫 1999「タカラガイの道〔Ⅱ〕」『苫小牧市埋蔵文化財調査センター所報』第1号
佐藤一夫 2000「北海道出土の貝製装飾品について」『苫小牧市埋蔵文化財調査センター所報』第2号
佐藤広史 2000「北面白山山頂で表面採集した石器について」『佐藤広史君追悼論文集——一所懸命』佐藤広史君を偲ぶ会
佐藤公知編 1976『亀ガ岡文化（復刻版）』文芸協会出版
佐藤孝則 1986「動物生態学からみた溝状ピットの機能」『北海道考古学』第22輯
佐藤達夫 1983「六ヶ所村唐貝地貝塚調査略報告」『東アジアの先史文化と日本』六興出版
佐藤傅藏 1896a「陸奥国亀ヶ岡第二回発掘報告」『東京人類學會雜誌』第11巻第124号
佐藤傅藏 1896b「陸奥国亀ヶ岡第二回発掘報告（前號の續き）」『東京人類學會雜誌』第11巻第125号
澤　四郎 1969「釧路川流域の先史時代」『釧路川』釧路叢書11　釧路市
サントリー美術館 1969『土偶と土面—春の特別展図録』
市浦村史編纂委員会 1976『市浦村史資料編　中巻』
市浦村教育委員会 1983『市浦村五月女范遺跡』
市浦村教育委員会 1984『十三・中島遺跡』
雫石町役場編 1976『雫石町史』
静内町教育委員会 1982『駒場7遺跡における考古学的調査』
七戸町教育委員会 2007『二ツ森貝塚—範囲確認調査報告書—』七戸町埋蔵文化財調査報告書第71集
篠塚良嗣・山田和芳 2015「年縞による縄文時代における気候変動」『津軽海峡圏の縄文文化』環太平洋文明叢書1　雄山閣
標茶町教育委員会 1980『茅沼遺跡群Ⅱ』
嶋田忠一 1982「秋田県の仮面」『秋田県立博物館研究報告』第7号
下田町教育委員会 1989『阿光坊遺跡発掘調査報告書』下田町埋蔵文化財調査報告書第1集
ジャパン通信社刊 1993『月刊文化財発掘出土情報』通巻第124号
ジャン・シュヴァリェ、アラン・ゲールブラン著、金光仁三郎他訳 1996『世界シンボル大事典』大修館書店
ジャン＝ポール・クレベール著、竹内信夫・柳谷　厳・西村哲一・瀬戸直彦、アラン・ロシェ訳 1989『動物シンボル事典』大修館書店
ジャン＝ルイ・ベドゥアン、斉藤正二訳 1963『仮面の民俗学』白水社
浄法寺町歴史民俗資料館 1991「コナサセ関係資料リスト（町内分）」『岩手県浄法寺町歴史民俗資料館調査研究報告』第1集
白井祥平 1997『貝Ⅰ』ものと人間の文化史83-Ⅰ　法政大学出版局
市立函館博物館編 1958『サイベ沢遺跡—函館郊外桔梗村サイベ沢遺跡発掘調査報告』
市立函館博物館編 1977『函館空港第4地点・中野遺跡』函館市教育委員会
白石市史編さん委員会 1976『白石市史別巻—考古資料編』白石市
杉山寿栄男 1974『アイヌたま』北海道出版企画センター（杉山壽榮男1936『アイヌたま』今井札幌支店の復刻版）
鈴木明彦・福井淳一 2010「北海道松前半島におけるメダカラガイの出現」『日本古生物学会第159回例会講演予稿集』

鈴木克彦　1978「青森県階上村出土の動物型土器」『月刊考古学ジャーナル』No.145
鈴木克彦　1979「県重宝指定の亀ヶ岡遺跡出土遺物について」『青森県立郷土館調査研究年報』第4号
鈴木克彦　1981「土偶の研究序説」『青森県立郷土館調査研究年報』第6号
鈴木克彦　1982「風韻堂コレクション：岩偶、亀型土製品、土器片利用の円板」『青森県立郷土館調査研究年報』第7号
鈴木克彦　1984「風韻堂コレクションの装身具」『青森県立郷土館調査研究年報』第9号
鈴木克彦　1985「縄文社会の宗教と生業」『月刊考古学ジャーナル』No.256
鈴木克彦　1987「亀ヶ岡文化圏の様相」『月刊文化財』281号
鈴木克彦　1991a「動物考古学十選（1）」『古代文化』第43巻第8号
鈴木克彦　1991b「動物考古学十選（2）」『古代文化』第43巻第11号
鈴木克彦　1992「動物考古学十選（3）」『古代文化』第44巻第5号
鈴木克彦　1993「動物考古学十選（4）」『古代文化』第45巻第8号
鈴木克彦　1995a「後期旧石器時代終末期から縄文時代草創期の小泊村海底遺跡」『小泊村史』上巻　小泊村
鈴木克彦　1995b「動物考古学十選（5）」『古代文化』第47巻第7号
鈴木克彦　1995c「動物考古学十選（6）」『古代文化』第47巻第8号
鈴木克彦　1997「動物考古学十選（7）」『古代文化』第49巻第6号
鈴木克彦　2004「硬玉研究序論」『玉文化』創刊号
鈴木克彦編　1978『青森県の土偶』
鈴木克彦・松岡敏美　1983「小泊村大澗遺跡の出土遺物」『とひょう』4号　小泊村の歴史を語る会
鈴木貞吉　1928「石器時代の假面」『考古学雑誌』第18巻第9号
鈴木　尚　1956a「近世の人骨」『蝦夷』朝倉書店
鈴木　尚　1956b「古墳時代の人骨―下北半島泊村洞窟―」『蝦夷』朝倉書店
鈴木　尚・酒詰仲男・埴原和郎　1952「下北半島岩屋の近世アイヌ洞窟について」『人類學雑誌』第62巻第4号
鈴木政四郎　1965『浜舘町誌』浜舘小創立80周年記念協賛会
須藤　隆　1970「青森県大畑町二枚橋遺跡出土の土器・石器について」『考古学雑誌』第56巻第2号
瀬川　滋　1988「周辺の遺跡と米国人による三沢米軍基地内の調査研究史」『小田内沼（1）遺跡発掘調査報告書』青森県埋蔵文化財調査報告書第107集
瀬川　滋　2015「青森県における水中考古学―小川原湖湖底の出土遺物から―」『青森県考古学』第23集
瀬川司男　1980「トーテムポール状木製品と大型土偶」『どるめん』第27号
瀬川司男　1981「陥し穴遺構について」『（財）岩手県埋蔵文化財センター紀要』Ⅰ
関根達人・上條信彦編　2009『成田コレクション考古資料図録』弘前大学人文学部附属亀ヶ岡文化研究センター
芹沢長介　1968『石器時代の日本（第4版）』築地書館
芹沢長介　1975『縄文』陶磁体系1　平凡社
高橋順一　1992『鯨の日本文化史―捕鯨文化の航跡をたどる』淡光社
高橋修宏　1983「縄文の仮面儀礼」『異貌』10
高橋與右衛門・鈴木克彦・小林　克　1983「東北地方北部の遺跡と火山灰の検討」『考古風土記』第8号
武内収太　1967『函館空港整備事業の内遺跡発掘調査実績報告―函館空港第Ⅰ遺跡』函館市教育委員会
武田良夫　1996「縄文時代の宝貝」『奥羽史談』第100号　奥羽史談会
多田穂波編　1968「見島と鯨」（谷川健一編　1997『鯨・イルカの民俗』日本民俗文化資料集成18　三一書房）
田高昭二　1976「八甲田山における晩氷期以降の林相の垂直分布とその地史的遷移について」『青森県生物学会誌』第15巻第1・2号
橘　善光　1967「下北半島尻屋大平貝塚」『月刊考古学ジャーナル』No.15
橘　善光　1978「青森県東通村浜尻屋貝塚」『北奥古代文化』第10号
橘　善光　1987「下北半島長後沖発見の有舌尖頭器について」『月刊考古学ジャーナル』No.279

橘　善光編 1986『最花貝塚第4次調査報告』むつ市教育委員会
橘　善光・佐藤敏次 1990「梨ノ木平遺跡第3次発掘調査報告」『むつ市文化財調査報告』第16集
橘　善光・奈良正義 1974「青森県大間貝塚調査概報」『月刊考古学ジャーナル』No.99
橘　善光・山本一雄 1967「青森県むつ市江豚沢遺跡調査概報（1）」『うそり』4
伊達市教育委員会 2003『図録　有珠モシリ遺跡』
田中寿明 2007「青森県六ヶ所村・千歳(13)遺跡出土の人体文土器」『青森県考古学』第15号
田中豊田郎編 1960『日本民藝圖鑑』第1巻　宝文館
玉山村教育委員会 2004『宇登遺跡・田の沢D遺跡』玉山村文化財調査報告書第22集
田村壮一 1987「陥し穴状遺構の形態と時期について─岩手県北地方を中心として─」『(財)岩手県文化振興事業団埋蔵文化財センター紀要』Ⅶ
千葉直樹 2017「日本先史時代の絵画と狩猟文土器」『世界遺産　ラスコー展』毎日新聞社・TBSテレビ
知里真志保 1976「分類アイヌ語辞典　植物編・動物編」『知里真志保著作集』別巻Ⅰ　平凡社
辻　誠一郎・宮地直道・吉川昌伸 1983「北八甲田山における更新世末期以降の火山灰層序と植生変遷」『第四紀研究』第21巻第4号
角鹿扇三・渡辺兼庸 1980『角鹿扇三　蒐集考古学資料集』角鹿麟一
角田文衛 1939「陸奥榎林遺跡の研究」『考古学論叢』第10輯
勅使河原　彰 1992「縄文時代の社会構成（上）─八ヶ岳西南麓の縄文時代中期遺跡群の分析から」『考古学雑誌』第78巻第1号
天間林村史編纂委員会 1981『天間林村史　上巻』天間林村
土肥　孝 1985「儀礼と動物─縄文時代の狩猟儀礼」『季刊考古学』第11号
樋泉岳二 1998「三内丸山遺跡第6鉄塔地区出土の魚類遺体（Ⅰ）」『三内丸山遺跡Ⅸ』青森県埋蔵文化財調査報告書第249集
戸井町教育委員会 1988『釜谷2遺跡Ⅰ』
東京国立博物館 1978『日本の考古遺物─表慶館改装記念』
東京国立博物館 1996『東京国立博物館図版目録　縄文遺物篇（土偶・土製品）』中央公論美術出版
東北大学文学部 1982『東北大学文学部考古学資料図録』第2巻
東北歴史資料館 1985『里浜貝塚Ⅳ─宮城県鳴瀬町宮戸島里浜貝塚西畑地点の調査・研究Ⅳ』東北歴史資料館資料集13
東北歴史資料館 1989『宮城県の貝塚』東北歴史資料館資料集25
東和町教育委員会 1994『町内遺跡発掘調査報告書（平成5年度）』
遠野市教育委員会 2002『新田Ⅱ遺跡』遠野市埋蔵文化財調査報告書第13集
富樫泰時 1978「人面付環状注口土器」『考古学雑誌』第63巻第4号
時枝　務 2011『山岳考古学─山岳遺跡研究の動向と課題─』考古調査ハンドブック6　ニューサイエンス社
トム・ホルツェル／オードリー・サルケルド、田中昌太郎訳 1988『エヴェレスト初登頂の謎─ジョージ・マロリー伝』中央公論社
鳥居龍蔵 1933「北千島アイヌの仮面」『ドルメン』1月号
十和田市教育委員会 1983『明戸遺跡発掘調査概報』十和田市埋蔵文化財発掘調査報告第2集
十和田市教育委員会 1984『明戸遺跡発掘調査報告書』十和田市埋蔵文化財調査報告書第3集
十和田市教育委員会 1999『寺上遺跡発掘調査報告書』十和田市埋蔵文化財発掘調査報告第8集
直良信夫 1968『狩猟』ものと人間の文化史2　法政大学出版局
中里町・中里町教育委員会 1990『中里城跡Ⅰ』中里町文化財調査報告書第2集
中里町・中里町教育委員会 1991『中里城跡Ⅱ他』中里町文化財調査報告書第3集
長沼　孝 1988「動物形土製品について」『函館市桔梗2遺跡』(財)北海道埋蔵文化財センター調査報告書第46集
中野　純 1998「柏崎市大宮縄文前期集落遺跡」『新潟県考古学会第10回大会　研究発表・調査報告等要旨』

中野益男 1986「真脇遺跡出土土器に残存する動物油脂」『石川県能都町真脇遺跡』能都町教育委員会・真脇遺跡発掘調査団

(財)長野県文化振興事業団・長野県埋蔵文化財センター 2000a『上信越自動車道埋蔵文化財発掘調査報告書15―信濃町内 その1―貫ノ木遺跡・西岡A遺跡 旧石器時代 本文編』長野県埋蔵文化財センター発掘調査報告書48

(財)長野県文化振興事業団・長野県埋蔵文化財センター 2000b『上信越自動車道埋蔵文化財発掘調査報告書15―信濃町内 その1―日向林A遺跡・日向林B遺跡・七ッ栗遺跡・大平B遺跡 旧石器時代 本文編』長野県埋蔵文化財センター発掘調査報告書48

(財)長野県文化振興事業団・長野県埋蔵文化財センター 2000c『上信越自動車道埋蔵文化財発掘調査報告書16―信濃町内 その2―信濃町データ編』長野県埋蔵文化財センター発掘調査報告書49

永峰光一 1977「呪的形象としての土偶」『日本原始美術体系3』講談社

中村保雄 1984『仮面のはなし』PHP研究所

中村羊一郎 1995「イルカ漁とイルカ食」(谷川健一編 1997『鯨・イルカの民俗』日本民俗文化資料集成18 三一書房)

中村良幸 1999「岩手県の縄文墓概観」『第20回記念シンポジウム―北日本における縄文時代の墓制資料集―』南北海道考古学情報交換会

中村良之進 1930a「中津軽郡裾野村大字十腰内字猿沢並附近発掘石器並土器拾遺」『陸奥考古』2

中村良之進 1930b「南津軽郡碇ヶ関村大字古懸の石土器発見地並石土器図式」『陸奥考古』3

中谷治宇二郎 1943「高地に於ける石鏃発見地」『校訂日本石器時代提要』甲鳥書林

名川町教育委員会 1978『虚空蔵遺跡発掘調査報告書』

名久井文明 1976「北日本における石器時代の溝状ピットについて」『岩手県高等学校年報社会科研究』第18号

名取武光 1940「北海道噴火湾アイヌの捕鯨」『北方文化研究報告』第3輯 北海道大学

奈良貴史・渡辺丈彦・澤田純明・澤浦亮平・佐藤孝雄編 2015『青森県下北郡東通村 尻労安部洞窟Ⅰ―2001～2012年発掘調査報告書―』六一書房

奈良正義・岩井武彦 1960「下北半島入口附近海岸の現生軟体動物(Ⅰ)」『青森地学』3号

成田滋彦 1991「青森県の顔面付き土器―縄文時代中期を中心に―」『青森県考古学』第6号

成田滋彦 1994「青森県の顔面付き土器(補遺)―縄文時代中期を中心に―」『青森県考古学』第8号

成田滋彦 1997「青森県の顔面付き土器―縄文時代後期を中心に―」『青森県考古学』第10号

成田末五郎 1968「西岩木地区各遺跡」『岩木山―岩木山麓古代遺跡発掘調査報告書』岩木山刊行会

新潟県教育委員会 1985a「瓜ヶ沢遺跡」『関越自動車道埋蔵文化財発掘調査報告書』新潟県埋蔵文化財調査報告書第31

新潟県教育委員会 1985b「五丁歩遺跡」『新潟県埋蔵文化財調査だより』No.1

西 幸隆 1991「北海道釧路沖発見の有舌尖頭器について」『釧路市立博物館紀要』第16輯

西村正衛 1959「内陸文化の繁栄 縄文中期文化」『世界考古学大系第1巻 日本Ⅰ 先縄文・縄文時代』平凡社

西本豊弘 1985a「北海道の狩猟・漁撈活動の変遷」『国立歴史民俗博物館研究報告』第6集

西本豊弘 1985b「北海道縄文時代イノシシの問題」『古代探叢Ⅱ』早稲田大学出版部

西本豊弘 1987「高砂貝塚遺跡出土の動物遺体」『高砂貝塚』札幌医科大学解剖学第二講座

西本豊弘 1993a「富ノ沢遺跡出土の動物遺体」『富ノ沢(2)遺跡発掘調査報告書Ⅵ(3)』青森県埋蔵文化財調査報告書第147集

西本豊弘 1993b「骨角器」・「貝製品」『戸井貝塚Ⅲ』戸井町教育委員会

西本豊弘 1993c「海獣狩猟から見た津軽海峡の文化交流」『古代文化』第45巻第4号

西本豊弘 1995「縄文人と弥生人の動物観」『国立歴史民俗博物館研究報告』第61集

西本豊弘 1998「三内丸山遺跡第6鉄塔地区出土の鳥類・哺乳類遺体」『三内丸山遺跡Ⅸ』青森県埋蔵文化財調査報告書第249集

西本豊弘　2000「ヒスイの出土量」『平成11年度　三内丸山遺跡発掘調査報告会及び特別研究推進事業報告会資料』青森県教育庁文化課三内丸山遺跡対策室

西本豊弘・樋泉岳二・小林和彦　1995「動物遺体」『木造町田小屋野貝塚』青森県立郷土館調査報告第35集

西本豊弘・新美倫子　1988「寺町貝塚遺跡出土の動物遺存体」『寺町貝塚』松前町教育委員会

西本豊弘・新美倫子　1992「コタン温泉遺跡出土の動物遺体」『コタン温泉遺跡』八雲町教育委員会

西本豊弘・新美倫子　1993「動物遺体」『戸井貝塚Ⅲ』戸井町教育委員会

二戸市教育委員会　1978『二戸市中曽根遺跡発掘調査報告書』

二戸市教育委員会　1981『中曽根Ⅱ遺跡発掘調査報告書』

日本民藝館　2008『用の美　上巻　柳宗悦コレクション―日本の美』世界文化社

根本直樹　2001「海底の地形と地質　津軽海峡」『青森県史　自然編　地学』青森県

野口義麿　1965「信仰」『日本の考古学Ⅱ　縄文時代』河出書房

野中和夫　1985「縄文土坑についての再検討―所謂、陥穽を中心として―」『研究紀要』第31号　日本大学人文科学研究所

野辺地町教育委員会　1998『大谷地東沢（3）遺跡発掘調査報告書』野辺地町文化財調査報告書第6集

野辺地町教育委員会　2003『明前（4）遺跡・明前（5）遺跡・野辺地蟹田（1）遺跡』野辺地町文化財調査報告書第9集

野辺地町教育委員会　2004『向田(18)遺跡発掘調査報告書』野辺地町文化財調査報告書第14集

函館市教育委員会　1977『函館空港第4地点・中野遺跡』

函館市教育委員会　1990『権現台場遺跡』

函館市教育委員会　1999『函館市石倉貝塚』

階上町教育委員会　2000『滝端遺跡発掘調査報告書』

階上町教育委員会　2007『寺下遺跡発掘調査報告書・笹畑遺跡発掘調査報告書』

橋口尚武　1988『島の考古学―黒潮圏の伊豆諸島―』東京大学出版会

橋本裕行　1987「弥生土器の絵画」『季刊考古学』第19号

長谷部言人　1942「石器時代のタカラガヒ加工」『人類學雑誌』第57巻第9号

八戸遺跡調査会　2002『是川中居遺跡（長田沢地区）』八戸遺跡調査会埋蔵文化財調査報告書第2集

八戸市教育委員会　1982『長七谷地遺跡発掘調査報告書　長七谷地2・7・8号遺跡（昭和55・56年度）』八戸市埋蔵文化財調査報告書第8集

八戸市教育委員会　1983『是川中居遺跡発掘調査報告書』八戸市埋蔵文化財調査報告書第10集

八戸市教育委員会　1984「丹後谷地遺跡（1）（2）」『八戸新都市区域内埋蔵文化財発掘調査報告書』八戸市埋蔵文化財調査報告書第13集

八戸市教育委員会　1986『丹後谷地遺跡発掘調査報告書』八戸市埋蔵文化財調査報告書第15集

八戸市教育委員会　1988a『八戸新都市区域内埋蔵文化財発掘調査報告書Ⅴ』八戸市埋蔵文化財調査報告書第20集

八戸市教育委員会　1988b『丹後平古墳発掘調査概報』八戸市埋蔵文化財調査報告書第24集

八戸市教育委員会　1988c『八幡遺跡発掘調査報告書』八戸市埋蔵文化財調査報告書第26集

八戸市教育委員会　1990『八戸市内遺跡発掘調査報告書1―石手洗遺跡・田面木平（2）遺跡』八戸市埋蔵文化財調査報告書第36集

八戸市教育委員会　1997『牛ヶ沢（4）遺跡Ⅰ』八戸市埋蔵文化財調査報告書第71集

八戸市教育委員会　2002『是川中居遺跡1』八戸市埋蔵文化財調査報告書第91集

八戸市教育委員会　2006a『市子林遺跡第9次A地点』八戸市埋蔵文化財調査報告書第112集

八戸市教育委員会　2006b『田向冷水遺跡Ⅱ』八戸市埋蔵文化財調査報告書第113集

八戸市教育委員会　2008　『風張（1）遺跡Ⅵ』八戸市埋蔵文化財調査報告書第119集

八戸市教育委員会　2017「蕪島遺跡第1地点」『八戸市内遺跡発掘調査報告書34』八戸市埋蔵文化財調査報告書第156集

八戸市史編纂委員会　1969『八戸市史―史料編・近世1』
八戸市史編纂委員会　1972『八戸市史―史料編・近世3』
八戸市史編纂委員会　1976『八戸市史―通史編』
八戸市史編纂委員会　1980『八戸市史―史料編・近世8』
八戸市博物館　1985『縄文時代の馬淵川』
八戸市博物館　1988a『図録　青森県の貝塚』
八戸市博物館　1988b『縄文の美―是川中居遺跡出土品図録』第2集
八戸市埋蔵文化財センター是川縄文館　2015『平成27年度秋季企画展展示図録　小川原湖周辺の縄文文化』
八戸市立商業高等学校社会科研究会　1962「八戸市種差熊ノ林貝塚発掘について」『奥南史苑』第6号
八甲田湿原研究グループ　1969「青森県八甲田湿原泥炭層の年代について」『第四紀研究』第8巻第2号
波部忠重・奥谷喬司監修　1990a『学研生物図鑑　貝Ⅰ〔巻貝〕（改訂版第1刷）』学習研究社
波部忠重・奥谷喬司監修　1990b『学研生物図鑑　貝Ⅱ〔二枚貝・陸貝・イカ・タコほか〕（改訂版第1刷）』学習研究社
早川由起夫　1983「十和田火山中掫テフラ層の分布、粒度組成、年代」『火山』第2集、28巻3号
林　謙作　1965「縄文文化の発展と地域性―東北」『日本の考古学Ⅱ　縄文時代』河出書房
原田昌幸　1998「縄文人と山」『季刊考古学』第63号
春成秀爾　1995「熊送りの起源」『国立歴史民俗博物館研究報告』第60集
東通村史編集・編纂委員会　1999『東通村史―遺跡発掘調査報告書編―』東通村
東通村教育委員会　2004『浜尻屋貝塚―平成12～14年度発掘調査報告書―』
平井幸弘　1983「小川原湖の湖岸・浅湖底の微地形と完新世最大海進期以降の湖水準変動」『東北地理』Vol. 35 No. 2
平賀町教育委員会　1975『青森県平賀町石郷遺跡発掘調査概報』
平賀町教育委員会　1977『平賀町石郷遺跡発掘調査報告書（写真図録編）』平賀町埋蔵文化財報告書第6集
平口哲夫　1986「富山湾沿岸における縄文時代のイルカ捕獲活動」『大境』第10号
平口哲夫・宮崎信之　1986「動物遺体」『石川県能都町真脇遺跡』能都町教育委員会・真脇遺跡発掘調査団
平内町　1977『平内町史　上巻』
平山久夫　1997「円筒土器に於ける人面土器の研究」『北奥古代文化』第26号
平山久夫・佐藤時男　1991「石神遺跡出土土器と土偶理解のために」『北奥古代文化』第21号
弘前市教育委員会　1988『砂沢遺跡発掘調査報告書―図版編―』
弘前市教育委員会　1991『砂沢遺跡発掘調査報告書―本文編―』
廣山堯道　1997『塩の日本史〈第二版〉』雄山閣
深浦町　1985『深浦町史年表―ふるさと深浦の歩み』
深浦町教育委員会　1998『日和見山遺跡発掘調査報告書』深浦町埋蔵文化財調査報告書第5集
福島県　1969『福島県史第1巻　通史編1』
福島県教育委員会　1982『東北新幹線関連遺跡発掘調査報告Ⅴ』福島県文化財調査報告書第101集
福島県教育委員会　1984『福島県埋蔵文化財分布図』福島県文化財調査報告書第143-1集
福島県教育委員会　1985『福島県文化財一覧表』
福島県文化センター・福島県土木部　1990『真野ダム関連遺跡発掘調査報告書ⅩⅣ』福島県文化財調査報告書第230集
福田友之　1981a「岩木山麓の考古学的資料（2）」『考古風土記』第6号
福田友之　1981b「溝状ピット研究に関する覚書」『弘前大学考古学研究』第1号
福田友之　1982「八戸市田面木発見の異形注口土器」『遺址』第2号
福田友之　1983「東北地方北部の縄文時代のおとし穴について」『日本考古学協会第49回総会研究発表要旨』
福田友之　1985「平内町横峰貝塚発見の遺物」『遺址』第5号

福田友之 1986「津軽・相馬村大助発見の洞穴遺跡—青森県の洞穴遺跡ノート—」『青森県考古学』第3号
福田友之 1988a「鼻曲り土面考」『青森県立郷土館調査研究年報』第12号
福田友之 1988b「縄文絵画」『青森県立郷土館だより』第65号
福田友之 1989a「狩猟文土器考」『青森県立郷土館調査研究年報』第13号
福田友之 1989b「下北半島尾駮・鷹架沼周辺の溝状ピット群」『考古学論叢Ⅱ』芹沢長介先生還暦記念論文集刊行会
福田友之 1990a「本州北端の硬玉製（翡翠）玉飾り」『青森県考古学』第5号
福田友之 1990b「青森県の水底遺跡」『青森県立郷土館だより』第21巻第1号
福田友之 1990c「津軽海峡の先史文化交流」『伊東信雄先生追悼　考古学古代史論攷』伊東信雄先生追悼論文集刊行会
福田友之 1992「貝殻の形象—アワビとイモ貝を模倣した考古資料」『青森県立郷土館だより』第23巻第2号
福田友之 1995a「北日本におけるベンケイガイ交易—津軽海峡を渡った貝輪—」『北海道考古学第31輯—北海道考古学の諸問題』
福田友之 1995b「骨角牙製品」・「青森県域の鯨類出土遺跡ならびに日本海岸への鯨類漂着事例」『木造町田小屋野貝塚』青森県立郷土館調査報告第35集
福田友之 1996「高所にある縄文遺跡」『青森県立郷土館調査研究年報』第20号
福田友之 1998a「本州北辺の貝類出土遺跡総覧—青森県域における貝類出土遺跡の自然遺物—」『青森県立郷土館調査研究年報』第22号
福田友之 1998b「津軽海峡域と南海産貝類—津軽海峡域におけるイモガイ形製品をめぐって」『時の絆　石附喜三男先生を偲ぶ「道を辿る」』石附喜三男先生を偲ぶ本刊行委員会
福田友之 1998c「狩猟文土器再考」『北方の考古学—野村崇先生還暦記念論集』野村崇先生還暦記念論集刊行会
福田友之 1998d「青森県域出土の先史動・植物意匠遺物」『東北民俗学研究』第6号
福田友之 1999「北の道・南の道—津軽海峡をめぐる交流—」『海を渡った縄文人』小学館
福田友之 2001「陸奥湾南岸域における縄文時代の狩猟・漁労ノート」『市史研究あおもり』4
福田友之 2003「首飾りの色」『青森県の民俗』第3号
福田友之 2004「津軽海峡域における先史ヒスイ文化」『環日本海の玉文化の始原と展開』敬和学園大学人文社会科学研究所
福田友之 2005「ヒスイ以前の津軽海峡域—縄文前期以前の石製装身具を中心にして—」『葛西勵先生還暦記念論文集　北奥の考古学』葛西勵先生還暦記念論文集刊行会
福田友之 2006「湯ノ島遺跡」『新青森市史　資料編1　考古』青森市
福田友之 2008「動物装飾付き土器と動物形土製品」『総覧　縄文土器』アム・プロモーション
福田友之 2009「日本海側への移住促す？　十和田火山の噴火」『北の考古学』（私家版）
福田友之 2012a「北の考古・民俗雑考集—本州最北の文化と向き合って—』（私家版）
福田友之 2012b『青森県の貝塚—骨角器と動物食料』北方新社
福田友之 2015「重複例からみら溝状土坑の年代」『斬新考古』第3号
福田友之・児玉大成 2005「湯ノ島遺跡」『市内遺跡発掘調査報告書13』青森市埋蔵文化財調査報告書第79集
福田正広・前田　潮 1998「縄文時代後・晩期における礼文島」『筑波大学先史学・考古学研究』第9号　筑波大学歴史・人類学系
藤田富士夫 1989『玉』ニュー・サイエンス社
藤田富士夫 1998『縄文再発見』大巧社
藤沼邦彦・栗原　徹 2008「青森県五戸町大久保遺跡出土の縄文中期の顔面付土器」『亀ヶ岡文化雑考集』弘前大学人文学部日本考古学研究室研究報告7
藤沼邦彦・佐布環貴・萩坂華恵 2002「青森県における縄文時代の土製仮面について」『青森県史研究』第6号
富士見町教育委員会 1988『唐渡宮—八ヶ岳南麓における曽利文化期の遺跡群発掘報告』

藤森栄一 1965 『旧石器の狩人』学生社
藤森栄一 1967 『かもしかみち』学生社
藤原秀樹 2006a「Ⅳまとめ」『早来町富岡3遺跡・新栄2遺跡』早来町教育委員会
藤原秀樹 2006b「北海道における縄文時代後期・晩期の墓制とヒスイ玉」『玉文化』第3号
藤原秀樹 2008「Ⅳまとめ」『安平町富岡6遺跡・源武15遺跡』安平町教育委員会
藤原秀樹 2013「Tピットについて」『北海道考古学』第49輯
古屋敷則雄 1985「青森県平舘村今津遺跡出土の石製品」『遺址』第5号
文化庁文化財保護部 1973「阿仁町のマタギの習俗」『民俗資料選集1―狩猟習俗Ⅰ』国土地理協会
文化庁文化財保護部編 1977『全国遺跡地図5　秋田県』（財）国土地理協会
文化庁文化財保護部編 1978『全国遺跡地図6　山形県』（財）国土地理協会
文化庁文化財保護部編 1984『全国遺跡地図3　岩手県』（財）国土地理協会
文化庁編 1997『発掘された日本列島'97新発見考古速報』朝日新聞社
保坂三郎編 1972『是川遺跡出土遺物報告書』中央公論美術出版
星　雅之・須原　拓 2004「岩手県内の発掘調査事例からみた十和田中掫テフラ」『紀要ⅩⅩⅢ』（財）岩手県文化振興事業団埋蔵文化財センター
星　雅之・茅野嘉雄 2006「十和田中掫テフラからみた円筒下層a式土器成立期の土器様相」『植生史研究特別第2号　三内丸山遺跡の生態系史』日本植生史学会
保角里志 1987「朝日連峰の縄文遺跡」『さあべい』第13号
北海道開拓記念館 1972『北方民族展資料目録』
北海道教育委員会 1977『美沢川流域の遺跡群Ⅰ』
北海道教育委員会 1978『美沢川流域の遺跡群Ⅱ』
北海道教育委員会 1979『美沢川流域の遺跡群Ⅲ』
北海道出版企画センター 1975『河野常吉著作集Ⅲ―北海道史編（二）』
北海道文化財保護協会 1978『函館市湯倉団地建設用地内埋蔵文化財包蔵地発掘調査報告書―函館市・日吉町1遺跡』
（財）北海道埋蔵文化財センター 1980『美沢川流域の遺跡群Ⅳ』（財）北海道埋蔵文化財センター調査報告第3集
（財）北海道埋蔵文化財センター 1981『美沢川流域の遺跡群Ⅴ』（財）北海道埋蔵文化財センター調査報告第7集
（財）北海道埋蔵文化財センター 1982『美沢川流域の遺跡群Ⅵ』（財）北海道埋蔵文化財センター調査報告第8集
（財）北海道埋蔵文化財センター 1987『千歳市ママチ遺跡Ⅲ』（財）北海道埋蔵文化財センター調査報告書第36集
（財）北海道埋蔵文化財センター 1989『小樽市忍路土場遺跡・忍路5遺跡（第4分冊）』（財）北海道埋蔵文化財センター調査報告書第53集
（財）北海道埋蔵文化財センター 1991『余市町フゴッペ貝塚』（財）北海道埋蔵文化財センター調査報告書第72集
（財）北海道埋蔵文化財センター 1993『函館市中野A遺跡（Ⅱ）』（財）北海道埋蔵文化財センター調査報告書第84集
（財）北海道埋蔵文化財センター 1995『七飯町大中山13遺跡（2）』（財）北海道埋蔵文化財センター調査報告書第93集
（財）北海道埋蔵文化財センター 1996『函館市石倉貝塚』（財）北海道埋蔵文化財センター調査報告書第109集
（財）北海道埋蔵文化財センター 2000『八雲町　シラリカ2遺跡』（財）北海道埋蔵文化財センター調査報告書第142集
本間義治・青柳　彰・中村幸弘 1995「1993年5月から1994年5月の間に得られた新潟県内における鯨類の漂着・採集・目撃記録」『日本海セトロジー研究　日本海の鯨たち』第5号
前田利見編 1973『八戸藩史料』
麻柄一志 2013『日本海の旧石器考古学―日本海を巡る旧石器時代の交流―』日本海学研究叢書　富山県
町田　洋 1977『火山灰は語る』蒼樹書房

町田　洋・新井房夫　1982「十和田―中掫浮石層の分布」『古文化財に関する保存科学と人文・自然科学―昭和56年度年次報告書』文部省科学研究費特定研究「古文化財」総括班

町田　洋・新井房夫・小田静夫・遠藤邦彦・杉原重夫　1984「テフラと日本考古学―考古学研究と関係するテフラのカタログ―」『古文化財の自然科学的研究』同朋舎出版

松井　章　1986「ヒョウタンからコマ―ヒョウタン栽培植物説をめぐって」『考古学研究』第33巻第1号

松井　健・高橋　一・中馬教允・足利圭一　1969「青森県三本木原ふきんの現世火山灰層の噴出年代」『地球科学』第23巻第6号

松島義章　2006『貝が語る縄文海進―南関東、＋2℃の世界』有隣堂

松島義章　2010「貝類の情報と縄文時代の自然環境」『増補　縄文人の時代（第2刷）』新泉社

松前　健　1987「月」『文化人類学事典』弘文堂

松前町教育委員会　1974『松前町大津遺跡発掘報告書』

松前町教育委員会　1982『白坂遺跡』

松山　力　1980「青森県南東部における旧時代末葉以降の火山灰層と黒色土層」『奥南』第1号

松山　力　1983『八戸の地質』八戸市教育委員会

松山　力・木村鐵次郎　1997「畑内遺跡における中掫浮石層について」『畑内遺跡Ⅳ』青森県埋蔵文化財調査報告書第211集

水野正好　1979「土偶とその親縁の世界」『日本の原始美術5　土偶』講談社

水野　裕　1981「青森県の地形区分」『青森県百科事典』東奥日報社

三田史学会　1959『亀ヶ岡遺蹟』有隣堂出版

三辻利一　1984「蛍光Ｘ線分析法による明戸遺跡、Ｅ－2西壁火山灰の同定」『明戸遺跡発掘調査報告書』十和田市埋蔵文化財調査報告書第3集

南茅部町教育委員会　1987『臼尻Ｂ遺跡 vol.Ⅶ』

南茅部町教育委員会　1991『ハマナス野遺跡 vol.ⅩⅢ』

宮城県教育委員会　1980『金剛寺貝塚・宇賀崎貝塚・宇賀崎1号墳他』宮城県文化財調査報告書67集

宮城県教育委員会　1981『長者原貝塚・上新田遺跡』宮城県文化財調査報告書第78集

宮城県教育委員会　1986『田柄貝塚Ⅲ』宮城県文化財調査報告書第111集

三宅徹也　2003「縄文時代草創期の調査記録・石器製作跡」『明前（4）遺跡・明前（5）遺跡・野辺蟹田(11)遺跡』野辺地町文化財調査報告書第9集

宮坂光次　1930「青森縣是川村一王寺史前時代遺跡発掘調査報告」『史前学雑誌』第2巻第6号

宮沢　寛・今井康博　1976「縄文時代早期後半における土壙をめぐる諸問題―いわゆる落し穴について」『調査研究集録』第1冊　港北ニュータウン埋蔵文化財調査団

未来社　1982「蝦夷酒天布利」『菅江真澄全集』第2巻

三輪道子編　1988『青森県営浅虫水族館貝類標本目録―1988年版―』三輪薫

むつ市史編纂委員会　1988『むつ市史―近世編』

武藤雄六　1969「原始絵画のある縄文土器」『月刊考古学ジャーナル』No.28

村越　潔　1967「青森県下の洞穴遺跡」『日本の洞穴遺跡』平凡社

村越　潔　1974『円筒土器文化』雄山閣

村越　潔・工藤泰博　1972「〈速報〉青森県板柳町土井Ⅰ号遺跡」『月刊考古学ジャーナル』No.75

村林源助　1960『原始謾筆風土年表　上』みちのく双書第9集　青森県文化財保護協会

村林源助　1961『原始謾筆風土年表　下』みちのく双書第10集　青森県文化財保護協会

望月昭彦　2009「丸尾北遺跡（東駿河湾環状道路 No.4地点）黒曜石原産地推定分析」『丸尾北遺跡』（財）静岡県埋蔵文化財調査研究所調査報告第210集

百石町誌編纂委員会　1985『百石町誌　下巻』百石町

森　浩一編　1988『シンポジウム古代翡翠文化の謎』新人物往来社

森田勝昭　1994『鯨と捕鯨の文化史』名古屋大学出版会
森田知忠・遠藤香澄　1984「Tピット論」『北海道の研究1　考古篇1』清文堂
安井　肇　2015「対馬海流と津軽海流が生み出す生態系―縄文時代から続く水産資源―」『津軽海峡圏の縄文文化』環太平洋文明叢書1　雄山閣
柳田国男　1976『遠野物語・山の人生』岩波文庫青138-1
柳瀬由佳　2004「北海道の縄文時代ヒスイ玉出土地名表」『玉文化』創刊号
矢野憲一　1976『鮫の世界』新潮社
山形県　1969『山形県史　資料編11　考古資料』
山形県教育委員会　1982『八森遺跡第6次発掘調査報告書』山形県埋蔵文化財調査報告書第54集
山形県教育委員会・弓張平遺跡調査団　1978『弓張平遺跡第1・2次調査報告書』
山口航生・野田尚志　2009「三戸町下玉ノ木地区採集の弓矢文土器」『研究紀要』第14号　青森県埋蔵文化財調査センター
山口昌男　1986『河童のコスモロジー―石田英一郎の思想と学問』講談社
横内村公民館　1955『横内村誌』
横浜町教育委員会　1983『桧木遺跡発掘調査報告書』
吉田　格・直良信夫　1942「青森県相内村オセドウ貝塚」『古代文化』第13巻第2号
吉田裕幸　1981「大雪山頂の遺跡について」『駒沢大学北海道教養部考古学研究会紀要』1号
吉野裕子　1979『蛇』ものと人間の文化史32　法政大学出版局
吉原友吉　1982「鯨の墓」(谷川健一編　1997『鯨・イルカの民俗』日本民俗文化資料集成第18巻　三一書房所収)
吉本洋子・渡辺　誠　1994「人面・土偶装飾付土器の基礎的研究」『日本考古学』第1号
吉本洋子・渡辺　誠　1999「人面・土偶装飾付深鉢形土器の基礎的研究(追補)」『日本考古学』第8号
礼文町教育委員会　2000『礼文町船泊遺跡発掘調査報告書』
若林勝邦　1894「山中発見の石器」『東京人類學會雑誌』第9巻第95号
早稲田大学文学部考古学研究室　1991『縄文沼遺跡発掘調査報告書』小泊村文化財調査報告第2集
和田和哉　2008「長野県内出土の縄文時代翡翠製品集成」『玉文化』第5号
渡辺俊一　1978「厚真1遺跡のTピットについて」『郷土の研究』第4号　苫小牧郷土文化研究会
渡辺直経　1966「縄文および弥生時代のC14年代」『第四紀研究』第5巻第3・4号
渡辺　誠　1973『縄文時代の漁業』雄山閣考古学選書7
渡辺　誠　2003「動物形内蔵土器・狩猟文土器の再検討」『史峰』30号
藁科哲男　1998「三内丸山遺跡第6鉄塔地区出土の黒曜石製遺物の原材産地分析(平成8年度)」『三内丸山遺跡Ⅸ』青森県埋蔵文化財調査報告書第249集
藁科哲男　2000「三内丸山遺跡野球場地区及び周辺地区出土の黒曜石製遺物の原産地分析」『史跡三内丸山遺跡年報』3
藁科哲男・小熊博史　2002「新潟県小瀬ヶ沢洞窟・室谷洞窟遺跡出土黒曜石製遺物の原材産地分析」『長岡市立科学博物館研究報告』37号
藁科哲男・杉浦重信　2000「大雪山遺跡群白雲岳遺跡について」『北方探求』第2号　北方懇話会
藁科哲男・東村武信　1985「富山県下遺跡出土の黒曜石製遺物の石材産地分析」『大境』第9号　富山県考古学会
藁科哲男・東村武信　1988a「上尾駮(1)遺跡出土のヒスイ製玉類の産地分析」『上尾駮(1)遺跡C地区発掘調査報告書』青森県埋蔵文化財調査報告書第113集
藁科哲男・東村武信　1988b「上尾駮(2)遺跡を中心とした青森県出土のヒスイ製大珠、玉類の産地分析」『上尾駮(2)遺跡Ⅱ(B・C地区)発掘調査報告書』青森県埋蔵文化財調査報告書第115集
藁科哲男・東村武信　1988c「石器原材の産地分析」『鎌木義昌先生古希記念論集―考古学と関連科学』
藁科哲男・東村武信・福田友之　2001「津軽海峡域出土の黒曜石製遺物の原材産地分析」『渡島半島の考古学』南北海道考古学情報交換会20周年記念論集作成実行委員会

〔英文〕

Nelson Foster 1993『Bishop Museum and the Changing World of hawaii』Bishop Museum Press, Honolulu

Renfrew, C. 1975 Trade as Action at a Distance: Questions of Integration and Communication. Ancient Civilization and Trade, The University of New Mexico Press, Albuquerque

写真所蔵・提供者一覧

口絵1　上　円形のおとし穴（鶉窪遺跡第2号・13号ピット）：青森県埋蔵文化財調査センター提供
　　　　下　ヒスイの大珠（三内丸山遺跡・重文）：青森県教育委員会文化財保護課蔵
　　　　　　ヒスイの玉類（風張（1）遺跡・重文）：八戸市埋蔵文化財センター是川縄文館蔵
口絵2　上　狩猟文土器（川原平（6）遺跡）：青森県埋蔵文化財調査センター蔵
　　　　　　狩猟文土器（伝北海道）：（公財）日本民芸館蔵
　　　　下　人面付き土器（川原平（1）遺跡）：青森県埋蔵文化財調査センター蔵
図6　円形のおとし穴使用想定図：福田亮一画
図25-1　鯨・イルカ骨等の出土状況（田小屋野貝塚）：青森県立郷土館提供
図25-2　イルカ牙未製品（左）・鯨骨製へら（右2点・田小屋野貝塚）：青森県立郷土館蔵
図25-3　クジラ（左3点）・イルカ（右上4点・田小屋野貝塚）：青森県立郷土館蔵
図25-4　アイヌのイルカ漁（菅江真澄『えぞのてぶり』より）：秋田県立博物館蔵写本
図29　寄り鯨の解体（野辺地町浜町、1931年7月）：野辺地町立歴史民俗資料館提供
図35-6b　福田・前田 1998
図35-11　伊達市教委 2003
図35-12　武田 1996
図35-14　岩手県立博物館 1995
図36-7b　西本 1993b
図39-1　東道ノ上（3）遺跡出土のマクラガイ・メダカラ・カズラガイ製品：東北町歴史民俗資料館蔵
図48-1　富ノ沢（2）遺跡：青森県埋蔵文化財調査センター蔵
図48-2・3　一ノ渡遺跡：青森県埋蔵文化財調査センター蔵
図48-4　二ツ森貝塚：七戸町教育委員会蔵
図48-5　洞内：青森県立郷土館風韻堂コレクション
図48-6　上尾駮（1）遺跡（第35号土坑）：青森県埋蔵文化財調査センター蔵
図59-1　青森県埋蔵文化財調査センター蔵
図59-2　慶應義塾大学文学部民族学考古学研究室蔵
図59-3　御所野縄文博物館蔵
図59-4　天理大学附属天理参考館蔵
図59-5　東北大学大学院文学研究科考古学研究室蔵
図65-75　青森県立郷土館風韻堂コレクション
図65-76　青森県立郷土館風韻堂コレクション
図65-77　青森県立郷土館風韻堂コレクション
図71-1a〜c　韮窪（県重宝）：青森県立郷土館蔵
図71-2　間沢：青森県埋蔵文化財調査センター蔵
図71-3　馬立II：（財）岩手県文化振興事業団埋蔵文化財センター蔵
図75-17　文化庁編 1997
図95　湯ノ島遺跡の遺物：青森市教育委員会蔵
図115-1a・b　津軽半島横泊沖発見の尖頭器：中泊町博物館蔵
図115-2〜4　小川原湖発見の土器・土製品：東北町歴史民俗資料館蔵

図115-5～8　小川原湖発見の石器：東北町歴史民俗資料館蔵
図125　小川原湖底から引き上げられた直後の丸木舟：東北町歴史民俗資料館提供
図127　小川原湖底から引き上げられた丸木舟：東北町歴史民俗資料館提供

初出一覧

第1章
　　第1節　新稿。
　　第2節1〜4　「考古学からみた「中掫浮石」の降下年代」『弘前大学考古学研究』第3号、1986年。5新稿。
　　第3節1〜4　「下北半島尾駮・鷹架沼周辺の溝状ピット群」『考古学論叢Ⅱ』芹沢長介先生還暦記念論文集刊行会、1989年。5新稿。
　　第4節　「重複例からみた溝状土坑の年代」『斬新考古』第3号、2015年。
　　第5節　「本州北辺の先史鯨類利用」『青森県史研究』第2号、1998年。

第2章
　　第1節1〜4　「深浦産黒曜石の意味するもの」『芹沢長介先生追悼　考古・民族・歴史学論叢』芹沢長介先生追悼論文集刊行会、2008年。5新稿。
　　第2節　新稿。
　　第3節　「本州北端の硬玉（翡翠）製玉飾り」『青森県考古学』第5号、1990年。
　　第4節　新稿。

第3章
　　第1節1・3・4　「鼻曲り土面考」『青森県立郷土館調査研究年報』第12号、1988年。2新稿。
　　第2節　新稿。
　　第3節　「狩猟文土器考」『青森県立郷土館調査研究年報』第13号、1989年。
　　第4節　「狩猟文土器再考」『野村崇先生還暦記念論集　北方の考古学』野村崇先生還暦記念論集刊行会、1998年。
　　第5節　新稿。
　　第6節　1〜4「青森県域出土の先史動・植物意匠遺物」『東北民俗学研究』第6号、1998年。5新稿。

第4章
　　第1節　新稿。
　　第2節　「島の遺跡小考」『青森県考古学』第16号、2008年。
　　第3節　新稿。
　　第4節　1〜4「高所にある縄文遺跡」『青森県立郷土館調査研究年報』第20号、1996年。5新稿。

附　編
　　附表1〜5　新稿。

あとがき

　内容からわかるように、本書では先史文化研究において一般的な土器編年や竪穴住居跡・墓跡などの集落跡に関するもの、同じく一般的な石器・石製品や土製品の土偶に関するものは扱っていない。多くは、研究者からはあまり注目されず、テーマとしてもほとんどとりあげられてこなかったものである。それは次のような理由からである。

　筆者は、以前から青森県が他の多くの県と違って海洋県であり、しかも北は海の道を隔てて北海道、南は東北地方中・南部に連なる県域であることが、縄文文化の盛行した大きな要因であろうと考えてきた。そうであるならば、この地域ではいったいどのような特徴のある先史文化が展開してきたのか。この点について興味をもってきた。

　青森県域の先史文化研究をみると、主要テーマである土器編年、竪穴住居跡・墓跡などの集落に関するもの、さらに環状列石などについては、すでに積み重ねられた研究成果がある。また、各種の土器・石器の製作・使用、土偶・石製品などの祭祀遺物などについての研究も行われ、最近では、石器や漆製品などの分析科学と提携した学際的な研究も盛んになってきた。しかし、この一方、研究がほとんど行われていなかった、たとえば、おとし穴などの遺構やヒスイ製玉類などの装身具、狩猟文土器などの祭祀遺物もある。また、遺跡についても、大半が台地や河川流域の低湿地にある比較的、一般的な集落遺跡・遺物包含層（散布地）に限られたもので、貝塚を初めとするその他の遺跡については、あまり調査・研究が行われてこなかった状況がある。

　そこで、このようなマイナー的な存在であったものに対し意識的に目を向けることとした。最初は、単なる興味のみであったが、生来の天邪鬼的な性格もあって、それまであまり調査されてこなかった貝塚や洞穴遺跡、黒曜石の産地や貝類の生息地などを踏査することにしたのである。この結果、貝塚の踏査成果については、一応まとめることができた（『青森県の貝塚―骨角器と動物食料―』2012年）。

　このようなことで、本書の内容は、従来の考古学分野からはややはみ出た異分野にまたがるテーマのものが主となっている。おとし穴、火山灰、黒曜石、鯨類・貝類、狩猟文土器、さらにモノの動きなどである。また、遺跡にしても、台地上の一般的な遺跡ではなく、洞穴・岩陰遺跡や島・山岳の遺跡、さらには、海底・湖底の遺跡などである。洞穴に入ったり、高原や河岸・海岸、さらに産地を歩いて遺物や黒曜石・貝類の採集を行ったり、舟で島に渡り遺跡探しを行うなど、一般的な遺跡調査とはやや異なるものであった。振り返ってみると、遺跡よりもむしろ遺跡以外の場所のほうを多く歩きまわってきたという思いもある。

　このような調査は、組織だったものではなかったこともあり、多くは徒労に終わったような気もするが、貝塚出土の貝類生息分布踏査においては、新たな知見を得ることができ、先史時代の交流を考えるうえで一定の成果を上げることができた。現生貝類の生息分布調査は、今後の一つの研究方法として、問題提起できたのではないかと思っている。また、本書では資料の集成結果について、一覧表を掲載している。集成作業には常に、遺漏・間違いが宿命的についてまわる。時間をかけて

注意して行ったつもりではあるが、見落としや誤りもあろうかと思う。識者のご教示をいただければ幸いである。

　ところで、現在、青森県域を挟む形で北海道、秋田・岩手両県域の縄文時代の遺跡群について、ユネスコの世界文化遺産に登録しようという動きが、官民挙げて活発になってきている。筆者が、本州最北の地域に展開した縄文文化に興味をもち、各地の遺跡を踏査し始めた半世紀前には、とうてい思いもしなかった現実が進行している。まさに隔世の感がある。本書が、そのために多少とも役立つことがあればと願うものである。

　収録した19編の論考のうち、12編は、1986（昭和61）年から2015（平成27）年までに発表したものである。発表年が古いものもあり、現在の考古学の通念とは合わなくなった内容のものも含まれているが、あまり手は加えないままにしている。しかし、あきらかな誤りや誤字・脱字、冗長な部分については削除・訂正したものもある。また、各論考の発表後、資料が増えたり、考えかたが変わったものについては、加筆している。

　本書を終えるにあたり、貴重な写真をご提供いただいた各機関、および資料調査や写真撮影においてご協力・ご教示いただいた多くの機関・研究者のかたがたに対し、心から感謝を申し上げさせていただきたい。また、現地踏査を行う際、いやな顔をせず、たびたび付き合ってくれた今は亡き妻の千鶴子に対しても、感謝の気持ちを伝えたい。

　　平成30年元旦

　　　　　　　　　　　　　　　　　　　　　　　　　　　　　　　　　　　　　福田　友之

東北北部先史文化の考古学

■著者略歴■
福田　友之（ふくだ　ともゆき）
1947 年　青森県弘前市生まれ。
1973 年　東北大学大学院修士課程修了。
2008 年　北海道教育委員会文化課文化財保護主事、青森県教育委員会文化課・同埋蔵文化財調査センター主事、青森県立郷土館学芸員等を経て、同館副館長をもって定年退職。前青森県文化財保護審議会委員、前青森県考古学会長など。

〔主要著作〕
『図説　青森県の歴史』（共著、河出書房新社、1991 年）
『海を渡った縄文人』（共著、小学館、1999 年）
『新青森市史　通史編第 1 巻―原始・古代・中世―』（共著、青森市、2011 年）
『青森県の貝塚』（北方新社、2012 年）
『津軽海峡域の先史文化研究』（六一書房、2014 年）
『青森県史　資料編　考古 1―旧石器　縄文草創期～中期―』（共著、青森県、2017 年）

2018 年 4 月 15 日発行

著　者　福田友之
発行者　山脇由紀子
印　刷　亜細亜印刷㈱
製　本　協栄製本㈱

発行所　東京都千代田区飯田橋 4-4-8　㈱同成社
　　　　（〒102-0072）東京中央ビル
　　　　TEL 03-3239-1467　振替 00140-0-20618

ⒸFukuda Tomoyuki 2018. Printed in Japan
ISBN978-4-88621-779-0 C3021